Werner Sölch

# ORIENT-EXPRESS

Glanzzeit, Niedergang und Wiedergeburt eines Luxuszuges

Dieses Buch ist gewidmet
meinen Eltern,
meinem Großvater, der Lokomotivführer bei den
kaiserlich-königlich österreichischen Staatsbahnen gewesen ist,
meinem Onkel, der Beamter bei den Bundesbahnen Österreichs war,
und seiner Frau, meiner Tante,
nach deren Begräbnis der Orient-Expreß zum Zusteigen
der Angehörigen in einer kleinen Westbahnstation
per Signal und roter Flagge eigens angehalten wurde.
Ein Hoch dafür auf die Eisenbahn!

*Titelbild: Nostalgiezug Intraflug auf der Lötschbergbahn in Kandersteg    Foto: Studer*

*Bild Vorsatz: Der Venice Simplon-Orient-Expreß Venedig–Boulogne in den letzten Strahlen der Spätnachmittagssonne auf der Brennerstrecke bei St. Jodok am 30. September 1989*

*Bild Nachsatz: Sonnenuntergang an der Tauern-Südrampe, vom „Akropolis" Athen–München aus*

*Bild Seite 1: Schlafwagen „Grand luxe"*

*Bild Seiten 4/5: Die Verbindung Paris–Prag, einst ein Teil des Orient-Expreß, mit 01 130 bei Hersbruck im Januar 1966    Foto: Turnwald*

CIP-Kurztitelaufnahme der Deutschen Bibliothek

**Orient-Express :** Glanzzeit, Niedergang und Wiedergeburt eines Luxuszuges / Werner Sölch.
- 4. Aufl. - Düsseldorf : Alba, 1998
Bis 3. Aufl. u.d.T.: Sölch, Werner: Orient Express
ISBN 3-87094-173-1

| | |
|---|---|
| Copyright | © 1974, 1983, 1998. Alba Publikation Alf Teloeken GmbH + Co. KG, Düsseldorf. |
| | Das Werk einschließlich aller seiner Teile ist urheberrechtlich geschützt. Jede Verwertung außerhalb der engen Grenzen des Urheberrechtsgesetzes ist ohne Zustimmung des Verlages unzulässig und strafbar. Das gilt insbesondere für Vervielfältigungen, Übersetzungen, Mikroverfilmungen und die Einspeicherung und Verarbeitung in elektronischen Systemen. |
| Erschienen | September 1998 |
| Layout | Sandra Wiegelmann |
| Druck | Druckerei Knipping, Düsseldorf |
| ISBN | 3-87094-173-1 |

# Inhalt

| | | | |
|---|---|---|---|
| Großer Expreß | 7 | Der östliche Weg nach Sofia | 98 |
| Paris, 4. Oktober 1883 | 9 | Grenzzwischenfälle und Schlagbäume – die Szenerie des Simplon-Orient-Expreß | 103 |
| **Die Zeit vor dem Ersten Weltkrieg** | 13 | Die vergessene Linie zur Umgehung Bulgariens | 108 |
| Vorgeschichte | 13 | Tauern-Expreß – die Idee eines Pastors | 110 |
| Die große Zeit des Orient-Expreß | 15 | Ein halber Kilometer Direct-Orient | 114 |
| Der Zug der Queen's Messenger | 21 | Tauern-Orient – kein blauer Schlafwagen mehr | 118 |
| Als man zur Kur nach Karlsbad reiste | 23 | **Verkehrspolitik – eine Humorlosigkeit** | 130 |
| Berlin-Orient und nicht viel dahinter | 25 | | |
| Könige und Prinzen, Paschas und Agenten | 26 | **Ein großer Expreß in Volksbewußtsein und Literatur** | 143 |
| Ausgeraubt und eingeschneit | 30 | | |
| Teak, Korbfauteuils und Silber | 33 | **Der Orient-Expreß ist tot – es lebe der Orient-Expreß** | 150 |
| **Erster Weltkrieg** | 39 | | |
| **Zwischenkriegszeit** | 43 | **Auf den Spuren der alten Orient-Expreßzüge** | 167 |
| Simplon-Orient-Expreß – Zug der Sieger | 43 | Nach London... | 167 |
| Politik und Orient-Expreß | 54 | Gastarbeiterzug... | 168 |
| Der Expreß Graham Greene's | 57 | Simplon-Orient | 171 |
| Dös war noch a Dienscht – der erste Arlberg-Orient-Expreß | 59 | Auf den Gleisen des Balt-Orient-Expreß | 175 |
| Victoria 4.30 | 61 | Nach Athen... | 178 |
| Blaue Wagen... | 64 | Orient-Expreß | 180 |
| ... Blaublütige Prominenz | 65 | **Der Orient-Expreß – Daten und Fakten** | 185 |
| **Zweiter Weltkrieg** | 67 | I. Zeittafel | 185 |
| Schlafwagen und Partisanen | 67 | II. Fahrplan-Auszüge | 190 |
| **Nachkriegszeit** | 72 | III. Verwendetes Material | 192 |
| Die Epoche des Arlberg-Orient-Expreß | 72 | IV. Verwendete Lokomotiven | 197 |
| Orient-Expreß heute | 79 | V. Wagenreihungen | 205 |
| Durch den Eisernen Vorhang | 85 | **Quellenverzeichnis** | 208 |
| Den Ostende-Orient-Expreß gab's nicht mehr | 89 | | |
| Balt-Orient – von Stockholm bis Svilengrad | 91 | | |

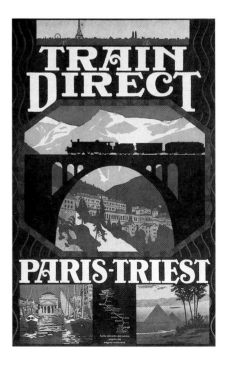

# Großer Expreß

„Ich stand in Bern auf dem Bahnhof und wartete auf den Zug nach Zürich, der soeben als leicht verspätet gemeldet worden war. Als ich nach einer Weile aus dem Lautsprecher hörte: ‚Auf Gleis 11 steht der Schnellzug nach Singapur', konnte ich nicht widerstehen. Ich nahm mein Mäppchen, begab mich durch die Unterführung nach Gleis 11 und stieg in den bereitstehenden Zug ein...". Der Schriftsteller Franz Hohler, dem das, wie er es in der Kurzgeschichte „Der Abstecher" beschreibt, widerfuhr, wurde nach Abfahrt durch den Kondukteur mit dem Billetpreis von 1182 Franken konfrontiert, worauf er doch lieber in Zürich aussteigen wollte. – „Das geht leider nicht", sagte der Kondukteur, „wir fahren über Zürich-Enge, ohne Halt." „Ohne Halt bis wohin?" „Bis Singapur..." Den Zug aber, der jahrzehntelang als einziger, um den zeitraubenden Halt im Hauptbahnhof einzusparen, über die Züricher Vorortstation Enge geleitet wurde, gab es tatsächlich: es war der „Arlberg-Orient-Expreß", einer aus der Dynastie der legendären Orient-Expreßzüge, der, wenngleich er nicht bis Singapore fuhr, doch immerhin die Laufschilder CALAIS, PARIS, BUCURESTI, und ATHÈNES auf seinen ehrwürdigen blauen Schlafwagen mit ihrer Plüsch- und Mahagoni-Einrichtung getragen hat.

Ein solcher Zug aus der Vergangenheit mit Wagons-Lits, Pullmans, der „Train Bleu"-Bar und Speisewagen, hinter deren Fenstern Orchideenarrangements prangten und die Equipe des Sternekochs Max Kehl (andere Male war es die Brigade des französischen Präsidentenzugs) waltete, stand, wie schon öfter zuvor, am 20. März 1983 zwar nicht auf Gleis 11 des Berner Bahnhofs, wohl aber im Hauptbahnhof von Zürich. Unter den besonderen Zügen ein ganz besonderer:

L'OUVERTURE GASTRONOMIQUE DU CENTENAIRE DE L'ORIENT-EXPRESS – die gastronomische Eröffnungsfahrt zur Hundertjahresfeier des berühmtesten aller Eisenbahnzüge der Erde, des ORIENT-EXPRESS.

Wie sah das nun ein Jahrhundert vor der Fahrt des „Centenaire" aus, als, nach einem de facto-Betriebsbeginn im Juni 1883, im Herbst jenes Jahres die Eröffnungsfahrt nachgeholt wurde?

*Abfahrt des Nostalgie-Orient-Expreß zur «Ouverture gastronomique du centenaire de l'Orient Express» am 20. März 1983 in Zürich Hbf mit Speisewagen 3354, «Voiture présidentielle»*

*Bild Seite 6 oben:
Gala-Dîner im Nostalgie-Orient-Express 1977 – Pullmanwagen „Côte d'Azur"*

*Bilder Seite 6 unten:
Plakate für den Taurus-Expreß der Zwischenkriegszeit, den Simplon-Expreß und die nur als zeitweiliger Kurswagenübergang geführte Verbindung Paris–Tauern–Triest vor dem Ersten Weltkrieg
Sammlungen: Klein/Tausche/Sölch*

*Wagon-Lits-Schaffner, Dienst im Nostalgie-Orient-Expreß*

# Paris, 4. Oktober 1883

*Paris, Gare de Strasbourg, 4. Oktober 1883, 7 Uhr abends:* »Vierzig Arme von der einen Seite strecken sich hundert Hände von der anderen entgegen; die Schlafwagenschaffner in ihrer kastanienbraunen Uniform, welcher das helle Licht aus dem Innenraum einen rötlichen Schimmer gibt, machen sich mit Paketen auf den Schultern und Säcken in der Hand in den Abteilen zu schaffen, um sie dort zu verstauen. Dabei zwängen sie sich seitwärts, auf Zehenspitzen, durch den schmalen Raum, welchen ihnen die dicht gedrängt im Korridor stehenden und an die Fenstersprossen gelehnten Reisenden übriglassen. Taschentücher treten in Bewegung, einige Hüte werden abgenommen; die Eisenbahner schieben die Zuschauer zurück und trennen mit der Unbeugsamkeit des Schicksals die sich haltenden Hände. In der ganzen Szenerie erregt vor den zwei Waggons und dem Gepäckwagen der Speisewagen mit kokett geöffneten Vorhängen besonderes Aufsehen. Die großen Gaslichter beleuchten einen wahren Festsaal. Alle Tische des Restaurants, in sieben Reihen paarweise gegenüberliegend, rechts die mit vier Plätzen, links die mit zweien, sind prächtig gedeckt. Das Weiß der Tischtücher und wunderbaren, durch die Kellner kunstvoll gefalteten Servietten, das transparente Funkeln des Glases, der Rubin des Rotweins, der Topas des Weißweins, das reine Kristall des Wassers in den Karaffen und die silbernen Helme der Champagnerflaschen blenden die Menge draußen wie drinnen und strafen die trauernden Mienen und das unglaubwürdige Bedauern der Abreisenden Lügen.

In diesem Augenblick macht mir der Schaffner meines Wagens ein gebieterisches Zeichen. Ich steige auf die Plattform, die Türe schließt sich, die Pfeife ertönt, das herrliche Lärmen der Lokomotive überdeckt alle anderen Geräusche und abrupt tauchen wir in den nahen Tunnel, der uns plötzlich die Sicht auf den Bahnhof nimmt und uns selbst den beklemmten Blicken entzieht, welche uns folgen. Als ob sich die Veranstalter vorgenommen hätten, uns durch die Präzision des Ablaufs und Exaktheit des Programms zu verblüffen, kommen die Kellner, tadellos gekleidet und behandschuht, durch die Gänge der Wagen: »Meine Herren Reisenden, das Diner ist serviert!« ...

... Es ist zehn Uhr, bis man den Kaffee bringt und bis die Zigarren angezündet werden. Die Unterhaltung wird lebhafter und lauter. Es werden schnell Verbindungen über die Tische hinweg geknüpft und man kann voraussehen, daß die Tage, welche bis zur Rückkehr vor uns liegen, weder Müdigkeit noch Langeweile in unseren Erinnerungen aufkommen lassen werden ...

... Die neuen Wagen, die wir einweihen, sind geräumig und bequem, Man kann sich darin nach Belieben ausstrecken, selbst wenn man viel beleibter ist als ich. Der gedämpfte Ton der Räder hinter den geschlossenen Türen und den zugezogenen Vorhängen dringt wie ein ungewisser und monotoner Rhythmus leise an das Ohr des Schlafenden und wird ihm zum Wiegenlied. Der Schlummer nimmt uns auf. Einige entfernte Geräusche übertönen den Lärm des Zuges und zeigen, daß unsere Mitreisenden der Schlaf des Gerechten umfängt ... Bevor wir ganz entschlummern, hat die diskrete Hand des Schaffners, der die Tür leise öffnet und wieder schließt, den Vorhang vor der Lampe heruntergezogen. Das Abteil, in transparente Dämmerung gehüllt, rollt durch die Nacht, – nur der Pfiff der Lokomotive unterbricht die Ruhe ...

... ›Was ist das breite spiegelnde Band, das wir da sehen, das sich in gelbliche Rinnen auf der Ebene abgeernteter Maisfelder auflöst?‹ fragen wir. ›Das, das ist die große Straße.‹ Wirklich, über diesem in fester Gischt aufschäumenden Meer sehen wir einen kleinen Wagen, niedrig und lang, zwei große Leitern als Seiten, der von drei oder vier Pferden gezogen wird und hinter dem Zug einherrollt, rutscht, schwimmt und Bugwellen aufwirft, die wie Funken emporwirbeln, welche Pferde, Kutscher, Reisen-

*Orient-Expreß mit dem Salonspeisewagen 427 im August 1894 während der Cholera-Quarantäne an der türkiscehn Grenze. Grenzstation war Mustafa Pascha, das heutige Svilengrad.* DB-Archiv

*de und Wagen gleichsam mit einem Heiligenschein umgeben, sich auf sie herabsenken und mit einer dichten, haltenden Decke überziehen . . .*

*. . . Wir haben Onody Kahniar an Bord genommen. Noch vor Verlassen von Szeged haben sich Onody und seine elf Musiker gruppiert. Der Platz der Violinen und des Violoncellos ist am Fenster, – der Gitarrist hat sein Notenpult in der Ecke aufgebaut, – der Baß ist in einen Winkel gezwängt, die anderen stehen und Onody Kahniar selbst hat sich, die Violine in der Hand, in der Mitte seiner kleinen Truppe placiert. Diese zwölf Musiker mit ihren Instrumenten füllen fast die Hälfte des Wagens. Auf dem verbleibenden Platz hat sich eine Gruppe Reisender zum Essen gesetzt, während sich die anderen, fanatischeren oder einfach weniger hungrigen Passagiere, stehend, am Boden sitzend oder zu zweit auf einem Stuhl in dem schmalen Raum drängen, den die Musiker freigelassen haben. Dann beginnt eine jener Vorstellungen ohneglechen, die nur diese wilden Zauberer geben können, diese lebendig gewordenen Instrumente, die in ihre metallischen Bögen ihre eigene Seele legen und die nichts in ihrem feurigen Elan aufhalten kann . . .*

*. . . Auf einmal geht die Tür der Küche auf: der Küchenchef, diese unsichtbare Göttlichkeit, die uns seit der Abfahrt in Paris nicht mehr aus dem Staunen herauskommen ließ und die niemand bisher gesehen hat, erscheint auf der Schwelle, sein Gewand aus weißem Zwillich voll von den Spuren des glorreichen Kampfes, den er seit achtundvierzig Stunden austrägt und der ihm nur einhellige Triumphe eingebracht hat, die weiße Mütze auf dem Kopf, Haare, Teint, Augen und Bart kohlrabenschwarz, ein wahrer Afrikaner, geboren mitten in Burgund. Die Hand auf dem Herzen, mit flammenden Augen, den Kopf in Ekstase, begleitet er mit einer von Feuer glühenden Stimme, tief und dröhnend, die Melodie der Marseillaise . . . «*

Dieser oft nacherzählte, aber selten übersetzte Augenzeugenbericht von der offiziellen Eröffnungsreise des Orient-Expreß, welcher hier in Ausschnitten wiedergegeben ist, stammt von Opper de Blowitz, einem führenden Journalisten jener Zeit. Er hatte seine Erinnerungen in dem 1884 bei Plon herausgegebenen Buch »Une Course à Constantinople« der Nachwelt erhalten.

Es war eine illustre Gesellschaft aus ungefähr vierzig Personen, welche diese Einweihungsfahrt an einem Donnerstag im Oktober 1883 in Paris, Gare de Strasbourg, angetreten hatte: Monsieur Olin, ein Minister jenes Belgien, das die formelle Heimat der Internationalen Schlafwagengesellschaft war, Direktor Grimprel vom französischen Finanzministerium, die Herren Obermayer und von Hollan als Angehörige der Ministerien für öffentliche Arbeiten in Österreich und Ungarn und Missak Effendi als 1. Sekretär der türkischen Botschaft in Paris repräsentierten die Politik. Die Bahnen der durchfahrenen Länder waren durch ihre Generalsekretäre und Chefingenieure vertreten, die Internationale Schlafwagengesellschaft als Gastgeberin durch ihren Gründer Georges Nagelmackers, die Herren Neef-Orban, Lechat, Dr. Harzé und ab

Wien auch durch den späteren Generaldirektor Napoléon Schroeder. In der österreichischen Hauptstadt waren auch die einzigen Damen dieser Reisegesellschaft zugestiegen, Frau von Scala, die Gattin eines hohen Eisenbahnbeamten, und ihre Schwester.

Von Bukarest aus hatte der Zug am Sonntag, dem vierten Tag seit Abfahrt in Paris, in Begleitung des Generaldirektors der rumänischen Staatsbahnen einen Abstecher nach der vornehmen Sommerfrische Sinaia gemacht, wo König Carol den Gästen in seiner neuen Sommerresidenz eine Audienz gegeben hatte. Am darauffolgenden Morgen überquerte die Reisegesellschaft dann zusammen mit den Passagieren des am Freitag in Paris gestarteten planmäßigen Orient-Expreß zwischen Giurgewo, dem heutigen Giurgiu, und Rustschuk, heute Ruse, die Donau in einer Dampfbarkasse. Der Orient-Expreß war am rumänischen Ufer zurückgeblieben und die Reisenden mußten die Fahrt in den einfachen Waggons der Orientbahn, welchen ein »kleiner Salon« beigefügt worden sei, bis zur Hafenstadt Varna fortsetzen. Die Illusion des Luxus aber hielten höchstens jene zwanzig Flaschen aus dem »Keller« des rollenden Restaurants aufrecht, welche Georges Nagelmackers in weiser Voraussicht für seine Gäste in der Dampfbarkasse mit über die Donau gebracht hatte: Es gab keinen Speisewagen mehr, Mittagessen wurde an einem verlassenen Platz namens Scheytandjik serviert, was soviel wie »kleiner Teufel« heißen soll und der Dampfer »Espero« des Österreichischen Lloyd für die anschließende Seereise nach Konstantinopel war mit türkischen Familien beladen: – »*vom Bug bis zur Treppe der Kommandobrücke ist das Deck angefüllt mit malerischen Trachten in ihrem Elend, mit stolzen und noblen Gesichtern in ihrer verzweifelten Trauer. Ich wohne der Toilette zweier Babys bei, welche die Mutter mit sauberem Wasser aus einem vollen Krug wäscht und dann, unter offenem Himmel, zwischen zwei gesteppte Decken bettet*«,

*Reihe 206 der kkStB mit ostwärts fahrendem Orient-Expreß bei Rekawinkel zu Anfang des Jahrhunderts
Foto: Dr. Roth, Archiv: Griebl*

schreibt Edmond About, der zweite Reiseteilnehmer, der seine Erinnerungen der Nachwelt überliefert hat, in seinem 1884 bei Hachette herausgegebenen Buch »De Pontoise à Stamboul«.

Und doch brachte die »Espero« bei jener Fahrt ein Stück modernes Europa nach Konstantinopel. Opper de Blowitz gelang es einige Tage nach der Ankunft am Goldenen Horn, ein Interview bei Sultan Abdul Hamid zu erreichen. Sicher war er der erste Sterbliche, welcher es im Laufe des längeren Gesprächs wagte, dem Schatten Gottes auf Erden im Hinblick auf die Krankheit seines Imperiums zu sagen: ... »*Die erste (Schwierigkeit) besteht darin, daß alles vom alleinigen Willen ihrer Majestät abhängt und infolgedessen müssen Ihre Majestät der erste sein, der auf einen Teil seiner absoluten Macht verzichtet«* ... , worauf ihm der Sultan unter anderem antwortete: »*Was das betrifft, was Sie von mir persönlich sagen, teile ich Ihre Ansicht und ich bin fest entschlossen, Schritt für Schritt meine Hand zu öffnen. Das Schwierige ist, das rechte Maß zu finden«* ...

Der Erfolg des sensationellen Interviews mag der Grund für die ausgezeichnete Laune von Opper de Blowitz bei der Rückkehr in einem planmäßigen Orient-Expreß gewesen sein: »*Am anderen Tag haben wir die lieblichen Gewässer verlassen: wir fliegen mit vollen Segeln Paris entgegen«*, beschreibt er den letzten Teil der Fahrt. »*in den Schlafwagen der internationalen Gesellschaft befinden sich Klappsitze am Ende des Korridors, welcher vor den Abteilen der Fahrgäste entlangläuft. Dieser Korridor ist wie die Rue de la Paix von Paris. Die schönen Damen, welche in diesen Wagen reisen, begeben sich hier nur ›voll bewaffnet‹ unter die prüfenden Blicke der Passagiere. Hier entfalten sie ihre Grazie, genauso wie auf dem Asphalt und es geschieht mit gespannten und koketten Mienen, wie sie durch die polierten Scheiben hindurch die Pracht des Grüns der Blumen und des Schnees betrachten, welche der liebe Gott dieser unsterbliche Meister, vor den Augen der Passanten ausgebreitet hat. Ich habe auf dem rückwärtigen Klappsitz Platz genommen. Das ist ein köstlicher Beobachtungsposten. Die Landschaft flieht unter Ihren Füßen; die Bäche; scheinen sich unter die Räder des Wagens zu ergießen; die Gipfel der Berge neigen sich Ihnen zu; die Dörfer und Häuser schmecken sich für Ihre Vorüberfahrt mit einem morgendlichen Sonnenstrahl und vor Ihnen, entlang der Rue de la Paix, bewegt sich der mikroskopische Ausschnitt der Bevölkerung, welcher die kleine, Ihren Beobachtungen ausgesetzte rollende Welt bewohnt ...«*

*Eine der größten Raritäten stellt das Bild von der Strecke Ruse–Varna dar, die de Blowitz beschrieben hat. Es zeigt hinter einer Lokomotive unbekannter Herkunft in dritter Position einen Salonwagen (AS 1). About hatte über die Benutzung eines „kleinen Salons" bei der Eröffnungsfahrt im Oktober 1883 berichtet!*
*Archiv: Museum Ruse/La Vie du Rail*

# Die Zeit vor dem Ersten Weltkrieg

## Vorgeschichte

Eine Eisenbahn war das geeignete Mittel für die Türkei des 19. Jahrhunderts, ihre besetzten Gebiete in Schach zu halten. Der Machtbereich der Osmanen reichte in Europa bis Bosnien, Serbien und in das heutige Rumänien, als Baron Moritz von Hirsch vom Sultan Adbul Asis 1869 die Genehmigung zum Bau einer Bahn von Konstantinopel nach Bosnien zum Anschluß an das europäische Streckennetz erwarb. Eine im Jahr zuvor an das französisch-belgische Unternehmen Van der Elst & Compagnie erteilte Konzession war wegen Nichterfüllung der Bedingungen erloschen. Die unter verschiedenen Namen firmierenden Bau- und Betriebsgesellschaften des Barons, welche unter dem Begriff „Orientbahn" bekannt wurden, hatten in den Jahren 1872 und 1873 zunächst abschnittsweise die Linien von Konstantinopel nach Sarambey, dem heutigen Septemvri, in Bulgarien und nach Dedeagatsch, dem heute griechischen Alexandroupolis sowie die Bahn von Saloniki nach Üsküb, dem jetzigen Skopje und von Novi nach Banja Luka im Westen des geplanten Netzes in Betrieb genommen.

Nach dem für die Türkei unglücklichen Kriegsausgang gegen Rußland setzten die europäischen Großmächte die Gründung der selbständigen Staaten Serbien und Bulgarien durch, wobei allerdings Ostrumelien bis 1885 autonome türkische Provinz blieb. Die aus den zugrunde liegenden Berliner Verträgen hervorgegangenen Konventionen zwangen die neuen Staaten, den Bahnbau zur Verbindung Konstantinopels mit Ungarn an Stelle des Baron Hirsch selber fortzusetzen und später täglich mindestens einen internationalen Zug für den Reiseverkehr, den sogenannten Conventionszug, zu übernehmen. Außerdem wurde Bulgarien genötigt, trotz seiner finanziell ungünstigen Ausgangsposition die schlecht gebaute und ohne Rücksicht auf den Lokalverkehr angelegte Bahn Rustschuk–Varna zum doppelten ihres Wertes zu kaufen und dafür im Ausland besonders ungünstige Kredite zu nehmen. Der zwischen der Türkei und den Gebrüdern Barcley aus England vereinbarte Bau dieser Strecke war 1866 unter zwangsweiser Mitarbeit der Bevölkerung vollendet worden. Die Betriebsführung ist 1873 an die Orientbahn und schließlich 1888 an den bulgarischen Staat übergegangen. Als ursprüngliche Frequentierung war ein gemischter Zug täglich und ein Zug mit Postbeförderung Europa–Asien zweimal in der Woche genannt. Die Geschwindigkeit war niedrig, Entgleisungen, Brände entlang der Strecke und Verspätungen waren häufig. Ebenso wie diese Linie Rustschuk–Varna und eine weitere englische Unternehmung, die 1860 fertiggestellte Bahn Černavoda–Konstanza, dienten auch die ab 1862 zeitweilig verkehrenden Eilzüge von Pest ostwärts nach dem an der Donau zwischen Belgrad und Orşova gele-

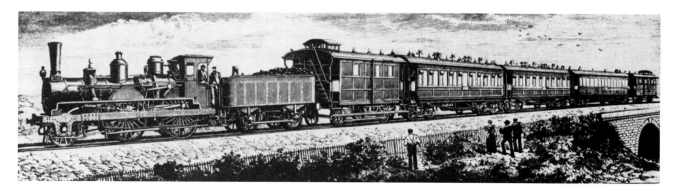

Orient-Expreß vom Oktober 1883 mit Lokomotive 505 der französischen Ostbahn, dahinter Gepäckwagen, 2 Schlafwagen, Speisewagen, Gepäckwagen. Treibraddurchmesser der Lok 2,3 Meter
Archiv: CIWLT/FS

genen Bazias einer Verkürzung der Flußreise.

Der erste Zug über eine direkte Schienenverbindung von Wien nach Konstantinopel, also nicht mehr mit Umsteigen aufs Schiff, fuhr am 12. August 1888. In jenem Jahr hatte Bulgarien die Strecke von Zaribrod an der serbischen Grenze über Sofia nach Vakarel und Bellova in Betrieb genommen zum Anschluß an die vorher nur als Waldbahn, dann durch den bulgarischen Staat betriebene Linie Bellova–Sarambey und die bestehende Orientbahn nach Konstantinopel. In Serbien ist 1888 der Abschnitt Pirot–Zaribrod der Bahn nach Bulgarien und das Teilstück von Vranje an die türkische Grenze im Zuge der Zweiglinie von Skopje her in Dienst gestellt worden.

Der Bahnbau war nur eine der beiden Voraussetzungen für den Orient-Expreß. Die andere schuf ein belgischer Ingenieur namens Georges Nagelmackers (24. Juni 1845 bis 10. Juli 1905). Er war der Sohn eines Lütticher Bankiers und hätte es eigentlich nicht notwendig gehabt, zu arbeiten. Als er eine Amerikareise unternahm, um den Wunsch zu vergessen, seine Cousine zu heiraten, lernte er in den Vereinigten Staaten die berühmten Schlafwagen des George Mortimer Pullman kennen. Unterstützt von Freunden versuchte er fortan, ähnlich komfortable Fahrzeuge erstmals auch diesseits des Atlantik einzusetzen. Nachdem die von ihm erworbene Konzession für Schlafwagen Ostende–Brenner–Brindisi im Zug der englisch-indischen Postverbindung durch Verlegung der Route über den Mont Cenis wertlos geworden war, erzielte er im Sommer 1872 neue Vereinbarungen für die Strecke Paris–Wien. Ermutigt durch diese Aussichten, rief er im Oktober 1872 die erste COMPAGNIE INTERNATIONALE DE WAGONS-LITS ins Leben. Zwar waren Schlafwagendienste von Wien nach München und Nürnberg wegen zu kurzer Streckenlängen von Bayern abgelehnt worden, wie aus der Niederschrift der Fahrplankonferenz für Sommer 1872 hervorgeht, doch im Oktober des gleichen Jahres kam es zu einer Versuchsfahrt eines Schlafwagens von Paris nach Wien. Wirtschaftliche Anfangsschwierigkeiten zwangen Nagelmackers, ab 1873 vorüber-

*Orient-Expreß 1883.*
*Der Zugteil über Bruck a/L und Budapest nach Belgrad verkehrte vom November 1885 an. Von 1894 an fuhr der Orient-Expreß wieder nurmehr über Preßburg, nicht Bruck.*

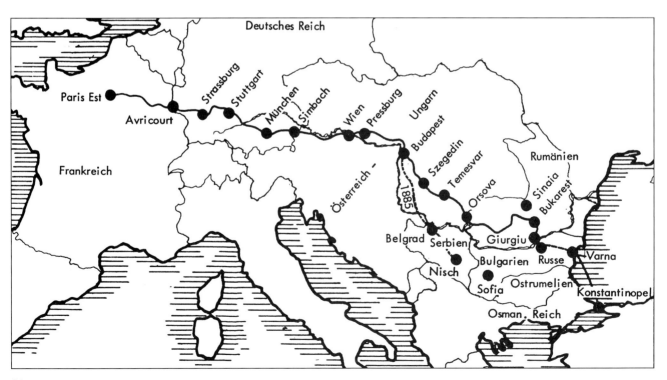

*Orient-Expreß, vermutlich westwärts, mit Lokomotive Reihe 4 der k.k. Stb. auf der österreichischen Westbahnstrecke, im Jahr 1885. Dieses älteste Foto des Orient-Expreß ist ein Geschenk des verstorbenen Ing. Scholz an den Autor.*

gehend mit dem Amerikaner William d'Alton Mann zusammenzugehen, weswegen auf den Wagen ein neuer Titel erschien: „MANN BOUDOIR SLEEPING CAR". In jenem Jahr, als die neuen Schlafwagen schon von Ostende nach Köln und nach Berlin fuhren, wurde der Waggon Nr. 3 auf der Wiener Weltausstellung gezeigt. Der Abschluß der erforderlichen Verträge für einen Dienst Frankreich–Österreich ist im Protokoll der „Conferenz zur Festlegung des Sommerfahrpians 1874" verzeichnet, Dieser Dreijahresvertrag legte fest, daß in beiden bestehenden Zügen Paris–Wien ein Wagen der Gesellschaft durch die Bahnen kostenlos befördert wird. Die Reisenden hatten neben dem Bahnpreis den für damals hohen Zuschlag von 25 Francs im Abendzug Paris–Wien und von 20 Francs im Frühzug an die Schlafwagengesellschaft zu zahlen. Die Bedeutung der Züge Paris–Wien geht auch aus einer Frage an die bayerische Staatsbahn auf der Fahrplankonferenz für Winter 1878 hervor, welche sich darum dreht, „in welchem Stadium die Angelegenheit der Beschaffung besonderer Wagenzüge für die Wien-Pariser Courierzüge" sich befinde.

Im Dezember 1876 führte die allgemeine Ausweitung des Verkehrs zur Gründung der COMPAGNIE INTERNATIONALE DES WAGONS-LITS, abgekürzt CIWL oder in Deutschland ISG, unter Georges Nagelmackers, zu deren Aktionären kein Geringerer als König Leopold II. der Belgier gehörte. Die Gesellschaft, welche mit dem Begriff „Orient-Expreß" untrennbar verbunden sein sollte, war geboren.

## Die große Zeit des Orient-Expreß

„*Quer durch Europa
von Westen nach Osten
Rüttert und rattert die Bahnmelodie
Gilt es die Seligkeit schneller zu kosten?
Kommt er zu spät an im Himmelslogis?
Fortfortfort fortfortfort drehn sich die Räder
Rasend dahin auf dem Schienengeäder,
Rauch ist der Bestie
verschwindender Schweif,
Schaffnerpfiff, Lokomotivengepfeif . . .*"

*Aus dem Gedicht „Blitzzug"
von Detlev von Liliencron*

Noch nicht als Orient-Expreß, sondern als Blitzzug – französisch „Train Eclair" – fuhr zwischen dem 10. und 14. Oktober 1882 ein einmaliger ISG-Propagandazug von Paris nach Wien und wieder zurück. Nur aus Schlafwagen, Speisewagen und Gepäckwagen bestehend, leitete er die große Epoche der Luxuszüge in Europa ein. In dem Einladungsschreiben zu dieser einmaligen Versuchsfahrt wies Georges Nagelmackers bereits auf seine zukünftigen Pläne hin: „*Ich glaube, daß es für Sie, die Sie viel reisen, interessant wäre, die Art, wie wir die Reisenden auf den großen Linien des Kontinents schneller und komfortabler befördern wollen, selbst zu beurteilen.*"

Neben den dreiachsigen Schlafwagen und dem ersten Vierachser der ISG, Nr. 75, erschien als besondere Attraktion in dem Zug der bei Rathgeber in Auftrag gegebene dreiachsige Speisewagen Nr. 107. Nachdem es rollende Restaurants schon vorher in Amerika gegeben hatte, richtete die ISG erstmals 1880 drei Wagen der Berlin-Anhalter-Bahn für diesen Dienst ein. Ein Speisewagen und eine größere Anzahl von Schlafwagen wären aber in den normalen Schnellzügen wegen der damaligen schwachen Lokomotiven nicht zu führen gewesen, so daß schon allein dadurch der neue Typ des Luxuszuges notwendig wurde.

Nachdem schon 1878 ein Schlafwagenlauf von Wien nach Orşova in gewöhnlichen Zügen eingeführt worden war und nachdem die Europäische Fahrplankonferenz für Winter 1879 festgestellt hatte, daß neben der Frequentierung der Bahnlinie Paris–Wien auch der Verkehr mit dem Orient bedeutend zugenommen habe, gelang zum Jahre 1883 der entscheidende Vertragsabschluß zwischen der ISG und den Verwaltungen der französischen Ostbahn, der Kaiserlichen Generaldirektion der Eisenbahnen in Elsaß-Lothringen, der Generaldirektion der Großherzoglich Badischen Staatseisenbahnen, der Generaldirektion der Kgl. Württembergischen Staatseisenbahnen, der Generaldirektion der Kgl. Bayerischen Verkehrsanstalten, der k. k. Direktion für Staatseisenbahnbetrieb in Wien, der k. k. privilegierten Österreichischen Staatseisenbahngesellschaft und der Königlichen Generaldirektion der rumänischen Eisenbahnen, dessen wichtigster erster Teil folgendermaßen lautete:

### Artikel 1

*„Die internationale Schlafwagen-Gesellschaft verpflichtet sich, das nöthige Wagen-Material an Schlaf-, Restaurations- und Salon- sowie Gepäckwagen zur Einrichtung eines regelmäßigen Dienstes von besonderen Schnellzügen zwischen Paris und Giurgewo bzw. zwischen Paris und Küstendsche zu liefern, welche ausschließlich aus diesen Wagen bestehen sollen.*

*Die Züge, denen der Name ‚Orient-Expreß-Züge' zu geben ist, sollen in beiden Richtungen wöchentlich ein- oder zweimal event. auch, je nach Bedürfniß, noch öfter verkehren.*

*Die Orient-Expreß-Züge sind mit Rücksicht darauf, daß sämmtliche in denselben laufenden Wagen der Schlafwagen-Gesellschaft gehören, als Separat-Personenzüge zu betrachten, welche ausschließlich dieser Gesellschaft – jedoch nur innerhalb der Bestimmungen des gegenwärtigen Vertrages zur Verfügung stehen.*

*Für den nächsten Sommerdienst sollen dieselben zweimal wöchentlich in jeder Richtung gefahren werden. Die Vereinbarungen der Tage, an welchen die Züge von Paris nach Giurgewo abgehen werden, sowie die Feststellung des Fahrplanes, bleibt vorbehalten. Dabei ist jedoch darauf Rücksicht zu nehmen, daß der von Paris erst abgehende Zug von als Gegenzug benützt werden kann. Den betheiligten Eisenbahn-Verwaltungen steht das Recht zu, diese Züge wöchentlich auf einen zu beschränken; eine derartige Maßregel muß der Schlafwagen-Gesellschaft drei Monate vorher angezeigt werden.*

*Dieses Recht wird Seitens der betheiligten Eisenbahn-Verwaltungen in der Weise ausgeübt, daß im gegebenen Falle die Majorität der Verwaltungen entscheidet. Nach Ablauf von drei Jahren ist jede Verwaltung berechtigt, zu verlangen, daß die Zahl der Züge auf einen wöchentlich beschränkt wird.*

*Anträge auf Vermehrung der Züge bedürfen der Zustimmung sämmtlicher Verwaltungen; die Vermehrung hat spätestens 5 Monate nach Mittheilung des bezüglich der Vermehrung der Züge gefaßten Beschlusses an die Schlafwagen-Gesellschaft zu erfolgen.*

*Die Züge werden aus 2 Gepäckwagen, einem Salon-Restaurationswagen und mindestens 2 Schlafwagen gebildet. Der Zug darf auf der Strecke Paris–Wien ein Gewicht von 100 Tonnen, auf der Strecke Wien–Giurgewo ein solches von 80 Tonnen nicht übersteigen. Die Gepäckwagen werden derart konstruirt, daß sie den Organen der Zollbehörden ungehinderte Revision während der Fahrt gestatten, und sollen daher sämmtliche Wagen mit einander durch Plattformbrücken verbunden sein. Der Zug soll mit Gas oder elektrischem Licht erleuchtet und mittelst Wasserrohrheizung geheizt werden.*

*Sämmtliche Wagen werden mit Westinghouseschen und Handbremsen, sowie mit*

*Ankunft des ersten bulgarischen Zuges in Zaribrod im Jahre 1888 nach einer zeitgenössischen Darstellung. Der eigentliche Eröffnungszug kam am 12. August 1888 aus Sofia und führte zwei Schlaf- und einen Speisewagen. Am 11. August starteten drei andere Eröffnungszüge: Wien–Konstantinopel mit G. Nagelmackers (es wird von je 1 Speise-, Salon- und Schlafwagen der ISG und 2 „gewöhnlichen Salonwagen" berichtet), Budapest–Sofia (4 ungarische und 1 ISG-Wagen, evtl. 1 ungarischer Hofwagen) und Konstantinopel–Sofia. Zur Eröffnung der Strecke nach Saloniki war am 18. Mai 1888 in Belgrad ein Sonderzug mit Schlaf-, Speise- und Salonwagen abgefahren. Auf der 2. Conférence à quatre (12. bis 16. Mai 1888) wollte Nagelmackers den Orient-Expreß als einzigen Zug nach Konstantinopel durchsetzen, aber die Bahnen beschlossen, die auf der 1. Conférence à quatre (9. Mai 1883) vereinbarte Verbindung nach Konstantinopel und Saloniki mit ihrem Conventionszug wahrzunehmen.*

einer Vorrichtung versehen werden, um nach dem System Hardy gebremst werden zu können. Jeder Wagen soll eine noch zu vereinbarende Vorrichtung erhalten, mittelst weicher es den Passagieren ermöglicht wird, sich im Fall der Gefahr mit dem Lokomotivführer in einer Weise in Verbindung zu setzen, daß der Zug in kürzester Zeit zum Stillstand gebracht werden kann.

Die Wagen der Expreßzüge müssen den anerkannt besten Systemen, sowie im Innern allen Anforderungen in Bezug auf Bequemlichkeit, Geräumigkeit und Komfort entsprechen. Dieselben sollen aus Material bester Qualität hergestellt und dürfen dem Fahrdienst nicht eher übergeben werden, als bis sie von technischen Fachmännern der kaiserlichen General-Direktion zu Straßburg und der französischen Ostbahn geprüft und abgenommen sind. Von den über die Prüfung und Abnahme zu errichtenden Protokollen ist eine Kopie der Schlafwagen-Gesellschaft zu übermitteln.

Die Artikel 2 bis 7 regelten das Bereithalten von Reservewagen auf Unterwegsstationen, deren unentgeltliche Beförderung durch die Bahnen, den Wagenunterhalt durch die Schlafwagen-Gesellschaft, Haftungsfragen und die Reinigung des Materials. Der Artikel 8 enthielt das Wesentliche über die Fahrpreise: *„Die Passagiere haben für diese Orient-Expreß-Züge Schnellzugsbillets 1. Klasse zu lösen und der Schlafwagen-Gesellschaft einen festen Zuschlag zu vergüten, welcher sich auf 20 % der jetzigen Billetpreise der Beteiligten Verwaltungen berechnet ..."* Artikel 9 und 10 besagten, daß die Gesellschaft Wagen und Personal zu stellen hatte, und Artikel 11 verpflichtete sie, *„Postsendungen gegen Entgelt zuzulassen"*. Laut Artikel 12 galt der Vertrag für die Dauer von zwölf Jahren, konnte mit Jahresfrist gekündigt werden, erhielt ein Vorkaufsrecht der Bahnen auf die Wagen und trat überdies nur dann in Kraft, wenn zwischen Bukarest und Konstantinopel die nötige Anschlußverbindung zustande käme.

Der erste Orient-Expreß startete am 5. Juni 1883 am Pariser Ostbahnhof. Da das bestellte neue Material noch nicht fertig war, wurden keine Ehrengäste eingeladen – dies behielt sich die Schlafwagen-Gesellschaft bis zu der berühmt gewordenen Reise vom Oktober 1883 vor. In der stolzen Fahrplanüberschrift „HORAIRE DU GRAND EXPRESS D'ORIENT" erschien aber bereits jener Begriff, welcher später auf Vorschlag eines Bankiers hin in den Titel der Schlafwagengesellschaft Eingang finden sollte: „Compagnie Internationale des Wagons-Lits ET DES GRANDS EXPRESS EUROPEENS". Der Zug fuhr zweimal in der Woche über Straßburg, Stuttgart, München, Simbach, Wien, Preßburg, Budapest, Szeged, Orșova, Pitești und Bukarest nach Giurgewo, wo die Passagiere aussteigen und mit einer Dampfbarkasse

*Reihe 4 der kkStB mit Luxuszug, wahrscheinlich Ostende-Wien-Expreß, in Wien West um 1894*
Sammlung: Slezak

*Karlsbad-Paris-Expreß vor dem Ersten Weltkrieg* Sammlung: Griebl

nach Rustschuk am bulgarischen Donauufer übersetzen mußten. Von dort brachten sie die einfachen, von Opper de Blowitz beschriebenen Züge der Orientbahn auf der einstmals englischen Strecke nach Varna zum Anschluß an die Dampferlinie des Österreichischen Lloyd nach Konstantinopel. Beinahe wäre der erste Orient-Expreß nicht einmal bis Giurgewo gekommen: In der Nähe von Verciorova in Rumänien hatte ein Unwetter den Bahndamm unterspült. Zur Probe fuhr zuerst die Lokomotive alleine über die schadhafte Stelle und kehrte dann zurück, um – bei Nacht und Fackelbeleuchtung, wie ein Augenzeuge im Berliner Börsen-Courir schilderte – auch die Wagen herüberzuholen. Der nachfolgende Personenzug aber entgleise, wobei zwei Eisenbahner getötet wurden. Kurze Zeit später entgleise der Luxuszug selber, als er am 23. September 1883 bei Verciorova in einen Bergrutsch fuhr.

Vom 1. Juni 1884 an fuhr der Orient-Expreß bis Wien täglich und vom 1. November 1885 an verkehrte er, ermöglicht durch das Fortschreiten des Bahnbaues, mit zwei Schlafwagen einmal in der Woche zusätzlich bis Nisch. Das normal zulässige Gewicht von 100 Tonnen mußte auf den serbischen Strecken durch Abhängen eines Schlafwagens reduziert werden, wenn das Thermometer unter eine bestimmte Temperatur fiel.

Die Weiterfahrt von Nisch ostwärts beschreibt eine Broschüre „De Nisch à Tatar-Basardjik en voiture", welche an die Fahrgäste des Orient-Expreß verteilt wurde und deren Inhalt Roger Commault in einem Aufsatz „L'Orient-Express a 75 ans" in der Zeitschrift „Transmondia" wiedergegeben hatte. Demnach verließen die Passagiere die

Stadt Nisch, wo sie am Vorabend um 19.25 Uhr angekommen waren, am anderen Morgen per Pferdekutsche. Nach einer Ruhepause von zwei Stunden in Bela Palanka endete die erste, 75 Kilometer lange Etappe gegen fünf Uhr in Pirot, wo die Reisenden ihre Grenzformalitäten zu erledigen hatten. Nach Übernachtung im einzigen Hotel des Ortes wurde der 82 Kilometer lange zweite Teil der Reise bis Sofia zurückgelegt, wobei nach einem Halt in Zaribrod eine Rast in Slivnitza, der einzigen Ortschaft weit und breit, vorgesehen war. Die dritte Tagesetappe von 106 Kilometer Länge begann um vier Uhr früh in der bulgarischen Hauptstadt. Unterwegshalte waren in Vakarel an der Grenze zu der Provinz Ostrumelien, welche bis 1885 zur Türkei, dann zu Bulgarien gehörte, und in Ichtiman vorgesehen. Hinter Ichtiman stieg die Straße während mehrerer Fahrstunden an, und die Reise wurde sehr ermüdend. Oft mußten die Passagiere aussteigen, um das Vorwärtskommen der Pferde zu erleichtern. Vom Bahnhof Tatar-Basardschik, zwischen Sarambey und Philippopel, dem heutigen Plovdiv, gelegen, fuhren die Reisenden nach Übernachtung in einem Zug der Orientbahn weiter. Nach einer weiteren, in Adrianopel verbrachten Nacht erreichten sie endlich Konstantinopel, eine Woche nach der Abfahrt in Paris.

Erst am 12. August 1888 leitete die Fahrt eines Sonderzuges von Bulgarien aus an die serbische Grenze mit zwei Schlafwagen und einem Speisewagen der ISG die Eröffnung der durchgehenden Strecke Europa–Türkei ein. Der Orient-Express verkehrte nun einmal, ab Winter zweimal wöchentlich auf dieser neuen Linie ans Goldene Horn und zweimal, dann einmal, nach Bukarest. Allerdings wurde der in orientalisierendem Stil entworfene Sirkeci-Bahnhof in Konstantinopel erst später fertig. Von den Verhandlungen über die Durchfahrt des Luxuszuges durch Bulgarien ist die Anekdote jenes ISG-Unterhändlers bekannt, der anläßlich einer Visite bei Prinz Ferdinand, um der Uniformetikette zu genügen, in einer geliehenen Uniform als des Fürsten eigener Polizeioffizier erschienen war. Bei einer späteren Gelegenheit hat Ferdinand im Hinblick auf den Orient-Expreß geäußert, daß er stolz darauf sei, ihn soweit wie möglich unterstützt und gefördert zu haben.

Die Vorzeichen für die neue Direktverbindung waren anfangs wahrlich nicht gut; 1892 wurde die türkische Grenze bei Mustapha Pascha wegen einer Choleraepidemie gesperrt. Der letzte Orient-Expreß hatte Konstantinopel am 12. September verlassen und danach verkehrte nur noch der Konventionszug – „in ganz unregelmäßiger Weise", wie eine Zeitung meldete. Die Reisenden mußten an der Grenze drei Tage in Quarantäne bleiben, es gab keine durchlaufenden Wagen, und selbst dienstliche Schriftstücke wurden nur an langen Stöcken über die Demarkationslinie gereicht. Schließlich wurde noch eine zehntägige Quarantäne in Zaribrod verordnet. 1895 folgte dann der Krieg zwischen Bulgarien und Serbien. Das Kursbuch Chaix des Jahres 1897 verzeichnet zwar den Verkehr des Orient-Expreß einmal wöchentlich über Konstanza und zweimal über Sofia nach Konstantinopel, doch eine Notiz wies darauf hin, daß die direkte Relation zeitweise mit Umsteigen im serbischen Stalatsch betrieben werde, woran eine Überschwemmung schuld gewesen sein soll. Von jenem Jahr 1897 an wurde der Zug, unter anderem wegen des Touristenverkehrs nach dem Salzkammergut, über Salzburg statt über Simbach befördert. Um die Jahrhundertwende gab die ISG Rundfahrtbillets aus, die Ausflüge von Konstantinopel nach der Stadt Bursa inbegriffen, welche über eine von Mudanya ausgehende Bahn zu erreichen war, unter deren verantwortlichen Persönlichkeiten der Initiator des Orient-Expreß, Georges Nagelmackers, zu finden war. Diese Strecke ist, einer zeitgenössischen Quelle zufolge, 1892 in Dienst gestellt worden. In den Jahren 1912 und 1913 wurde der südliche Zweig des Luxuszuges durch die Balkankriege unterbrochen, bei denen das Gebiet zwischen Ostrumelien und Lüle Burgas zunächst an Bulgarien, nach dem zweiten Waffengang teilweise aber wieder an die Türkei zurückfiel. Die Betriebsführung der an Bulgarien gekommenen Strecken blieb dabei weiterhin in Händen der Gesellschaft des Baron Hirsch, während die schon vorher in jenem Land gelegenen Abschnitte der Orientbahn seit 1908 durch die Staatsbahn betrieben wurden.

Im Jahre 1891 hatte der ungarische Staat den in Ungarn gelegenen Streckenteil der selbständigen „österreichisch-ungarischen Staatseisenbahn-Gesellschaft" übernommen. Gleichzeitig versuchte Ungarn auf der Europäischen Fahrplankonferenz, den Zugteil nach Rumänien zu beenden. Tatsächlich gab es ja bereits den direkten Orient-Expreß über Belgrad nach Konstantinopel, dennoch versicherte Rumänien, daß sein eigener Flügel befriedigend besetzt sei. Als auf der EFK 1894 die rumänischen Vertreter statt der damaligen einzigen Fahrt pro Woche die Wiederherstellung der früheren zwei Fahrtenpaare beantragten, lehnte Ungarn ab. Ende 1895 ermöglichte die Inbetriebnahme der Donaubrücke bei Fetesti schließlich die einmal wöchentliche Verlängerung des Zuglaufes nach Konstanza zum Anschluß an Eilschiffe des rumänischen Staates nach Konstantinopel. Der Schiffsanschluß dieses „Constanza-Expreß" reichte vor dem Ersten Weltkrieg bis Smyrna, Piräus und Alexandrien.

Die Reisezeit Paris–Konstantinopel betrug im Juni 1883 81 Stunden und 40 Minuten. Wie sehr jede nur denkbare Beschleunigungsmöglichkeit ausgenutzt wurde, geht aus den Kursbüchern und aus den Protokollen der Europäischen Fahrplankonferenz hervor: Das Wenden in Kopfbahnhöfen dauerte 5 Minuten und der Aufenthalt an der französisch-deutschen Grenze in Igney-Avricourt und Deutsch-Avricourt zusammen 9 Minuten. Neun Jahrzehnte später sollte der Halt an der Grenze in Kehl im Zeichen von EWG und Europarat dagegen 14 Minuten und in Salzburg gar 22 bzw. 27 Minuten betragen ... Um die Pünktlichkeit im Westen nicht zu gefährden, beschloß die EFK 1885, daß bei Verspätungen von Osten her der Zugteil Wien–Paris alleine abfährt und die Passagiere aus Konstantinopel in einem Schlafwagen des gewöhnlichen Schnellzuges weiterreisen. Das Jahr 1888 brachte mit Eröffnung der direkten Strecke über Belgrad nach dem Bosporus eine Fahrzeitverkürzung von 14 Stunden. Später verschob eine Fahrplanänderung die Durchfahrzeiten durch Budapest in Westrichtung zwar auf die ungünstigen Stunden nach Mitternacht, doch dafür durften die Passagiere an bestimmten Tagen schon am Abend vorher in den bereitstehenden Wagen Platz nehmen.

Mit allen diesen Schritten konnte die Gesamtfahrzeit Paris–Konstantinopel von 1883 bis 1914 um fast 20 Stunden verkürzt werden. Zwar wurde ein bayerischer Wunsch, auf dem Weg nach Konstantinopel die dritte Nachtfahrt einzusparen, nicht verwirklicht, dennoch waren die Fahrzeiten im Vergleich zu den normalen Zügen hervorragend: Die Reise mit dem Orient-Expreß von Paris nach Konstantinopel war im Jahre 1914 um mehr als 18 Stunden schneller als die Umsteigeverbindung mit gewöhnlichen Schnellzügen. Die Höchstgeschwindigkeit des Luxuszuges lag in Bayern vor dem Ersten Weltkrieg bei 100 Stundenkilometern – in Serbien allerdings wurde lange Zeit mit maximal 55, dann mit 65 Stundenkilometern, und aus Sicherheitsgründen überdies nur tagsüber gefahren.

Für ihre Luxusreisenden eröffnete die Internationale Schlafwagengesellschaft im Jahre 1894 das Hotel Bosphorus Summer Palace in Therapia und im gleichen Jahr das Pera Palace in Konstantinopel. Weitere Unternehmen der ISG im Einzugsbereich des Orient-Expreß waren die Hotels in Tatra-Lomnitz und am Csorba-See, welche mit Umsteigen in Budapest erreicht wurden. Das Hotel Csorba-See war durch eine Zahnradbahn, Tatra-Lomnitz durch eine Eisenbahnstrecke erschlossen. Außerdem erschien in den Anzeigen des „Traveller de Luxe" das von der ISG geleitete Elysée-Palace in Paris.

Da die Gaderobe für Redouten, Bälle, Picknicks, Promenaden und Exkursionen einst die Schrankkoffer der feinen Leute füllte, wenn sie auf Reisen gingen, mußten in den Luxuszügen Gepäckwagen mitgeführt werden. Die Internationale Schlafwagengesellschaft besaß anfangs keine derartigen Fahrzeuge, so daß zunächst Wagen der französischen Ostbahn verwendet wurden. Später stellte die ISG eigene Gepäckwagen in Dienst, welche zur Beförderung von Reisegepäck, Küchenvorräten und als Schutz bei Kollisionen dienten und außerdem ein Schlafabteil zur Unterbringung von Personal besaßen. Andere Fahrzeuge waren mit einem Postabteil ausgestattet. In diesen wurden Post und Eilgut gegen ein Entgelt transportiert, womit sich das geschäftliche Risiko bei der Einführung neuer Luxuszüge von vornherein verringerte. Diese Rolle des

Orient-Expreß erscheint in Paul Morands Buch „Bucarest", in dem er über die „vieux garçons" dieser Stadt schreibt: *„Die Junggesellen von Bukarest trösteten sich mit der Erinnerung an die Zeit, als sie feine Diners gaben, als sie Cognac in Fässern empfingen und als die Trüffel aus Paris im Orient-Expreß ankamen ..."*

## Der Zug der Queen's Messenger

Von 1894 an verkehrte ein täglicher Luxuszug „Ostende-Wien-Expreß". Wie der Orient-Expreß, von dem er anfangs völlig getrennt war, bestand er ausschließlich aus Schlaf-, Speise- und Gepäckwagen der Compagnie Internationale des Wagons-Lits et des Grands Express Européens. Er diente dem Verkehr England–Österreich via Köln, Frankfurt, Nürnberg und Passau. Er berührte dabei die Netze der belgischen Staatsbahn, der königlich preußischen Eisenbahnverwaltung, der 1897 vom Staat gekauften privaten Hessischen Ludwigsbahn, der königlich bayerischen Staatseisenbahnen und der k. k. Österreichischen Staatsbahnen. Erzherzog Ferdinand und die Messenger der englischen Königin waren diejenigen Passagiere, welche den Expreß vom Anfang seines Bestehens an „hoffähig" machten.

Zuvor konnten Luxusreisende, welche die gewöhnlichen Züge verschmähten, allenfalls über Dover–Calais–Paris und von dort aus mit dem Orient-Expreß nach Wien gelangen. Tatsächlich hatte es auf der London, Chatham & Dover Railway schon 1875 den „Wagon-Lits-Salon" Nr. 43 von Mann und später Tagessalonwagen der britischen Pullman Car Company gegeben. 1889 richtete die Internationale Schlafwagengesellschaft anläßlich der Pariser Weltausstellung einen Salonwagen-Luxuszug „Club Train" ein, dessen drei Garnituren die Strecken Paris–Calais, Dover–London Victoria und deren Konkurrenzlinie, die South Eastern Railway Dover–London Charing Cross befuhren, doch 1893 wurde der Dienst wegen Defizits eingestellt.

Die Dampfer zwischen England und Frankreich wurden von der London, Chatham & Dover, Railway, der South Eastern Railway,

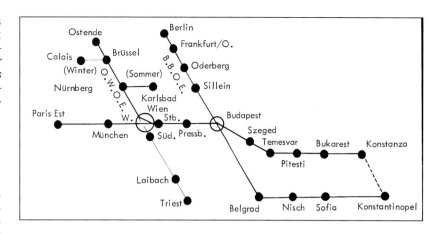

nach deren Vereinigung im Jahre 1899 von der South Eastern & Chatham Railway und außerdem von der französischen Nordbahn betrieben. Auf der Linie Dover–Ostende verkehrten die Schiffe der belgischen Staatsbahn. Dies waren anfangs Raddampfer, bis 1914 wurden jedoch die fünf modernen Turbinenschiffe „Princesse Elisabeth", „Stadt Antwerpen", „Villa de Liège", „Jan Breydel" und „Pieter de Coninck" in Dienst gestellt. Natürlich opponierten die belgischen Staatsbahnen heftig, als auf der EFK Winter 1896 die London, Chatham & Dover Railway einen Schlafwagen Calais–Brüssel–Wien beantragten, um einen Teil der Luxusreisenden auf ihre eigenen Dampfer abzuziehen. Später fuhr aber, jeweils im Winterfahrplan bis zum Jahre 1906, tatsächlich ein Wagon-Lits Calais–Wien im Ostende-Wien-Expreß und 1906 kurzzeitig im Orient-Expreß.

Im November 1895 wurde der Luxuszug einmal in der Woche als „Ostende-Wien-Konstanza-Expreß" nach der rumänischen Hafenstadt verlängert. Ab 1. Mai 1900 schließlich ermöglichte eine Fahrplanänderung die Kombination mit dem Orient-Expreß östlich des Wiener Westbahnhofes und gleichzeitig mit diesem die Führung an zwei Tagen wöchentlich nach Konstanza sowie an drei anderen Tagen nach Konstantinopel, bei täglichem Verkehr bis Budapest. Es gab aber Verspätungen bis zu 103 Minuten und so beschloß die Fahrplankonferenz 1901, daß höchstens 1 Stunde auf den Anschluß gewartet werde. Im Protokoll hieß es: „Da somit die Weiterfahrt von

*Orient-Expreß 1900. Der Ostende-Wien-Expreß fuhr über Koblenz–Kastell–Frankfurt, später über Mainz Hbf–Frankfurt.*
*Die Vereinigung mit dem Orient-Expreß erfolgte ab 1910 in Wels.*

*Ostende-Wien-Expreß mit belgischer Lokomotiv-Reihe 18, dahinter dreiachsigem Gepäckwagen, vor Abfahrt in Ostende, zwischen Jahrhundertwende und Weltkrieg*
*Archiv: La Vie du Rail*

*Luxuszug Karlsbad-Ostende-Expreß auf der Buṡtĕhrader Bahn*
*Sammlung: Puchta*

Wien Westbf. bis Budapest beim jeweiligen ‚Anschlußzug' in Verspätungsfällen nicht gewährleistet ist, hat die gegenwärtig geübte Publication der fraglichen Luxuszüge, laut der jeder derselben als über Wien directe nach Budapest weitergeführt erscheint, zu entfallen, und nur der bestehende Anschluss zum Ausdruck gebracht . . ." Erst für 1909 scheint die gemeinsame Weiterführung anhand einer erhaltenen Dienstvorschrift gesichert. Von 1911 an war der Verkehr der Luxuszüge bis Konstanza dreimal und bis Konstantinopel sogar viermal wöchentlich verzeichnet.

Ein Vertrag sah die Verlängerung des Ostende-Wien-Expreß vom 3. Dezember 1895 an einmal in der Woche als „Ostende-Wien-Triest-Expreß" über Wien-West, Meidling, den Südbahnhof, den Semmering und Laibach nach der damals bedeutendsten österreichischen Hafenstadt vor, deren Schiffahrtslinien bis Indien, China und Japan reichten. Der Österreichische Lloyd stellte für den neuen Zug einen direkten Schiffsanschluß nach Alexandrien her. Trotz dieses Anschlusses erreichte die Besetzung des Luxuszuges Ostende-Triest südlich von Wien aber kaum 4–5 Passagiere pro Fahrt, weswegen die Relation zum 1. Mai 1900 in einen täglichen Schlafwagenübergang auf einen normalen Südbahnschnellzug umgewandelt wurde. Der Wagen verkehrte zeitweilig von bzw. nach Calais, mit Übergang in Brüssel-Nord. Eine andere Verbindung England–Ägypten hätte, einem in der „Times" veröffentlichten Vorschlag zufolge, als Teil der englisch-indischen Postroute von Calais über die Schweiz und den Hafen von Saloniki führen sollen, doch sie wurde nie verwirklicht. Die England-Indien-Strecke führte indessen über Frankreich-Italien, und sie dürfte die hauptsächliche Konkurrenz für den Ostende-Triest-Expreß gewesen sein. Außerdem verkehrte für Schiffsreisende ab Winter 1906 ein Luxuszug „Ägypten-Expreß" Berlin–Neapel, und schließlich stellte daneben der Orient-Expreß am Bosporus vor dem Ersten Weltkrieg einen Anschluß an die Schiffe „Osmanieh" und „Ismailia" der britisch kontrollierten Khédival Mail Steamship Co. her.

Die Relation von Ostende über Wien nach Triest ist dagegen im Jahre 1909, als die kürzere Tauernbahn eröffnet wurde, völlig eingestellt worden. Auch ein Schlafwagen des Expreß, offenbar von Wien nach Fiume, dem heutigen Rijeka, war nicht rentabel. Dabei diente diese Strecke dem Verkehr nach Abbazia, jenem „österreichischen Nizza", welches Südbahn-Generaldirektor Schüler zu einem vornehmen Erholungszentrum gemacht hatte. Franz Josef, Wilhelm II., König Carol von Rumänien, der Großherzog von Luxemburg und Erzherzog Franz Ferdinand befanden sich unter den Privilegierten, welche dort Zerstreuung suchten, ebenso wie Kronprinzessin Stephanie, deren Name ein Grandhotel der ISG trug, das später, als die Monarchie verpönt war, in „Central" umbenannt wurde. Auch am anderen Streckenende des Ostende-Triest-Expreß war die Erholung am Meer in Mode gekommen: In Ostende betrieb die Compagnie vor dem Ersten Weltkrieg das Grand Hotel de la Plage, das Royal Palace, das Grand Hotel du Palais des Thermes und das direkt mit dem Bahnhof verbundene Hotel Terminus Maritime.

## Als man zur Kur nach Karlsbad reiste

In dem österreichischen Weltbad Karlsbad hatte sich die Zahl der Kurgäste von 1880 bis etwa 1910 fast verdreifacht, wobei der Anteil der Ausländer fünfzig Prozent betrug. Im Zusammenhang mit dem Besuch König Eduards von England erzählt die eigene Familienlegende von einem Wettrennen des Großvaters auf der Lokomotive gegen den auf der Straße von Marienbad nach Karlsbad im Auto fahrenden Monarchen (später starb der Lokführer dann, wie so viele seiner Kollegen auf den halboffenen Führerständen, infolge einer Lungenentzündung . . .).

Angesichts der zahlreichen und prominenten Kurgäste ist es nicht verwunderlich, daß auf der Europäischen Fahrplankonferenz 1895 die South Eastern Railway eine Verbindung London–Karlsbad beantragte, welche als Teil des Ostende-Wien-Expreß

zustande kommen sollte. Der nur im Sommer nach Karlsbad verkehrende Zug bestand ab 1895 aus einem Schlafwagen und einem Gepäckwagen, welche in Nürnberg täglich von dem Wiener Zugteil abzweigten, um zusammen mit einem Speise- und einem weiteren Gepäckwagen als Luxuszug über die bayerische Staatsbahn und die Buṅtěhrader Bahn das Weltbad zu erreichen. Er kreuzte dabei die damalige Hauptstrecke Berlin–München–Rom in Marktredwitz, einem heute zweitrangigen, früher einmal als „Drehscheibe Europas" bezeichneten Kleinstadtbahnhof. Der zweite Karlsbader Schlafwagen war zeitweise auf die reine Tagesstrecke Nürnberg–Karlsbad beschränkt – eine Kuriosität, die ihre Ursache in der starken Auslastung des Expreßzuges bei Abfahrt in Ostende hatte. Laut EFK 1897 kam er im Sommer mit dem Schlafwagen und einem dreiachsigen Gepäckwagen nach Karlsbad auf 25 Achsen – eine für damalige Luxuszüge stattliche Zahl.

Um Marienbad an den westeuropäischen Luxuszugverkehr anzuschließen, wurde auf der EFK 1905 beschlossen, den zweiten Schlafwagen des Ostende-Karlsbad-Expreß in Eger nach dorthin abzweigen zu lassen. 1906 kam dieser Wagen aus Amsterdam, von 1907 an aber wieder aus Ostende. 1905 gab es einen Schlafwagen Amsterdam–Karlsbad. Die Amsterdamer

*Ein Zug zu Anfang des Jahrhunderts im Bahnhof Bazias, einst Umsteigestation auf die Donaudampfer*
*Sammlung: Dr. Kubinszky*

*Ostende-Wien-Expreß mit belgischer Lokomotiv-Reihe 17, entsprechend caledonischer Dunalstair-Klasse, und dahinter vermutlich Karlsbader Zugteil, vor Abfahrt Ostende, zwischen Jahrhundertwende und Erstem Weltkrieg*
*Sammlung: Commault*

Wagen liefen westlich von Nürnberg in gewöhnlichen Zügen. Da gegenüber den österreichischen Bädern auch Bayern mit seinem Bad Kissingen nicht zurückstehen sollte, diskutierte die Fahrplankonferenz 1907 einen Schlafwagenlauf des Ostende-Wien-Expreß nach dieser Kurstadt. Er wurde im Sommer 1910, in Würzburg abzweigend, eingeführt, konnte sich aber ebenso wie ein Schlafwagen nach München von 1909, der in Nürnberg, zeitweilig in Würzburg überstellt wurde, nur kurze Zeit halten.

Was den reichen englischen Kurgästen recht war, nämlich im Schlafwagen direkt in ihre Kurorte zu fahren, konnte der französischen Klientel nur billig sein. Zwar war es bisher schon möglich, mit dem Orient-Expreß nach Oos zu fahren und von dort weiter nach Baden-Baden – in a „special carriage (W.-salon)", wie Cook's Continental Timetable 1897 angab – doch nach dem mondänen Karlsbad fehlte noch immer eine Luxusverbindung von Paris aus. Erst zum Jahr 1900, als wegen der Pariser Weltausstellung eine Doppelführung des Orient-Expreß erwogen wurde, kam es zur Einführung eines täglichen separat betriebenen Saison-Luxuszuges Paris–Karlsbad unter der Geschäftsführung der Eisenbahnen von Elsaß-Lothringen. Die Fahrplankonferenz 1900 wünschte überdies, daß in Eger ein Schlafwagen dieses Zuges nach Marienbad abzweige, *„falls nicht die beiden von Paris kommenden Wagen mit Reisenden nach Karlsbad so besetzt sein sollten, daß der Durchlauf beider Wagen bis Karlsbad sich als nothwendig erweist"*. In letzterem Falle könnte der von der Schlafwagen-Gesellschaft in Eger bereitzuhaltende Reservewagen für den Marienbader Verkehr benützt werden. Die k.-k.-Staatsbahndirektion Pilsen war jedoch nicht in der Lage, neue Züge für diesen geplanten Anschluß in Aussicht zu stellen.

Anläßlich der Fahrplankonferenz 1901 stellte die ISG bezüglich des Paris-Karlsbad-Expreß fest, daß „derselbe allgemein gut besetzt war, und sich zur Entlastung des Orient-Expreßzuges bewährt hat". Die geschäftsführende Verwaltung wurde ersucht, einen mit der Schlafwagengesellschaft abzuschließenden, endgültigen Vertrag auszuarbeiten. Gleichzeitig akzeptierte die Konferenz den durch die ISG beantragten und besonders von Baden begrüßten dritten Schlafwagen, welcher von 1901 bis 1914 in Karlsruhe auf einen Schnellzug zur Weiterfahrt nach Frankfurt überstellt wurde. Vom Jahre 1906 an ging der Weg des Luxuszuges nicht mehr über Stuttgart, sondern über Heilbronn. Schließlich wurde mit einem nur 1906 und 1907 verkehrenden Schlafwagen Calais–Karlsbad auch dem alten Wunsche der South Eastern & Chatham Railway entsprochen, einen Teil des Verkehrs von den belgischen Schiffen der Ostende-Route auf die eigenen Kanaldampfer abzuziehen.

# Berlin-Orient und nicht viel dahinter

*„Seine Majestät der Sultan und die 300 Millionen Mohammedaner, die in der Welt verbreitet leben, können versichert sein, daß der Deutsche Kaiser in jedem Fall ihr Freund sein wird."* Als Kaiser Wilhelm II. in Damaskus 1898 diese Worte an die Weltöffentlichkeit richtete, begann diese begierig, sie ihren jeweiligen Interessen gemäß auszulegen. Eine direkte Reiseverbindung zwischen Berlin und Konstantinopel jedoch gab es zu dieser Zeit nicht. Zwar war 1889 ein einmal wöchentlicher „Orientkurierzug" Berlin–Oderberg–Budapest zum Anschluß an den „Conventionszug" nach dem Bosporus eingesetzt worden, doch er hatte keine durchlaufenden Wagen. Es verkehrten lediglich zwei Waggons der Polsterklassen und ein Schlafwagen Berlin–Budapest. Spätere Kursbücher verzeichneten sogar nunmehr die preußischen Schlafwagen Berlin–Oderberg, welche 1884 eingeführt worden waren. Obwohl die Deutsche Bank 1888 die Konzession für den Bahnbau vom Marmarameer nach Ankara und 1899 eine Vorkonzession zum Bau der Bagdadstrecke erworben hatte, kam erst im Jahre 1900 die Einführung eines Schlafwagen-Luxuszuges zwischen der deutschen und der türkischen Hauptstadt zustande. Dieser „Berlin-Budapest-Orient-Expreß" fuhr anfangs täglich ab Bahnhof Friedrichstraße über den Schlesischen Bahnhof, Frankfurt an der Oder, Sommerfeld, Liegnitz, Breslau, über die Kaschau-Oderberg-Bahn und Sillein zum Budapester Westbahnhof. Zumindest anfangs lief dreimal wöchentlich ein Schlafwagen nach Konstantinopel im Orient-Expreß weiter. Ein Reisebericht sprach von Überstellung in Budapest West, der ISG-Guide gibt schon für Galanta gleiche Uhrzeiten an. Die Eröffnungsfahrt begann am 27. April um sieben Uhr früh in Berlin, mit Ankunft in Budapest am gleichen Abend um elf Uhr, Weiterfahrt in der Nacht vom 28. auf den 29. April und Ankunft in Konstantinopel, getrennt vom Orient-Expreß, um acht Uhr abends. In Belgrad und in Sofia hatte den Eröffnungsgästen jeweils ein ganzer Tag Aufenthalt zur Verfügung gestanden. Die „geringe Benutzung" des Luxuszuges, welche die Europäische Fahrplankonferenz 1901 erwähnte, führte am 1. Oktober 1902 zur Einstellung des Zuges. Schon vom 7. Dezember 1900 an war er ab Berlin nunmehr zweimal wöchentlich gefahren. Die Tatsache, daß es dann überhaupt keinen Schlafwagenlauf zwischen Berlin und dem Bosporus gab, zeigt, wie unbedeutend die politisch hochgespielten Handelsbeziehungen zwischen dem Deutschen Reich und der Türkei in Wirklichkeit waren. Erst kurz vor dem Ersten Weltkrieg fuhr wieder ein Schlafwagen Berlin–Oderberg–Budapest–Konstantinopel, allerdings nicht im Orient-Expreß, sondern in gewöhnlichen Schnellzügen. Bei dem durch ein historisches Foto

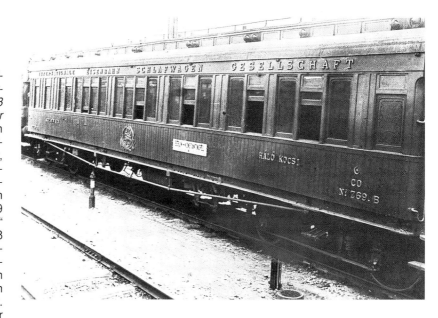

*Schlafwagen der ISG Berlin–Konstantinopel, vermutlich Conventionszug, vor dem Ersten Weltkrieg*
Sammlung: Commault

*Schlafwagen 788 des Berlin-Budapest-(Orient-)Expreß von Ganz 1900, später eingesetzt im Riviera-Expreß*
Sammlung: Dr. Stöckl

*Fahrplan vom Juni 1905, im Traveller de Luxe*

bekanntgewordenen Wagen Nr. 769 mit der Tafel „Berlin-Konstantinopel" bei dem es sich um jenen Kurs handeln mag, fällt auf, daß er neben Schlafcoupés auch Sitzabteile enthielt – so schlecht scheint also die Besetzung auf der Achse Deutschland–Türkei gewesen zu sein.

## Könige und Prinzen, Paschas und Agenten

*„Diesem Zug, der Europa durch Europa trug, galt die Sehnsucht, das Entzücken, der Neid derer, die ihm nur nachwinken konnten"*, schrieb ein halbes Jahrhundert nach seiner großen Epoche eine Zeitung über den Orient-Expreß. Ende 1885 hatte Fürst Alexander I. von Bulgarien auf einer Reise nach Darmstadt, wo er seine heimliche Verlobte Viktoria von Preußen traf, seine Salonwagen an den Orient-Expreß hängen lassen. Ferdinand von Bulgarien hatte den Luxuszug auf Reisen nach Berlin, Paris und an die Riviera benützt, Im Juli 1908 fuhr der badische Großherzog Friedrich II. im Orient-Expreß nach München. Wie Paul Dost in „Der rote Teppich" schreibt, benützte er wahrscheinlich seinen sechsachsigen Wagen Nr. 10 000, welcher 1894 bei Rathgeber gebaut wurde und in der Mitte einen Salon mit eigenem Einstieg enthielt. Ab Augsburg lief der Wagen als Nachzug, da er in München wegen des dortigen Empfangs auf einem anderen Gleis ankommen sollte. Zum Begräbnis von König Eduard VII. im Mai 1910 begab sich eine größere Anzahl südosteuropäischer Fürsten im Orient-Expreß zu den Trauerfeierlichkeiten: Kronprinz Ferdinand I. von Rumänien verließ Bukarest in einem Sonderzug aus sechs Hofwagen, von denen ab Wien drei im Orient-Expreß weiterliefen. Aus Serbien reiste Kronprinz Alexander, einer anderen Quelle zufolge König Peter I., in einem Hofwagen an, wobei aber nicht angegeben ist, ob der Orient-Expreß benutzt wurde. In Konstantinopel wurde am 8. Mai der Salonwagen des osmanischen Prinzen Jussuf an den Orient-Expreß gehängt, und einen Tag später lief ein Hofsalonwagen in Blau und Gelb sowie ein Wagen mit Küche, Speisesalon und Raum für Gefolge mit König Ferdinand und Kronprinz Boris von Sofia aus in dem Expreß westwärts. Auf der South Eastern & Chatham Railway waren, wie Paul Dost berichtet, am 18. Mai sieben Hofzüge zu führen. Am folgenden Tag verkehrten drei Sonderzüge von der Kanalküste nordwärts, darunter einer mit dem König von Bulgarien und dem Prinzen Danilo von Montenegro, welcher zusammen mit seiner Freundin in Belgrad zugestiegen sein soll.

*Oben: Orient-Expreß ostwärts, mit bayerischer B XI-Lok, dahinter Gepäckwagen mit Postabteil, 2 Schlafwagen, Speisewagen, Gepäckwagen, zwischen München Centralbahnhof und Südbahnhof, im Jahr 1902*
*Sammlungen: Kronawitter und Ungewitter*

*2. v. oben: Orient-Expreß mit württembergischer Lok AD 476, vor dem Ersten Weltkrieg*
*Sammlung: Griebl*

*2. v. unten: Orient-Expreß mit Lokomotivreihe 110 am Rekawinkler Berg um 1909*
*Foto: Dr. Roth, Sammlung: Griebl*

*Unten: Orient-Expreß um 1901 mit Lokreihe 6 der k.k Österreichischen Staatsbahnen in Amstetten    Sammlung: Opladen/Deppmeyer*

Wenn Graf Feodor Apraxin aus Tiflis die Riviera aufsuchte, reiste er zusammen mit seinem Personal in einem Sonderzug nach Batum, von dort mit dem Schiff nach Konstantinopel und weiter in zwei Sonderwagen des Orient-Expreß. Zwischen Batum und dem Bosporus verkehrten um die Jahrhundertwende planmäßig russische und italienische Dampfer, Schiffe der Messageries maritimes und des Österreichischen Lloyd. Die normalen Dampfer und Züge allerdings verschmähte der kaukasische Prinz Tschernytschew. Er benutzte mit seinem Gefolge, darunter acht Köchen, einen Sonderzug von Wladikawkas nach Noworossijsk, einen Sonderdampfer über das Schwarze Meer und einen anderen Sonderzug von Konstantinopel aus auf der Orient-Expreßstrecke westwärts.

*Orient-Expreß mit 2B-Lokomotive der Serie 101–106, Lokomotive der Orientbahn bei San Stefano. Das Aufnahmedatum dieses bekannten Fotos wird meist mit 1910 angegeben, liegt jedoch früher, da es 1901 im Locomotive Magazine veröffentlicht wurde und da im Jahr 1900 drei Schlafwagen an den gleichen Verkehrstagen nach Konstantinopel befördert wurden, je einer aus Paris, Ostende und Berlin, dazu der Speisewagen aus Paris.*
*Sammlung: Commault*

*Ein Südbahn-Schnellzug mit Reihe 108, Nr. 220, bei Atzgersdorf am 10. Juli 1912     Sammlung: Griebl*

Von Paris nach Konstantinopel reiste auch der Maharadscha von Rana mit sieben seiner Frauen. Er hatte einen Schlafwagen und einen Salonspeisewagen von der Compagnie gemietet, welche im Gare de l'Est auf einem eigenen Gleis bereitgestellt werden mußten. Wenn der Maharadscha und seine Frauen, alle in kostbaren Seidengewändern, eingestiegen waren, rangierte sie eine kleine Lokomotive in das Abfahrtgleis des Orient-Expreß, auf dem kurze Zeit danach der planmäßige Luxuszug angekuppelt wurde. Natürlich erzählten sich die normalen Sterblichen unter den Fahrgästen die sonderbarsten Geschichten von den Reisenden in den beiden Wagen mit den heruntergelassenen Rollos am Schluß des Zuges, zu denen kein Fremder Zutritt hatte. Von Diwans mit Damast und Goldbrokat wurde gemunkelt, welche der Maha-

*Orient-Expreß westwärts mit 206.70 der kkStb bei Hütteldorf-Hacking vor dem Erstem Weltkrieg*
*Sammlung: Griebl*

radscha statt der Lederstühle in den Speisewagen habe stellen lassen und von einer Begebenheit an einem Wintertag in der Nähe von Philippopel: Das Thermometer sank immer tiefer, eisiger Wind verwandelte das östliche Bulgarien in ein kleines Sibirien, und ausgerechnet dazu fiel noch die Heizung aus. Natürlich waren die Inderinnen in ihren seidenen Saris nicht auf die Kälte eingerichtet, und so mußte der Maharadscha, Herr über unermeßliche Reichtümer, durch den Schaffner wie ein Bettler im Zug von gewöhnlichen Passagieren Kleider besorgen lassen. Der Lohn dafür aber sei fürstlich gewesen ...

Andere Fahrgäste des Orient-Expreß fuhren nicht zum Vergnügen, sondern dienstlich. Es gab hochpolitische Reisen wie diejenigen des Gesandten Österreich-Ungarns in Rumänien, Graf Czernin, der sich in Verfolgung eines Ausgleichs mit diesem Land öfter von Bukarest nach Wien begab. Auch von den Queen's Messengers als Benützer der Luxuszüge wird berichtet. Als die Großmächte nach dem Zweiten Balkankrieg den preußischen Prinzen Wilhelm zu Wied zum König des neugeschaffenen Albanien machen wollten – das ein Vordringen der Serben an die Adria verhindern sollte – fuhr er erst einmal mit dem Orient-Expreß zu seiner Tante, der Dichter-Königin Carmen Sylva, nach Rumänien, um sich dort Rat zu holen.

Paul Morand, welcher sich im diplomatischen Dienst vor dem Ersten Weltkrieg des Orient-Expreßzuges bediente, schildert in „Le Voyage" die ganze bunte Vielfalt seiner Mitreisenden: französische Lehrer in abgetragenem Gehrock auf dem Rückweg in die Moldau-Provinzen, wo sie unterrichteten (sie konnten einem Roman von Dostojewskij entsprungen sein), Amerikaner einer Art, die weder trank noch mit ihrem Reichtum prahlte, österreichische Grandseigneurs auf der Fahrt nach Epsom und englische Lords auf dem Weg zur Auerhahnjagd, reiche jüdische Herren aus Wien, diplomatische Kuriere, welche immer zu zweit reisten, aber nie gemeinsam das Abteil verließen, Impresarios, berühmte Tenöre, Leipziger Zobelhändler, Hindus und Schiiten, ungarische Magnaten, rumänische Bojaren, steinreiche Armenier oder Perser, von denen man sagte, daß sie ihre

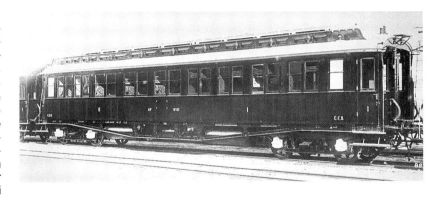

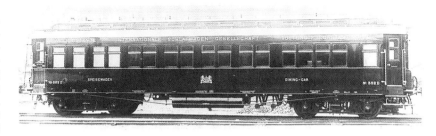

*Sitzwagen mit Liegeeinrichtung der bulgarischen Staatsbahnen CEB für den Conventionszug*  
*Sammlung: Dr. Stöckl*

*Speisewagen 392 für den Ostende-Constanta-Expreß*  *Sammlung: Dr. Stöckl*

*Orient-Expreß auf der Wiener Verbindungsbahn mit Tenderlok der Reihe 30*  
*Foto: Urbanczik*

Diamanten im Koffer aufbewahrten, und nicht zuletzt jene Rasse, welche mit Abdul Hamid verschwand – „alte osmanische oder ottomanische Herren (die zu Tode beleidigt waren, wenn man sie ‚Türken' nannte), Paschas mit Fes, gekleidet in den langen Gehrock, die Stambouline; sie schlossen ihre verschleierten Frauen in das Abteil ein, zu dem der Schaffner keinen Zutritt hatte; Schwärme geheimer Agenten umgaben sie; sie hatten ihre cafedji bachis mit sich, welche ihnen den Kaffee kochten, so sehr fürchteten sie selbst auf Reisen irgendeinen schlechten ‚Kaffee', welchen ihnen die neue türkische Regierung geschickt haben könnte ..."

## Ausgeraubt und eingeschneit

Im Herbst 1883 hatten Banditen an der Strecke Russe–Varna, auf welcher die Reisenden des Expreß den Anschlußzug der Orientbahn benutzen mußten, den kleinen Bahnhof Vetova angezündet, das Kind des Stationsvorstands verschleppt und ihn selbst gefesselt in den Flammen zurückgelassen. Nur durch Zufall wurde er gerettet. Eine andere Sensation war der Überfall des griechischen Räuberhauptmanns Athanasos auf den Orient-Expreß im Spätsommer des Jahres 1891. Seine Bande soll den Zug in Thrakien zum Entgleisen gebracht, Personal und Passagiere entführt und erst gegen hohes Lösegeld freigegeben haben. Ein Jahrzehnt später, in der Nikolausnacht des Jahres 1901, überrannte der Ostende-Wien-Expreß den Prellbock im Frankfurter Hauptbahnhof und kam nach Durchbruch einer Mauer erst in der Bahnhofsrestauration 1. und 2. Klasse zum Stehen. Im September des gleichen Jahres muß die Expreßzugstrecke zwischen Verciorova und Balota vorübergehend unpassierbar geworden sein durch die schaurige Katastrophe eines Schnellzuges aus Bukarest, auf den bei Nacht, von hinten immer näher kommend, ein durchgegangener Tankzug aufgefahren war: Die Wagen, fast alle Reisenden, und selbst die Bäume neben den Gleisen waren dabei bis zur Unkenntlichkeit verbrannt. Kurze Zeit später wurde die Strecke Ostende-Wien-Expreß zwischen Aachen und Köln durch Anschlag auf einen Personenzug verlegt. Der Wien-Ostende-Expreß oder zumindest ein Teil davon war es auch, welcher am vorletzten Tag des Jahres 1906 vor Köln bei Nebel auf einen Güterzug auffuhr – beschrieben als „Expreß 53 Wien–Cöln" mit einem Postpackwagen und einem Schlafwagen. Im Jahr 1907 hielten Schneeverwehungen den Orient-Expreß für elf Tage in der europäischen Türkei fest: Während der Zug tiefer und tiefer in den weißen Massen verschwand, waren seine

Bahnhofsrestauration Frankfurt – der Ostende-Wien-Expreß mit preußischer S3 nach Überfahren des Prellbocks am 6. Dezember 1901

*Orient-Expreß vom Oktober 1883.
Schlafwagen-Vierbettabteil in
Wagen der Serie 121–126 und
Speisewagen der Serie 151–153
Archiv: Deutsches Museum*

*Schlafwagenabteil des Orient-Expreß um die Jahrhundertwende*

*Der auf der Wiener Weltausstellung gezeigte Schlafwagen Nr. 3 der ISG
Archiv: Deutsches Museum*

Fenster und Türen durch Eis blockiert. In den Wagen wurde es dunkel und das Thermometer fiel unter zehn Grad. Ein kleines Kind weinte immerfort, weil es fror. Es bekam den Platz neben einer noch intakten Heizung. Den leicht gekleideten Orientalen verkauften Mitreisende die Wintergarderobe aus ihren Koffern. Nachdem die Nahrung knapp wurde, machte sich das Küchenpersonal auf den Weg, um Lebensmittel zu besorgen. Es hatte sich dabei hungriger Wölfe zu entledigen, weswegen es bewaffnet war. Da man räuberische Überfälle befürchtete, mußten schließlich die in den Schnee gegrabenen Ausgänge wieder verschlossen werden, womit die letzte Verbindung zur Außenwelt verlorenging. Endlich erschien nach elf Tagen des Ausharrens ein Schneepflug ...

Im selben Jahr entgleiste auf der Strecke des Luxuszuges ein Schnellzug Orşova–

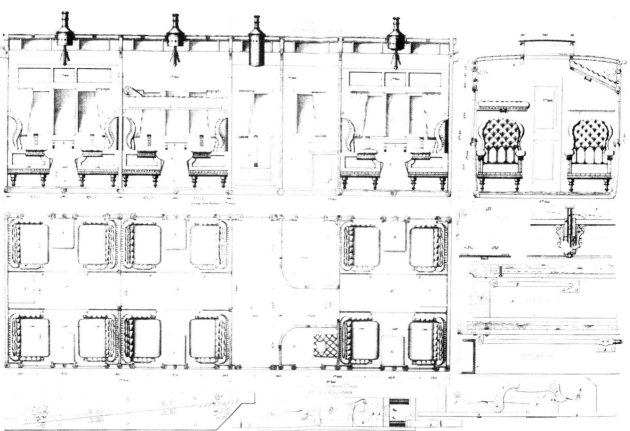

Budapest und fuhr in einen Güterzug. Am 9. April 1910 sprang der Orient-Expreß bei Vitry-le-François aus den Schienen. Am 14. Mai 1913 berichtete der Frankfurter Courier über die Fahrt einer Lokomotivmannschaft des Wien-Ostende-Expreß nach einem Schaden an der Kesselrückwand. Dampf drang in den Führerstand ein und verbrühte den Heizer. Er und der Lokführer mußten ins Freie flüchten und hingen winkend und schreiend auf der linken Seite der Lok, während der Zug die Stationen Heining und Schalding bei Passau passierte, deren Fahrdienstleiter die vorausgehenden Bahnhöfe verständigten, um die Strecke freizuhalten. Schließlich gelang es dem Lokführer, das Türchen auf der Heizerseite zu erreichen, am Laufblech nach vorne zu gehen und ein Luftventil zu betätigen. Nach ungefähr zehn Kilometern führerloser Fahrt kam der Expreß in Sandbach zum Stehen.

## Teak, Korbfauteuils und Silber

„So wie der Transatlantikdampfer ein schwimmendes Hotel darstellt, ist auch der Zug der internationalen Schlafwagengesellschaft, welche durch Monsieur Nagelmackers gegründet wurde und tatkräftig, den Bedürfnissen der Zeit entsprechend, von ihm geleitet wird, ein wirkliches Hotel ersten Ranges, und zwar ein rollendes", vermerkt die Pariser Zeitschrift „L'iliustration" im Juni 1884 über den Orient-Expreß. Nüchterner, aber dafür auch exakter ist ein Bericht von Oberingenieur Schrauth im „Organ für die Fortschritte des Eisenbahnwesens", Jahrgang 1882, über die dreiachsigen Schlafwagen aus der Waggonfabrik Rathgeber, deren Typ im ersten Orient-Expreß und auch schon im „Train Eclair" eingesetzt war:

*Schlafwagen der ISG, wie er im Train Eclair und im ersten Orient-Expreß verwendet wurde.*
*Archiv: Deutsches Museum*

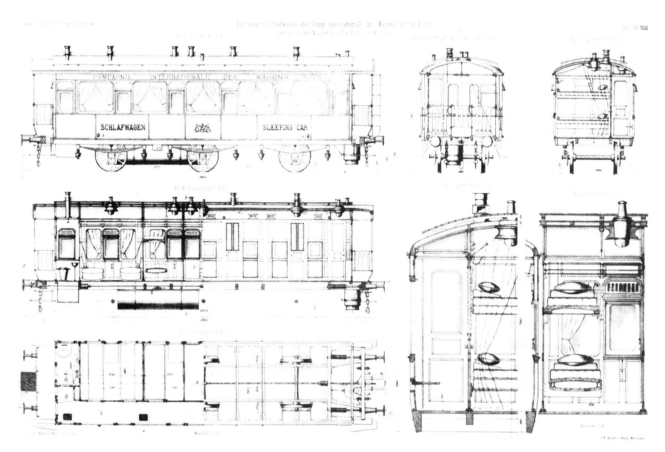

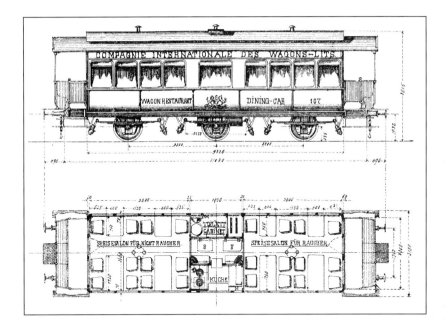

*Restaurationswagen für 24 Personen, gebaut von der Waggonfabrik Jos. Rathgeber, München*

*Dieser erste Drehgestellwagen der ISG, der Schlafwagen Nr. 75, fuhr im Train Eclair und im Orient-Expreß.*

„Der Constructeur dieser Wagen, Herr Gain, Ingenieur en chef der Comp., war vor allem bemüht, schon in der Verwendung des Materials sorgfältige Auswahl zu treffen. Für das ganze Untergestell und Kastengerippe wurde ausschließlich Teakholz verwendet, ein Holz, welches vorzügliche Eigenschaften besitzt. Die innere und äußere Verschalung des Gerippes ist aus Carton hergestellt, und zwar die äußere aus Carton von 9 mm, die innere aus solchem von 7 mm Stärke, wiederum ein Material, das den gestellten Anforderungen voll entspricht und das wohl befähigt ist, sicher einer größeren Verbreitung zu erfreuen. Der Boden ist mit einer 25 mm dicken Filzdecke belegt, auf dieser kommt eine Lage Linoleum und auf dieses elegante Brüsseler Teppiche, welche sich behufs Reinigung leicht aus dem Wagen entfernen lassen.

Das Untergestell dieser Wagen ist abweichend von den gewöhnlichen Wagenconstructionen, insofern eine exacte Trennung zwischen Kasten und Untergestell nicht vorhanden. Die Räder sind Antivibrationsräder, System – ein verbessertes System Mansell, – dieselben sind Holzräder, welche zwischen Bandage und Nabe mit Teakholz ausgefüttert sind ... Die Eintheilung der Wagen ist eine Combination des Coupé-Systems mit dem Intercommunicationssystem. Der Wagen hat nämlich einen Seitengang, von welchem aus man in die einzelnen Coupés eintritt, – es sind 2 Doppel-Coupös, je 4sitzig, und 3 einfache, je 2sitzig, vorhanden, so daß der ganze Wagen also für 14 Personen Plätze bietet, welche sowohl als Sitz- oder Schlafplätze functionieren können. Die einzelnen Coupés sind durch Jalousiethüren von dem Gange aus zugänglich, die Zwischenwände der Coupés sind in ihrem Gerippe aus Teak, die Fügungen wiederum aus Carton, welcher theils mit Stoff, theils mit imitiertem Leder überzogen ist. Um den Reisenden das Hinaussehen von seinem Sitze aus nach der einen wie nach der anderen Seite des Wagens zu ermöglichen, befindet sich in der Wand zwischen Corridor und Coupé des Wagens eine Füllung, welche herabgelassen werden kann ... Die Schlafstellen nun werden auf folgende Weise geschaffen: Zunächst wird die Rücklehne, welche an ihrer oberen Kante rechts und links in einem Drehzapfen liegt, aufgeklappt, so daß dieselbe in die horizontale Lage zu stehen kommt und in dieser mittels Riegel festgestellt wird, dann wird der eigentliche Sitz, der auf seiner unteren, dem Boden zugekehrten Seite 2 aufeinandergelegte Matratzen nebst 2 wollenen Decken aufgeschnallt hat, etwas vorgezogen und um eine Achse von 180° gedreht, – die nun nach oben liegenden Matratzen werden losgeschnallt und dient die eine für die untere, die andere für die obere Schlafstelle. Die nöthigen Keilkissen, Kopfkissen und Schlummerrollen, welche während des Tages hinter der Rücklehne zweckmäßig Aufbewahrung finden, werden nun noch zugegeben, und so wäre die Schlafstelle, nachdem die Bettwäsche, welche in besonderen Wäschekasten bei den Toiletten untergebracht, durch den Conducteur vor den Augen des Reisenden noch beigestellt wird, fertig."

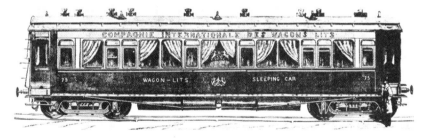

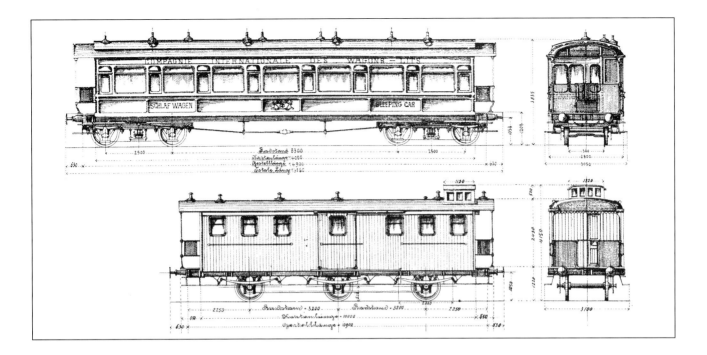

Oben: Schlafwagen mit zehn Schlaf- und 15 Coursplätzen; unten: dreiachsiger Fourgon, Erbauer: Jos. Rathgeber, München

Außer den Dreiachsern erschien im Orient-Expreß der erste Drehgestellwagen der Compagnie, der Schlafwagen Nr. 75, welcher bei der Société Dyle et Bacalan im Jahre 1880 gebaut worden ist und schon im Train Eclair eingesetzt war. Dieser modernste Wagen der Gesellschaft ist im April 1881 zusammen mit dem Dreiachser Nr. 74 für den belgischen König Leopold II. in einem Sonderzug von Brüssel nach Wien gefahren. Er bot Platz für 20 Personen, hatte einen Seitengang, welcher einer alten Zeichnung zufolge nach zwei Abteilen hin offen war, geschlossene Endplattformen und Gasbeleuchtung. Die rollenden Restaurants waren ebenso wie beim Train Eclair dreiachsig. Sie hatten eine kleine, nicht einmal zwei Quadratmeter messende Küche in Wagenmitte und an beiden Seiten davon je einen Speisesalon. Dazu paßt eine alte Beschreibung, derzufolge die Fenster ebenso wie der Gang neben der Küche mit blauen Vorhängen versehen, die Decken reich verziert und die Innenwände mit Leder austapeziert gewesen seien, welches mit dem Bezug der Einzelstühle harmonierte.

Erst als neues, nur aus Drehgestellwagen bestehendes Material fertig war, fand die legendäre Reise für Ehrengäste vom 4. Oktober 1883 statt. Die Datumsangabe übrigens findet sich in dem Bericht von About; die Literatur nennt auch andere Abfahrtsdaten. Die Schlafwagen dieses neu ausgestatteten Orient-Expreß hatten ein flach gewölbtes Dach, offene Plattformen mit Übergängen und entlang des Seitenganges drei Vierbettabteile, zwischen denen jeweils paarweise, mit Verbindungstür, vier Zweibettabteile angeordnet waren. Die Betten, welche wie bei allen Schlafwagen tagsüber in Sofas verwandelt wurden, lagen zu je zweien übereinander. Waschbecken gab es noch nicht in den Abteilen, Die Außenverkleidung war glatt, noch ohne die später charakteristischen senkrechten Teakholzbrettchen. Während die Schlafwagen bei der Einweihungsfahrt ohne Störung bis Giurgiu durchliefen, hatte der dazugehörige – erstmals mit „fumoir" ausgestattete – Dreigestellspeisewagen in seiner bayerischen Heimat einen Heißläufer, weswegen er durch ein älteres Fahrzeug ersetzt werden mußte. So lernten die Passagiere gleich den Unterschied zu den modernen Wagen kennen.

Einer der Gepäckwagen sei, einer zeitgenössischen Beschreibung im „Neuen Uni-

*Aus dem Traveller de Luxe vor dem Ersten Weltkrieg: Zeichnung eines „cabinet de toilette" im ISG-Schlafwagen, angeordnet zwischen den Abteilen*

versum", Band 7, zufolge, mit einem „Toilettenzimmer mit kalter und warmer Dusche" ausgestattet gewesen. Allerdings ist das Vorhandensein eines derartigen Service für das Publikum zweifelhaft, da er weder bei About, noch bei de Blowitz erwähnt ist. Auch planmäßige „Salonwagen", von denen Zeitungsreporter öfter sprachen, gab es damals im Orient-Expreß nicht.

Für den Expreß erschienen in der zweiten Hälfte der neunziger Jahre verbesserte Fahrzeuge, nachdem schon zur Verlängerung nach Konstantinopel neue Wagen abgeliefert worden waren. Als große Neuerung galten die nun jeweils zwischen zwei Zweibettabteilen angeordneten Waschräume, in denen sich unterhalb einer undurchsichtigen Glasscheibe, welche die Abtrennung zum Flur hin bildete, eine rote Marmorplatte mit eingelassenem ovalen Waschbecken befand. Darunter war der Platz für den unvermeidlichen Nachttopf... Die Fahrzeuge besaßen einen durchgehenden Dachaufbau, die „Laterne", hölzernen Wagenkasten mit der charakteristischen Verkleidung in Teakbrettchen und jene „Harmonika"-Übergänge, welche in das Gedicht von Valery Larbaud eingingen:... „oh Harmonika-Zug".

Die Einrichtung der dazugehörigen Speisewagen überliefert eine prächtige Farbdarstellung in einem damaligen Band des „Neuen Universums": An der Küche in braunem Holz schloß sich die Anrichte mit Parkettboden an, dann der Speiseraum mit seinen großen, zweiteiligen Fenstern, 18

*Wagen 1. 2. Klasse der Orientbahn mit Liegeeinrichtung und Waschbecken in der 1. Klasse, gebaut für die Konventionszüge (Konventionalzüge) Wien–Konstantinopel. Es wird von 13 Wagen mit Teakholzaufbau mit 1. und 2. bzw. nur 3. Klasse berichtet, die bei Ringhoffer in gleicher Ausführung für die StEG, Ungarn, Serbien, Bulgarien und die Orientbahn hergestellt wurden. Der Konventionszug hatte zu Beginn des Jahrhunderts einen Wagen 1. 2. Klasse Wien–Konstantinopel, 3. Klasse auf Teilstrecken, je 1 Schlafwagen Budapest– und Berlin–Konstantinopel, Speisewagen Wien–Budapest, Budapest–Belgrad und einen serbischen Buffetwagen Belgrad–Konstantinopel. Kurz vor dem Ersten Weltkrieg lief daneben ein weiterer Zug Wien–Konstantinopel mit einem Schlafwagen Wien–Saloniki und einem Wagen 1. 2. Klasse Budapest–Saloniki.*

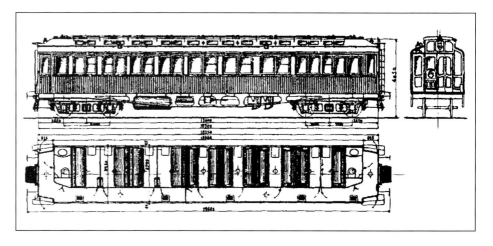

streng geformten, mit braunem Leder bezogenen Stühlen, Wänden in kunstvoller Handwerksarbeit, Gepäckablagen aus Messing und reich ornamentierter Decke mit Laternenaufbau, dann der Rauchsalon mit roten Plüschfauteuils und hinter einer Spiegelwand das „cabinet de toilette" sowie ein Abteil für die in jedem ISG-Wagen übliche kohlegefeuerte Warmwasserheizung.

In den Jahren kurz vor dem Ersten Weltkrieg waren von den Lokomotiven die hohen Schornsteine und andere skurrile Dinge wie die Doppelkessel der „Kamel"-Maschinen in Frankreich oder die Tandem-Triebwerke in Ungarn verschwunden, sie hatten sich zu rassigen Rennern entwickelt – bayerische S 3/6, württembergische C und österreichische 310 – welche die in Teakholz mit Goldbuchstaben strahlenden Luxuszüge durch Europa zogen. Dem Fortschritt der Technik schienen keine Grenzen gesetzt. Zwar mißlangen um 1900 die Versuche auf der französischen Staatsbahn mit einer bei Schneider speziell für Luxuszüge gebauten 2B3-Lokomotive mit zweieinhalb Meter hohen Rädern, bei welcher der Lokomotivführer in einem mit „Windschneide" ausgestatteten Führerhaus am vorderen Ende der Lok stand – der Konstrukteur, Ingenieur Thuille, hatte während der Versuchsfahrten auf tragische Weise den Tod gefunden – doch nachdem viele andere Entwürfe für Schnellfahrlokomotiven gemacht worden waren, stellte eine bayerische Maschine, die berühmte S 2/6, zwischen München und Augsburg bei einer Versuchsfahrt einen neuen kontinentalen Geschwindigkeitsrekord mit 154 Stundenkilometern auf. Dieses eleganteste Einzelexemplar seiner Zeit beförderte von München aus Expreßzüge, darunter mit Sicherheit den Orient-Expreß, welcher in jenen Jahren nochmals neue Wagen erhielt: Die

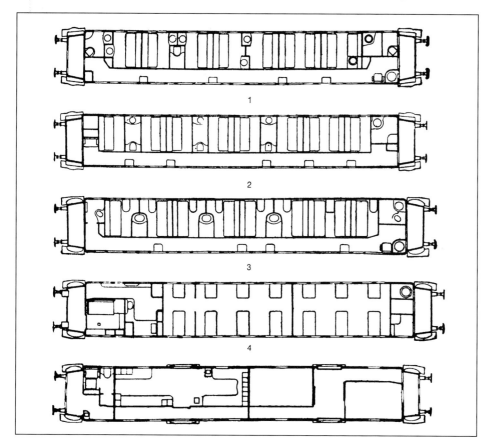

*Schlafwagen des Ostende-Wien-Expreß von 1894 (Fig. 1), des Nord-Expreß (Fig. 2), des Calais-Mediterranée-Expreß (Fig. 3), Speisewagen dieser Luxuszüge (Fig. 4) und Gepäckwagen der ISG Revue Generale des Chemins de fer 1910*

*Lok Nr. 21 der bulgarischen Staatsbahnen, beschafft 1912 für den Orient-Expreß als Einzelexemplar von Cockerill.*
  *Sammlung: Kronawitter*

letzten Vierbettabteile wurden durch Zweibettkabinen ersetzt, und außerdem waren die Bauarten bei den meisten Luxuszügen nun gleich, während vorher für fast jeden Expreß eigene Typen existierten. Endlich hatten alle Coupés eine Waschgelegenheit, und zwar bestand diese, soweit nicht ein separates „cabinett de toilette" vorhanden war, aus einem diskreten, mit Intarsienarbeiten verzierten Möbel in Mahagoni, welches ein Waschbecken aus verspiegeltem Metall barg. Die sechs Abteile mit eigenem Waschraum enthielten jetzt in Form eines gepolsterten Klappsitzes gegenüber den Betten einen zusätzlichen Fensterplatz. Selbstverständlich fehlte in keinem Abteil ein Spucknapf in schwerer, gediegener Messingausführung ...

*Fumoir eines Speisewagens der ISG vor dem Ersten Weltkrieg*
  *Sammlung: Commault*

Die Wagenkasten waren nach wie vor in Holzbauweise sorgfältig hergestellt mit der charakteristischen Verkleidung mittels Paneelen und Brettchen aus naturfarbenem, rasiertem Teakholz. Ein Foto des WL Nr. 1709 zeigt den Schriftzug „Orient-Expreß" in Messingbuchstaben über dem ISG-Wappen auf die Außenwände geschraubt. In dieser Zeit kamen auch die Lüftungen mittels der verstellbaren, funkelnden und spiegelnden Glaslamellen im oberen Teil der Fenster auf, welche noch Jahrzehnte später die ISG-Fahrzeuge aus der öden Masse der übrigen Wagen herausheben sollten. Die in einer Mischbauweise aus Metall und Holz hergestellten Rahmen machten bei den Neubauten etwa ab 1908 dem Metallchassis Platz. Die elektrische Beleuchtung hatte das Versuchsstadium verlassen, konnte aber bis zum Ersten Weltkrieg nicht bei allen Fahrzeugen im Besitz der ISG das Gaslicht verdrängen. Die in jedem Wagen vorhandene autarke Warmwasserheizung war auch an die Lokomotivdampfleitung des Zuges anzuschließen.

Die neuesten Speisewagen vor dem Kriege unterschieden sich von ihren Vorgängern vor allem durch Vergrößerung von Küche und Anrichte und durch große Fenster. Die Innenwände waren in Mahagoni mit Einlegearbeiten getäfelt und die Decke mit der allgemein üblichen Laterne trug reichhaltige Ornamentierungen. Von dem 1906 in Mailand ausgestellten Wagen Nr. 1650 wurde die Küche in Teakholz erwähnt. Eine Fotografie zeigt das „Fumoir" eines Speisewagens aus jener Epoche: Über dicken Teppichen erinnern Korbfauteuils mit aufgelegten Lederkissen an Tischen, auf denen schweres Silbergeschirr steht, an einer der vornehmen „Wintergärten", wie sie in Luxushotels und feinen Privathäusern üblich waren. Zu dem in kunstvollen Ornamenten geätzten Glas der Trennwand zwischen Salon und Restaurantteil mit den weißen Scheibengardinen müßten eigentlich nur die verstaubten, spitzblättrigen Palmen in Holzkübeln kommen, um vollends die Atmosphäre eines Grandhotels oder eines luxuriösen Nordatlantikdampfers hervorzurufen. Wohl nie mehr hat es auf Europas Bahn eine derart raffinierte, vielleicht überzüchtete, aber dennoch unbestreitbare Kultur gegeben ...

# Erster Weltkrieg

## Balkanzug – der Stolz einer Nation

Europa, als der führende Kontinent in Wissenschaft, Technik und militärischer Machtentfaltung, war an einem Höhepunkt angelangt, welcher seinen Selbstmord offenbar herausforderte. Nachdem die Schüsse von Sarajevo am 28. Juni 1914 gefallen waren, ging ein Luxuszugnetz in die Brüche, welches den Glanz der alten Welt nach Konstantinopel und Wladiwostock, mit den Schiffsanschlüssen des New York- und des Transatlantique-Expreß bis Nordamerika und mit den Lissabonner Dampferanschlüssen des Sud-Expreß indirekt bis Lateinamerika getragen hatte. Auf dem Balkan gab es dann zunächst nur gewöhnliche Züge, mit denen die Reisenden der ersten Kriegsjahre oft mehr schlecht als recht ans Ziel kamen. Erst als die Mittelmächte Serbien besetzt hatten, war der Weg frei für einen direkten Zugang von Deutschland nach der Türkei – den „Balkanzug" – und für eine ungeahnte politische Machtdemonstration auf Schienen.

„Der Balkanzug ist der ‚show-train' der Welt. Niemals hat es einen Zug von derartiger Wichtigkeit gegeben. Er kann mit gutem Grund ‚Der Publicity-Zug' genannt werden, denn seine gegenwärtige Aufgabe ist es, deutschen Sieg und deutsche Gründlichkeit zu verkünden ... zweifellos haben ihn die Deutschen erdacht mit dem Ziel, die Tausende von Menschen verschiedener Nationen zu beeindrucken, welche ihn zweimal in der Woche auf dem Weg von Berlin nach Konstantinopel und zweimal in der Woche auf dem Weg von Konstantinopel nach Berlin mit Bewunderung anstarren ..." So beschreibt den Zug, welcher den Orient-Expreß für immer hätte ersetzen sollen, einer seiner Fahrgäste, nämlich ein alliierter Spion in seinem 1916 bei Jenkins anonym herausgegebenen Buch, „My Secret Service in Vienna-Sofia-Constantinople-Nish-Belgrade-Asia Minor etc., by the Man who dined with the Kaiser." In einem Bibliotheksexemplar ist der Name nachträglich notiert: J. M. de Beaufort.

Der Balkanzug lief vom 15. Januar 1916 an. Ein Teil startete in München auf der Orient-

Der erste Balkanzug Berlin–Konstantinopel, abfahrend in Dresden mit zwei sächsischen Loks und einer dritten zum Anschieben am 15. Januar 1916
Archiv: La Vie du Rail

*Erste Abfahrt des Balkanzuges mit requiriertem ISG-Speisewagen und dahinter Schlafwagen Typ R der seltenen Variante mit 16 Plätzen in Berlin Anhalter Bf. am 15. Januar 1916    Foto: Ullstein-Bilderdienst*

Hauptstadt gebracht. Vom Mai 1917 an verkehrte der süddeutsche Teil wieder nurmehr ab München, und vom Mai 1918 an soll eine Kurswagenverbindung Würzburg–Passau–Wien hinzugekommen sein.

Die Wagen des Balkanzuges waren Schlaf-, Speise- und Sitzwagen erster und zweiter Klasse. Die Schlafwagen waren zum Teil preußische Fahrzeuge, z.B. Sechsachser der neuesten Serie mit zehn Zweibettabteilen und Waschbecken in allen Coupés. Es verkehrten aber auch ISG-Teakholzfahrzeuge, deren ursprüngliche Embleme durch große Tafeln mit der Aufschrift „Balkanzug" sorgfältig verdeckt worden waren. Nachdem Deutschland Brüssel, den formellen Sitz der Internationalen Schlafwagengesellschaft, besetzt hatte, stellte es die ISG unter Zwangsverwaltung. Im März 1916 gründeten die Mittelmächte unter Beteiligung der Deutschen Bank, einiger anderer Banken und der Staatsbahnen eine eigene Schlaf- und Speisewagengesellschaft, die „Mitropa" mit dem vorgesehenen Betriebsbeginn am 1. Januar 1917. Ihre Wagen waren deutsche und gemietete oder gekaufte ISG-Fahrzeuge. Dieser Gesellschaft wurde auch die Bewirtschaftung des Balkanzuges übertragen. Darüber hinaus nannte die Satzung den Betrieb von „Luxuszügen" unter den Aufgaben. Der Schaffung der Mitropa gingen Bestrebungen voraus, welche in einer Denkschrift des preußischen Arbeitsministers an Reichs-

Expreßstrecke via Wien-West, ein zweiter fuhr vom Anhalter Bahnhof in Berlin unter Umgehung von Prag über Groß Wossek und Iglau nach dem Wiener Nordbahnhof, wo er mit dem ersten vereint wurde, und ein dritter Zugteil von der Berliner Stadtbahn über Breslau, die Kaschau-Oderberg-Bahn und Sillein war in Galánta bzw. Budapest mit den beiden anderen verknüpft. Gemeinsam setzten sie die Fahrt über Belgrad und Sofia nach Konstantinopel fort. Der Zug lief zweimal in der Woche, und von der zweiten Abfahrt an war Straßburg der Ausgangspunkt des süddeutschen Flügels. Bei der Eröffnungsreise hatte ein Sonderzug einige Ehrengäste vom Elsaß nach Bayerns

*Balkanzug mit ungarischer Lokomotive 301.502, preußischen Schlaf- und Sitzwagen, sowie am Zugschluß ISG-Teakholzwagen, am 28. Mai 1917 bei Biscó.*
*Foto: Stögermayr/Österreichisches Eisenbahnmuseum*

Balkanzug München–Konstantinopel mit S 3/6, Gepäckwagen, ISG-Schlafwagen Typ R mit 16 Plätzen, Sitzwagen, ISG-Speisewagen und zwei weiteren Wagen bei Traunstein, vermutlich 1916 (andere kursierende Bilderklärungen sind offensichtlich falsch)
Foto: Greiner, Sammlung: Tausche

kanzler Bethmann-Hollweg vom 9. August 1915 ihren Ausdruck fanden: „In der richtigen Erkenntnis, daß die Durchdringung des Wirtschaftslebens eines Landes durch die Beherrschung seiner Verkehrswege erleichtert, wenn nicht gar überhaupt erst möglich gemacht wird, hat das französische Kapital es verstanden, den Dienst der Eisenbahn-, Schlaf- und Speisewagen und den Betrieb der Luxuszüge auf dem Festlande von Europa sowie im asiatischen Rußland fast ganz in die Hand zu bekommen ..." Wie falsch es ist, den Betrieb von ein paar zahlenmäßig völlig unbedeutenden Schlafwagen derart mit der „Beherrschung der Verkehrswege" in Verbindung zu bringen, zeigt die Tatsache, daß sich andere Großmächte keineswegs durch die blauen Luxuszüge bedroht fühlten. Doch der Minister erklärte selbst, worauf er hinaus wollte: *„dabei kam es mir ... darauf an, den Eisenbahnverkehr nach dem Balkan und darüber hinaus nach dem weiteren Orient ... dem französischen Einfluß zu entreißen."* Tatsächlich soll die preußisch-französische „Erbfeindschaft" schon 1883 bei der offiziellen Eröffnungsfahrt des Orient-Expreß zutage getreten sein, wie der zeitgenössische Bericht in „De Pontoise à Stamboul" von Edmond About ausdrückt: *„Was die Deutschen aus dem großen Deutschland betrifft, waren sie nur durch zwei oder drei Reporter vertreten, über die wir uns weder beklagen noch freuen konnten, obwohl wir dasselbe Brot aßen, hatten wir keinerlei Gedankenaustausch mit ihnen."* Welche Formen andererseits die preußischen Ressentiments gegen die internationale Schlafwagengesellschaft annehmen konnten, geht aus einem Artikel im „Organ für die Fortschritte des Eisenbahnwesens", Jahrgang 1886, hervor, in dem ein Oberingenieur aus Braunschweig meinte: „... wenn nicht durch periodische Überfüllung der Nachtzüge die Unsicherheit in der Erlangung eines bequemen Platzes ... vorhanden wäre, so würden vielleicht 95 % der Reisenden nicht in die theuren Schlafwagen gehen und die letzteren nur Kranken und Ausländern überlassen ..."

In den Schlafwagen des Balkanzuges reisten aber nicht nur Kranke und Ausländer. ... Zu seiner Kundschaft zählte König Friedrich August von Sachsen – er hatte die Eröffnungsfahrt von Dresden bis Tetschen mitgemacht ebenso wie Ludwig Ganghofer auf einer Reise von Bayern nach Nisch, der türkische Prinz Zia Eddin, mit einem „Ehrensäbel" als Geschenk des Kaisers, und der Großwesir Talaat Pascha, dem bei der Durchreise durch Bulgarien von Sofia ostwärts ein Sonderzug gestellt wurde. Wie „The Man who dined with the Kaiser" mitteilte, habe auch der bulgarische Zar Ferdinand den Balkanzug benutzt, und zwar im

Anschluß an das Festbankett in Nisch im Januar 1916, auf dem er sich mit Kaiser Wilhelm getroffen hatte. Er beschreibt die Reise mit diesem ersten Balkanzug in Westrichtung so: *„Der Balkanzug hatte Verspätung. Es wurde Nacht, bis er eindrucksvoll mit vier Schlafwagen, einem Speisewagen und einem Sitzwagen erster und zweiter Klasse in Nisch einfuhr. Als er in den Bahnhof gedampft kam, wurden die Nationalhymnen von Deutschland, Bulgarien und Österreich gespielt und König Ferdinand mit seinen beiden nicht sehr einnehmenden Söhnen stieg ein ..."* Diese Beschreibung steht im Widerspruch zu einem anderen zeitgenössischen Bericht in dem 1917 erschienenen Büchlein „Vor dem Balkanzuge" von Friedrich Moll, demzufolge der Zar nicht im Balkanzug, sondern im Sonderzug von Kaiser Wilhelm nordwestwärts gereist sei. In einer kleineren serbischen Station habe er dann seinen eigenen Sonderzug zur Rückkehr nach Bulgarien bestiegen. Schon am 24. Januar 1916, also kaum zehn Tage nach der Eröffnungsfahrt, meldete die Bayerische Staatszeitung: *„Am Donnerstag gaben serbische Banditen auf den Balkanzug während der Fahrt zwischen den Stationen Sitschevo und Sveta-Petka mehrere Schüsse ab. Diese Missetat rief in der Öffentlichkeit großen Unwillen hervor."* Trotz dieser „Missetat" scheint die Strecke des Balkanzuges meist frei gewesen zu sein, bis im Oktober 1917 ein Anschlag auf den Abschnitt Belgrad–Nisch gelang. Der möglichen Führung eines Zugteils nach Mazedonien – in der Literatur wurde der bulgarische Wunsch einer Verbindung Hamburg–Saloniki genannt – sind allerdings die Engländer schon mit ihrer Landung im Jahr 1915 zuvorgekommen. Erst recht außerhalb der Realität lag ein anderer Gedanke, die Verlängerung des Balkanzuges bis Bagdad – die Strecke dorthin sollte erst im Zweiten Weltkrieg ihre Fertigstellung erleben. Im Herbst 1918 wurde die bulgarische Front durchbrochen, und am 15. Oktober beendete der Balkanzug *„unter dem druckenden Mangel an Kohlen und Transportmaterial"*, wie es in „Die Badischen Eisenbahnen" von Kuntzemüller heißt, seine Fahrten zwischen Europa und dem Bosporus.

*Der Balkanzug auf der Moravabrücke bei Čuprija in Serbien*
Sammlung: Tausche

# Zwischenkriegszeit

## Simplon-Orient-Expreß
## Zug der Sieger

Eine Epoche war vergangen, es gab nicht mehr jene sogenannte gute alte Zeit, wie sie sich in der rührenden, aber wahren Geschichte des Wiener Tagblattes vom armen blinden Passagier spiegelt, der an einem Augusttag des Jahres 1912 in Amstetten unter dem haltenden Orient-Expreß rußbedeckt hervorgekrochen und daraufhin von den Passagieren gütig beschenkt worden war. Eine neue Zeit hatte begonnen, und ein neuer Luxuszug, der Simplon-Orient-Expreß, fuhr nun zum Balkan, doch nicht mehr reiche, zum Schenken aufgelegte Vergnügungsreisende bevölkerten ihn – *„Offiziere, die Diplomaten geworden waren, Diplomaten, welche auf die Wilsonschen Prinzipien schworen, Freimaurer der Petite-Entente und trotzkistische Propagandisten"* nennt Paul Morand als Klientel dieses Zuges, Französische Majore, autoritär, mit Orden beladen, Engländer, die pfeifend so lange Zeit das Lavobo besetzen, bis Wasservorräte und Handtücher zu Ende sind, jüdische Familien spanischer Abstammung auf dem Wege von Vichy zurück nach Saloniki, die den ganzen Tag in den Betten kampieren, malerisch unter Chiantiflaschen, und Schaffner, die in ihrer Uniform Lei und Lire, Dinar, Drachmen, türkische Pfunde und, sorgfältig in Papier verpackt, Edelsteine aufbewahren – sie alle fahren in „La nuit turque" den gotischen Bahnhöfen der Schweiz, der Lagune von Venedig, den Maisfeldern Serbiens und den byzantinischen Mauern von Konstantinopel entgegen.

Der neue Simplon-Orient-Expreß sollte den Orient-Expreß der Vorkriegszeit ersetzen. Im Volksmund selbst als „Orient-Expreß" bekannt, lief er durch die Schweiz und Italien um das besiegte Deutschland und Österreich herum nach Südosten. Eigentlich hätte er schon viel früher verkehren sollen: Mit Eröffnung des Simplontunnels im Juni 1906 war als Nachfolger eines „Oberland-Léman-Expreß" ein Schlafwagen-Luxuszug „Simplon-Expreß" von Calais über Paris nach Mailand eingesetzt worden, welcher 1907 als Luxuszug bis Venedig und 1912, kombiniert mit gewöhnlichen Wagen, weiter bis Triest verlängert

*Simplon-Expreß mit Drehstromlok der SBB in Brig um 1906*
Archiv: Verkehrshaus der Schweiz, Luzern

*Simplon-Expreß mit schweizerischer Lok und in Zugmitte einem abweichend teak- mit cremefarbenem Schlafwagen in Iselle ca.1906. Links eine Drehstromlok.*
*Archiv: SBB*

*Ein Luxuszug mit 2C-Lokomotive der französischen Nordbahn*
*Foto: Verkehrsarchiv Nürnberg, DB*

wurde. Der von Frankreich beantragten Weiterführung über das damals österreichische Triest hinaus nach dem Orient hatten Deutschland und Österreich politische Hindernisse in den Weg gelegt, ähnliche Hindernisse, wie sie nun, nach Ende des Ersten Weltkrieges, die Sieger vor dem alten Orient-Expreß auftürmten:

Höchst offiziell durch die Regierungsvertreter von Frankreich, Belgien, England, der Niederlande, der Schweiz, Italien, Rumänien, Griechenland und dem Vereinigten Königreich der Serben, Kroaten und Slowenen wurde am 22. August 1919 eine Konvention unterzeichnet, die dem neuen Simplon-Orient-Expreß, abgekürzt S.O.E., für die nächsten zehn Jahre das absolute Verkehrsmonopol als Luxuszug nach Konstantinopel garantierte. Die Sieger beschlossen, sich an keinerlei direkten Luxuszug- oder Schlafwagenläufen zu beteiligen, welche für den S.O.E. eine Konkurrenz bilden konnten und besonders an keinerlei Fortsetzung von Luxuszügen oder Schlafwagen von Frankreich, Belgien oder den Niederlanden über Wien hinaus südostwärts. Die alte Orient-Expreß-Route über die Strecken der Besiegten sollte totgelegt werden.

Die Stunde des neuen Expreßzuges war gekommen, nachdem eine Delegation der deutschen Regierung am 11. November 1918 in dem berühmt gewordenen Speisewagen Nr. 2419 bei Compiègne den Waffenstillstand unterschrieben hatte. Die Donaumonarchie war zusammengebrochen, deren Provinzen Krain und Kroatien wurden ein Teil des neuen Vereinigten Königreiches, und Triest kam zu Italien. Damit wurde, ohne österreichisches Territorium zu berühren, der Weg von Paris über Triest nach einem Bosporus frei, den der Vertrag von Sèvres endgültig in alliierten Besitz bringen sollte. Charles Loiseau, Präsident der Pariser Advokatenkammer und in die Eisenbahngeschichte eingegangener Verfechter der Simplon-Orient-Idee, schrieb 1927 im „Correspondant" über die Entstehung der neuen Luxusverbindung:

*„Wir sind im März 1919 am Beginn der Friedensverhandlungen. Das Projekt von 1906 hat weder die französische Regierung aus den Augen verloren, noch die P.-L.-M., deren jetziger Generaldirektor, M. Maurice*

Margot, während des Krieges Directeur des transports beim Ministerium für öffentliche Arbeiten gewesen ist. Jetzt oder nie mußte es verwirklicht werden. Das Werk läuft nicht mehr Gefahr, auf Hindernisse oder auch nur auf Einwände durch die entwaffneten Staaten Deutschland oder Österreich zu stoßen. Die Ausführenden sind versammelt. Es sind die technischen Delegierten der interessierten alliierten und auf der Konferenz vertretenen Staaten (Frankreich, England, Belgien, Italien, Jugoslawien, Rumänien, Griechenland). Man muß sie nur bitten, von Zeit zu Zeit von einem Saal in den anderen innerhalb des Ministeriums am Boulevard Saint Germain zu kommen, aus demjenigen, in welchem sie die Abfassung des Artikels XII des Vertrages von Versailles (Häfen, Wasserwege und Eisenbahnen) vorbereiten, in denjenigen, welcher für eine Spezialkonferenz hergerichtet worden ist, die Konferenz des Simplon-Orient-Expreß. Wir befinden uns noch in der glücklichen Zeit, in welcher der Geist der Verbündeten herrscht. Er erleichtert die Aufgabe. Die Aussicht, Deutschland von der großen Orientroute auszuschließen, bringt doppelten Nutzen, nämlich Revanche und Sicherheit. Sie eröffnet noch andere Perspektiven. Wenn es gelingt, die Hauptachse des Ost-West-Verkehrs von Mittel- nach Südeuropa zu verlegen, würde davon der italienische Transitverkehr profitieren, und das neugeschaffene Jugoslawien würde sich sogleich an der schönsten Hauptstrecke Europas befinden. Scheint es nicht sogar, daß diese eiseme Spur zusätzlich zu den politischen Verbindungen zu einem dauernden Bande zwischen den Ländern werden sollte, welche gerade die gemeinsame Herausforderung siegreich abgeschlagen haben? – Sogar die vorherigen Neutralen beeilen sich, ihre Mitarbeit anzubieten. Die Schweiz ist sehr interessiert daran, daß die neue Verbindung zwischen Paris und dem Orient zwischen Vallorbe und Domodossola ihr Territorium berührt. Selbst Holland verlangt, bei der Einrichtung dieses Dienstes nicht außer acht gelassen zu werden. Delegierte dieser zwei Länder nehmen neben den Alliierten am Konferenztisch Platz. Bulgarien und die Türkei allerdings sind abwesend, da der Friede noch nicht unterzeichnet ist Im übrigen werden sie sich wie Deutschland und Österreich-Ungarn den Entscheidungen der Sieger beugen..." So traten der Konvention vom August 1919 später auch Bulgarien und die Orientbahn bei.

Simplon-Expreß zwischen Calais und Paris mit 2B1-Lokomotive der Nordbahn, Nordbahn-Gepäckwagen und Schlafwagen im Jahre 1908
Sammlung: Commault

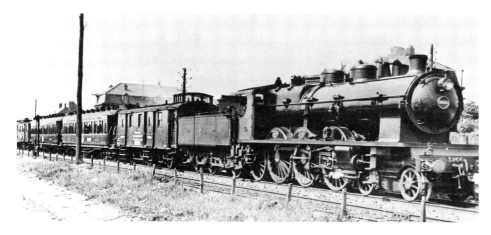

Luxuszug mit Pacific Serie 3.1100 der französischen Nordbahn und Teakholzwagen, und zwar Simplon-Orient, Calais-Mediterrannée- und Orient-Expreß oder Simplon-Orient/Calais-Mediterrannée-/Engadin-/Oberland- und evtl. Suisse-Arlberg-Vienne-Expreß in den 20er Jahren  Sammlung: Commault

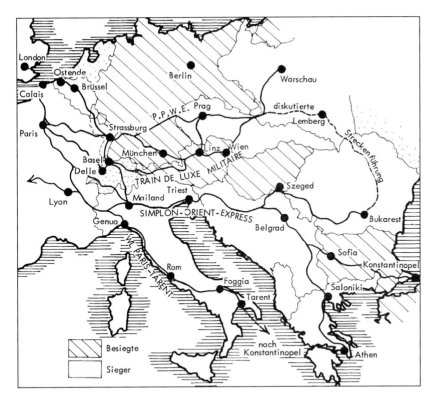

*Europa 1920*

*Die einzige „Stromlinien"-Lok am Balkan: 01101 der JDŽ (SHS 1101) mit einem Zug aus vier Sitzwagen in Crveni Krst (?).*
*Sammlung: Westcott-Jones*

Der erste Simplon-Orient-Expreß fuhr nach überaus kurzer Vorbereitungszeit schon von Mitte April 1919 an täglich als Schlafwagen-Luxuszug bis Triest. Weiter ostwärts verkehrten Anschlußzüge mit Schlafwagen nach Bukarest, Semlin und mit einfachen Sitzwagen. Da die zerstörte Savebrücke bei Semlin noch nicht in Betrieb war, mußten die Reisenden mit einem Schiff nach Belgrad übersetzen. Wenn der Zug Verspätung hatte, konnten die Fahrgäste die Nacht über im Schlafwagen bleiben. Der Zug führte auch einen Wagon-Lits Semlin–Wien, welcher in Steinbrück (Zidani Most) abzweigte. An Schwierigkeiten waren Kohlenmangel, Kriegszerstörung, die Abhängigkeit der kroatischen Hauptstrecke von ungarischen Betriebsbeamten und der Verbleib vieler ISG-Wagen während des Krieges in Deutschland zu überwinden.

Im Januar 1920 wurde der Simplon-Orient-Expreß bis Belgrad und im Sommer 1920 bis Istanbul weitergeführt. Um gegenüber der Orientbahn zum 1. Juli 1921 die tägliche Führung durchzusetzen, war eine Intervention des französischen Hochkommissars und eine Subvention von 10,50 Francs pro Kilometer notwendig, welche nicht zu Lasten der Regierungen, sondern der anderen beteiligten Bahnverwaltungen ging. Im Jahre 1923, als die Kämpfe zwischen Griechen und Türken beendet wurden, verlegte Kemal Pascha, der spätere Atatürk, die Hauptstadt von Konstantinopel nach Ankara. Die Betriebsführung im griechischen Thrakien übernahm die neue Compagnie de chemin de fer franco-hellenique. Neben dem Simplon-Orient-Expreß erschien im ISG-Kursbuch 1919 ein Schlafwagen Paris–Genua–Rom–Foggia–Tarent im „Rome-Expreß" mit Schiffsanschluß über Korinth nach Konstantinopel. Eigenartigerweise war er auch noch im „Guide" vom Juli 1920 verzeichnet, obwohl damals schon der direkte Weg nach Konstantinopel frei war, welcher allerdings durch das „feindliche" Bulgarien führte.

England war an den Simplon-Orient-Expreß über Boulogne bzw. Calais und anfangs auch über Ostende angeschlossen. Für die Bootszüge wurden im Jahr 1921 Pullmanwagen mit den Namen „Calais", „Milan", „Padua", „Portia", „Rosalind" und „Palmyra" in Dienst gestellt. 1923 erschienen boattrains der Southern Railway, der Nachfolgerin der SE & CR, mit schönen holzverkleideten Waggons, deren Gangseiten ganz verglast waren. Den Anschluß an einen seit 1926 in Frankreich von der Kanalküste ab verkehrenden „Flèche d'Or" der ISG stellten auf englischer Seite unter anderem die Pullmanwagen Flora, Marjorie, Medusa, Rosemary, Sappho, Pauline, Viking, Montana und später auch Pomona her. Ab 1929 verkehrte dieser Anschlußzug zum Flèche d'Or und dem neuen Fährschiff „Canterbury" als „Golden Arrow". Er bestand normalerweise ausschließlich aus Pullmanfahrzeugen. Doch nicht nur die Pullman Car Company betrieb komfortable Wagen: 1939 wurde ein neuer, für Bootszüge bestimmter „Italian Coach" der Southern Railway der Presse vorgestellt, dessen kostbar furnierte Wände Skizzen mit italienischen Motiven trugen ...

Der Simplon-Orient-Expreß verkehrte seit 1920 von der Kanalküste aus. Er fuhr in Nordfrankreich zeitweise mit dem Calais-Méditerrannée-Expreß, dem Orient-, Arlberg-, Oberland- und Engadin-Expreß kombiniert. Vorübergehend führte er einen Schlafwagen nach Saint Gervais, in dessen Einzugsbereich Chamonix und das schon damals von Rothschild für die Reichen betriebene Megève liegt. Vorübergehend lief er ab Paris auch mit dem Rome-Expreß und mit einem Schlafwagen Paris–Mailand–Florenz vereint.

Dadurch, daß das Elsaß zu Frankreich gekommen war, konnte auch ab Ostende über Straßburg, Basel und Mailand ein Schlafwagen des Simplon-Orient-Expreß geführt werden, ohne daß er deutsches Staatsgebiet berührte. Mit der Anzahl von neun durchfahrenen Ländern war dieser Kurs Ostende–Mailand–Istanbul sicher der „internationale", welchen es auf der Welt jemals gab, Im Jahre 1925 fand der Wagenlauf aus fahrplantechnischen Gründen sein Ende, während eine Variante Ostende–Mailand–Bukarest schon vorher aus den Kursbüchern verschwunden war.

Die neue Route Rumänien–Zagreb–Mailand–Frankreich wurde schon 1919 durch die rumänische Königin Maria in ihrem Sonderzug auf der Reise nach Westen frequentiert. Der im gleichen Jahr eingesetzte Schlafwagen nach Bukarest erreichte die rumänische Hauptstadt über Vinkovci, Arad, Sighisoara (Schäßburg) und den Pre-

Simplon-Orient-Expreß vor dem Zweiten Weltkrieg mit Lok 0111 der bulgarischen Staatsbahnen
Sammlung: Kronawitter

Simplon-Orient-Expreß bei Umleitung über die Lötschberglinie, hier auf dem Kanderviadukt bei Frutigen in den zwanziger Jahren, mit hölzernen Schlafwagen und hinter der Lok hölzernem ISG-Gepäckwagen und Speisewagen
Foto: BLS

*Simplon-Orient- und Calais-Méditerranée-Expreß mit 3.1200 (1. Serie) der Nordbahn im Forêt de Chantilly, wahrscheinlich 1934*
Foto: Floquet

*Der Simplon-Orient-Expreß mit Lok der PLM in der Kurve von Villeneuve Saint Georges, 1924*
Sammlung: Commault

dealpaß. Später benutzte der rumänische Flügel des S.O.E., welcher auf seiner Strecke Vinkovci–Bukarest auch Sitzwagen mitführte, die südlichere Route über Szeged, Timişoara und Piteşti. Um die während der Gebietsveränderungen bei Ungarn verbliebene Stadt Szeged zu vermeiden, fuhr dieser Zug später abweichend von Vinkovci direkt nach Jimbolia und Timisoara. Das Protokoll der EFK 1927 gibt als Ausweichmöglichkeit für diese Trasse eine weitere Linie über Stara Pazova nach Jimbolia an, und für 1935 wurde außerdem an eine Führung über Belgrad und Vrπac gedacht. Spezielle Salonwagenläufe verzeichnete das ISG-Kursbuch vom Juli 1920 zwischen Mailand und Triest sowie Timişoara und Bukarest. 1921 wurde jener Kurs ab Zagreb gefahren, doch später verschwanden diese Dienste.

Der Verkehr über Bukarest hinaus bis Konstanza am Schwarzen Meer sollte erst nach Wiederaufbau der großen Brücke bei Fetesti möglich werden – sie ragte nach Kriegsende als bizarres Gerippe aus den Fluten der Donau. Zwar wurde für einen Anschluß von Westeuropa nach der rumänischen Schwarzmeerküste dem Simplon-Orient-Expreß unbedingte Priorität eingeräumt, doch zu solchen durchlaufenden Wagen kam es nicht. Von 1933 an verkehrte aber ein eleganter, aus Pullman- und Speisewagen bestehender ISG-Zug von Bukarest nach Konstanza Hafen und im Sommer auch nach Carmen Sylva. Er trug den stolzen Namen „Fulgur Regele Carol I.".

Eine noch weiter reichende Verbindung bis ins russische Odessa hatte Charles Loiseau propagiert. 1935 wurde dementsprechend eine Verlängerung des Bukarester S.O.E. bis an die russische Grenze diskutiert, mit Anschluß nach Kiew, Odessa und Moskau. doch verwirklicht wurde sie nicht. Den Reisenden der Gegenwart blieb es vorbehalten, von Italien aus mit direkten Wagen des Simplon-Expreß bis Moskau und noch weiter zu fahren.

Einer der Ausgangspunkte des Simplon-Orient-Expreß sollte nach dem Willen einiger Befürworter auf den ersten Konferenzen Bordeaux werden. Der Zweig Bordeaux–Lyon–Mailand bestand aus einem Schlafwagen Lyon–Triest und im Anschlußzug aus Bordeaux unter anderem aus ei-

nem Wagon-Restaurant-Salon, doch 1922 schon wurde der Lyoner Schlafwagen des S.O.E. eingestellt. Man hatte große Hoffnungen auf die Amerikaner als Kundschaft der Strecke Bordeaux–Balkan gesetzt, doch die Erwartungen wurden enttäuscht.

Als im Jahre 1921 erstmals ein Schlafwagen des Simplon-Orient-Expreß auch nach Athen fuhr, war er für die griechische Hauptstadt die erste Reisezugverbindung nach Westeuropa überhaupt. Solange die Türken den Norden Griechenlands besetzt hatten, gab es keine durchgehende Eisenbahnverbindung von Athen nach Saloniki. Dabei hatten schon im vorigen Jahrhundert Vorschläge zum Anschluß an das europäische Bahnnetz existiert, zum Beispiel Projekte des griechischen Diplomaten Phokion Rok, des Italieners Vitali, welcher u.a. zwischen Vonitsa an der Adria und Porto Rafti bei Athen eine Abkürzung der kombinierten See-Land-Route England–Indien schaffen wollte und des Deutschen Hahn, der eine Verbindung Europa–Athen alternativ über Albanien oder über Nisch–Saloniki untersucht hatte. Auch ihm schwebte eine Verkürzung der Schiffsreise nach Ägypten und Indien vor. Erst im Weltkrieg kam es zur Vollendung des Anschlusses nordwärts bis Saloniki und damit an die ehemalige Orientbahn nach Jugoslawien. Die Athener Schlafwagen des Simplon-Orient-Expreß liefen südlich von Nisch, zeitweise auch schon ab Belgrad, in gewöhnlichen Zügen. Von Athen fuhren sie bis Piräus weiter, für die Schlafwagenpassagiere galt aber als Endpunkt Athen. Nur Ende der zwanziger Jahre gab es eine Ausnahme: Als Versuch, das historische Projekt einer Verbesserung der Route England–Indien zu verwirklichen, lief der S.O.E. für Passagiere eines schnellen griechischen Anschlußdampfers Piräus–Alexandrien über den Personenbahnhof von Piräus hinaus bis zum Kai in der Nähe des späteren Zollamtes. Doch das Experiment dauerte nur sehr kurze Zeit.

*Entgleisung eines Orientzuges bei Konstantinopel am 7. Dezember 1927*
*Sammlung: Stögermayr/ Österreichisches Eisenbahnmuseum*

Bis 1923 währte der griechisch-türkische Krieg. Im ISG-Guide des folgenden Jahres gab es noch keinen Schlafwagen zwischen einer griechischen und einer türkischen Stadt, doch später verkehrte ein Wagen der ISG von Athen nach Istanbul über die einst private, dann verstaatlichte Verbindungsbahn Saloniki–Türkei. Er fuhr aber, wie ein kurzlebiger Kurs Saloniki–Konstantinopel unmittelbar nach dem Ersten Weltkrieg, nicht im Simplon-Orient-Expreß, sondern in gewöhnlichen Zügen. In welchem Maße diese Wagen eine Angelegenheit der Politik

*Internationaler Zug eingeschneit in Çerkesköy in der Türkei 1929 mit 1D-Lokomotive der Orientbahn, bahneigenem Gepäckwagen und, dahinter zu erkennen, hölzernem ISG-Schlafwagen. Der bahneigene Gepäckwagen deutet darauf hin, daß es sich um den Direct-Orient und nicht, wie vielfach angegeben, um den Simplon-Orient-Expreß handelt.* Repro aus Zeitschrift

*Simplon-Orient-Expreß Athen–Paris mit Lokomotive Reihe Lambda-alpha, bahneigenen Gepäck- und Sitzwagen, Teakholzspeisewagen auf der Gorgopotamosbrücke in Mittelgriechenland, vor dem Zweiten Weltkrieg*
Aus Reiseprospekt,
Sammlung: Leondopoulos

*Eine Foto-Rarität von der Strecke der Berliner-Balkanzüge: Schnellzug (Rychlík) 12 Bodenbach–Prag–Preßburg mit Lokomotive 375.006, ehemalige österreichische Reihe 310 des Heizhauses Bodenbach und dahinter Wagen der ČSD. Der Zug führte Kurswagen Bodenbach–Kaschau, Bodenbach–Wien, Berlin–Preßburg und einen Speisewagen Bodenbach–Preßburg. Aufgenommen im August 1932 bei Raudnitz (Roudnice) an der Elbe.*
Foto: Tausche

waren, illustriert ein Antrag für 1938, den zuvor wegen schlechter Besetzung während mehrerer Jahre unterbrochenen Wagenlauf als Teil des griechischen S.O.E. neu einzuführen – „auf inständiges Bitten der griechischen Regierung."

Im Sommer 1927 wurde der Simplon-Orient-Expreß eine interkontinentale Verbindung am 4. August erhielt er Anschluß an einen neuen ISG-Schlafwagenzug „Anatolie-Expreß". Obwohl dieser von Ankara nur bis Haydarpaşa fuhr, dem asiatischen Bahnhof von Istanbul, trug er auf seinen Richtungstafeln die stolzen Worte „ANGORA–PARIS–LONDRES". Den Anschluß über den Bosporus hinweg stellten besondere Schiffe unter der Regie der Schlafwagengesellschaft her. Darüber hinaus wurde 1930 ein neuer „Taurus-Expreß" eingerichtet, welcher von Haydarpaşa aus zunächst bis Mardin, Nusaybin und Rayak lief, dessen Automobil- und Eisenbahnanschlüsse aber bis Bagdad und Kairo reichten. Der Traum „London–Kairo" war nun Wirklichkeit geworden – bis auf die Tatsache, daß dabei zu oft umgestiegen werden mußte. In der EFK-Niederschrift für 1931 ist daher ein Programm erwähnt, den Simplon-Orient-Expreß mittels Trajekt über den Bosporus hinweg bis Mesopotamien und Ägypten direkt zu führen – doch dies blieb ein Wunschtraum für immer.

Kein leerer Wunschtraum sollte nach dem Willen der Sieger die Umgehung deutschen und österreichischen Territoriums auch für jene weniger bemittelten Schichten sein, welche sich eine Reise im Simplon-Orient-Expreß nicht leisten konnten. Für diese wurde am 1. Juni 1921 eine neue Balkanrelation durch den Simplontunnel eingerichtet, welche hauptsächlich Sitzwagen führte – der „Direct-Orient". Daneben gab es in diesem Zug aber auch, gemäß Kursbuch 1927, einen Pullmanwagen Venedig–Triest und einen Schlafwagen Ostende–Gotthard–Venedig. Ein anderer seiner Wagons-Lits fuhr von Paris nach Brindisi – eine Strecke, auf der früher Post und Passagiere England–Indien der Peninsular & Oriental-Reederei und ab Spätherbst 1931 der Imperial Airways befördert wurden. Von London bis Paris flogen sie in Maschinen vom Typ Handley Page 42, und in dem italienischen Adriahafen wurden sie von viermotorigen – „Scipio" Flugbooten zur Weiterreise nach Südosten erwartet.

Groteskerweise mußten die Balkanfahrgäste des Direct-Orient jahrelang in Triest umsteigen – was auf nicht allzu große Frequentierung schließen läßt – während es aus Mitteleuropa nach dem Balkan in diesem und in anderen Zügen schon längst eine große Menge direkter Kurswagen gab. Zunächst war die Mitteleuropa-Balkan-Route nach dem Ersten Weltkrieg ein brisantes Politikum gewesen. Als die interessierten Verwaltungen es wagten, zum Sommer 1921 mit einer Verbindung von Berlin über Breslau nach Südosten wieder den Begriff „Balkanzug" aufleben zu lassen, setzte sich die alliierte Diplomatie in Szene: Durch Intervention wurde dem projektierten „Balkanzug" östlich von Sofia Halt geboten. 1921 waren Schlafwagen Karlsbad–Konstantinopel, 1922 statt dessen Prag–Konstantinopel und 1923 auch Prag–Athen im ISG-Kursbuch angegeben. Zeitweise fuhren diese in der Simplon-Orient-Gruppe, ebenso wie ab 1930 auch Schlafwagen Berlin–Istanbul und Athen. Jene Kurse waren schon 1928 verzeichnet gewesen, verschwanden aber 1929 vorübergehend aus dem S.O.E. Der Athener Wagen lief über Prag, während der Kurs Berlin–Istanbul über Breslau verkehrte. Die deutschen Anschlußzüge führten daneben Wagen Berlin–Bukarest, –Wien, –Susak, –Belgrad über Breslau, München und Basel–Beuthen, Warschau–Belgrad, Kaschau–Prag und Vlissingen–Prag. Sie bildeten, wie die CSD auf der Fahrplanbesprechung für 1938 hervorhob, jene „große internationale Verbindung zwischen Mitteleuropa und Skandinavien einerseits und dem Orient andererseits", deren Verkehr „sich fühlbar entwickelt, auch hinsichtlich des Post- und Warenverkehrs". Bei den jugoslawischen Staatsbahnen stand dieses Zugsystem mit Anschluß an den S.O.E., zur Unterscheidung vom Direct-Orient, im Kursbuch unter dem Titel „Occident-Orient". Kombiniert mit den Schlafwagen von Berlin nach Istanbul und Athen aus der „Occident-Orient"-Gruppe, dazu später noch mit Wagen aus dem Ostende–Wien, dem Orient- und einem neuen Arlberg-Orient-Expreß, war der Simplon-Orient zum wichtigsten Zug Südosteuropas geworden. Nicht nur für die wohlhabenden Reisenden, sondern auch für Post und Expreßgut bildete er die Magistrale nach dem Balkan. Dieser Verkehr brachte ungefähr ein Sechstel der Gesamteinnahmen des Expreß. Stoffe aus dem Norden, Schweizer Uhren, Lyoner Seide, Blumen aus Triest und Rosenöl aus Bulgarien waren unter den Gütern, die in seinen Gepäckwagen befördert wurden. Das ISG-Kursbuch verzeichnet zum Beispiel im Jahre 1924 die Mitnahme von „messageries" zwischen Paris und Piräus, Konstantinopel und Bukarest, zwischen Lyon und Bukarest und auf Teilstrecken. Als Atatürk 1924 den Fes verbot, sollen ganze Wagenladungen modischer europäischer Hüte in die Türkei transportiert worden sein. Ob es allerdings tatsächlich, wie eine französische Zeitschrift schrieb, täglich vier Waggons im Simplon-Orient-Expreß gewesen sind, ist nicht bekannt.

Der S.O.E. war zur Institution geworden, und so konnte es nicht ausbleiben, daß die Ereignisse, welche seinen Lauf hemmten, internationale Beachtung fanden. Der Zug war erst ein halbes Jahr in Betrieb, als auf ihn in Pont-sur-Yonne der Genfer Schnellzug auffuhr. Es gab dabei zwanzig Tote und über hundert Verletzte. Wiederholt mußte der Expreß wegen Vermurungen eines Baches bei St. Maurice über den Lötschberg geleitet werden. Erst nach einer hoch ins Gebirge hinaufreichenden Verbauung besserte sich die Situation. Bei anderer Gele-

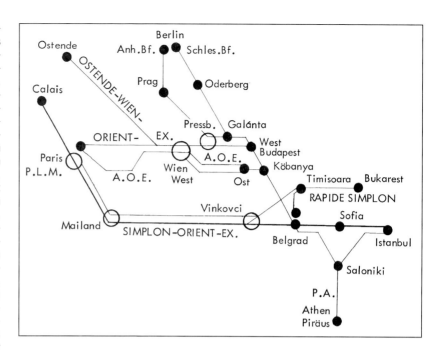

Simplon-Orient-Expreß 1938

*D 148 Berlin–Balkan mit ČSD-Lok 387.028 bei Einfahrt in Aussig, Februar 1940  Foto: Tausche*

genheit wurde der S.O.E. sogar zweimal über Wien geführt. Am 1. Dezember 1921 entgleiste sein Bukarester Teil zwischen Corbu und Potcoava in Rumänien, nachdem kurz vorher ein Güterwagen auf fünf Kilometer Länge die Schienenbefestigungen aufgerissen hatte. Die Strecke blieb tagelang gesperrt, und der Expreß mußte über Kronstadt umgeleitet werden. Im Januar 1924 stieß der Zug Paris–Konstantinopel, wie eine Zeitung meldete, bei Belgrad mit einem Güterzug zusammen, Am 2. Dezember 1926 grub sich das Vorderteil der Maschine seines Bukarester Flügels bei Balota/Rumänien in den Boden. Nähere Einzelangaben dazu fehlen. Im strengen Winter des Jahres 1929 meldete eine französische Zeitung: „Auf der Orientbahn sind mehrere Züge des Simplon-Orient-Expreß, welcher von Paris über Italien kommt, und auch Züge des Direct-Orient, der aus Mitteleuropa kommt, in verschiedenen Stationen blockiert worden." Durch die Schneemassen, welche die Linie vom 1. bis zum 12. und vom 21. bis zum 24. Februar unpassierbar gemacht hatten, war auch ein „Messenger" des Königs von England aufgehalten worden. Das gleiche Jahr hatte noch weitere Überraschungen parat: Ende Februar hatte der Schnee den Verkehr auf der Strecke des Prager Flügels zwischen Brünn und Lundenburg zum Erliegen gebracht. Im September war für einen Tag die Strecke Belgrad–Nisch wegen eines Un-

glücks gesperrt, und im Oktober war die Anschlußstrecke Alexandroupolis–Pithyon für mehr als eine Woche unterbrochen worden. Daneben gab es Behinderungen durch Streiks. So fanden 1920, 1921 und 1922 soziale Kämpfe in Italien statt, welche zur Machtübernahme Mussolinis aus Angst vor den „Linken" führten. Auch in Jugoslawien und in Griechenland, wo es zu Anfang des Jahrhunderts noch nicht einmal eine Arbeitszeitregelung gab – die Eisenbahner mußten jeden Tag solange arbeiten, wie die Obrigkeit dies eben wünschte – kam es in den zwanziger Jahren zu schweren Arbeitskämpfen, welche auch Todesopfer forderten. Die Ausstände und als Folge davon eine Verbesserung der sozialen Bedingungen mußten sich indirekt, wenn auch erst Jahrzehnte später, auf den Lauf der Luxuszüge auswirken – denn die waren ohne unterbezahlte Eisenbahner gar nicht wirtschaftlich zu führen.

*„Laßt uns geradewegs nach Griechenland kommen, denn es ist leichter, das in einem Buch zu tun als in einem sogenannten Luxuszug, der durch Europa zockelt, der über Brücken fällt, durch Schluchten irrt und einen ganzen Tag in tot aussehenden Dörfern in fremden Ländern wartet",* so schreibt nicht ohne Übertreibung der junge Beverley Nichols in „Twenty-Five" (Cape, London 1926) über seine erste Reise im Simplon-Orient-Expreß im Winter 1921. – *„Alles geht*

*gut, bis Sie Fiume erreichen* (Anmerkung: möglicherweise ist Triest gemeint). *Bis dorthin haben Sie einen komfortablen Speisewagen mit regelmäßigen Mahlzeiten und ein Schlafwagenabteil, in dem man schlafen kann anstatt zu frieren. Aber danach, Gott steh' Ihnen bei! Der Speisewagen wird abgehängt, und dann müssen Sie von den Vorräten leben, die Sie mithaben. Und wenn Sie nichts mithaben, so heißt das, daß Sie um Mitternacht aus dem Bett aufstehen, in irgendeine kleine, schmutzige Bahnhofsrestauration gehen und um schwarze Oliven, verstaubte Schokolade und saures Brot feilschen müssen."* Die Ankunft in Belgrad war deprimierend: *"Wir kamen in der Morgendämmerung an, und ich wachte auf, um einen traurigen ruinierten Bahnhof zu sehen, der mit Schnee bedeckt war, und um das monotone Echo von ein paar Soldaten zu hören, die um ein Lagerfeuer herum sangen, das sie auf dem Bahnsteig angezündet hatten, damit sie nicht froren..."* Diesen Zeitumständen entsprachen die Fahrzeiten – anfangs war der Simplon-Orient-Expreß zwischen Paris und dem Bosporus eine Nacht und einen ganzen Tag länger unterwegs als der Orient-Expreß vor 1914. Im Jahre 1930 war die Fahrzeit von 1914 fast „schon" wieder erreicht. Die EFK 1933 beschloß, den Zug durch Verringerung seines Gewichtes östlich von Belgrad weiter zu beschleunigen, 1936 erhöhte sich die Geschwindigkeit abermals, und 1939 schließlich wurde eine Gesamtfahrzeit von nurmehr rund 56 Stunden erzielt – ein Rekord, welcher hauptsächlich mit Dampflokomotiven aufgestellt und nach dem Zweiten Weltkrieg bis Anfang 1974 trotz milliardenschwerer Elektrifizierungsprogramme nicht mehr erreicht werden sollte! Die Fahrt durch Serbien im Simplon-Orient-Expreß zur Zeit seines Höhepunktes während der dreißiger Jahre hatte der Eisenbahnhistoriker George Behrend in „Grand European Expresses" (Allen & Unwin/Orell Füssli) beschrieben: *„Geführt von einer großen schwarzen deutschen Pacific, brauste der Zug durch die Nacht, zweimal so schnell als zuvor, während die italienische Brigade ein elegantes Diner servierte. Die Semmeln waren bulgarisch, der Wein jugoslawisch, die Spaghetti und das Fleisch jedoch unverkennbar italienisch, ebenso wie das ‚gelati', welches im Kühlraum, ohne Schaden zu leiden, bis Svilengrad und zurück gereist ist..."*

*D 148 Berlin–Budapest, tageweise mit Wagen für den Simplon-Orient-Expreß, bei Elsterwerda um 1935*
Sammlung: Tausche

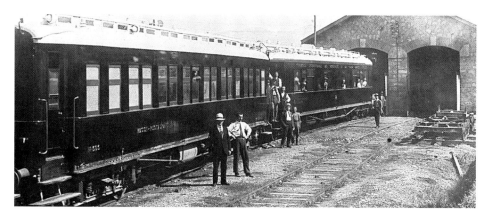

*ISG-Atelier Athen mit Speisewagen 363 von 1893*
Sammlung: Commault

*Orient-Express Train de luxe militaire mit Lokomotive A 3/5 bei Wettingen       Archiv: SBB*

## Politik und Orient-Expreß

Wien, Anfang 1919: Durch die Straßen ziehen fremde Offiziere; Passanten verlassen den Bürgersteig, um ihnen auszuweichen; in den Gassen sieht man hungernde Menschen, hungernde Kinder. In den Mülltonnen nach etwas Brauchbarem zu suchen gilt als ebenso selbstverständlich, wie mit der Straßenbahn in den Wienerwald zu fahren, um Brennholz zu sammeln. Lebensmitteltransporte aus dem Ausland sollen den Ausbruch des Kommunismus verhindern ...

Zu jener Zeit, nämlich im Februar 1919, wurde exklusiv für die Offiziere und Beamten der siegreichen Entente ein Luxuszug aus ISG-Wagen dreimal wöchentlich eingerichtet, dessen einer Zugteil von Paris Est über Linz nach Prag und dessen anderer über Wien nach Warschau lief. Obwohl das Elsaß zu Frankreich gekommen war, umging er sorgfältig diese Provinz auf einer Strecke über Delle und den Jura, welche schon vor dem Kriege Reisenden auf dem Weg von Frankreich in die Schweiz ein Berühren deutschen Territoriums erspart hatte. Damit der neue Expreß auch auf seinem weiteren Lauf ostwärts nicht das geschlagene Deutschland durchqueren mußte, benutzte er die Arlbergstrecke. In Wien berührte der „Entente-Zug", wie er im Volksmund hieß, West- und Nordbahnhof, bevor er, über Prerau durch die neugegründete Tschechoslowakei fahrend, bei Oderberg die polnische Grenze erreichte. Gemäß einer Pressemeldung hätte er ursprünglich über Prag nach Warschau laufen sollen, womit Wien vom Luxuszugverkehr abgeschnitten worden wäre. Die umstrittene, im Januar 1921 geteilte Provinz Oberschlesien wurde über Petrowitz, Trzebinia und die frühere Grenzstation Granitza umfahren. Der Zug stellte ebenso wie der Simplon-Orient-Expreß eine Verbindung nach den als „cordon sanitaire" um Mitteleuropa herumgelegten verbündeten Staaten der Kleinen Entente her, in diesem Fall der Tschechoslowakei und Polen. Er war in den ISG-Fahrplänen als „Orient-Expreß"

*Orient-Express Train de luxe militaire Paris–Warschau mit aufgemalter Trikolore auf dem Wiener Nordbahnhof*

mit dem Zusatz „Train de Luxe militaire" verzeichnet. Seine groß aufgemalten Trikoloren hatten in den durchfahrenen Ländern vom französischen Sieg zu künden ebenso wie die großen Tafeln „Balkanzug" einst vom vermeintlichen deutschen ...

Artikel 367 des Versailler Vertrages verpflichtete die 1920 gegründete Deutsche Reichsbahn, internationale Transitzüge gemäß den Wünschen der Sieger zu übernehmen und mindestens ebenso rasch zu befördern wie die schnellsten innerdeutschen Züge. Damit sollte der Weg frei werden für einen Luxuszug Paris–München–Wien als Ersatz für den Train de luxe militaire, wie er am 6. September 1919 auf Regierungsebene vereinbart worden war. Wie notwendig dafür Artikel 367 war, zeigt die damalige Situation auf Deutschlands Bahnen: Viele Lokomotiven waren als Reparationsleistung abzutreten, die Kohlenvorräte reichten nur für wenige Tage, und in Bayern mußten wegen Brennstoffmangels die großen Schnellzuglokomotiven zeitweilig durch sparsamere Personenzugloks ersetzt werden. So wird verständlich, daß der Luxuszug nicht wie geplant im Mai 1920, sondern laut Kursbuch erst am 20. Juni, laut Kuntzemüller sogar erst im Oktober starten konnte. Das Projekt einer Zwischenlösung in Form von zwei Sitzwagen oder einem ISG-Salonwagen Straßburg–München und zwei Schlafwagen München–Wien war nicht zur Ausführung gekommen.

Der neue Zug mit dem komplizierten Namen „Boulogne/Paris/Ostende-Strasbourg-Vienne-Expreß" hatte auch einen Flügel „Boulogne/Paris/Ostende-Prague-Varsovie-Expreß", welcher laut Sommerfahrplan 1920 in Straßburg abzweigte. Der Ostender Wagen lief ab Straßburg westwärts gemeinsam mit dem belgischen Flügel des Simplon-Orient-Expreß. Mit den Zielen Prag und Warschau, letzteres unter sorgfältiger Umgehung oberschlesischen Gebiets über Oderberg und Dieditz (Dziedice) war er Ausdruck des Bündnissystems, welches Frankreich um Deutschlands Grenzen herum aufgebaut hatte – anfangs mit einem französischen Oberbefehlshaber für die tschechische Armee und kurz darauf mit Militärhilfe für Polen, welche dieses Land nach einem Angriffskrieg gegen die Sowjetunion

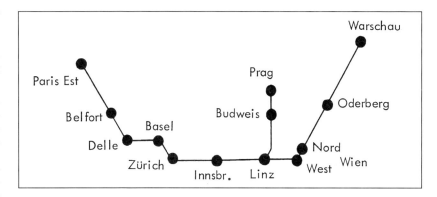

vor dem Untergang rettete. Da aber seit 15. März 1921 auch ein direkter Zug von Paris über Berlin nach Polens Hauptstadt verkehrte, waren die Schlafwagen zwischen Prag und Warschau oft völlig leer. Der Expreß wurde deshalb im Mai 1921 auf Prag beschränkt, bekam nun aber zusätzlich einen Schlafwagen nach Karlsbad.

Ungarn mußte unter anderem Preßburg an die Tschechoslowakei und Siebenbürgen an Rumänien abtreten, tschechische Soldaten rückten in das Land ein, und die enttäuschte Bevölkerung verhalf der Räteregierung unter Béla Kun an die Macht, die sich wiederum im Kampf gegen die ausländischen Truppen verbrauchte. So schwierig waren die Verhältnisse, daß zur Verbindung Frankreichs mit seinem rumänischen Verbündeten sogar der Plan eines Schlafwagens Paris–Bukarest auf dem grotesken Umweg über den Arlberg, Mähren und Galizien aufgetaucht war! Ohne daß es zu dieser Linienführung gekommen war, hatte sich bis zum Sommer 1921 die Lage wieder soweit stabilisiert, daß ein neuer „Orient-Expreß" als Ersatz für den Paris-Stras-

*Orient-Expreß (Train de luxe militaire) nach ISG-Kursbuch 15. Juli 1919*

*Boulogne/Paris/Ostende-Strasbourg-Vienne- und Prague-Varsovie-Expreß nach ISG-Kursbuch 1. Juli 1920*

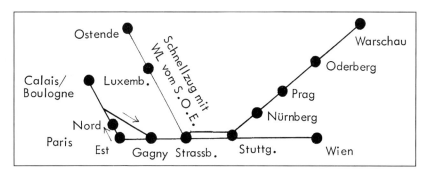

*Oben: D 54 (1./2. Klasse) Ostende–Wien am Einfahrtsignal von Straubing am 15. April 1920*
*Foto: Tauber, Sammlung: Tausche*

*Mitte: Orient-Expreß mit Lokomotive P3/5H, DR-Reihe 38[4.] in München Hauptbahnhof 1921*
*Foto: Kallmünzer, Sammlung. Dr. Mühl*

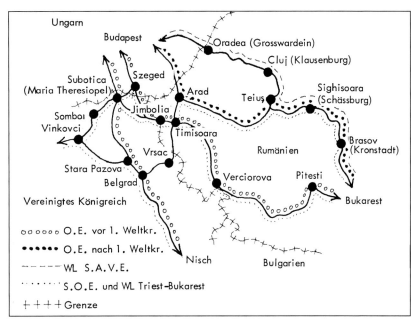

*Unten: Siebenbürgen und Batschka*

bourg-Vienne-Expreß von Paris über München, Wien, Preßburg und Budapest nach Bukarest gefahren werden konnte. Im ISG-Kursbuch vom Mai 1921 ist der Zug schon enthalten; eine Bemerkung kündigt aber die „homogene" Zusammensetzung erst für den 1. Juni an. Östlich von Budapest lief der Zug nicht mehr, wie vor dem Ersten Weltkrieg, über Timişoara–Orşova, sondern über Arad und die Karpaten – denn seine Vorkriegsroute lag nun zwischen Szeged und Timişoara auf jugoslawischem Gebiet. Man sucht sie heute auf der Landkarte vergebens . . .

Ein Jahr später hatte der Orient-Expreß sogar wieder einen Schlafwagen nach Konstantinopel, welcher südöstlich von Budapest in gewöhnliche Schnellzüge eingereiht war. Allerdings begann er seinen Lauf in München und nicht in Paris, was ja dem Monopol der Simplon-Orient-Strecke widersprochen hätte. Ein Verbündeter der ehemaligen Mittelmächte im Kampf um „ihre" Orientlinie war das Debakel ihrer Währungen: Eine Senkung der Fahrpreise unter Berücksichtigung des Wechselkursverfalls sollte die auf den Simplon abgewanderten Fahrgäste zurückbringen. Ein besonderer Erfolg, über den Charles Loiseau berichtet, war dabei die Beförderung von Expreßgut in den Gepäckwagen des Orient-Expreß oder auch über den Arlberg bis Wien und weiter ostwärts auf Donauschiffen, was billiger kam als der Transport im Simplon-Orient.

Der hoffnungsvollen Entwicklung des Orient-Expreß in den zwanziger Jahren bereitete die Politik ein abruptes Ende. Nach der Besetzung des Ruhrgebiets gingen die deutschen Eisenbahner zum passiven Widerstand über. Verspätungen und schlecht geheizte Wagen sollen an der Tagesordnung gewesen sein. Schließlich wurde die Route des Expreß am 30. Januar 1923, genau fünf Tage, bevor französische Truppen auch Offenburg besetzten, von Deutschland weg über die Schweiz, den Arlberg und, nicht zu vergessen, Liechtenstein verlegt in dessen kleiner Bahnstation Schaan alle Züge einschließlich dem Orient-Expreß zu halten hatten, wie es ein fürstliches Dekret verlangte. Als am 30. November 1924 der Luxuszug mit Wagen Paris– und Calais–Chalons–Bukarest wieder auf seine deutsche Strecke zurückkehrte, wurde der Schlafwagen München–Konstantinopel nicht mehr wiederaufgenommen. Das ISG-Kursbuch vom November 1924 nannte nur einen Lauf Wien–Konstantinopel in gewöhnlichen Schnellzügen. Zwar machte Ungarn 1927 einen Vorstoß zugunsten eines Schlafwagens Paris–Wien–Istanbul, doch es kam lediglich zu einem kurzzeitigen Lauf Calais–Konstanza mit rumänischem Schiffsanschluß an das Goldene Horn im Jahr 1929. Erst 1932 wurde wieder ein Schlafwagen Paris–Wien–Istanbul geführt. Er lief östlich von Belgrad im Simplon-Orient-Expreß. Als es ein Jahr später darum ging, diesen Zug durch Gewichtsverringerung zu beschleunigen, wurde der schwach besetzte Wagen wieder auf Belgrad beschränkt. Erst 1935, nachdem statt dessen der Speisewagen im bulgarischen Svilengrad abgehängt wurde, konnte der Schlafwagenlauf wieder bis an den Bosporus verlängert werden. Der später auf der Europäischen Fahrplankonferenz geäußerte deutsche Wunsch, den Orient-Expreß vom Simplon-Orient überhaupt getrennt nach Istanbul zu führen und damit wesentlich zu beschleunigen, sollte nie in Erfüllung gehen.

## Der Expreß Graham Greene's

„Der Zahlmeister nahm die letzte Landungskarte entgegen und beobachtete die Passagiere, wie sie über ein Gewirr von Schienen und Weichen hinweg den feuchten grauen Kai überquerten und um verlassen dastehende Güterwagen bogen; sie gingen mit hochgeschlagenen Mantelkragen und gebeugten Schultern. In den langgestreckten Waggons brannten auf den Tischen die Lampen und glühten gleich einer Kette blauer Perlen durch den Regen ..."

Orient-Expreß Bukarest–Paris, vermutlich in den zwanziger Jahren
Sammlung: Tausche

So beginnt die Geschichte „Stambul Train" von Graham Greene, in welcher ein jüdischer Kaufmann, ein Geistlicher, eine Varietétänzerin und ein alternder Revolutionär in Schlaf- und Sitzwagen von Ostende nach Südosten reisen. Sitzwagen – die hatte der exklusive Ostende-Wien-Orient-Expreß der Vorkriegszeit nie geführt; doch nun, nach dem Ersten Weltkrieg, gab es tatsächlich einen Zug, auf den die Beschreibung Greenes paßte. Er hieß D54/55 und beförderte von 1921 an Schlafwagen Ostende– und Amsterdam–Bukarest, welche in Wien auf den Orient-Expreß übergingen. Im September 1925 kam dann ein Schlafwagen Ostende–Budapest–Istanbul hinzu – im gleichen Jahr, in dem der Wagenlauf Ostende–Gotthard–Istanbul des

Schlafwagen Istanbul–Ostende, vermutlich im D 53 in den zwanziger Jahren   Sammlung: Tausche

*D 54 aus Ostende mit österreichischer Reihe 113 an der Innbrücke in Passau, nach 1938*
Foto: Kronawitter

Simplon-Orient-Expreß eingestellt worden war.

Der 5. Juni 1925 sah daneben auch die Wiedergeburt des Luxuszuges Ostende-Wien-Expreß. Seine Schlafwagen Ostende– und Amsterdam–Bukarest wurden in Wels, ab 1928 in Linz, auf den Orient-Expreß überstellt und lösten dessen „unstandesgemäße" Verbindung mit dem D54/55 ab. Zum Übergang auf den gleichzeitig zum „Calais-Paris-Prag-Karlsbad-Expreß" gewordenen böhmischen Flügelzug führte der Ostende-Wien-Expreß außerdem einen Schlafwagen Ostende–Karlsbad mit, welcher ein Jahr zuvor ebenfalls im D54/55 befördert worden war. Alle diese Luxusverbindungen verkehrten nur dreimal wöchentlich, und die Karlsbader sowie Prager Wagen fuhren außerdem nur im Sommer. Für den Karlsbader Teil waren weitere Verbesserungen vorgesehen: 1926 soll laut Kursbuch ein ISG-Salonwagen von Nürnberg nach der Sprudelstadt gefahren sein, für 1929 wurde allerdings vergeblich – die tägliche Führung beantragt, und schließlich war ein Schlafwagenlauf Ostende–Prag–Bukarest vorgeschlagen worden, welcher jedoch ebensowenig verwirklicht wurde. 1928, ein Jahr bevor das vereinbarte Simplon-Orient-Monopol abgelaufen war, ging aber ein anderer Wunsch in Erfüllung: Der Ostende-Wien-Expreß bekam wieder, wie in der Zeit vor dem Ersten Weltkrieg, einen Wagon-Lits nach dem Bosporus.

Seine Strecke hatte, wie so viele andere Routen quer durch Europa, eine Rolle in der legendären Verbindung England–Indien gespielt: Nachdem am 2. November 1929 die Imperial Airways erstmals über Deutschland und den Balkan nach Griechenland geflogen waren, wo Flugboote zur Reise über das Mittelmeer bereitlagen, stoppte das Winterwetter bald die englischen „Argosy", so daß die Reisenden auf die Bahn umsteigen mußten. Sie bildete vom 16. November an auf dem Abschnitt Köln–Athen einen Teil der schnellsten Verbindung zwischen den wichtigsten Teilen des britischen Empire. Vom 12. April 1930 ab war davon laut R. E. G. Davies' „History of the World Airlines" nurmehr der Eisenbahnabschnitt Skopje–Saloniki übriggeblieben, und vom 16. Mai 1931 an wurde die Indienrelation wieder vom Balkan weg auf die ursprüngliche Route via Italien verlegt. Ein interessantes, den Eisenbahnhistorikern nahezu unbekanntes Zwischenspiel im Weltverkehr hatte damit nach kurzer Dauer ein Ende gefunden.

Der Luxuszug hatte auch Wagen für den Nord-Expreß: Ein Schlafwagen kam aus Calais in dem 1927 eingeführten „Calais-Brüssel-Pullman", und andere starteten in Ostende. Ihre Ziele lagen weit im Osten – Warschau, Bukarest über Lemberg und ab 1937 Niegoreloje an der russischen Grenze, von wo aus der transsibirische Zug nach Wladiwostok weiterfuhr. So war der

Ostende-Orient-Expreß mit Anschlüssen bis an den Stillen Ozean, nach Tokio, Shanghai, aber auch nach Riga, Tallinn, Helsinki und „natürlich" nach Beirut, Bagdad und Kairo der vielleicht interessanteste Luxuszug überhaupt –, wenn er auch dabei das Land, von dessen Führer gesagt wurde, daß er nie in seinem Leben einen Grand Express betreten habe, zeitweilig mit einem Hakenkreuz auf der Lok durchqueren mußte. Jenes bekanntgewordene Hakenkreuz der S 3/6 Nr. 18 444 mußte übrigens auf „politische" Anweisung hin angebracht werden. Da die meisten der zuständigen Lokomotivbeamten dafür nicht besonders begeistert waren, andererseits aber die Anordnung befolgen mußten, machten sie es eben ganz klein, denn über die Größe war in dem Erlaß nichts ausgesagt. Um so größer wurde dafür ein „kaiserlicher" schwarz-weiß-roter Ring um den Schornstein gemalt ...

## Dös war noch a Dienscht – der erste Arlberg-Expreß

Im Jahre 1959 hatte der 10,3 km lange Arlberg-Tunnel 75jähriges Jubiläum. Sein Bau war 1880 unter der Leitung von Julius Lott begonnen worden. Ein alter Streckenbegeher, Alois Kößler, konnte sich noch an die Eröffnung und an den früheren Betrieb im Tunnel erinnern, als zur 75-Jahr-Feier die Journalisten und Ehrengäste erschienen: „Im Winter hab ich das Tageslicht überhaupt net g'sehen. Da sind wir in der Fruah um sechse eini und abends um sechs wiederraus – sechsmal in der Woche", so stand es in einem Interview der Süddeutschen Zeitung zu lesen. Schlimmer als die Dunkelheit war der Rauch der Dampflokomotiven. „Jeden Tag sind ein paar von uns ohnmächtig geworden", erinnert sich Kößler, „heut, wo alles elektrisch geht, ischt es ja a Kinderspiel ..." Natürlich ist es auch heute kein Kinderspiel, einen ausgelasteten Schnellzug über die steilste internationale Hauptverkehrsstrecke Europas zu fahren, doch damals, als im Jahr 1923 der Orient-Expreß über den Arlberg umgeleitet wurde, war die Linie im Gegensatz zu heute noch nicht elektrifiziert. Als dann der Expreß vom November 1924 an wieder über München fuhr, hätte den schweizerischen Geschäftsleuten die Luxusverbindung nach Österreich gefehlt, an die sie sich nun schon gewöhnt hatten. So wurde zwischen Paris und Wien an drei Tagen der Woche, an denen kein Orient-Expreß verkehrte, ein neuer „Suisse-Arlberg-Vienne-Expreß" (S.A.V.E.) eingeführt. Die in einem Brief an Bethmann-Hollweg 1915 ausgedrückte Befürchtung des preußischen Arbeitsministers v. Breitenbach, daß der internationale Verkehr eines Tages über den Arlberg um Deutschland herumgeleitet werden könnte, hatte sich also haargenau bestätigt. Dieser

*Suisse-Arlberg-Vienne-Expreß mit Lokomotive 110.002 auf dem Schmidtobel-Viadukt in den zwanziger Jahren*

*Suisse-Arlberg-Vienne-Expreß Paris–Wien mit Lokomotive 1029.08 in Innsbruck in den zwanziger Jahren*
Sammlung: Kreutz

*Österreichische 310.10, der berühmte 1C2-Typ von Gölsdorf, mit Suisse-Arlberg-Vienne-Expreß zwischen Hüttelsdorf und Unter Purkersdorf westwärts, um 1930
Foto: Zell, Sammlung: Griebl*

*Arlberg-Orient-Expreß Busapest–Paris mit Lokomotive 310.19 bei Abfahrt im Wiener Westbahnhof am 4. September 1931*

Gedanke war nicht neu – schon auf der Europäischen Fahrplankonferenz für 1896 ist über einen Schlafwagen Paris–Arlberg–Konstantinopel verhandelt worden. Wie wichtig diese Route geworden war, geht aus ihrer sehr frühen Elektrifizierung hervor: Im Winter 1924/25 wurde die Arlbergstrecke auf elektrischen Betrieb umgestellt. Sowohl Österreich als auch die Schweiz mußten damals ihre Wasserkräfte nutzen, um von Kohleimporten unabhängig zu werden. Außerdem mußten damals in Österreich wegen Dampflokomotivmangel sogar geliehene preußische Maschinen vor Expreßzügen eingesetzt werden. Während die schweizerische Strecke des S.A.V.E. bis 1927 elektrifiziert war, wurde die weitere Elektrifizierung Österreichs durch die „Kohlenbarone" verzögert.

1927 erhielt der S.A.V.E. einen Schlafwagen nach Bukarest, welcher östlich von Wien gemeinsam mit einem Kurs Ostende–Budapest in einem D-Zug und in Rumänien auf der nördlichen Strecke über Klausenburg (Cluj) lief. 1930 und 1932 tauchten neben dem Blau und dem Teakbraun vorübergehend das Blau/Creme neuer Pullmanwagen auf dem Arlberg auf, vom selben Jahr ab fuhr der Zug als „Arlberg-Orient-Expreß" bis zum Budapester Ostbahnhof, und gleichzeitig wurde ihm ein Schlafwagen Paris–Athen mitgegeben, welcher am Balkan im Simplon-Orient-Expreß weiterfuhr. Selbst die alte Idee eines Schlafwagens über den Arlberg zum Bosporus lebte in einem schweizerischen Antrag für den Jahresfahrplan 1934 wieder auf, doch verwirklicht wurde sie nicht.

Der steigende Touristenverkehr nach Österreich ermöglichte aber von 1936 an einen neuen Saison-Schlafwagenzug über den Arlberg, den „Tyrol-Expreß". Ein anderes Fahrplanproblem, welches immer wieder die Phantasie angeregt hat, war die Relation von Südwest – nach Südosteuropa. Schon im Jahre 1914 unter der Überschrift „Wien–Arlberg–Barcelona" in einem Brief an den später durch seine Denkschrift über den Orientverkehr bekannt gewordenen Pastor und Fahrplanspezialisten Richard Ottmar erwähnt – Näheres konnte nicht mehr enträtselt werden – 1919 als „Linie des 40. Breitengrades" propagiert und von 1927 an mit einem kurzzeitigen Lyoner Schlafwagen im S.A.V.E. ausprobiert, faszi-

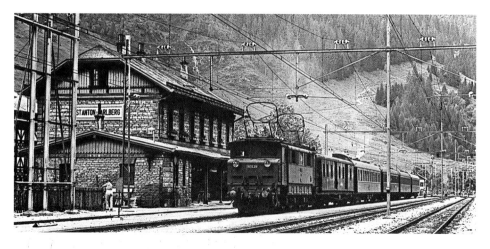

*Arlberg-Orient-Expreß Paris–Budapest mit 1670.29 in St. Anton am 19. Juli 1932  Foto: Stögermayr, Sammlung: Slezak*

*Mitte: Calais-Suisse-Arlberg-Expreß mit Atlantic der Nordbahn 2.642 im Jahr 1934  Foto: Floquet*

*D 54 aus Ostende mit österreichischer 310 und ISG-Gepäckwagen bei Ausfahrt aus Passau vermutlich in den zwanziger Jahren  Foto: Kronawitter*

nierte und scheiterte diese Verbindung immer wieder von neuem.

## Victoria 4.30

„Victoria Four-Thirty" – das ist Ort und Zeit für die Londoner Abreise in Cecil Roberts' gleichnamigem Roman aus den dreißiger Jahren. Sein „boat-train" von Bahnsteig 8 und der Kanaldampfer brachten die Passagiere nach Boulogne, wo sie die Schlafwagen des Arlberg-Orient-Expreß betraten, um nach Bukarest, Athen, zu den Salzburger Festspielen oder in das gerade „fashionable" gewordene Kitzbühel weiterzureisen. Boulogne und Calais waren die abwechselnden Ausgangspunkte des Orient-Expreß zeitweise kombiniert mit Calais-Méditerrannée, Simplon-Orient-Expreß oder einem Pullmanwagen nach Etaples – und des S.A.V.E./Arlberg-Orient-Expreß. In den Abendstunden mochten die Passagiere die Rangiermanöver mit den aus Paris kommenden Zugteilen miterleben, die östlich von der Hauptstadt in La Villette oder Gagny bzw. für den S.A.V.E. in Rosny-sous-Bois, Nogent-les-Perreux und ab 1926 in Chalons-sur-Marne stattfanden. Von 1931 an wurde der Arlberg-Expreß in Chaumont rangiert, während für den Orient-Expreß Chalons der Knotenpunkt blieb.

Das nächste Manöver des Suisse-Arlberg-Vienne-Expreß war in Belfort fällig, wo in der Nacht die Wagen für den „Oberland-Expreß" abgehängt und zunächst auf einem

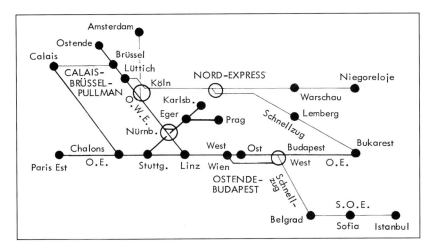

*Orient-, Ostende-Wien-Budapest- und Karlsbad-Expreß, Sommer 1937. Der Karlsbad-Expreß der Zwischenkriegszeit verkehrte zeitweilig über Aalen. Der Ostende-Wien-Expreß fuhr ab 1937 über Mainz–Frankfurt Süd, zuvor über Wiesbaden–Frankfurt.
Die Vereinigung mit dem Orient-Expreß fand ab 1928 in Linz, zuvor in Wels statt.*

Seitengleis abgestellt worden waren. Am Morgen fuhren sie dann weiter nach Delémont – das war die einstige Umgehungsroute um das Elsaß herum – und von dort aus hinter einer Lötschbergmaschine durch den 8,5 Kilometer langen Grenchenbergtunnel, mit Fahrtrichtungswechsel in Biel und Bern, nach Interlaken-Ost. Von Interlaken aus gab es 1931 vorübergehend einen ISG-Salonwagenzug nach dem nahen Zweisimmen, wo der meterspurige „Golden Mountain Pullman Express" der ISG zur Weiterreise nach Montreux bereitstand.

Unterdessen hatte der Suisse-Arlberg-Vienne-Expreß die schweizerische Grenze in Basel passiert und wurde in Sargans nochmals geteilt. Während die Wiener Wagen den Bahnhof in umgekehrter Richtung verließen, um nach wenigen Kilometern in Buchs abermals zu reversieren, setzte der Zugteil „Engadin-Expreß" die Reise südwärts bis Chur fort. Dort warteten Meterspurzüge der Rhätischen Bahn zur Fahrt nach St. Moritz, in denen die ISG-Klientel des Engadin-Expreß ein Essen von der deutschen Mitropa serviert bekommen konnte.

Wenn der Arlberg-Orient-Expreß mit elf Wagen und einer „Pacific" oder vielleicht sogar einer großen „Mountain" nächtlich über die Gleise der Est röhrte, dann lag noch eine Tages- und Nachtfahrt dazwischen, bis sein Bukarester Wagen, mit dem „Rapide Ardeal" kombiniert, die Karpaten überqueren würde. Anders als der Orient-Expreß, bei dem im Januar 1927 ein Unglück wegen eines Wagenschadens durch Halt im bayerischen Kissling gerade noch rechtzeitig verhindert werden konnte, war der Schlafwagenzug der Arlbergroute öfter von Unglück betroffen: Am 5. August 1923, als er unter dem Namen „Orient-Expreß" den Arlberg überquerte, stieß er in Feldkirch mit einer Reihe Güterwagen zusam-

*Suisse-Arlberg-Vienne-Expreß mit Lokomotive 113.13 der BBÖ, Gepäckwagen der BBÖ und Teakholzwagen bei Schwarzach-St. Veit am 30. Mai 1927
Foto: Stögermayr/Österreichisches Eisenbahnmuseum*

men. Nicht weit davon entfernt, im schweizerischen Buchs, streifte er in der Nacht vom 29. auf den 30. Juni 1924 eine Lokomotive. Im Juli 1927 kollidierte die Lok des Suisse-Arlberg-Vienne-Expreß der Reihe 310 in Wels mit einem Güterzug, am 25. September des gleichen Jahres wurde sein Bahndamm in Vorarlberg durch Hochwasser zerstört, am 13. Februar 1929 fuhr D 55 mit der allerersten Maschine der neuen Baureihe 214 auf den in Tulinerbach-Preßbaum stehenden Expreß, und im August jenes Jahres war seine Strecke im Salzachtal wegen Vermurung unterbrochen. Der Orient-Expreß war im Juni 1924 in dem unruhigen Ungarn einer Katastrophe knapp entgangen: Kurz vor seinem Passieren war eine Brücke in die Luft geflogen, weswegen die Bukarester Züge über Timișoara umgeleitet wurden. Verhängnisvoll ging dagegen ein anderer Anschlag aus, welcher 1931 bei Torbágy, ebenfalls in Ungarn, auf den Budapester Anschlußzug des Arlberg-Expreß verübt worden war. Natürlich mußte ein Sensationsjournalist kommen, welcher aus jenem D10 prompt den „Orient-Expreß" machte ...

Ein weniger tragisches Ereignis war dem Ostende-Orient-Expreß beschieden: Im Frühjahr 1934 wagte einer der besten Motorradrennfahrer seiner Zeit, der Österreicher Karl Abarth – heute der weltberühmte Turiner Sportwagenkonstrukteur Carlo Abarth eine verwegene Wettfahrt auf einer Maschine mit selbstgebautem Seitenwagen gegen den Expreß. Warum sich der kühne Fünfundzwanzigjährige ausgerechnet einen der Orient-Expreßzüge als Gegner gesucht hatte, schildern seine Biografen, Gianfranco Fagiuoli und Guido Gerosa in „Carlo Abarth und seine Autos" *„In jenen Jahren bedeutet das Wort Orient-Expreß noch ungeheuer viel; es wirkt ähnlich sensationell wie der Name Mata Hari, ähnlich beflügelnd wie der neue Charleston, mitreißend wie der eben nach Europa eingedrungene Jazz ..."* – und Abarth suchte Sensation und Publicity, um seine Konstruktion zu verkaufen. Am 19. April 1934 startete er über die 1372 Kilometer von Wien nach Ostende, wo ihn tags darauf eine unübersehbare Menschenmenge empfing – und die Botschaft, daß der Zug um 15 Minuten eher angekommen war. Zwei Wochen später machte er das Rennen in der Gegenrichtung. Nach rund 24 Stunden praktisch ununterbrochener Fahrt auf dem Motorrad kam er in Wien zwar todmüde, aber um 20 Minuten schneller an als der Expreß.

Gegen Ende der dreißiger Jahre sollten Ereignisse anderer Art den Verkehr der großen Züge überschatten. Die Reise im Arlberg-Orient-Expreß bot keine Umgehung des faschistischen Machtbereiches mehr, als Österreich 1938 „angeschlossen" worden war. Dafür gab es in einem der Direct-Orient-Züge einen Schlafwagen Pa-

*Oben: Teilverkleidete 03¹⁰ bei Einfahrt in Passau von der Innbrücke her, nach 1938    Foto: Kronawitter*

*Unten: D 54 mit vollverkleideter 03¹⁰ bei Ausfahrt aus Passau über die Innbrücke, nach 1938*
*Foto: Kronawitter*

ris–Budapest, welcher das großdeutsche Gebiet über Mailand und Triest umging. Ab 1938 wurde der Orient-Expreß nicht mehr auf seiner angestammten Route über das tschechoslowakische Preßburg, sondern, wie der Arlberg-Orient, direkt von Österreich nach Ungarn geführt. Der internationale Zugverkehr nach der Tschechoslowakei war vorübergehend sogar ganz eingestellt worden, als nach Österreich auch das Sudetenland dem Deutschen Reich eingegliedert wurde. Die Berliner Wagen des Simplon-Orient-Expreß wichen damals über München aus.

## Blaue Wagen ...

Die Zeit zwischen 1919 und 1939 bildete den letzten Höhepunkt von Europas Luxuszügen. Im Dezember 1922 tauchte auf der Strecke von Paris an die Côte d'Azur ein Phänomen auf, dessen Name noch heute populär ist: Der „Blaue Zug", der „Train Bleu", wie ihn der Volksmund damals und später auch das Kursbuch nannte, denn seine Wagen waren die ersten ISG-Fahrzeuge aus Stahl und die ersten mit der nun schon seit einem halben Jahrhundert vertrauten blauen Lackierung. Ihre acht luxuriösen Einbettcoupés hatten Waschbecken und Verbindungstüren; vier zusätzliche Doppelabteile behielten dagegen die schon früher üblichen „cabinets de toilette". Die Einführungsfahrt hatte sich in großem Rahmen abgespielt: Am 9. Dezember 1922 fuhren Gäste aus England in reservierten Pullmanwagen von London nach Dover. In Calais fand nach Ankunft des Schiffes ein Empfang durch Vertreter der französischen Nordbahn, der P.-L.-M und der ISG statt. In Paris gab es einen ähnlichen Empfang für die französischen Pressevertreter, anschließend fuhren zwei Sonderzüge, ausschließlich aus den neuen Schlafwagen bestehend, nach Nizza, wo die Gäste im „Ruhl" und im „de France" logierten. Nach einem „Déjeuner à petites tables" im Savoy, einer Auto-Exkursion und einem Festbankett mit Soirée im Casino Municipal am 10. Dezember folgte tags darauf eine kurze Fahrt in den Schlafwagenzügen nach Cannes, wo es abermals im städtischen Kasino ein Déjeuner gab und anschließend eine Autofahrt am Esterel-Gebirge entlang nach St. Raphael. Von dort aus kehrten die beiden Züge mit ihren Passagieren nach Paris und Calais zurück ...

Wenige Jahre nach dieser Eröffnung erschienen die neuen Wagen in verschiedenen Versionen, darunter auch einer hölzernen, in den Orientzügen. Daneben gab es im Orient- und Arlberg-Expreß ab ungefähr 1926 Wagen mit Zickzackwänden zwischen den Double-Abteilen – welche deshalb mit „Z" bezeichnet wurden – und mit moderner grauer Polsterung an Stelle des braunen Plüsches. Im Jahre 1929 wurde ein noch komfortablerer Typ in Dienst gestellt, der Schlafwagen „Grand Luxe" oder „Lx". Er enthielt anfangs ausschließlich Einbettabteile. Mit einem hohen, wie die Wände in dunklem Furnier gehaltenen Schrank zur diskreten Aufnahme des Waschbeckens in jedem Coupé und äußerlich mit auffallenden ovalen Türfenstern unterschied er sich deutlich von den „gewöhnlichen" Schlafwagen. Zwar gelangten diese exklusiven Einbettwagen damals nur als Zugteile des Calais-Méditerrannée- und des Rome-Expreß nördlich von Paris in den S.O.E. und nicht in den Orient-Expreß, doch zumindest der Simplon-Orient enthielt andererseits, ebenso wie der Rome-Expreß, zeitweise zusätzlichen Komfort in Gestalt eines „fourgon-douche", eines Gepäckwagens mit Dusche. Mit ihrem dunkelblauen Anstrich, den gelben Aufschriften, dem goldenen Wap-

*Ostende-Wien-Expreß mit Lokomotive 18 455 des Bw Linz, aufgenommen in Passau um 1939, als Österreich dem Deutschen Reich angeschlossen war.* Foto: Kronawitter

*L 105 Paris–Karlsbad/Prag mit Lokomotive S3/6 und blauen Ganzstahlwagen, bei Schnabelwaid, 1934*  Foto: Köditz

pen, ihren durchlaufenden, funkelnden Fensterbändern, die nur durch zierliche Sprossen unterteilt waren, und mit ihren Plüschpolstern, Mahagonihölzern und Ledertapezierungen – erinnernd an „le cuire doré" aus dem Gedicht von Valery Larbaud – bildeten die Wagen der Grands Express ein Kunstwerk ihrer Zeit wie heute die Autos von Ferrari oder Lamborghini.

Es war die letzte große Epoche von Europas Luxuszügen und gleichzeitig ihrer Dampflokomotiven. Schon begannen sich, zunächst in den Alpen, dann auch in Deutschland, Ungarn und Italien, die Elektrolokomotiven zu verbreiten, für die Arthur Honegger so bittere Worte fand: *„Für jene, die wirklich die Lokomotive geliebt haben, die wahre, die mit Dampf, sind diese unförmigen Antriebswagen nichts als Straßenbahnen ..."* Doch noch regierten die stolzen Pacifics und die Mountains, welche in Frankreich eine Vollendung erfahren hatten, die nie und nirgends mehr erreicht wurde. Noch tobten die großen Maschinen der Est vor dem Arlberg-Orient und die 241 A der P.-L.-M. mit ihrer rassigen „Windschneide" vor dem Simplon-Orient-Expreß durch die Nacht, noch erzitterte der Erdboden unter den überschweren belgischen Pacifics, denen der Heizer auf hundert Kilometern zwei Tonnen Kohle in die Feuerbüchse schaufelte ...

## ... Blaublütige Prominenz

Zu dem dröhnenden, zugigen Führerhaus der Lokomotiven in krassem Gegensatz stand die vornehme Abgeschlossenheit der Luxuswagen, welche gekrönte und ungekrönte Häupter durch Europa trugen: Als Eduard VIII. abgedankt hatte, fuhr er mit seiner Gattin, Mrs. Simpson, im Orient-Expreß nach Österreich. Er habe dabei „seinen Salonwagen" benutzt, schrieb die Presse. Aga Khan, der König von Griechenland, die Familie Rothschild, Waffenkönig Sir Basil Zaharoff gehörten ebenso zur Klientel auf dem Plüsch der Orientzüge wie die Mistinguette oder Richard Strauß. Als der spätere König Paul von Griechenland am 8. Januar 1938 Friederike von Braunschweig heiratete, trafen in normalen Schlafwagen des Simplon-Orient-Expreß der Duke of Kent, Regent Paul von Jugoslawien und die Familie Friederikes in Saloniki ein. Dort wurde ihnen der blaue Hofzug des griechischen Königs zur Weiterfahrt nach Athen zur Verfügung gestellt. Dieser bestand ursprünglich aus französischen Fahrzeugen, vor dem Zweiten Weltkrieg statt dessen aus zwei deutschen Salonwagen und einem Speisewagen. Daneben gab es je einen Salonwagen für den Generaldirektor und den Chefingenieur der Bahn, welche diese auf Dienstfahrten in planmäßige Züge einreihen konnten. Als im

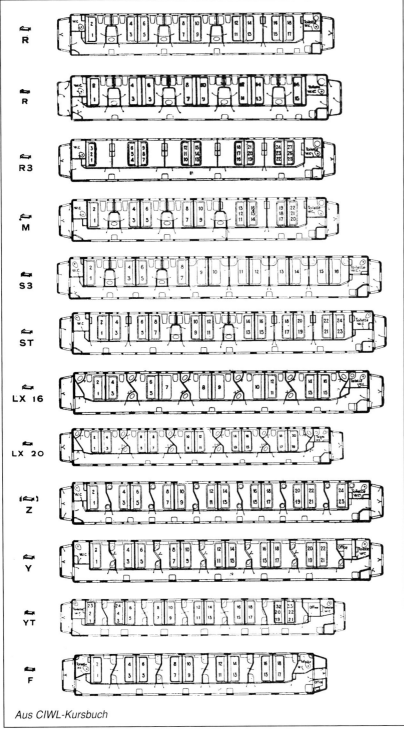

Aus CIWL-Kursbuch

Krieg der Hofzug wegen unpassierbarer Strecke auf dem Seeweg vom Süden nach Saloniki gebracht werden sollte, wurde das Schiff angegriffen und versank.

Zar Boris III. von Bulgarien fuhr nicht nur im Orient-Expreß zur Berliner Olympiade von 1936, wobei sein Hofsalonwagen in München abgehängt wurde, sondern er führte öfter auch selbst die Lokomotive des Simplon-Orient. Er besaß alle erforderlichen Lokomotivführerpatente und wurde, was beinahe noch wichtiger war, von seinen professionellen Kollegen „anerkannt". Der deutsche Außenminister Freiherr von Neurath kam 1937 bei einem Besuch der Hauptstadt Sofia selbstverständlich im Simplon-Orient-Expreß angereist. Doch auch die Gegenseite fuhr mit den Orientzügen: Als sich Sowjetmarschall Tuchatschewsky 1936 an der Spitze einer Delegation zu den Begräbnisfeierlichkeiten von Georg V. nach England begab, benutzte er den Simplon-Orient-Expreß und den Golden Arrow, um nicht Deutschland durchqueren zu müssen. Kurze Zeit später, zur Krönung von Georg VI., kam abermals eine russische Abordnung, doch der Marschall fehlte – er war inzwischen „liquidiert" worden.

Etwas Freundlicheres ereignete sich einmal im Orient-Expreß, als er die ungarische Tiefebene durchquerte: Der Schlafwagenschaffner wurde durch Stöhnen alarmiert, welches aus einem der Abteile kam. Als er die Tür öffnete, sah er eine Dame in den Wehen liegen – sie hatte ihr Kind in Rumänien zur Welt bringen wollen, aber ihr Kind wollte es anders. Ein Arzt war nicht im Zug, doch schließlich fand sich eine Mitreisende, welche helfen konnte. Aus dem Speisewagen wurden Tücher und warmes Wasser herbeigebracht, und unter dem Beistand der unbekannten Hebamme gelang die Geburt. Bald darauf ging es wie ein Lauffeuer durch den Zug: Die Hebamme war niemand anderes als Königin Maria von Rumänien ...

# Zweiter Weltkrieg

## Schlafwagen und Partisanen

„Dafür und für solche Leute gehen wir in den Krieg", soll ein französischer Leutnant nach der Mobilmachung 1939 beim Anblick des erleuchteten Simplon-Orient-Expreß und seiner im Speisewagen dinierenden Klientel geäußert haben. Der Expreß war gerade gegenüber von einem Militärzug zum Halten gekommen. Selbst als deutsche Truppen schon in Polen eingefallen waren, fuhr der Orient-Expreß – es war Juni 1940 – von München nach Bukarest, mit einem Schlafwagen aus Zürich via Salzburg – und selbst nach dem Überfall auf Frankreich bot der Simplon-Orient seinen verwöhnten Passagieren zwischen Lausanne und Istanbul sowie Bukarest noch immer den gewohnten Luxus. Was konnte es ausmachen, daß in der Schweiz nun gewöhnliche Sitzwagen mitliefen? Oder daß wenige Wochen zuvor neben den Schlafwagen von Paris nach Istanbul und Athen weiter östlich einträchtig auch die am 18. bzw. 17. September 1939 wieder in Betrieb genommenen und erst am 25. Mai 1940 gestoppten ISG-Wagen aus dem „feindlichen" Berlin sowohl nach Istanbul als auch nach Athen, beide über Prag, eingereiht waren? Wen mochten die in den Wagen hängenden Plakate „les oreilles de l'ennemi vous écoutent" (entsprechend dem

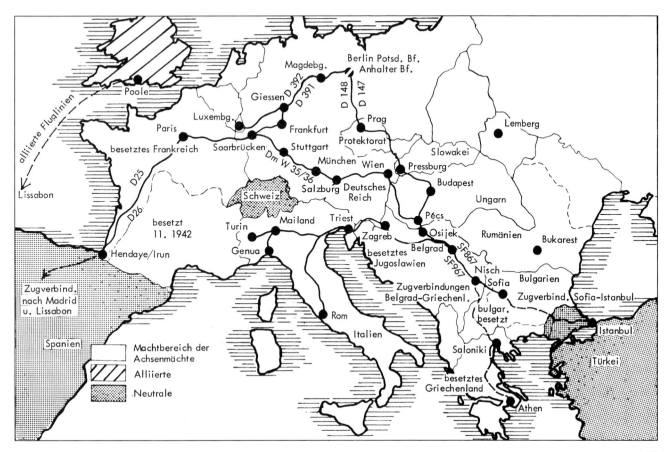

*Europa zur Zeit der größten faschistischen Machtentfaltung. Zuggruppe Hendaye–Berlin, Rom–/Paris–Berlin–Sofia. Die BDŽ gab 1942 Schlafwagen Berlin–Sofia, Rom–Sofia und Lyon–Turin–Sofia an.*

*Als die Balkanzüge wegen des Krieges über Fünfkirchen (Pécs) geleitet wurden: Schnellzug Wien–Belgrad mit ungarischer Lokomotivbaureihe 424.*
*Das Bild wurde heimlich unter Lebensgefahr im August 1943 hinter Sopron aufgenommen.*
*Foto: Dr. Kubinszky*

*Die Lokomotive 386.001 der SŽ beförderte u.a. die Berliner Balkanschnellzüge während des Zweiten Weltkriegs. Hier als Lok der ČSD zwischen Zilina und Vrútky*
*Foto: Svarnà/Herkner/Griebl*

deutschen „Feind hört mit") beunruhigen? Viele der Reisenden aus den Luxuszügen fuhren bei einem Krieg ohnehin nie schlecht, ganz gleich, ob ihre Länder ihn gewannen oder verloren.

Einer der angemeldeten prominenten Passagiere des Simplon-Orient-Expreß, welcher schließlich nicht mit ihm fuhr und prompt eine „schlechte" Reise hatte –, war der rumänische Geheimdienstchef Moruzow: Er hatte 1940 in Venedig mit Deutschlands Abwehrchef Canaris konferiert, wurde dort vom faschistischen Umsturz in seiner Heimat überrascht und kehrte Hals über Kopf per Flugzeug statt per Bahn nach Bukarest zurück, zu seiner Hinrichtung ... Eine gute Fahrt war dagegen Rumäniens Volksfeind Nummer eins, Helene Lupescu, der Geliebten des Königs Carol II., beschieden. Als Köchin verkleidet hatte sie am 7. September 1940 in Bukarest jenen Sonderzug bestiegen, welcher sie zusammen mit ihrem abgedankten König und einem Gepäckwagen voller Wertsachen bei Kikinda nach Jugoslawien und damit in die Freiheit brachte. In Subotica sollen die Wagen einem „Orient-Expreß" – also vermutlich dem mitteleuropäischen Flügel des S.O.E. – beigestellt worden sein. Von dort aus zur Weiterfahrt nach Mailand seien sie dem Simplon-Orient-Expreß angehängt worden ...

Ein anderer Balkankönig, welcher auf seiner Flucht eine der Orient-Expreß-Strecken benutzte, war Zogu von Albanien. Im April 1941 hatte Italien sein Land besetzt, und er floh mit seiner schönen Frau, der ungarischen Gräfin Apponyi, seinem neugeborenen Söhnchen, einigen Getreuen und vierzig Kassetten voll Gold zunächst nach Istanbul, wo er ein Luxushotel belegte. Dann reiste er mit dem Schiff nach Konstanza, per Zug nach Bukarest und weiter über Polen und Skandinavien nach Frankreich.

Während der ersten Zeit des Krieges, als es bei den einzelnen Balkanstaaten um die Entscheidung pro oder contra die „Achse" ging, diente der Simplon-Orient-Expreß in wahrhaft kosmopolitischer ISG-Neutralität allen rivalisierenden Fronten. Nachdem schon im Februar 1940 in Bulgarien Professor Filoff eine neue deutschfreundliche Regierung gebildet hatte, traf er am 28. Juli in Salzburg ein – angeblich mit dem Orient-Expreß –, doch am Bahnsteig ist auf einem Foto ein Mitropa-Schlafwagen zu erkennen, welcher eigentlich planmäßig nicht in diesem Zug fuhr. Ein halbes Jahr, nachdem sich König Carol und die Lupescu auf der

Flucht vor Rumäniens Faschisten in dem Expreß nach Westen abgesetzt hatten, begab sich der jugoslawische Ministerpräsident Zwetkowitsch mit einer Regierungsabordnung von einem Vorortbahnhof Belgrads aus verstohlen in einem Abteil des Nachtschnellzuges, wahrscheinlich des einstigen mitteleuropäischen S.O.E.-Flügels, nach Wien, um dort auch Jugoslawien dem Drei-Mächte-Pakt der Faschisten anzuschließen. Bei der Rückkunft aber wurde er verhaftet – achsenfeindliche Militärs hatten inzwischen die Macht an sich gerissen.

In Jugoslawien standen nach dem Sturz der Regierung Zwetkowitsch die Zeichen auf Sturm. Schon im Reichskursbuch vom Oktober 1940, dem Monat von Mussolinis Überfall auf Griechenland, waren die Berliner ISG-Kurse durch Mitropa-Wagen ersetzt worden, deren Lauf nur noch bis Szenc an der neuen ungarischen Grenze reichte. Am 3. April 1941 kehrte der deutsche Gesandte in Belgrad mit der Bahn ins Reich zurück, und noch im gleichen Monat fielen deutsche Truppen in das vorher befreundete Jugoslawien ein. Der Balkanfeldzug hatte begonnen.

Das Reichsbahnkursbuch vom Oktober jenes Jahres gibt keinen Simplon-Orient-Expreß mehr an, dafür aber – "für Mitnahme von Kinder- und sonstigen Transporten ausgeschlossen" – einen D 148/147, welcher vor allem Militärs und Beamten auf Reisen nach Südosten diente. Seine Berlin–Budapester Mitropa-Schlafwagenläufe wurden in Abweichung von der Orient-Expreßlinie über Fünfkirchen und Vinkovci nach Belgrad und Sofia weitergeführt. Einer der Berliner Schlafwagen hätte nach Athen weiterlaufen sollen – laut Dienstvorschrift zumindest bis Saloniki – doch er soll angeblich nie über Belgrad hinausgelangt sein. Ein anderer Mitropawagen kam im D 391 aus Paris und fuhr über Saarbrücken und München zunächst nach Budapest, 1942 statt dessen über Ödenburg nach Belgrad und laut DR-Zugbildungsplan sogar bis Sofia. Ab Paris mit einem Mitropa-Schlafwagen Hendaye–Berlin und ab Pécs (Fünfkirchen) mit den Berliner Balkanwagen kombiniert, stellte er die Verbindung innerhalb des faschistischen Machtbereiches vom äußersten Südwesten bis zum weitesten Südosten her.

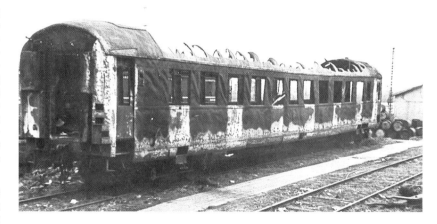

Das rivalisierende Italien durfte da nicht zurückstehen. Es hatte seine ISG-Schlafwagen von Genua nach Belgrad sowie von Rom und Turin nach Sofia. Westlich von Zagreb rollten sie durch ein Stück des sogenannten Großdeutschen Reiches, und östlich der serbischen Metropole waren sie den Berliner Wagen angehängt. Zwischen Sofia und Svilengrad aber ist ein Zug gefahren, welcher, wie der Journalist Bernd Ruland schreibt, sogar „Orient-Expreß" genannt worden sei und in dem es stets einen Sonderwagen für Diplomaten und Kuriere gegeben habe. Die gute Nachbarschaft Bulgariens zur neutralen Türkei sollte sich noch in besonderer Weise als nützlich erweisen: Als Königin Joanna, die Witwe des im August 1943 unter mysteriösen Umstän-

*ISG-Schlafwagen 3809 der bei Linke-Hofmann gebauten stromlinienverkleideten Serie 3806–09 nach Kriegszerstörung, aufgenommen in Villeneuve im Februar 1950*
*Foto: Commault*

*Der 1943 gebaute und im Krieg zerstörte schöne Prototyp V 44 001 der MÁV  Archiv: Dr. Kubinszky*

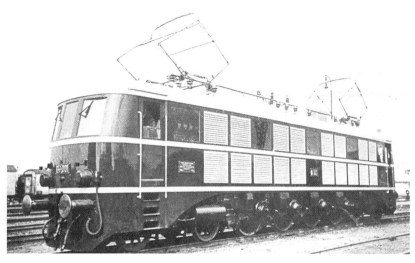

*Vollverkleidete 01 1069 mit D 62 Dresden–Prag*
*Archiv: Bundesbahndirektion Nürnberg*

*Der Salonwagen des ungarischen Regierungschefs Admiral Horthy im Zustand als Wäschedepot der Prager Regierungsremise, aufgenommen 1994 bei der Überführung zur Renovierung. Vermutlich war er auf der Flucht vor den Sowjets zu Kriegsende nach Prag gelangt.*
*Foto: Friml*

den ermordeten Königs Boris erfuhr, daß ihre Schwester von den Nazis verhaftet worden war, floh sie mit ihren Kindern über jene Grenze aus Hitlers Machtbereich.

Ein ehemaliger SS-Offizier und Kurier erinnert sich seiner zahlreichen Reisen in den deutschen Zügen nach dem Südosten: „Die roten Schlafwagen fuhren tatsächlich vom Reich bis Sofia, wie auch die Mitropa-Schaffner – aber diese waren ausgesuchte Leute, durch den Sicherheitsdienst streng überprüft. Und es gab Kontrollen – im ‚Protektorat', in Ungarn, in Bulgarien, überall mußte eine Durchfahrterlaubnis vorgezeigt werden. Durch das Protektorat Böhmen-Mähren fuhren auch ‚Sperrwagen', und in Ungarn verkehrten die Züge über Fünfkirchen statt über Budapest, da dies die besser gesicherte Route war. Dort gab es im Speisewagen auch noch Essen ohne ‚Marken'. Zivilisten, Offiziere und Beamte in den besetzten Gebieten mit ihren Angehörigen waren die Mitreisenden im Schnellzug nach Sofia – Soldaten hatten keinen Zutritt. Der Berliner Zug war meist pünktlich, doch der italienische hatte oft viele Stunden Verspätung. Sein Weg von Belgrad nach Kroatien, wo die Besetzer eine eigene Eisenbahnverwaltung, die HDŽ, eingerichtet hatten, ist durch Partisanenanschläge besonders gefährdet gewesen. Wurde der Zug durch ein Attentat gestoppt, riegelte Militär die Stelle ab, bis die Strecke wieder repariert war. Vor der Lok all dieser Züge lief in Jugoslawien anfangs ein Waggon, mit Steinen beladen; später sind es sieben gewesen." Außer den Schnellzügen gab es auf dieser Strecke noch einen italienischen Militärzug, welcher aus Abteilwagen „mit vielen Türen" bestand. Die Berliner Züge führten in Jugoslawien außerdem einen Flakwagen, der nach jedem Anschlag zu beiden Seiten in die Nacht hinausschob, um eine Annäherung zu verhindern. Diese Fahrzeuge dürften einfache Umbauten gewesen sein, wie sie auch in Deutschland den Schnellzügen zur Fliegerabwehr mitgegeben wurden. In Deutschland lief der Zug während der Jahre des Bombenterrors in den Nachtstunden, was die Gefahr verringerte. Am Balkan hatte der Offizier Einsätze der Flak-Wagen gegen Flugzeuge nie beobachtet. Er entsinnt sich nur eines einzigen Bombenangriffes: „Es war in Belgrad, an einem schönen Tag. Der Himmel war tiefblau. Da umkreisen ungefähr sechzig alliierte Bomber die Stadt. Die einheimische Bevölkerung winkte ihnen mit Tüchern zu, man sah die Zeichen auf den Flugzeugen. Alles stand auf den Straßen, da luden die Bomber ab, mitten hinein..."

Nach Athen verkehrten direkte Züge von Belgrad aus durch das teilweise bulgarisch besetzte Makedonien. Auch in Griechenland liefen, wie in Serbien, Güterwagen mit Ballast vor der Lok. Die Deutschen gaben ihren eigenen Lokführern griechische Heizer mit, und zuweilen durften auf den vorneweg geschobenen Wagen Zivilisten mitfahren. Über die jugoslawischen Strecken, an denen die Kämpfer Mihailowitschs und Titos lauerten, rollten auch die Transporte mit den Juden von Saloniki nordwärts, weswegen die Alliierten auf Partisanenanschläge drangen.

Im Juli 1943 wurde Hitlers Verbündeter Mussolini entmachtet, und gleichzeitig dürften die italienischen Balkanzüge ihren Betrieb eingestellt haben. Am 9. September 1944 war gemäß einer handschriftlichen Notiz in einem amtlichen Zugbildungsplan das Ende der deutschen Schlafwagenläufe nach dem Balkan gekommen. Sechs Wochen darauf fiel Belgrad. Im Kursbuch vom Februar 1945 erschien noch ein Zug von München nach Zagreb auf dem Umweg über Marburg (Maribor). Von der großen Ostwestverbindung, welche von Spaniens Grenze bis Bulgarien gereicht hatte, war ein „DD 35" Heidelberg–Wien übriggeblieben, der die zerbombten Hauptbahnhöfe von Stuttgart und München über Kornwestheim und den Ostbahnhof umging. Was vom Krieg noch übriggeblieben ist, waren Menschen ohne ihre Liebsten, ohne Beine, ohne Arme, Augen, Gesicht.

# Nachkriegszeit

## Die Epoche des Arlberg-Orient-Expreß

Arlberg-Expreß, Durchfahrt durch Pöchlarn, Frühjahr 1970. – Neben einem Lokschuppen steht eine kleine Dampflokomotive. Sie ist mit Flieder umkränzt und mit einem weißen Kreuz für ihre letzte Fahrt geschmeckt. Das Gepränge, welches um das Maschinchen gemacht wird, erscheint rührend im Vergleich zu dem, was hier auf der Westbahn einmal selbstverständlich war, als die Expreßzüge der ersten Nachkriegszeit hinter einer hohen „214" durchfuhren, nicht im Fliederschmuck, dafür manchmal mit Hammer und Sichel am Führerstand, zuerst der Orient- und etwas später am Abend der Arlberg-Orient-Expreß: Ein zitternder Lichtkegel, brüllende Sicherheitsventile, der geduckte, etwas zurückgesetzte Schornstein, dann wirbelnde Massen, darüber Hephaistos im Feuerschein, dann die jagenden Wagen – ex-kaiserlich-österreichische, eidgenössisch-schweizerische, französische, ungarische oder rumänische, internationale, in Dampf gehüllt ...

*Alliierte Wandzeitung (!) in Österreich 1945: der erste Arlberg-Orient-Expreß seit dem Krieg am 13. Oktober 1945 in Wien mit Lokomotiv-Einzelexemplar 12.101*
*Sammlung: Hofbauer*

Diese Zeit des Arlberg-Expreß war die des besetzten Wien gewesen, des „Dritten Mannes", der Zonengrenze an der Ennsbrücke, waren die Jahre, als man am Abend vor dem Westbahnhof zuweilen noch eine schwarze SIS-Limousine stehen sehen konnte, bevor die fünf oder sechs alten Wagen hinter einer Dampflokomotive dem Eisernen Vorhang entgegenrollten. Es war die Zeit, als aus dem Arlberg-Orient-Expreß ein amerikanischer Marineattaché spurlos verschwunden war – seine Leiche fand man später in einem Tunnel –, eine Zeit, die eigentlich schon zu Ende war, als eine ihrer markantesten Figuren, Wjatscheslav Molotov, unauffällig im Chopin-Expreß nach Moskau heimgebracht wurde – das ist im Jahre 1961 gewesen.

Der Orient-Expreß war noch nicht wieder eingeführt, als der Arlberg-Orient-Expreß als erster der alten Luxuszüge nach dem Zweiten Weltkrieg vom 27. September 1945 an wieder verkehrte. Wegen der Zerstörungen mußte er anfangs vom Gare de Lyon anstatt vom Pariser Ostbahnhof abfahren. An seinem vorläufigen Ziel, in Innsbruck, wurde er als Zeichen neuer Hoffnung mit einer Musikkapelle begrüßt. Nachdem bei Brixlegg eine hölzerne Notbrücke über den Inn fertiggestellt worden war, brachte die berühmte Lokomotive 12.101 den Expreß zum erstenmal wieder bis Wien. Doch ein wirklicher Luxuszug war er nicht mehr.

*„Ich habe den Arlberg-Orient im Oktober 1945 erstmals in Salzburg wiedergesehen", entsinnt sich Dr. Fritz Stöckl in „Die 12 besten Züge Europas", „der (einzige) Schlafwagen wurde von den Leuten auf dem Bahnhof als Wunder an Eleganz, Wärme und Behaglichkeit angestaunt, der Kurswagen Innsbruck–Wien war stockfinster, der Wagen trug die groß geschriebene Eigentumsbezeichnung ‚Allied Forces'. Da der Zug nur sehr wenige Wagen hatte, mußte man ‚Zulassungskarten' besitzen, um überhaupt mitfahren zu können; so passierte es einmal einer Delegation öster-*

reichischer Minister, die damals nach Paris fuhren, daß sie wegen zu später Anmeldung keine Schlafwagenplätze mehr erhielten und – man stelle sich vor, wie peinlich! – mit gewöhnlichen Fahrgästen zwei Nächte in einem Abteil sitzen mußten." Manche Anekdote ist auch von dem sowjetischen Zonenkontrollpunkt an der Ennsbrücke überliefert, wie das Erlebnis jener Eisenbahnerfrau, welche auf „Legitimation" billig erster Klasse reisen konnte und von den Russen daraufhin als „Kapitalistin" besonders gründlich kontrolliert wurde. Wenn auch diese Demarkationslinie noch bis zum Jahre 1955 weiterbestehen sollte, entwickelte sich der Arlberg-Orient-Expreß dennoch zur westöstlichen Hauptverbindung Europas. Bei der Fahrplantagung von Lugano im November 1945 wurden Wagen nach Prag beschlossen, Frankreich hatte einen Zugteil nach Triest beantragt, in dem Expreß liefen Schlafwagen Paris–Rom, die Konferenz von Paris im Juni 1946 legte für den 1. August die Verlängerung des Zuges bis Budapest fest, es wurden Wagen nach Belgrad vereinbart, und die französischen Delegationsleiter, die Herren Dargeau und Sauvajol, strebten die Umwandlung der ehemaligen Expreßzüge, welche nunmehr auch Sitzwagen führten, in exklusive Schlafwagenverbindungen wie in der Zeit vor dem Kriege an. Die Europäische Fahrplankonferenz für 1947 erzielte einen Wagenübergang vom Arlberg durch den Tauerntunnel auf den Simplon-Orient-Expreß nach Belgrad, es tauchte der Gedanke an eine Verlängerung nach Griechenland auf, und die Bahnen des Irak forderten aller-

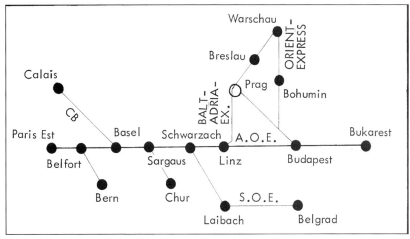

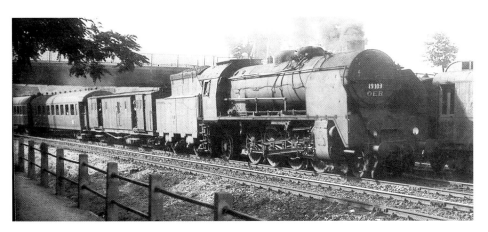

Oben: Der erste Arlberg-Orient-Expreß seit dem Krieg im zerstörten Linzer Hauptbahnhof, mit Lokomotiv-Einzelexemplar 12.101, frühere 114, am 13. Oktober 1945
Foto: Hofbauer

Mitte: Arlberg-Orient-Expreß 1947

Arlberg-Orient-Expreß mit ÖBB-Lokomotive 19 109, ehemals polnische Pt31, und altem französischem Gepäckwagen, bei Wien 1946
Foto: Kraus

*Zug Paris–Innsbruck mit 241 A 7 in Paris Est, Dezember 1963*
*Foto: Dahlström*

*Britische Wagen des „Medloc", rechts B4ü 2912 der LNER, in Meidling bei Wien, am 11. März 1953*
*Foto: Wolf*

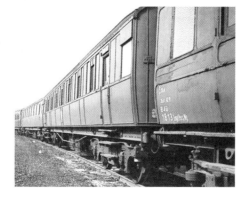

*Arlberg-Orient-Expreß Paris–Bukarest mit Lokomotive 241 P der SNCF und dahinter zwei Postwagen vor Abfahrt in Paris Est, März 1962*
*Foto: Dahlström*

dings vergeblich – die Weiterführung bis Istanbul zum Anschluß an den Taurus-Expreß nach Bagdad. Von 1947 an verkehrte der Arlberg-Orient-Expreß wieder bis Bukarest, ein Schlafwagen lief über Linz–Prag–Breslau nach Warschau, und die beteiligten Verwaltungen mußten die starke Belastung des Expreß am Arlberg beklagen. Es gab Zugteile von Paris nach Chur und Interlaken, zeitweilig über den Brenner nach Lienz, durch den Gotthard nach Mailand und durch den Lötschberg zum Übergang auf den Simplon-Orient-Expreß, es fuhr im Jahre 1950 wegen der Oberammergauer Passionsspiele ein Kurswagen von Basel nach Oberau, und es liefen im Arlberg-Orient eine Zeitlang Wagen Venedig–Paris aus dem Direct-Orient, Warschau–Bukarest aus dem polnischen Flügel des „Orient-Expreß" und Prag–Bukarest. Einmal tauchte in dem Expreß einer der alten schweizerischen Salonwagen auf, welche damals für Gesellschaftsreisen verwendet wurden; es gab Sonderwagen von Wien nach Cop an der russischen Grenze, und es gab 1949 planmäßig auch einen blauweißen Pullmanwagen von Basel nach Wien.

Doch die große Zeit für Österreichs „cracktrain" ging zu Ende wie die große Zeit der Fernzüge Oberhaupt. Der letzte Versuch mit einem Pullmanwagen wurde 1950 in einem anderen Zug zwischen Wien und Budapest unternommen. Die meisten der vielen Kurswagenläufe verschwanden so

rasch, wie sie gekommen waren, und im Jahre 1954 mußten die Österreichischen Bundesbahnen erstmals Wagen der 3. Klasse zugestehen, da die französischen Eisenbahnen andernfalls nicht mehr zu einer täglichen Führung bereit waren. Auf der Fahrplankonferenz 1951 scheiterte zwar ein Antrag der Franzosen, den Expreß auf dem ungünstigen Umweg über Dijon zu führen, doch von 1956 bis 1960 nahm er zur verkehrsschwachen Jahreszeit als Teil des Orient-Expreß einen anderen Umweg über Straßburg. Zum Fahrplanwechsel 1962 verschwand schließlich der Schlafwagen und der Sitzwagen nach Bukarest – der Zug hieß jetzt schlicht „Arlberg-Expreß". Nach Bukarest fuhr nunmehr ein schäbiger Sitzwagen in dem neuen Zug „Wiener Walzer". 1965 wurde der Wiener Schlafwagen des Arlberg-Expreß eingestellt und ein Jahr darauf sein rollendes Restaurant durch ein einfaches Speiseabteil ersetzt. 1969 verlor der Zug auch noch sein angestammtes Privileg, in Zürich statt des Kopfbahnhofs nur die Vorortstation Enge zu bedienen. 1983 schließlich wurde der Zuglauf auf Paris–Innsbruck beschränkt. Dabei fehlte es nicht an Versuchen, ihn nochmals aufzuwerten: Wiederholt beantragte Rumänien die abermalige Verlängerung nach Bukarest, und für 1969 hatte sogar die Sowjetunion einen Schlafwagenlauf von Moskau über Warschau, Wien und den Arlberg nach Genf, dem Sitz der UN-Europazentrale, beantragt, doch alle derartigen Initiativen scheiterten an den zuständigen Bahnverwaltungen im Westen.

*Arlberg-Orient-Expreß Paris–Bukarest in Puch, südlich von Salzburg, Mai 1961*  Foto: Tausche

*Pullmanwagen 2. Klasse Nr. 4127 Basel–Wien des Arlberg-Orient-Expreß im Jahr 1949 in St. Anton am Arlberg*
Foto: Stögermayr/Österreichisches Eisenbahnmuseum

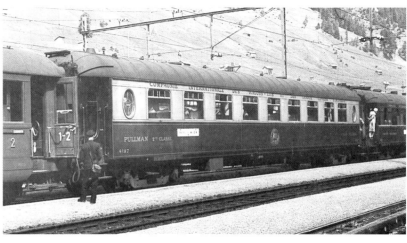

Arlberg-Expreß mit Baureihe 39 und ISG-Speisewagen der Neubauserie 4255–64 auf Umleitung in Kempten 1965   Foto: Tauber

Arlberg-Expreß Wien–Paris mit Lokomotive 93.1339 wegen Umleitung durch die Wachau, in Weissenkirchen am 27. August 1968
Foto: Albrecht

Die DF 241 von Henschel/Sulzer der CFR fuhr den Arlberg-Orient-Expreß bis zu dessen Einstellung. Hier übernimmt sie dessen Nachfolger Bukarest–Arad–Budapest in Kronstadt (Braşov) von einer 142, im August 1961   Foto: Müll

*Die Serie 142 der CFR, welche die Orient-Expreßzüge in Mehrfachtraktion über die Karpathen gezogen hatte, hier mit einem Personenzug mit ehemaligem ISG-Teakholzspeisewagen zwischen Klausenburg (Cluj) und Teius, am 19. September 1965*

*Foto: Mag. pharm. Luft*

Zwar hatte der Zug zur Saison oft 16 oder 17 vollbesetzte Wagen, es gab über den Arlberg bis zu vier Entlastungs- und Parallelzüge, es lief in einem von diesen – ebenso wie einige Male im Orient-Expreß – ein österreichischer Tanzwagen, doch einen Speisewagen suchten die Fahrgäste dieser Sonderzüge in den letzten Jahren vergebens. Lediglich Lazarettwagen, und zwar ehemals deutsche Fahrzeuge der SNCF, tauchten in Sonderzügen Innsbruck–Straßburg–Paris als besonderer „Service" für Wintersportler auf. So konnte nicht einmal die Schwierigkeit, den zwischen hohen Bergen liegenden Innsbrucker Flugplatz anzusteuern, noch helfen – die Touristen landeten mit Chartermaschinen eben in München-Riem.

Weniger anhaben als die Konkurrenz konnten dem Arlberg-Orient-Expreß die Gewalten der Natur, obwohl sie es mit Unwetter und Lawinen, Sturzfluten und Muren auf diesen Zug abgesehen hatten wie auf keinen anderen. Im Juli 1947 versank seine Strecke bei Werfen in einem Hochwasser der Salzach. 1954 wurde die Westbahnstrecke überschwemmt, weswegen der Zug über den Semmering geleitet werden mußte. Im Juli 1959 hatten die Fluten eine Brücke zwischen Salzburg und Wels weggerissen, was zur Umleitung durch das Salzkammergut und später durch den Innkreis führte; einen Monat danach zwang ein Hochwasser der Salzach zum Ausweichen über die bayerische Nebenstrecke Wasserburg–Rosenheim. 1962 mußte der Zug ausnahmsweise durch das romantische Ennstal fahren; im Januar des gleichen Jahres war er einmal für sieben oder zehn Stunden durch meterhohe Schneewehen in der Schweiz aufgehalten worden; tags darauf fiel er unterwegs ganz aus, und 1962 ereilte den zweiten Teil des Expreß im Hauptbahnhof Salzburg bei eisiger Kälte ein nicht alltäglicher Unfall: Als der Zug nurmehr mit Schrittgeschwindigkeit neben dem Bahnsteig dahinrollte, bremste der Lokführer ein letztes Mal, doch die Wagen glitten auf den Schienen weiter, die Lokomotive rannte gegen den Prellbock, die Passagiere wurden durcheinandergeworfen, und einige Gepäckstücke fielen herunter. Weniger harmlos war ein Unglück ausgegangen, das sich am 6. August 1957 zwischen Neuweiler und Welldorf in der Schweiz ereignet hatte – ein Zug war auf einen aus drei Wagen bestehenden Teil des Arlberg-Orient-Expreß aufgefahren und hatte dessen letzten Waggon aufgeris-

Der kümmerliche Nachfolger des einstigen Arlberg-Orient-Flügels aus Prag via Linz, mit 475.1 der ČSD in Summerau am 1. April 1972

Mitte: Norwegische EL 16.2209 auf Erprobung vor dem Arlberg-Expreß in Schwarzach-St. Veit im Februar 1982  Foto: Gerstner

„cet"-Schlafwagenzug Paris–Innsbruck–Toblach mit FS-Franco-Crosti-Lokomotive Baureihe 741 und drei Schlafwagen bei Schabs – einer der letzten ISTG-Schlafwagenzüge mit Dampf, 8. März 1970

sen. Im August 1968 zwang ein Unfall auf der österreichischen Westbahnstrecke zu einem Umweg durch die malerische Wachau. Am 21. Mai 1969 mußten wegen einer Entgleisung bei Leogang die Transitzüge über Rosenheim–Kufstein geführt werden. Vor allem aber ist immer wieder die Arlbergstrecke Schauplatz besonderer Ereignisse gewesen. Einige legendäre Fahrten gab es dabei im Sommer 1965: Mit viel Pomp und einem Sonderzug voller Eisenbahnfreunde hatte damals die letzte in Dienst befindliche bayerische S 3/6 ihre offizielle Abschiedsfahrt absolviert, doch es war, als ob die schöne Maschine, deren Schwestern früher die Luxuszüge Europas durch Bayern gezogen hatten, mit einem Expreß und nicht mit einem simplen Sonderzug ihren Abschied feiern wollte. Kurz darauf, im Juni jenes Jahres, wurde wieder einmal der Arlberg-Expreß durch Oberbayern umgeleitet, und die schon totgeglaubte S 3/6 zog ihn ...

Einige Male sollte sogar noch ein „richtiger" großer Expreß den Arlbergtunnel durchqueren. Es war im Winter 1969/70, als an den Wochenenden regelmäßig ein Sonderzug ausschließlich mit den blauen, legendenumwobenen Wagen der internationalen Schlafwagengesellschaft von Paris nach Innsbruck und Toblach im Pustertal verkehrte. Schon im Jahr zuvor hatte es einige Male einen Schlafwagenzug Paris–Innsbruck gegeben. Die Wagons-Lits mit dem leuchtendroten Aufkleber „cet" auf dem Blau der Seitenwände fuhren für ein Tochterunternehmen der ISTG, welches kurz darauf an den Club Méditerrannée verkauft wurde – und die Schlafwagenzüge mit ihren bis zu 13 Wagen verschwanden schlagartig ... An einem Märztag des Jahres 1970 fand eine der letzten Fahrten statt: Am Eingang zum Pustertal, bei dem Dörfchen Schabs, waren die Felder und Weinberge zum Teil schon schneefrei; der Boden war noch hart gefroren. Es ging auf Mittag zu, und der Zug hätte längst da sein müssen. Die Berge waren von einer Schneedecke überzogen. Langsam kroch der Frost beim Warten die Beine hoch, doch die nahen Bahnschranken standen immer noch offen. Endlich, nach vielleicht einer Stunde, ertönte das Läutwerk, und nachdem nochmals Stille eingekehrt war, unterbrochen nur durch einige entfernt sausende Autos, zeigte sich am Ausgang des Tunnels, durch den das Gleis von Franzensfeste heraufführt, ein weißes Wölkchen, welches rasch näherkam. Eine schwarze Franco-Crosti-Dampflok vor drei blauen Wagen fuhr mit weichklingendem Auspuff vorüber – ein Mädchen in Skipullover stand in einem der altmodisch verglasten Seitengänge – und in einem Einschnitt zwischen Schneeflecken verschwand das Ganze. Es war, als gelte es, den über die gefrorenen Felder wegziehenden Geruch nach Kohlenrauch und heißem Öl noch einmal besonders tief einzuatmen, den dunklen Wagen unter dem weißen Wölkchen nachzuschauen, selbst als sie nicht mehr zu sehen waren und sich der „Größe des Augenblicks" bewußt zu werden: Was da 1970 in dem abgelegenen Gebirgstal zwischen Franzensfeste und Toblach vorübergefahren ist, war einer der letzten internationalen blauen Schlafwagenzüge unter Dampf.

## Orient-Expreß heute

„A certain air of mystery" nannte ein Eisenbahnfreund von den Channel Islands, als er auf dem Münchner Hauptbahnhof stand, das, was den Expreßzügen Zentraleuropas zwischen Seine, Donau und Karpaten geblieben ist, wenn sie schwarz und massig aus dem Nebel auftauchten oder darin verschwanden. Ein Duft des Geheimnisvollen, vermischt mit dem etwas prosaischeren nach Wanzentinktur empfing den Reisenden auf dem Bukarester Nordbahnhof, wenn er einen Sitzwagen des Orient-Expreß betrat. Später, außerhalb der Stadt, schimmert der Abendhimmel als Spiegelbild in den überschwemmten Wiesen und den unter Wasser stehenden Karrenwegen der Ebene. Eine Flüchtlingsfrau sitzt gegenüber in dem spartanischen Zweite-Klasse-Abteil. Sie hatte ihre rumänischen Verwandten besucht und ist nun auf der Rückreise nach Westen.

In Ploeşti kommen einfache Männer mit großen Bündeln in den Zug – offenbar Arbeiter der Ölfelder. Oben auf dem Predeal-Paß, für dessen Rampe die Ellok trotz der vierzehn vollbesetzten Wagen keinen Vorspann benötigt, glitzern die Oberleitungen

*Links: Orient-Expreß mit der gewaltigen „Mountain" 241-A-38 der SNCF, ehemals Est, dahinter Wagengruppen aus Prag, Warschau, Bukarest und Belgrad, zwischen Esbly und Lagny, 1948*
*Foto: Floquet*

*Rechts: Die 12.011 mit der Achsfolge 1D2, die imposante Lok des Orient- und Arlberg-Orient-Expreß in Österreich, hier in Wien Westbf. am 27. Oktober 1951  Foto: Wolf*

im nächtlichen Regen ... Der Seitengang ist vom Siebenbürger Dialekt erfüllt, wenn nachts um zwei oder drei Uhr immer noch Leute einsteigen. Es sind alte Mütterchen, schwarz gekleidet, und einfache Bauern, welche in Deutschland ihre Kinder oder Enkelkinder besuchen.

Am Morgen, in Curtici, geht ein Polizist über die Wagendächer. Andere, in Monteuranzügen, mit umgehängten Lampen, schauen unter die Waggons. Ein Herr verläßt den Schlafwagen in Begleitung eines Beamten. Er macht ein ernstes, bedenkliches Gesicht. Teilnahmslos geht ein Träger mit dem Koffer nebenher.

Kilometerweit dehnt sich die Fläche der überschwemmten Theiß. Später fährt der Zug aus der düsteren Halle des Budapester Ostbahnhofes hinaus in einen lichten Vormittag. Das Blau der Elektrolokomotive leuchtet weit vorne zwischen Hügeln und Wiesen, kleinen Laubwäldchen und den vielen weißen Fliederbäumen, deren Duft durch die weit geöffneten Fenster dringt. Eine Grenzkontrolle sucht mit Taschenlampe die dunklen Winkel unter den Sitzen ab. Draußen steht ein Jäger mit Hund, ein Fischer sitzt an einem glitzernden Bach – es ist Sonntag. In dem ratternden Speisewagen gibt es einen wahren Festtagsbraten; das Publikum ist international. Der Wagen ist erfüllt vom Palavern, Gesprächsfetzen in vielen Sprachen dringen von Tisch zu Tisch, und dazwischen balancieren die Kellner eilig die Tabletts durch den Trubel,

denn nach einer halben Stunde an der Grenze muß alles beendet sein. Forint, Dollar, Mark, Schillinge, Franken sind beim Zahlen die Währungen, Flaschen mit Tokaier das Wechselgeld, das Trinkgeld zieht der Ober lachend selber ab, und niemand ist ihm böse. Dazwischen zaubert er aus dem Handumdrehen selbst denjenigen Reisenden, welche erst fünf Minuten vor Torschluß kommen, noch ein Menü auf den Tisch. Die Menschen plaudern, sind fröhlich – zwischen Grenzkontrollen, Minenfeldern und Wachttürmen ...

Hegyeshalom. Die Kontrollen sind nicht so streng wie am Morgen in Curtici. Der österreichische Zoll beendet seine Arbeit mit einem von Herzen kommenden „guat is', samma's", die Menschen beginnen ungeniert zu fotografieren und zu erzählen, ein ÖBB-Schaffner in der legeren blauen Uniform kommt herein, und die Hupe der hellroten Diesellok quäkt wie eine Kindertrompete vom Jahrmarkt, als der vom Osten zurückgekehrte Orient-Expreß zwischen Getreidefeldern und Weingärten hindurch, an den Kastanienbäumen alter k.u.k.-Bahnhöfe vorüber dem Wiener Westbahnhof entgegenschaukelt ...

\*

In der zweiten Nachkriegszeit sollte der große Expreß ein allerletztes Mal zu einem Zugnetz ausgebaut werden, welches halb Europa umspannte. Zunächst gab es einen D-Zug für Amerikaner von Paris nach München, welcher auf dem dortigen Oberwiesenfeld endete, und außerdem verkehrte nach dem Zusammenbruch ein Besatzungszug von Paris in die französischen Zonen nach Lindau und Innsbruck. Schon auf der internationalen Fahrplankonferenz von Lugano im Oktober 1945 aber hatte die Tschechoslowakei einen „Orient-Expreß" auf der ursprünglichen Route über Wien–Preßburg beantragt und auf einer Tagung in Paris, zwei Monate später, wurde das Projekt in seinen Einzelheiten festgelegt. Der neue Orient-Expreß startete dann im April des folgenden Jahres dreimal in der Woche auf seiner traditionellen Strecke durch das besiegte Deutschland bis Linz. Später wurden Wagen nach Wien in einem Personenzug weiterbefördert, doch schon die Europäische Fahrplankonferenz für 1947 konnte feststellen, daß sie seit dem 7. Oktober 1946 gemeinsam mit dem Arlberg-Orient bis in Österreichs Viermächtestadt weiterliefen.

Der erste Anfang war gemacht, trotz zerstörter Bahnhöfe, trotz heruntergekommener Strecken. Vom folgenden Jahr an verkehrte der Zug selbständig bis Wien. Vom Winter 1947 an sollte der Orient-Expreß gemäß dem Protokoll der Europäischen Fahrplankonferenz über Budapest bis Belgrad weiterfahren, und die irakischen Staatsbahnen hatten auf einer Tagung in Paris die Verlängerung bis Istanbul gefordert. Das Kursbuch vom Winter 1947 gibt allerdings nach wie vor Wien als östlichen Endpunkt an.

Eigentlich war schon in Paris im Juni 1946 festgestellt worden, daß der Expreß bis Belgrad fahren könne, er müsse jedoch wegen der zerstörten Ostbahnbrücke die Strecke via Hegyeshalom benützen, und außerdem wäre der Zug dann zu schwer geworden, um einen Flügel Paris–Innsbruck zu führen. Dieser wiederum hatte besondere Bedeutung dadurch, daß er auf seinem Weg durch den Schwarzwald und am Nordufer des Bodensees entlang im Gegensatz zum Arlberg-Orient-Expreß das Staatsgebiet der Schweiz vermied, welche zum Erhalt ihrer Neutralität französischen Besatzungstruppen im Dienst keine Durchreise erlaubte. Zeitweilig bildete diese Verbindung, in der auch noch alte Teakholzwagen auftauchten, einen völlig separaten Zug. Die Fahrplankonferenz vom Juni 1946 hatte dafür sogar einen Wagenlauf Paris–Lindau–Belgrad vorgesehen.

Von 1948 an verkehrte der Orient-Expreß wieder in seiner Vorkriegsrelation von Paris über Wien und Preßburg nach seinen Zielen Budapest und Bukarest, an denen sich freilich einiges geändert hatte: Sowohl Ungarn als auch Rumänien waren 1947 kommunistische Volksrepubliken geworden, was sich bald auch auf ihren Eisenbahnen äußerte. 1949 wurden die Schlaf- und Speisewagendienste in Ungarn und vorher schon in Rumänien verstaatlicht, die blauen Schlafwagen der „kapitalistischen" Internationalen Schlafwagengesellschaft blieben nun auf die Expreßzüge nach dem Westen beschränkt. Von Prag aus liefen Wagen nach Belgrad und Bukarest, und für 1947 hatte die Fahrplankonferenz sogar einen Schlafwagen Prag–Istanbul zum Übergang auf den Simplon-Orient-Expreß vereinbart. Wenngleich dieser Lauf nicht zustande kam – im Kursbuch taucht er nicht auf –, war der große alte Expreß wenigstens auf dem Papier wieder zur schillerndsten internationalen Verbindung geworden.

Wie beim Arlberg-Orient-Expreß konnte aber auch bei Europas ältestem Schlafwagenzug seit Kriegsende auf die Auslastung mit Sitzwagen der „Polsterklassen" nicht

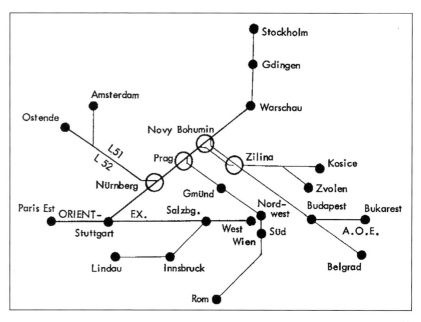

Orient-Expreß mit Warschauer Teil, Sommer 1947

*Paris-Praha-Expreß mit Lokomotive 555.0 der ČSD, ehemalige DR Baureihe 52, Schlafwagen Paris–Prag/Warschau PKP Paris–Warschau, Gepäckwagen Paris–Prag aus dem Orient-Expreß, bei Schirnding, 1953　　Foto: Turnwald*

mehr verzichtet werden. Versuche mit Pullmanwagen in dem verarmten Österreich der ersten Nachkriegszeit waren fehlgeschlagen. Zum Fahrplanwechsel 1950 schließlich sah sich die Europäische Fahrplankonferenz gezwungen, die Benutzung des Zuges dadurch zu verbessern, daß sie der Einführung der 3. Wagenklasse auf der ganzen Strecke Paris–Wien zustimmte. Doch der Massenverkehr wurde noch immer diskriminiert: Als im Sommer zuvor erstmals Wagen dritter Klasse innerhalb Deutschlands angehängt wurden, durfte es laut Zugbildungsplan keinen Durchgang zum „exklusiven" Teil geben. Wer aber tatsächlich damals Geld genug, einen Paß und die zahlreichen Visa besaß, um Auslandsreisen zu unternehmen, der mußte sich daran gewöhnen, daß sich die Zoll- und Paßkontrolleure die Abteilklinken in die Hand gaben. *„Weniger der Flugverkehr, der die Ziele des Luxuszuges in Stundennähe rückte, sondern die dauernden Kontrollen haben dem Expreß den Todesstoß versetzt"*, meinte ein Reporter. Um gegenüber dem Arlberg-Orient konkurrenzfähiger zu werden, welcher zwischen Wien und Budapest wenigstens nur eine einzige Grenze zu passieren hatte, und nicht deren zwei, wie der Orient-Expreß auf seinem Umweg über Preßburg, versuchten die tschechoslowakischen Staatsbahnen Visaerleichterungen durchzusetzen. Da sie jedoch den Österreichischen Bundesbahnen keine Kompensation für die mit 600 000 Schilling pro Jahr angegebenen Verluste des in Marchegg durchschnittlich mit nur drei bis vier Personen besetzten Zuges zahlen konnten, mußte er zum Sommer 1951 östlich Wiens eingestellt werden.

Obwohl auch der 1952 unternommene Versuch scheiterte, einen Wagen Paris–Bukarest vom Orient- auf den Arlberg-Orient-Expreß übergehen zu lassen und obwohl die neuerliche Verlängerung über Hegyeshalom nach Bukarest und die Einführung eines Schlafwagens Paris–Budapest im Jahre 1956 mit dem Höhepunkt des kalten Krieges und mit dem im Westen heute vergessenen Ungarnaufstand zusammenfiel, ging es dennoch wieder aufwärts: Das Zeitalter der Massenreisen war angebrochen. 1956 benannten die meisten europäischen Bahnverwaltungen die 3. Klasse in „zweite" um, die Holzbänke hatten den bekannten Kunststoffsitzen Platz gemacht, und gleichzeitig fanden erstmals Schlafwagen der Dreibettklasse im Orient-Expreß Eingang. Eine weitere Neuerung für den einstigen Luxuszug waren die Liegewagen, welche erstmals in dem Kurs Paris-Baden-Baden zum Einsatz gekommen sind. Kurz nach dem Krieg fuhr in jener Relation sogar ein Schlafwagen, und zwar weniger für „gewöhnliche" Kurgäste, sondern für die französischen Dienststellen, welche sich dort etabliert hatten. Heute erinnert nur noch die zuweilen große Zahl französischer Soldaten in dem Expreß an die damalige Besatzungszone.

Eigentlich sind es nicht die Transitpassagiere von Frankreich nach Österreich und schon gar nicht die wenigen Schlafwagenfahrgäste nach Rumänien, welche die hauptsächliche Klientel des Orient-Expreß bilden, sondern die Kurzstreckenreisenden. Ihretwegen fuhr der Zug schon in drei separaten Teilen, wozu als vierter ab 1967 noch ein zusätzlicher, planmäßiger Entlastungszug Paris–Wien kam. Bei Abfahrt in München hatte der Expreß oft 17 und auch 18 Wagen. „Jetzt bin i' schon in Rosenheim vorbeiganger und i' bin noch net vorn", klagte einmal der Schaffner auf dem weiten Weg vom rückwärtigen Prellbock bis vor zu Lokomotive ...

„Der Lux hat wieder Überlast", hörte man einen Münchner Rangierer „granteln" – mit dem Lux meinte er, wie viele Münchner Eisenbahner, den ehemaligen „Luxuszug", obgleich dieser seinen Titel schon längst verloren hat. 1950 wurde aus dem L-Zug ein „FD", dann ein „F-Zug", im Jahr 1970 schließlich ein simpler D-Zug und zu guter Letzt erkannte man ihm auch noch seine angestammte Nummer 5 ab, unter der ihn die cheminots in Paris ebenso wie die Eisenbahner von Budapest gekannt hatten. Die Nummer 5 wurde einem sogenannten Trans-Europ-Expreß Paris–Bordeaux übertragen, einem „trans"-europäischen, innerfranzösischen Zug.

Dabei hatte der Orient-Expreß, einer der wenigen wirklich trans-europäischen Züge, oft drei- oder viermal so viele Passagiere, als die Kurzstrecken-Trans-Europ-Expreßzüge. Seit der Eiserne Vorhang geöffnet wurde, bevölkern die Verwandtenbesuche aus Ungarn und aus Siebenbürgen die hellblauen ungarischen und rumänischen Kurswagen.

Vor Jahren ist es schon vorgekommen, daß solche Reisende am Bahnsteig zurückblieben, da sie nicht mehr zur Tür hineinkamen. Außerdem fuhren rumänische Gastarbeiter nach dem Westen – bei ihrer Rückreise zu Weihnachten 1970 ist es einmal passiert, daß bei zwei Sonderwaggons die Federn durchhingen, so waren sie mit Geschenken und Mitbringseln überlastet. Nach Umladen der Sachen in einen eilends bereitgestellten Gepäckwagen wurden sie dann mit Verspätung einem Eilzug nach Österreich angehängt. Es war kaum mehr vorstellbar, daß der ganze Expreß östlich Wiens zum Fahrplanwechsel 1961 völlig eingestellt worden war – 1,5 Reisende hatte man damals gezählt, weiche die ganze Strecke im Durchschnitt pro Fahrt zurückgelegt hatten. Einen Sommer lang, im Jahr 1959, war es noch ein hellgrüner rumänischer Erste-Klasse-Wagen gewesen, der mit seinen braunen Holztäfelungen, den tiefen, leuchtendblauen Plüschsitzen, den Spitzendeckchen darüber und den muffigen, teppichbelegten Seitengängen, leer die Tafel mit der roten Aufschrift spazierengefahren hatte:

Orient-Expreß mit Lokomotive 231 K 66 der SNCF, dahinter mit zweiachsigem französischen Gepäckwagen und den beiden Schlafwagen nach Stuttgart und Prag, Paris Est, März 1962
Foto: Dahlström

Orient-Expreß Paris–Bukarest mit 01 052 des Bw Treuchtlingen wegen Umleitung über Simbach infolge eines Brückeneinsturzes, abfahrend in München Hbf am 17. Juli 1959

## TREN EXPRESS
## PARIS EST
## BUCURESTI NORD

Fast zur gleichen Zeit aber bahnte sich in Rumänien unter dem Staatspräsidenten Gheorghiu-Dej – er war einst Eisenbahner und hatte 1933 einen großen Bahnstreik organisiert – ein politischer Richtungswechsel an, der sich indirekt auch auf den internationalen Fahrplankonferenzen niederschlug. Kaum war der Orient-Expreß und 1962 auch der Arlberg-Orient aus den östlichen Donauländern verschwunden, hatte zunächst für 1964 Ungarn die abermalige Verlängerung bis Budapest erreicht – an Stelle einer bestehenden Triebwagenverbindung und mit zusätzlichen Wagen aus Dortmund und Hamburg. Ein Jahr darauf hatte Rumänien die Weiterführung eines Schlafwagens bis Bukarest durchgesetzt. Alternativ war der Waggon auch für den „Wiener Walzer" und den „Direct-Orient" beantragt worden, und von 1973 an lief er zeitweilig im Entlastungszug Paris–Wien.

Dieser Schlafwagen ist stets ein Stück Politik gewesen. Es wurde gemunkelt, daß der rumänische Staat alle möglichen finanziellen Verluste deckt, so viel war ihm an der durchgehenden Verbindung nach Paris gelegen. Obwohl die Queen's Messenger, die Kuriere der englischen Königin, wie so viele ihrer Kollegen, mit ihrer umfangreichen politischen Post auf die Flugzeuge umgestiegen sind, behielt die Rumänien-Route in jenen Jahren dennoch diplomatisches Stammpublikum. Ein Bekannter hatte einmal im Bukarester Schlafwagen des Arlberg-Orient-Expreß erlebt, wie zwei Herren vor einem Double-Abteil standen, das bis zur Decke mit Schachteln, Paketen und Säcken vollgestopft war – die beiden Insassen sprachen bei offener Türe kein Wort miteinander und keiner hatte während der ganzen Zeit das Coupé aus den Augen gelassen.

Ein politischer Fall war die Verhaftung des späteren französischen Präsidentschaftskandidaten Tixier-Vignancour aus dem Orient-Expreß heraus im März 1963. Er hatte sich als Anwalt in der berechtigten Argoud-Affäre nach München begeben wollen, wurde aber in Straßburg durch de Gaulles Geheimpolizei am Weiterfahren gehindert. Politik war auch im Spiel, als im Jahr 1968 in München beinahe vier junge Männer überfahren wurden: Sie hatten sich bei einer Demonstration gegen die sogenannte Notstandsgesetzgebung im Gleis aufgestellt und zwangen den Lokführer des Expreß zu einer Notbremsung. Eine politische Reise auf der Orient-Expreß-Strecke war die Fahrt des „US-Botschaftswagens aus Budapest und Bukarest", wie die Presse schrieb, am 21. August 1968 im „Wiener Walzer" westwärts infolge der ČSSR-Ereignisse. Politische Reisen waren auch die Fahrten jenes hellgrünen CFR-Salonwagens Nr. 111, welcher zuweilen einen rumänischen Minister nach Paris oder von dort

D 119 Straßburg–Innsbruck, der einstige „Besatzungszug" zur Umgehung der Schweiz, mit 220, SNCF- und ÖBB-Wagen auf der Schwarzwaldbahn bei Niederwassen, im Juli 1969    Foto: Tausche

*Der Flügel Paris–Prag des Orient-Expreß mit tschechischer 475.0 bei Ausfahrt aus Schirnding, im April 1965  Foto: Turnwald*

zurückbrachte. Vielleicht waren solche Kunden das Geheimnis jener „unerschütterlichen Gleichgültigkeit gegenüber modernen politischen und aeronautischen Entwicklungen", welche George Behrend in „Grand European Expresses" dem Zug bescheinigt hatte?

## Durch den Eisernen Vorhang

Langsam nur wird die 01, einen leichten Rauchschleier hinter sich lassend, etwas schneller, während der Zug sandige Kiefernwälder durchquert, welche manchen Reisenden an die Mark Brandenburg erinnern mögen. Eine ältere Amerikanerin, in Strümpfen, kommt aus einem 1.-Klasse-Abteil und fragt, ob sie hier in Österreich oder in der Tschechoslowakei sei. Die letzte größere Stadt war Nürnberg gewesen und jetzt bewegen sich die Wagen auf die tschechische Grenze zu. „Noch eine Stunde", bemerkt im Seitengang ein Mann in schäbiger Weste und Schirmmütze düster. Der Wagon-Lits-Schaffner warnt vor dem Photographieren: „Das ist gefährlich." Fremdartig wirkt bei dem Halt auf dem Kleinstadtbahnhof Marktredwitz der Schlafwagen mit seinem menschenleeren Korridor, mit seiner durch die Jahrzehnte schwarz gewordenen Holztäfelung und mit einem geöffneten Bett in der Mittagssonne. Dann bringt eine Güterzuglokomotive, Tender voran, die fünf Wagen zur Grenzstation Schirnding hinauf.

Wer von den Reisenden dieses bescheidenen Zuges im Frühsommer 1962 mochte geahnt haben, daß diese Verbindung nur wenige Jahre zuvor zu den prominentesten Europas gehört hatte? Im Jahre 1946, als Deutsche zu Tausenden zu Fuß und in Eisenbahntransporten aus dem Osten kamen, als die Amerikaner in Nürnberg – 25 Jahre vor Vietnam – Kriegsverbrecher aburteilten, als sie ihre Divisionen aus Teilen der Tschechoslowakei zurückgezogen hatten und als Prag eine nichtkommunistische Hauptstadt war, ist dieser Nachfolger des einstigen Paris-Karlsbad-Expreß eingeführt worden. Zunächst noch nicht im Stuttgarter Hauptbahnhof, sondern laut Zugbildungsplan in Untertürkheim vom Orient-Expreß abzweigend, lief er – wie dieser für deutsche Reisende gesperrt – über Nürnberg, Schirnding, nach Prag und später über Kattowitz nach dem zerstörten Warschau. Eigentlich hätte er den Weg über Breslau nehmen sollen, doch die polnischen Staatsbahnen waren nicht damit einverstanden. In Prag bestand zeitweise Anschluß an ISG-Schlafwagen nach Bukarest zum Übergang auf den Arlberg-Orient-Expreß und nach Belgrad, noch bevor der Orient-Expreß über Wien wieder nach den Balkanmetropolen fuhr. 1948 schließlich konnte der Reisende im Orient-Expreß von Paris nach Prag reisen, dort in einen anderen Zug umsteigen, der auch „Orient-Expreß" hieß und in Preßburg mit seinem Waggon wieder an jenen eigentlichen Orient-Expreß angehängt werden, der inzwi-

*Zapadni-Expreß, der einstige Prager Teil des Orient-Expreß, mit der schönen 498.033 bei Prag in Richtung Pilsen fahrend, um 1965*
*Foto: Vančura, Archiv: Tausche*

schen über München und Wien die Slowakei erreicht hatte. Die Tschechoslowakei war zumindest im Kursbuch zur Drehscheibe Europas geworden.

Polen hatte den Hafen Gdingen – kurz zuvor deutscher Kriegsschiffstützpunkt „Gotenhafen" – in Betrieb genommen, und für Sommer 1947 war sogar ein Schlafwagen des Orient-Expreß von Paris über Warschau dorthin vereinbart worden. Zwar erschien dieser nicht in jener Juni-Ausgabe des ISG-Kursbuches, doch zumindest bestand Anschluß nach dem polnischen Hafen. Von Gdingen aus verkehrte ein Trajekt über die Ostsee mit Wagen nach Stockholm und Göteborg. Der polnische Flügel des Orient-Expreß nahm außerdem in Prag Kurswagen Rom–Warschau auf, welche über Wien–Gmünd kamen und in Novy Bohumín, dem früheren Oderberg, Wagen aus Belgrad und Bukarest nach Polens Hauptstadt. Diese Bukarester Wagen liefen in Ungarn und Rumänien vorübergehend im Arlberg-Orient-Expreß. Den unglaublichsten unter allen diesen komplizierten Kursen des Orient-Expreß aber gab das ungarische Kursbuch von 1947 an: Ein staatlicher Schlafwagenlauf hätte demnach in der polnisch-tschechischen Grenzstation mit dem unaussprechlichen Namen Zebrzydowice begonnen und in Stockholm geendet ...

In Mitteleuropa ausschließlich aus Polsterklassen, darunter alten k.k.-Wagen, Schlaf- und Speisewagen und zeitweise einem Gepäckwagen der internationalen Schlafwagengesellschaft bestehend, war der Prager Orient-Expreß zur Hauptverbindung nach Osteuropa geworden. Den traditionellen Zug nach Osten, den Nord-Expreß, ließ dagegen die hohe Politik nicht weiter als bis Berlin gelangen. Die Amerikaner sollen außerdem seit November 1945 einen eigenen Zug Pilsen–Nürnberg gehabt haben. Später führte die große Frequentierung des Prager Orient-Expreß nicht nur zu einer Entlastungsverbindung Paris–Prag–Breslau–Warschau, sondern sogar noch zu einer weiteren von Zürich über Regensburg nach Prag mit einem Schlafwagen nach Polens Hauptstadt.

Nicht nur in den Relationen vom europäischen Kontinent, sondern auch von England aus nach Polen mußte der Orient-Expreß den traditionellen Nord-Expreß ersetzen. Schon im Juni 1946 war über einen Zug Ostende–Prag verhandelt worden, ab 1947 verkehrte dieser als „L 52" und als Teil des Prager Orient-Expreß, vom Winter an war er in Belgien mit dem Nord-Expreß kombiniert, und ab 1949 hatte er, nachdem dieser nicht über Berlin hinauskam, einen Schlafwagen Hoek van Holland–Prag–Warschau mit Anschluß von London über Harwich.

Doch Ost und West formierten sich, Prag erlebte 1948 seinen Umsturz, die Fahrplankonferenz für 1950 sprach von der „schwachen Frequentierung" der Schlafwagen Paris–Prag und Warschau, der Kurswagen Hoek van Holland–Prag erwies sich als „fahrunwürdig" und der Schlafwagen aus Hoek als „nicht vertretbar". Für das ausländische Schlafwagenpersonal wurden zu jener Zeit in Prag die Bedingungen „außerordentlich gefährlich", wie George Behrend in „Grand European Expresses" schrieb. Die Schaffner blieben aus Furcht vor Arretierung nach Möglichkeit in ihrem Wagen. Es war in den späten Vierzigerjahren, als in dem Expreß Prag–Paris bei einer tschechischen Kontrolle fünfzehnhundert US-Dollar, in einer Toilette versteckt, aufgefunden wurden. Die Wagen seien damals auf ein Abstellgleis rangiert und die Reisenden 16 Stunden lang verhört worden, ohne daß man den Schuldigen gefunden habe. Einer anderen Quelle zufolge sei amerikanisches Geld im Speisewagen hinter einem Eisschrank entdeckt worden. Auf jeden Fall aber war der Devisenschmuggel Anlaß für die ausgedehnten Kontrollen, von denen manche Anekdote weitergegeben wurde. Einmal sollen die Beamten so ausgiebig die Duftstärke der französischen Parfüms im Gepäck eines Vertreters geprüft haben, daß das Schlafwagenabteil anschließend wie ein Friseursalon roch. Die Passagiere mußten es verlassen, damit Teppiche und Polster gelüftet werden konnten. Eine andere Geschichte überlieferte der Journalist Joseph Wechsberg: Nachdem in Schirnding die amerikanische Militärpolizei den Waggon verlassen hatte, begann in Eger die tschechische Kontrolle. Der Inhalt seines Koffers wurde auf dem Teppich ausgebreitet, den Zoll aber habe er mit westlichen Rasierklingen bezahlt ... Später, an der polnischen Grenze, stand auf dem Nachbargleis der Schlafwagen Warschau–Rom. Er war leer, während der ISG-Schaffner des Wagens Paris–Warschau wenigstens einen einzigen Passagier hatte. Trinkgelder? Niemand gab mehr Trinkgelder, höchstens ein paar Münzen in Zloty, Forint oder anderen nicht umtauschbaren Währungen. Seine Tochter sei in Amerika verheiratet, erzählte der Kondukteur. Sollte Wechsberg sie jemals treffen, so müsse er ihr sagen, ihr Papa sei ein wichtiger Mann in einem eleganten, wunderbaren Zug – *„warum soll man Illusionen zerstören, M'sieur?"*

Am 30. Juni 1951 schließlich war es soweit, daß die Agenturen der Internationalen Schlafwagengesellschaft in der Tschechoslowakei geschlossen wurden. Von einem Tag auf den anderen verschwanden sämtliche ISG-Schlafwagenläufe von tschechischem Gebiet; der Wagen aus Paris endete fortan in Nürnberg. Eine Anekdote besagte, daß der sowjetische Außenminister Wyschinski der Fahrgast war, dessen Unwille das Umsteigen beendete. Jedenfalls fuhr der Schlafwagen aus Paris von März 1952 an wieder durch die ČSR nach Warschau.

Der Zug aber schrumpfte zu einem kläglichen Rest zusammen. Nach Beendigung der Berliner Blockade im Jahr 1950 lief ein Teil des Nord-Expreß wieder bis Warschau. Dafür wurde 1953 der aus Belgien kommende Flügel im Prager Orient-Expreß eingestellt. Der vorherige Schlafwagen Ostende–Prag–Preßburg war nach 1951 ohnehin nicht mehr geführt worden. Drei alte Waggons waren die ganze Herrlichkeit, welche damals hinter einer ehemaligen deutschen Kriegslokomotive mit großem roten Stern über die tschechische Grenze nach Bayern herüberkamen. Nur im Jahr 1957, als in Moskau die „Weltjugendfestspiele" stattfanden, verkehrten ein paar größere Sonderzüge, welche für die hauptsächlich französischen, marokkanischen, kanadischen und amerikanischen Reisenden auch mit Schlafwagen ausgestattet waren, über die Schirndinger Strecke.

1960 waren als Zeichen einsetzenden „Tauwetters" erstmals sowjetische Schlafwagen von Paris auf der konkurrierenden Route über Berlin eingesetzt worden und damit schlug die Stunde des Warschauer Orient-Expreß. Der Zug beendete seinen Lauf von 1961 an in Prag. Die Tatsache, daß er im Jahr zuvor mit Wagen Stuttgart–Berlin ausgelastet wurde, zeigt, wie schwach sein eigentlicher Verkehr war. Zwar brachten die Jahre nach 1964 noch einmal eine Scheinblüte – die Tschechoslowakei war deutschen Urlaubern geöffnet worden – doch die Ereignisse von 1968 beendeten dieses Zwischenspiel abrupt. Das regelmäßigste Stammpublikum bildeten nicht Touristen, sondern deutsche Umsiedler aus Osteuropa mit dem Nürnberger Durchgangslager als Ziel. 1970 verschwand der Schlafwagen Paris–Prag und außerdem war die ganze Verbindung schon 1965 auf eine andere Route via Frankfurt verlegt worden, nachdem schon 1949 kurzzeitig ein Schlafwagen des Orient-Expreß aus Paris nach der Mainmetropole abgezweigt war. Der Zug Paris–Prag hatte nun

*Der einstige Prager Flügel des Orient-Expreß mit 01 149 bei Schnabelwaid im März 1966*
*Foto: Turnwald*

*Dieseltriebwagen M 290 von Tatra, der im November 1945 für US-Militärverkehr Pilsen–Furth i.W.–Nürnberg vorgesehen sein soll, hier als „Slovenska Strela" Prag–Preßburg. Foto: Werkbild, Sammlung: Tausche*

aufgehört, ein Teil des großen Expreß zu sein. Nach seinem früheren Hauptziel, dem einst eleganten Karlsbad, war er ohnehin nie mehr verlängert worden – die Zeit der Sprudelstadt war die von Georges Nagelmackers' Luxuszügen, und die gibt es schon lange nicht mehr.

## Den Ostende-Orient-Expreß gab's nicht mehr

Krachend fliegen die vielen Türen der schwarzen Abteilwagen zu, an der Decke glimmt am unteren Ende einer langen, zylindrischen Lampe eine Glühbirne über den Köpfen der dicht gedrängt auf Holzbänken Sitzenden, welche nach der Abfahrt wieder im Halbschlaf gemäß dem Takt der Schienenstöße hin- und herschaukeln, so wie vor der letzten Station, vor der vorletzten, nach der nächsten und nach der übernächsten. Öffnet man das schmale Fenster mit Hilfe des dazu angebrachten Lederriemens, so kommt Kälte, der Kohlengeruch einer weit vorne schnaubenden preußischen Maschine und ein wenig von der feuchten, nebligen Luft des nahen Rheins ins Abteil. Es ist fünf oder sechs Uhr früh, irgendwo zwischen Geisenheim, Hattenheim und Eltville, im Jahre 1949, 1950 oder 1951. Die Arbeiter mit ihren Aktentaschen und Thermosflaschen fahren in die Betriebe von Wiesbaden, Mainz oder in das zerbombte Frankfurt. Als sich wieder einmal die Bremsklötze mahlend anlegen, stört etwas den gewohnten Rhythmus des Anhaltens und Abfahrens: Die Leute steigen ein und dann verharrt der Zug neben dem Bahnsteig, drei Minuten, fünf Minuten, zehn Minuten lang. Es ist ganz still, im Abteil spricht ohnehin niemand. Dann ist dumpf eine Lokomotive zu hören und kurz darauf gleiten auf dem Nachbargleis im nebligen Grau des Morgens belgische, niederländische, tschechische Wagen in langer Reihe vorüber, dazwischen internationale Schlafwagen mit ihren ausländischen Aufschriften, den sonderbaren gläsernen Lüftungen im oberen Teil der Fenster und mit hochmütig geschlossenen Rollos – der Ostende-Wien-Expreß. „Einmal", so erinnert sich ein langjähriger Pendler, „hatten wir besonders viel Verspätung. Nachdem wir wieder angehalten hatten, blieb auf dem anderen Gleis der Expreß stehen und wir durften einsteigen. Wer wollte, konnte mit dem fremden, ausländischen Zug bis Wiesbaden fahren – in einer Zeit, in der internationale Reisen in den Grands Express noch Ausländern, Besatzungsoffizieren und Schwarzhändlern vorbehalten waren ...".

Erst 1948 ist der im Jahr zuvor eingesetzte „L52" Ostende–Nürnberg durch Verknüpfung mit dem Orient-Expreß in Österreich wieder zu einem „Ostende-Wien-Expreß" geworden. Nachdem 1947 der Anschluß Ostende–Straßburg des Orient-Expreß entfallen war, hatte es ein Jahr lang überhaupt keine qualifizierte Reiseverbindung von Belgien nach Österreich gegeben – dabei hatten die belgischen Eisenbahnen schon Ende 1945 eine Relation Ostende–Wien entweder über Köln oder über Luxemburg–Straßburg vorgeschlagen. Als sich aber die Verhältnisse zu normalisieren begannen, kam 1949 noch ein Zweig Hoek–Wien zu

*Orient- und Ostende-Wien-Expreß 1952*

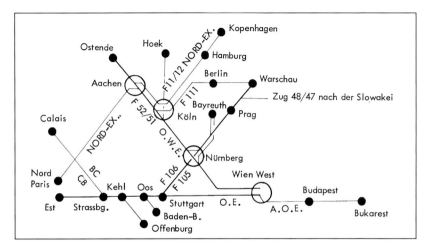

*Ostende-Wien-Expreß mit S 3/6, dahinter ISG-Neubauspeisewagen der Serie 4255–64 und ein DSG-Schlafwagen, bei Ausfahrt aus Regensburg in Richtung Passau, 1955*
*Foto: Turnwald*

den Ostender Wagen hinzu. Frankreich, Belgien und Holland waren nun die Ausgangspunkte des Orient-Expreß.

Mit einem Amsterdamer Schlafwagen nach Bukarest verlängert, wie es die westdeutsche Bahn für 1949 beantragt hatte, wurde der Ostende-Wien-Expreß nie mehr. Auch der belgische Wunsch nach einem Schlafwagen Ostende–Bukarest ging nicht in Erfüllung. Von 1952 an war der Zug vollständig vom Orient-Expreß getrennt, es kamen Wagen nach Innsbruck, Berlin, Oberammergau, Warschau und Kopenhagen hinzu und zum Teil wieder weg, seit 1963 wurde ein Kurswagen nach Budapest auf den „Wiener Walzer" überstellt, kurzzeitig gab es auch einen Liegewagen nach Bukarest, doch der einzige wirkliche Langstreckenschlafwagen dieses einstigen „Ostende-Orient-Expreß" fuhr später nicht mehr an den Bosporus, sondern nach Moskau. Der Vorkriegs-Rheingold-Wagen, der am 18. September 1976 von Köln nach Sopron fuhr, war eine einmalige Kuriosität. Wie sehr der einstige Luxuszug abgewertet wurde, zeigen seine Halte: Neumarkt-Kallham oder Grieskirchen-Gallspach ...

*Rapide Paris–Calais Maritime mit 231E17, der Hochleistungs-Pacific von Chapelon, dahinter Liege- und Schlafwagen des Direct-Orient aus Mailand, in Etaples im Juli 1964*
*Foto: Dahlström*

Rapide BC „Bâle–Calais" mit Lokomotive 141R und Wagen vom Arlberg-Expreß bei der Ankunft in Calais, April 1966     Foto: Tausche

Rapide 9 mit dem PLM-Pacifictyp 231K und Wagen des Direct-Orient bei Wimereux am 23. September 1966     Foto: Tausche

Orient-Expreß aus Paris mit V 63 bei Ankunft in Budapest am 11. September 1994

Auch eine andere berühmte Verbindung von England nach dem Kontinent, der „Golden Arrow", gehört heute der Vergangenheit an. Dieser Zug hatte London zum erstenmal wieder seit dem Krieg am 15. April 1946 verlassen. Ausschließlich aus creme- und schokoladenfarbenen Pullmanwagen, darunter bald auch der fashionablen „Trianon-Bar" bestehend, erlebte der Goldene Pfeil in England noch einmal goldene Zeiten, während sein französisches Pendant, der Flèche d'Or, nurmehr während einer kürzeren Periode exklusiv fuhr. 1946 hatte dieser Wagen für den Simplon-Orient-Expreß und später für den Direct-Orient nach Mailand mitgenommen. 1951 gab es neue Pullmanwagen auf der englischen Seite und 1969 erhielten sie ein modisches blau-weißes Kleid, doch im gleichen Jahr verschwanden die letzten ihrer Art von der französischen Teilstrecke. Am 30. September 1972 schließlich wurde der Golden Arrow der British Railways durch eine Art elektrischen Vorortzuges ersetzt...

Neben dem Flèche d'Or fuhr ab Calais Maritime zu anderer Stunde auch ein „Train Bleu", welcher bis 1960 Wagen für den Simplon-Orient-Expreß mitführte. Daneben liefen Schlafwagen und Liegesitzwagen umgebaut aus Luxusfahrzeugen der P.L.M.–Calais–Rom. Die auffälligsten Wagen aller dieser Züge aber waren jene teilweise offenen „fourgon-truck", welche dem Transport kleiner Container dienten, die in den Kanalhäfen umgeschlagen wurden. Seit 1965 fuhr der einstige Train-Bleu-Schlafwagen nach San Remo im Calaiser Teil eines Direct-Orient, welcher mit Wagen nach Triest und zeitweise nach Grenoble, Saint Gervais, Bourg Saint Maurice und Port Bou in Spanien für englische Touristen zum Tor nach dem Kontinent geworden war.

Auf einem anderen Weg nach Europa, von Calais über Laon durch das östliche Frankreich, war für 1946/47 sogar ein exklusiver Schlafwagenzug mit den Fahrzeugen des „Night Ferry" geplant worden, doch er kam nicht zustande. Die alleinige Verbindung London–Wien bildete damals statt dessen der gewöhnliche Rapide „Calais-Bâle", dessen Wagen auf den Arlberg-Orient-Expreß, auf die Flügelzüge nach Interlaken, Chur, Mailand und später auch auf den Orient-Expreß übergingen. Calais-Wiener Sitzwagen waren von 1952 an, ebenso wie ein Schlafwagen Calais–Salzburg im Jahre 1955, vorübergehend in jenem Zug gelaufen. Alle diese Kurse folgten seit 1950 der neu elektrifizierten Linie über Lille und Metz. Eine abermals abweichende Streckenführung, diesmal über Saarbrücken, kam im Jahre 1973 ins Gespräch – im gleichen Jahr, als endlich auch ein Vertrag über den Bau des Kanaltunnels abgeschlossen wurde. Allerdings erschien dieses Tunnelprojekt mit seinen nur zwei Gleisen für den Anschluß eines ganzen, hochindustrialisierten Staates nach Ansicht manches Fachmannes zu pessimistisch dimensioniert.

## Balt-Orient – von Stockholm bis Svilengrad

Kyrillische Schriftzeichen, ein kleiner Bahnhof, ein paar Grenzbeamte, ein politisches Plakat, ein Lokschuppen – mehr hat wohl kaum ein Reisender der eingleisigen Linie Bulgarien–Türkei je von Svilengrad gesehen. Es mag irgendwo in der Nähe ein paar Häuser, vielleicht auch ein Dorf geben, eine Stadt, oder auch kein Dorf, keine Stadt, wer weiß es. Jedenfalls soll hier laut Kursbuch ein Schlafwagen aus Stockholm des Balt-Orient-Expreß geendet haben – die sonderbarste, merkwürdigste Bahnverbindung in dem an Merkwürdigkeiten wahrlich nicht armen Europa der Nachkriegszeit.

Der Balt-Orient-Expreß war die Verwirklichung der großartigen Idee, eine neue, nie dagewesene Magistrale von Skandinavien durch die von Polen mit neuem Leben erfüllten ehemaligen deutschen Ostgebiete, die östliche Tschechoslowakei und Ungarn bis an den Bosporus zu schaffen. Sein Vorläufer war eine 1947 auf polnische Initiative hin geschaffene Relation von Gdingen über Prag, Wien und den Semmering nach Jugoslawien. Dieser in der Tschechoslowakei als „Balt-Adria-Expreß" bezeichnete Zug führte daneben Schlafwagen Warschau–Basel und Prag–Paris für den Arlberg-Orient-Expreß, welche bei Summerau, nördlich von Linz, die österreichische Grenze überschritten. Auch 1949 gab es noch die Verbindung Prag–Österreich–Jugoslawien – nunmehr via Pyhrnbahn statt Semmering

*Balt-Orient-Expreß in Stockholm, links polnischer „Orbis"-Schlafwagen, rechts davon zwei schwedische Schlafwagen und Sitzwagen*
*Foto: SJ*

– doch 1950 verschwand sie unter dem Druck der politischen Verhältnisse.

An ihre Stelle war der Balt-Orient-Expreß getreten. Die Ostsee überwand dieser Zug per Trajekt Trelleborg–Odra Port, in der Tschechoslowakei nahm er den östlichen Weg durch das Waagtal und in Sofia, später in Belgrad, wurde die Verbindung mit dem Simplon-Orient-Expreß hergestellt. Der polnische Schlafwagen aber konnte das Goldene Horn nie erreichen. Für 1948 war er in den Protokollen der Fahrplankonferenz auf der Strecke Stockholm–Belgrad verzeichnet. Das tschechische Kursbuch allerdings verschweigt ihn bis Frühjahr 1949 es wurde offenbar noch auf das Monopol der internationalen Schlafwagengesellschaft Rücksicht genommen. Im Sommer 1949 endete er dann laut Angaben verschiedener Kursbücher in Svilengrad, der Endstation wegen des ISG-Monopols. Das polnische Kursbuch nennt aber Sofia als Ziel! Ein anderer polnischer Schlafwagen sollte von 1948 an Oslo mit Prag verbinden, doch auch dieser erschien erst 1949 im ČSD-Wagenverzeichnis. Später wurde er wieder eingestellt, denn die Besetzung war minimal, was auf Devisenschwierigkeiten zurückgeführt wurde.

Auch ein Zugteil Prag–Balkan hätte einen staatseigenen Schlafwagen nach Istanbul erhalten sollen, doch auch diesen verhinderte das ISG-Monopol. Lediglich durchlaufende Sitzwagen gelangten bis in die Türkei. Ihre Besetzung aber war laut türkischen Angaben „fast null".

Ein in Novy Bohumín, dem früheren Oderberg, einmündender Warschauer Flügel beförderte neben Wagen nach dem Balkan, Österreich und Italien unter anderem einen Wagon-Lits, welcher über Prag, Schirnding, Regensburg und München nach Zürich weiterfuhr. Ein Waggon Warschau–Paris einer anderen Route wurde in Breslau auf den Zugteil Skandinavien–Prag überstellt, welcher als „Balt-Expreß" über Lichkov, das frühere Lichtenau, die tschechische Hauptstadt erreichte. Zwischen Warschau und Prag fuhr auf dieser Strecke bis 1950 auch noch ein rein osteuropäischer Kurs der „kapitalistischen" internationalen Schlafwagengesellschaft – bedient mit einem hölzernen Fahrzeug aus der Zeit vor dem Ersten Weltkrieg.

Im Februar 1954 explodierte an einem tschechischen Grenzübergang der Heizkessel in einem ČSD-Salonwagen, welcher den sowjetischen Botschafter Bogomolow und dessen Frau nach Rom bringen sollte. Möglicherweise hatte das Ehepaar sein rollendes Hotel an jenen Teil des Balt-Orient-Expreß anhängen lassen, welcher in Wien den Anschluß an den Österreich-Italien-Expreß herstellte. Auf dieser Strecke verkehrte der Schlafwagen Warschau–Rom, welchem der Journalist Joseph Wechsberg in Bohumín begegnete, als sein einziger Insasse der – ISG-Schaffner war.

Flügel des Balt-Orient-Expreß mündeten im Stettiner Bahnhof Dabie und in Posen ein, wobei letzterer aus Gdingen kam, In Breslau wurden die Prager Wagen abgehängt und in Novy Bohumín mußten, wie die tschechischen Staatsbahnen auf der Europäischen Fahrplankonferenz für 1949 betonten, nicht weniger als fünf verschiedene Züge durcheinanderrangiert und wieder neu zusammengestellt werden! Einer war der eigentliche Expreß aus Stockholm und Gdingen, der andere kam aus Warschau über Kattowitz und der dritte war ein innertschechischer Zug aus Brünn. Ein Teil des Warschauer Flügels fuhr zusammen mit den Wagen aus Gdingen nach Prerov weiter, wo er abermals geteilt wurde, und zwar in den Zug nach Prag–Zürich und einen nach Österreich. Der Balt-Orient aber über-

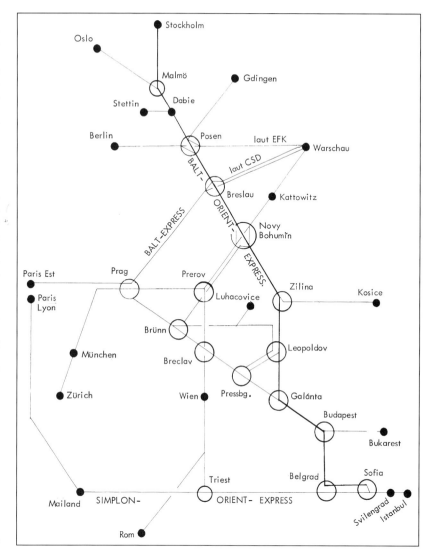

*Rechts: Balt-Orient-Expreß 1949*

*Unten: D 73 Zürich–München bei Abfahrt aus Lindau mit Neubaulok 23 001 in den fünfziger Jahren. Ganz am Schluß scheint eine S 3/6 zu erkennen zu sein. Der D 73 führte zeitweilig Wagen Zürich–Warschau für die Balt-Orient-Gruppe.*  Foto: Tauber

*Eine der seltenen frühen Aufnahmen des Balt-Orient-Expreß Berlin–Bukarest–Sofia, hier mit MÁV- und ČSD-Wagen, in Rumänien 1955          Foto: Dr. Kubinszky*

*Eilzug Wien–Lundenburg (Břeclav), der österreichische Flügel des Balt-Orient-Expreß, mit Reihe 77 der ÖBB, dahinter ISG-Schlafwagen aus Venedig vom Italien-Österreich-Expreß und aus Wien nach Warschau, in Stadlau im September 1955          Foto: Turnwald*

querte, nunmehr auch mit Wagen aus Warschau und aus Brünn, den Jablunka-Paß und detachierte in Zilina bzw. in Leopoldov Wagen Brünn–Košice und Warschau–Preßburg. Gleichzeitig wurde hier ein Kurswagen aus Medzilaborce in den Waldkarpaten und ein ISG-Speisewagen aus Zvolen, dem früheren Altsohl, nach Preßburg angehängt. Ein Zugteil Prag–Balkan hatte inzwischen in Brünn Kurswagen nach Luhacovice und nach Preßburg auf dem Umweg über den Vlara-Paß abgehängt. In Breclav gab er außerdem Wagen an den Warschau-Wiener Teil des Balt-Orient-Expreß ab, und in Galánta mündete er schließlich in den Hauptzug ein zur gemeinsamen Weiterfahrt nach Ungarn. Doch damit war des Rangierens noch nicht genug: In Budapest wurde der Expreß abermals geteilt, diesmal in einen Flügel nach Bukarest und den anderen in Richtung Belgrad–Istanbul.

Ein Schlafwagen von Berlin nach Bukarest mündete von 1949 an in Posen ein. Ein Jahr später, nachdem die DDR gegründet worden war, beförderte ihn ab Berlin der wieder eingeführte Paris-Warschauer Flügel des Nord-Expreß. In Posen wurde der Wagen auf den Balt-Orient-Expreß überstellt, während gleichzeitig ein aus Stockholm kommender Schlafwagen zur Weiterfahrt nach Warschau dem Nord-Expreß angehängt wurde. Im Jahr 1949 hatte das tschechische Kursbuch diesen Wagenlauf von Schwedens nach Polens Hauptstadt auf dem riesigen Umweg über Breslau angegeben!

Statt des kurzlebigen Schlafwagens Berlin–Posen–Bukarest fuhren 1951 Schlaf- und Sitzwagen Warnemünde–Bukarest in einem bestehenden Zug Kopenhagen–Prag, der zwischen Gedser und Warnemünde auf dem Fährschiff „Danmark" befördert wurde und der in Berlin noch den Bahnhof Zoo im Westsektor berührte. Während der offenbar schwierigen Verhandlungen im Jahre 1948 zur Schaffung dieses Zuges war sogar das Konkurrenzprojekt aufgetaucht, nach dem bis dahin noch nicht definitiv kommunistischen Prag einen Schlafwagen von Kopenhagen aus im Nürnberger Orient-Expreß zu fahren. Tatsächlich wurde aber die einzige Skandinavienverbindung im Orient-Expreß ein 1950

*Oben: Lokomotive 477006 und 498003 mit einem Schnellzug bei Ausfahrt aus Preßburg ostwärts am 27. Juli 1963.* Foto: Griebl

*Mitte: Die für Litauen gebaute, spätere ČSD-Lokomotive-Reihe 399.0 zog u. a. den Balt-Orient-Expreß. Hier die Lokomotive 399.003 mit einem Zug bei Salesel.* Foto: Herkner

*Unten: Balt-Orient-Expreß mit Lokomotiven 242.004 und 242.001 der MÁV in Budapest am 3. November 1963* Foto: Slezak

für kurze Zeit gestarteter Schlafwagen Fredericia–Nürnberg–Wien. Inzwischen war Prag längst eine östlich orientierte Hauptstadt geworden und der Zuglauf aus Kopenhagen über Warnemünde dorthin scheint sich nicht rentiert zu haben, so daß er 1952 in Berlin gebrochen wurde.

Gleichzeitig mußte es naheliegen, den gesamten Balt-Orient-Expreß, welcher immer noch über Odra Port, das einstige Ostswine, lief, statt dessen über die immer bedeutender werdenden Metropolen Ostberlin und Prag zu führen, was zum Jahr 1954 geschah: Am 1. Januar wurde die Verbindung Schweden–Zentraleuropa von der Fährstrecke Trelleborg–Odra Port, die u. a. mit der „Kopernik", einst „Mecklenburg", betrieben worden war, auf die Linie Trelleborg–Saßnitz verlegt. Als nördlicher Teil des Balt-Orient-Expreß galt jetzt der Zug Stockholm–Berlin Ostbahnhof. Seine Route war bei Kriegsende durch die teilweise Sprengung des Rügendamms von den Deutschen selbst zerstört worden. Erst 1948 hatte sie mit den schwedischen Fähren „Konung Gustav V.", anfangs durch „Drottning Victoria" und später „Starke" wieder aufgenommen werden können; von Oktober 1952 bis August 1953 aber benutzten die SJ-Fährschiffe die Route Trelleborg–Warnemünde.

Die Wagen Stockholm–Warschau zweigten nun in Pasewalk von dem Berliner Zug ab, bis sie von 1956 an über Berlin geführt wurden. Von 1959 an lief der ganze Zug als „Saßnitz-Expreß" mit Wagen von Schweden über Berlin nach München. Getrennt

*Polonia-Expreß Warschau–Sofia mit Lokomotive 498.1 der ČSD, ausfahrend aus Břeclav, dem früheren Lundenburg, Ostern 1968*

*Nord-Orient-Expreß Varna–Warschau mit Lokomotive der Baureihe 424 der MÁV bei Abfahrt von Budapest nyugati im Juli 1968*
*Foto: Dahlström*

davon fuhr der südliche Teil des Balt-Orient-Expreß von Berlin über Prag nach Südosteuropa, wobei das große Rangiermanöver mit dem Flügel Warschau–Balkan in der südmährischen Kleinstadt Břeclav, dem früheren Lundenburg, stattfand. Auf der neuen Route, welche Berlin, Prag und Budapest direkt verband, wurde der Expreß rasch zur Hauptverbindung Osteuropas. Im Sommer 1956 mußte er öfter verstärkt oder doppelt geführt werden; von 1957 an lief zur Entlastung ab Berlin ein neuer Pannonia-Expreß, dessen Bukarester Wagen, ebenso wie Kurse von Warschau nach Rumäniens Hauptstadt, in Budapest mit dem Arlberg-Orient-Expreß vereint wurden.

Dem neuen Massenverkehr waren die vielen abzweigenden Flügelzüge und die unzähligen Rangierbewegungen des Balt-Orient-Expreß hinderlich. Schon 1954 waren die Zugteile aus Stettin und Gdingen selbständig geworden. 1956 erschienen einheitliche Zuggarnituren, welche jeweils nur Wagen einer einzigen Verwaltung umfassen sollten, 1960 wurde der Teil Warschau–Balkan und 1961 der Flügel Warschau–Wien aus dem Balt-Orient-System herausgenommen. Letzterer verkehrte nun separat von Warschau nach Österreichs Hauptstadt als „Chopin" und führte erstmals an Stelle des seit 1956 gefahrenen russischen Wagens Moskau–Wien, einen Schlafwagen von Moskau nach Rom. Noch für 1950 war ein polnischer Schlafwagen von der russischen Grenzstation Brest-Litowsk nach Rom am Widerstand der Internationalen Schlafwagengesellschaft gescheitert.

Nachdem der Wiener Flügel des Balt-Orient abgetrennt worden war – einen für 1957 beantragten Schlafwagen Stockholm–Berlin–Wien hatte die Internationale Schlafwagengesellschaft verhindert –, wurde der Expreß 1962 auf die Strecke Berlin–Bukarest beschränkt. Von Warschau nach Sofia fuhr nun ein neuer Zug, der spätere „Polonia-Expreß", welcher östlich von Belgrad mit dem Direct-Orient kombiniert war.

Die wahren Expreßzüge Osteuropas jedoch waren seine Pauschalreiseverbindungen. Beim Warten auf den Balt-Orient-Expreß an einem Sommertag des Jahres 1970 in Budapest nyugati fuhr an dessen Stelle hinter den spiegelnden Glasscheiben und den zierlichen Gußeisenstützen des von Eiffel erbauten Bahnhofs, der früher die leuchtenden Teakholzwagen des Orient-Expreß gesehen hatte, der ostdeutsche „Touristen-Expreß" aus Varna ein. Motor und Lüfter einer dunkelroten, in der Sowjetunion gebauten Diesellok heulten singend in der altmodischen Halle, während die Reisenden die 15 hellblauen Schlaf-, Liege- und Speisewagen zu einem Stadtbummel verließen. Später wurden auch Autotransportwagen nach Varna eingeführt, während im Westen An-

*Die von Maffei entwickelte 231 der CFR, die auch den Orient- und Balt-Orient-Expreß zog: 231.035 und 231.043 mit roten Rädern und viel Messing vor einem unbekannten Zug mit einem CFR-Schlafwagen in Bukarest Nord zu Anfang der sechziger Jahre*
*Sammlung: Schröpfer*

*Polonia-Expreß Sofia–Belgrad–Warschau mit der gewaltigen 498.114 bei Einfahrt in Preßburg zu Ostern 1968*

*Mamaia-Expreß Prag–Constanta mit zwei 498.1 in Preßburg, Juli 1968*    *Foto: Dahlström*

Balt-Orient-Expreß Berlin–Bukarest mit Serie 350 in Preßburg am 19. November 1993

Balt-Orient-Expreß aus Bukarest mit Dieselbaureihe M 61 der MÁV nach General Motors Lizenz durcheilt Vac am 27. April 1971.
Foto: Dr. Kubinszky

Der hellblaue Touristen-Expreß Varna–Dresden der DR mit russischer M 62 der MÁV bei Ankunft in Budapest nyugati im Sommer 1970

„Meridian" Budapest–Malmö mit 03, dahinter WR der Mitropa, ehemals Pullman der ISG (!) und an dritter Stelle MÁV-Schlafwagen Budapest–Saßnitz nach Abfahrt in Berlin Ost, im Mai 1972   Foto: Dahlström

Streckenführungen in der östlichen Tschechoslowakei nach dem Zweiten Weltkrieg. 1975 kam als weitere Variante die Führung des Polonia-Expreß über Zvolen nach Budapest hinzu. „Puschkin" mit Schlafwagen Moskau–Skopje und Athen für den Athènes-Expreß wurde von 1977 an über Kecskemét an Budapest vorbeigeführt, seit 1978 mit einem Flügel Budapest–Kiskunhalas. In Prag benutzten D 147/148 den Bahnhof Masaryk (= střed), B.O.E. zeitweilig střed, O.E. immer Wilson (= hlavní)

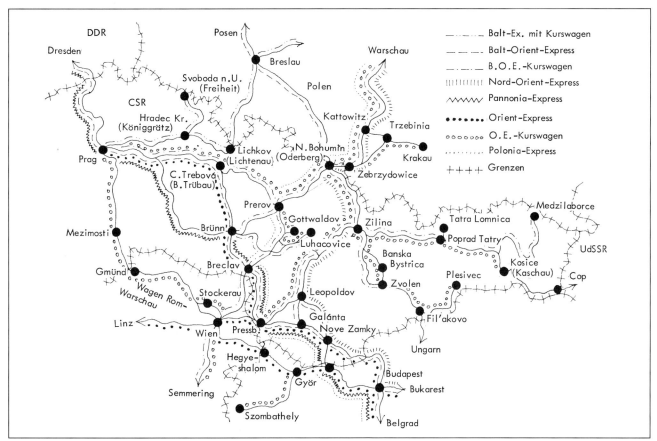

träge auf einen derartigen Service über vergleichbare Entfernungen stets abgelehnt oder zurückgestellt wurden. Ähnliche Sonderzüge Prag–Varna erschienen erstmals auf der Europäischen Fahrplankonferenz für 1949 und seitdem hatte sich ihre Anzahl gewaltig vermehrt – Prag–Burgas, Warschau–Varna/Burgas und Prag–Konstanza sind die wichtigeren, doch auch auf einer so ausgefallenen Route wie Gottwaldov–Belgrad–Venedig wurde einer beobachtet.

Der Balt-Orient jedoch, welcher einst der führende Expreß Osteuropas war, hatte neben den wenigen exklusiven Schlafwagen erster Klasse nur gewöhnliche Sitzabteile – er wurde ein ganz „normaler" Zug, der weder vom baltischen Raum herkam noch nach dem Orient fuhr. Seine Worte „Balt" und „Orient" waren nur mehr eine sentimentale Erinnerung an die Zeit des Aufbruchs nach dem Kriege, welche den großartigen Gedanken an eine völlig neue kontinentale Verbindung hervorgebracht hatte. Große internationale Relationen und transeuropäische Ideen aber sind inzwischen im Osten wie im Westen zu einem Vorrecht der Luftfahrt geworden ...

## Der östliche Weg nach Sofia

Anfang der fünfziger Jahre rollten fast täglich militärische Demonstrationen an den Grenzen Jugoslawiens ab, nachdem Tito am 28. Juni 1948 aus dem osteuropäischen „Kominform" ausgeschlossen worden war. Der Balt-Orient-Expreß lief anfangs noch über Belgrad nach Sofia, doch das SJ-Wagenverzeichnis vom Juni 1950 vermerkt zum Svilengrader Schlafwagen: „Bis auf weiteres nur nach Budapest." Für 1951 geben die Kursbücher Bukarest als dessen Ziel an. Die EFK hatte für 1951 den Lauf über Bukarest nach Sofia vorgesehen, und zwar südlich der rumänischen Hauptstadt kombiniert mit der Verbindung Moskau–Sofia, die heute unter dem Namen „Danubius-Expreß", in Bulgarien als „Dunav-Expreß", bekannt ist. 1952 folgte der ganze Balt-Orient-Expreß dieser Route, auf der weitere zwei Jahre später die neue „Brücke der Freundschaft" bei Russe die Donaufähre ersetzte. Nach Belgrad verkehrte damals nur ein separater Zug von Budapest aus, doch zur gleichen Zeit hatte sich schon eine neue Politik angebahnt. 1953 war Stalin gestorben und 1955 traten Bulganin und Chruschtschow ihren denkwürdigen Versöhnungsbesuch bei Tito an, dessen Auswirkungen ein Jahr darauf auch im Eisenbahnfahrplan nachgelesen werden konnten – der Expreß kehrte, nun zusammen mit einem sowjetischen Schlafwagen Moskau–Belgrad, auf seine jugoslawische Strecke zurück. 1957 verschwand der rumänisch-bulgarische Zugteil und heute erinnern nicht einmal mehr die Städtenamen „Stalinogrod" und „Stalin" an der Balt-Orient-Linie an den entscheidendsten Politiker jener Zeit – sie heißen wieder, wie eh und je, Kattowitz und Varna.

Zwar behauptete eine deutsche Zeitung, daß Reisende nach der Schwarzmeerküste wegen Fluchtversuchen die Route über Jugoslawien nur bei vorheriger Buchung benützen dürften, doch die planmäßigen Züge befuhren beide Strecken: Der Pannonia-

„Meridian" mit M 63 004 und Wagen der MÁV, an vierter Stelle JŽ-Schlafwagen (spanischer Typ) Bar–Malmö, in Kiskúnhalas am 5. August 1977 Foto: Dr. Kubinszky

Expreß lief von Berlin über Belgrad zeitweise bis Burgas, während seit 1962 ein neuer Saisonzug von Warschau und später auch von Prag aus nach Konstanza und Varna über Bukarest verkehrt. Der eine heißt heute „Nord-Orient-Expreß" und der andere „Mamaia-Expreß". Einen dritten Weg nach Südosten eröffneten 1960 die sowjetischen Bahnen mit dem „Carpati-Expreß" Warschau–Bukarest, der in Galizien über russische Breitspurgleise fährt, weswegen er Wagen mit auswechselbaren Drehgestellen erhalten mußte. Anfangs besaß nur die Sowjetunion solche Fahrzeuge, doch dann wurden diese durch polnische Schlafwagen ersetzt, von denen einer bis Sofia weiterläuft. Erfuhr dabei südlich von Bukarest im „Danubius-Expreß" – mit zuweilen mehr als 1000 Tonnen Last, bis zu 22 Waggons, darunter manchmal 15 sowjetischen Fahrzeugen und einem Speisewagen, in dem schon in fünf Serien serviert wurde, sicher der imposanteste Zug Europas.

*

Sofia. Am Vormittag bleibt gerade Zeit für einen Spaziergang durch den in der Sonne sich auflösenden Morgennebel über die weiten, leeren Plätze vor dem Parteihaus und dem ehemaligen königlichen Schloß zur Alexander-Newski-Kathedrale, bevor der Dunav-Expreß nach Moskau abfährt. Durch lichte Laubwälder steigt die Linie zum Balkangebirge auf. In den großen Schleifen eines Flußtales schimmert weit entfernt das Rot-Weiß der Diesellok, das dunkle Grün eines polnischen Wagens und das hellere von zwei bulgarischen, das Königsblau des Speisewagens und das Hellgrün von acht sowjetischen Schlafwagen eines vierundsechzig Achsen umfassenden Expreßzuges, dessen langsame Fahrt durch den Iskerdurchbruch vom vierzehnten Wagen aus, einem rumänischen, mitzuerleben ist. Die Dörfer auf den steilen Berghängen haben beinahe Tiroler Charakter. Beim Gang durch den Zug stehen einfache Leute, Männer in Hemdsärmeln, Jungen in Trainingsanzügen und eine Frau im Schlafrock, vor den Abteilen in den breiten Fluren der russischen Wagen.

Draußen die Talwände zeigen auffallend rotes Gestein. Einige unter den geräumigen Vierbettabteilen der billigsten, der sogenannten harten Klasse, sind in Nachtstellung hergerichtet. Reisende liegen bei offenen Abteiltüren ungeniert in den Betten. Die Herbstsonne bescheint dabei eigenartige, horizontale Felsschichten über dem tief eingeschnittenen gelben Fluß.

Zwischen den hohen Wagen in russischem Profil läuft ein RIC-Schlafwagen erster Klasse. Am Ende seines menschenleeren, in grünem Kunstleder austapezierten Ganges dampft ein Samowar. Immer höher türmen sich die Felsen. In dem Speisewagen mit schwarz-roten Drehsesseln brennt wegen der Tunnels die Neonbeleuchtung. Die Wände sind verspiegelt und auf den weiß gedeckten Tischen leuchten gelbe Servietten mit kyrillischem Monogramm. Der Ober in korrektem Schwarz serviert ein gutes Essen à la carte, während sich draußen die nun ganz weißen Kalkfelsen in immer bizarrer werdenden Formationen gegen den tiefblauen Föhnhimmel zum Höhepunkt des Iskerdurchbruches reihen...

Nach Lokwechsel und langem Halt in Mesdra gleitet der Zug hinaus in die staubige Ebene. Am Abend, beim Rückweg vom Speisewagen, versperren einige Männer den Weg. In einem Abteil hat sich eine Runde zusammengefunden und es muß mitgetrunken werden, aus der Flasche natürlich.

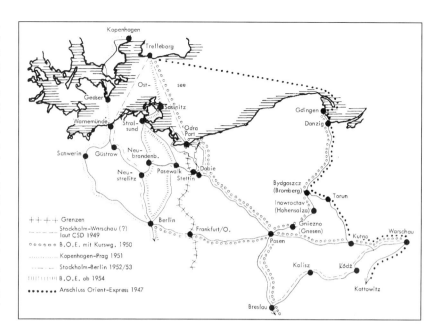

*Fährverbindungen Skandinavien–DDR/Polen nach dem Zweiten Weltkrieg. Der Nord-Orient-Expreß hatte 1978 und 1979 eine Flügel Swinemünde–Breslau–Zebrzydowice mit Schlafwagen Stettin–Varna.*

*Der Danubius-Expreß – hier mit Dieselbaureihe 04, einem polnischen und acht sowjetischen Schlafwagen im Oktober 1970 im Iskertal – beförderte einst den rumänisch-bulgarischen Teil des Balt-Orient-Expreß.*

„Germanski" wundern sie sich... Im Speisesaal des Dunav-Hotels in Russe geben sich Delegationen aus der DDR ein Stelldichein. Jeden Abend spielt zu Kaviar und Grillspezialitäten dezent westliche Musik. Der Balkan beginnt erst am Busbahnhof: dort warten Männer mit Russenmützen, andere in Wattejacken und Frauen in türkischen Hosen auf die alten, in blaue Dieselqualmwolken gehüllten Omnibusse mit Personenanhängern. Neben dem Bahnübergang laufen die Leute kreuz und quer über die Gleise, auch als die Schranken schon geschlossen sind und sich der Personenzug aus Varna in einer schwarzen Rauchwolke laut pfeifend den Weg bahnt. Am Ende des letzten seiner hohen sowjetischen Schlafwagen leuchten drei rote Schlußlichter. In der Stadt, deren Hauptstraßen inzwischen der abendliche Korso füllt, kriecht der kalte Nebel von der Donau her an den in k.u.k.-Prunk erstellten Fassaden empor und durch verrostete Schmiedeeisenzäune in die Gärten der kleinen Balkanhäuschen, die, als Villen herausgeputzt, einem längst vergangenem Bürgertum gedient haben mögen.

Diese Vergangenheit einer englischen Bahngesellschaft Russe-Varna, eines Baron Hirsch und eines Orient-Expreß wird in dem alten Bahnhof am Donaukai lebendig. Als Eisenbahnmuseum eingerichtet, gewährt er den Veteranen aus dem vorigen Jahrhundert Asyl: Zwei Wagen, für Filmaufnahmen zurechtgeschminkt, ein Salon des Sultans, eine Lokomotive der Bahn Russe-Varna und einer der Wagen, wie sie von hier aus mit den Reisenden des Orient-Expreß ans Schwarze Meer gefahren sind, gehen neben einigen bulgarischen Lokomotiven in Wind und Wetter ihrem Ende durch Rost und Moder entgegen.

Nicht mehr der Orient-Expreß verkörpert die Eisenbahngegenwart dieser Stadt, sondern der Zug aus Moskau. Als er am anderen Morgen bei Regen und eisiger Kälte hinter einer rumänischen Diesellok auf dem neuen Bahnhof eintrifft, hat er wie am Vortag eine Stunde Verspätung. Zu einer der Waggontüren steigt ein zierliches strohblondes Wesen mit zu großen Stiefeln empor, in Zivil und Minirock – eine der russischen Schaffnerinnen dieses Zuges. Am Bahnsteig gegenüber wartet der Personenzug nach Kurdschali. Eine Elektrolokomotive befördert ihn kurz darauf über die Hügelketten südwärts.

Hinter Varbanovo folgen die Tunnels einander in immer kürzeren Abständen. Hoch oben, in alpiner Region, taucht der Zug in Nacht und Wolken ein. In dem nur spärlich erhellten Abteil erzählt ein Kaufmann aus Pasardschik von seinem Großvater, der noch die Orientbahn des Baron Hirsch gekannt hatte und von jener gruseligen und böswilligen Legende von seinem Tod: Als der Eisenbahnkönig wieder einmal in seinen Tresorraum ging, um sein Geld zu zählen, schloß sich die schwere Stahltüre hinter ihm von selbst und blieb für immer zu.

## Grenzzwischenfälle und Schlagbäume – die Szenerie des Simplon-Orient-Expreß

„... der Zug bestand nun aus einer türkischen Maschine, die fünf leere Waggons als Minensucher vor sich herschob, gefolgt durch einen Güterwagen und dann vier türkische Postwagen mit Waren aus der Tschechoslowakei unter Zollverschluß, dann einen Gepäckwagen mit Küche und dann unsere zwei durchlaufenden Waggons. Dann kamen einige sehr primitive Fahrzeuge mit bewaffneten Männern und schließlich, am Ende, ein leerer Güterwagen, darauf ein Panzerwagen mit Zweipfünderkanone..." Das war der Simplon-Orient-Expreß im Jahre 1949 auf der Durchfahrt durch Griechisch-Thrakien, wie sie Sir Peter Allen in „On the Old Lines" beschreibt.

Trotz vorangegangenem Krieg und Bürgerkrieg und trotz der politischen Umwälzungen in Südosteuropa verzeichnete das Kursbuch 1947 wieder einen Simplon-Orient-Expreß bis an den Bosporus. Es war ein weiter Weg seit der Fahrplankonferenz von Brüssel im Oktober 1945, auf der die Wiedereinführung des Luxuszuges vorgeschlagen worden war. Im November jenes Jahres hatten die französischen Eisenbahnen Calais und Brüssel als mögliche Ausgangspunkte genannt, doch in Italien fehlte noch die nötige Lokomotivkohle. Schließlich gelang es trotzdem, die Führung des Expreß von Paris bis Venedig mit Schlafwa-

*Der erste Athener Simplon-Orient-Expreß beim Überschreiten der jugoslawischen Grenze nach dem Zweiten Weltkrieg und dem griechischen Bürgerkrieg. Lok Theta gamma der griechischen Staatsbahnen, eine US-Kriegslokomotive*

gen nach Rom sicherzustellen, welche zuvor vorübergehend im Arlberg-Orient-Expreß befördert worden waren.

Im Juni 1946 regten Italien und Jugoslawien die Verlängerung des Simplon-Orient-Expreß nach seinem friedensmäßigen Ziel Istanbul an. Die Vertreter Bulgariens aber fehlten auf jener Verhandlung. Zwar war das bulgarische Streckennetz nicht zerstört worden wie das jugoslawische, doch Sofia hatte seinen endgültigen politischen Status noch nicht gefunden. Erst im darauffolgenden Herbst wurde die beseitigte Monarchie auch formell abgeschafft. Nicht vor Mai 1947, auf einer Tagung in Venedig, ließ sich die Weiterführung des Expreß bis an den Bosporus sichern: Neben einem Sitzwagen der Polsterklassen wurde ein Schlafwagen

*Überstellung zwischen Paris Gare de Lyon und Nord, hier eine 050 TQ mit dem Train Bleu, um 1950*
*Foto: Floquet*

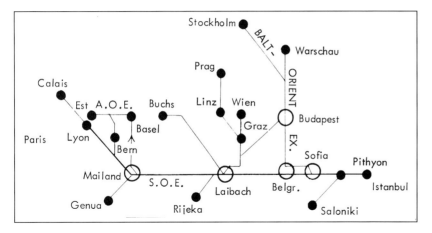

*Oben: Simplon-Orient-Expreß 1949*

*Mitte: Simplon-Expreß Belgrad–Paris mit 2D2 9129 der SNCF und fünf Stunden Verspätung in Maisons-Alfort im Juni 1975  Foto: Dahlström*

*Unten: Simplon-Orient-Expreß mit Pacific 691.019 der FS bei San Giorgio di Nogaro im Jahre 1957  Foto: Messerschmidt*

Paris–Istanbul vereinbart, welchen trotz „Sozialisierung" in Südosteuropa die private Internationale Schlafwagengesellschaft stellte. In Jugoslawien und in Bulgarien liefen sogar noch Speisewagen des „kapitalistischen" Unternehmens. Die Beharrlichkeit, mit der dessen Vertreter auf Beibehaltung der traditionellen Zugnamen bestanden hatten, war nicht vergebens gewesen. Zwar hatte der Simplon-Orient-Expreß, wie alle großen internationalen Züge, nach Kriegsende auch Sitzwagen aufnehmen müssen, doch die sozial diskriminierte 3. Klasse war im Westen meist auf Teilstrecken beschränkt und außerdem bediente er nun eine große Zahl neuer Relationen wie Calais–Rom oder Bern–Genua. Die Tagung von Paris im Juni 1946 konnte sogar feststellen, daß die Anschlußstrecke Haydarpascha–Kairo fertiggestellt worden war und eine Konferenz ein Jahr später hatte die Aufgabe, den Anschlußzug nach Ägypten zu planen.

Doch wieviele immer unüberwindlicher werdende Grenzen waren zwischen Seine und Nil zu überwinden? Einige Leute meinten, daß es ungewöhnlich geworden sei, den Simplon-Orient-Expreß ohne Diplomatenpaß zu benutzen. In Griechenland tobte ein blutiger Bürgerkrieg zwischen Kommunisten und Konservativen, weswegen das griechische Thrakien aus Furcht vor Anschlägen nur bei Tage durchfahren werden konnte. Einmal sei der Expreß mitten in eine Schlacht hineingeraten, behauptete eine Reporterstory. Tatsächlich waren kurz vor der Reise von Sir Peter Allen Lastwagen vorübergehend die einzige Landverbindung zwischen Bulgarien und der Türkei gewesen. Das Kursbuch hatte damals Schlafwagen Paris–Svilengrad und einen Wagon-Lits vom Typ „S" Uzunköprü–Istanbul angegeben. Als dann die Verbindung wieder durchgehend bedient wurde, zählten zwei Journalisten von „Life" bei einer Reise östlich der Schweiz ganze sieben Fahrgäste in dem ehrwürdigen Schlafwagen. Die einzigen Stammkunden, welche die altmodischen Coupés den engen Flugzeugen vorzogen, waren die diplomatischen Kuriere. Erst unter Labour-Premier Wilson sollen die „Messenger" der englischen Königin auf die Luftfahrt abgewandert sein.

Der Simplon-Orient-Expreß aber war nach einem bulgarisch-türkischen Grenzzwischenfall vom Winter 1950 an östlich Svilengrads zunächst wieder einmal unterbrochen. Es schien, als sei es die makabre Aufgabe des Zuges, die Krisengebiete Europas untereinander zu verbinden. Im gleichen Jahr 1950 zogen sich die Truppen der Nachbarländer an den östlichen Grenzen Jugoslawiens zusammen und die Belgrader Regierung mußte westliche Militärgarantien erhalten. Diese änderten aber nicht deren sozialistische Politik, welche ihre Auswirkungen auch auf die Eisenbahn zeigte: 1948 waren die internen Schlaf- und Speisewagendienste verstaatlicht worden und 1951 wurde die Bahn in Arbeiterselbstverwaltung übernommen. Die Einführung eines ISG-Gepäckwagens Calais–Belgrad, welche das Protokoll der Fahrplankonferenz für das gleiche Jahr verzeichnete, mußte in dieser Zeit des Sozialismus und auch der Luftfracht wie ein romantischer Anachronismus erschienen sein.

Eine weitere Krisenstelle, die der Expreß damals berührte, war das bis 1954 von westlichen Truppen besetzte und durch einen UN-Gouverneur verwaltete Triest. An den Grenzen des „freien" besetzten Gebiets wurden Paßkontrollen durchgeführt und es gab ein alliiertes „Directorate of Railways". Als die Europäische Fahrplankonferenz für 1950 beschlossen hatte, den Zug auf einer Abkürzung an der einst blühenden Hafenstadt vorbeizuführen, protestierten dagegen die „Ferrovie del Territorio Libero di Trieste".

Der Simplon-Orient-Expreß als Spiegelbild der verworrenen Verhältnisse Südosteuropas hatte sich einen Ruf erworben, der in einer Anekdote zum Ausdruck kommt, welche George Behrend in „Grand European

Expresses" erzählt: An einer östlichen Grenze wurde ein westlicher Geschäftsmann ausgerechnet an seinem Geburtstag aus dem Zug geholt und ohne Kommentar abgeführt, in irgendeine Wachstube hinein. Doch statt der Handschellen erwartete ihn dort ein Glas Wodka, welches er auf das Wohl des Kommandanten leeren mußte – dieser hatte am gleichen Tag Geburtstag wie er... Eine exakte Schilderung einer Reise auf der Simplon-Orient-Strecke von Istanbul über Sofia nach Belgrad im Jahre 1954 gibt A. E. Durrant in der Zeitschrift „European Railways". Das Kursbuch hatte einen Wagen Istanbul–Belgrad angegeben, doch als eine klapprige griechische 1D-Lo-

*Simplon-Orient-Expreß nordwärts mit Lokomotive S 685.616, dahinter FS-Dienstwagen und ehemaliger P.L.M.-Wagen in San Giorgio di Nogaro im Oktober 1957*
*Fotos: Messerschmidt*

*Franco-Crosti-Lokomotive 683.965 der FS mit dem Simplon-Orient-Expreß zwischen Muzzana und San Giorgio di Nogaro im Oktober 1957. Hinter der Lok ehemaliger P.L.M.-Gepäckwagen und zum Speisewagen umgebauter Pullmanwagen*

*Simplon-Orient-Expreß südwärts bei Schloß Chillon am Genfer See nach dem Zweiten Weltkrieg*
Archiv: SBB

*Jahrelang einziger Reisezug Jugoslawien–Rumänien: Lokomotive der Baureihe 22, ehemals ungarische 324 mit Gepäckwagen, rumänischem Schlafwagen und drei Sitzwagen Belgrad–Bukarest sowie Zweiachsern am Zugschluß in der Auffahrt zur Belgrader Donaubrücke, Sommer 1968*

komotive den Zug zusammen mit 40 oder 50 Güterwagen in den Bahnhof von Edirne geschleppt hatte, schien die Fahrt zu Ende zu sein. Schließlich wurde der einzige Transitreisende in einen grau gestrichenen hölzernen Wagen des „Chemin de fer franco-hellenique" gesetzt und bald, mit den 40 oder 50 Güterwagen dahinter, ging es der bulgarischen Grenze entgegen.

Dann fuhr der Zug weiter bis nach Svilengrad – mit drei Stunden Verspätung. Die nächste Verbindung nach Sofia ging erst am anderen Morgen ab, und so konnten sich die Zollbeamten in aller Ruhe mit dem Gepäck des Engländers beschäftigen. Dann durfte er sich im Waggon schlafenlegen, bewacht durch zwei Soldaten. Zwei Tage später, nachdem ihn ein Lokalzug nach Sofia gebracht hatte, erreichte er in einem aus unscheinbaren Zweiachsern bestehenden Personenzug, welcher im Plan des Expreß verkehrte, die westliche Grenzstation, wo die wenigen internationalen Passagiere in einen Güterwagen gepackt wurden. Bei einer Fahrt ein Jahr später versäumte Durrant abermals wegen Zugverspätung in Sofia den Anschluß. Er begab sich in einen Personenzug an den bulgarischen Kontrollpunkt Dragoman; von dort nach Jugoslawien aber beförderten ihn die Beamten diesmal auf einem Motorrad.

1954, ein Jahr nachdem Griechenland, Jugoslawien und die Türkei einen „Vertrag über Freundschaft und Zusammenarbeit" geschlossen hatten, nahm der Simplon-Orient-Expreß an einigen Tagen der Woche wieder den Verkehr durch Bulgarien hindurch auf. Der größere Teil des Publikums aber fuhr nicht in die Türkei, sondern nach Saloniki und Athen. In den ersten Jahren nach Kriegsende hatte es von Europa aus nach Griechenland wegen Zerstörung der Strecken überhaupt keinen Zugverkehr gegeben. Angehörige der englischen Streitkräfte in Mazedonien mußten per Schiff nach Athen und von dort weiter nach Tarent reisen, wo sie die Holzbänke eines Sonderzuges, des „Medloc Feeder", zur Fahrt nach Mailand erwarteten. Von dort aus lief der ebenfalls aus italienischen Sitzwagen bestehende „Medloc C" via Simplon und

Pontoise nach Calais, während andere Medloc-Züge unter anderem von Calais und später von Hoek van Holland mit original englischen Wagen nach Villach verkehrten (und jenen deutschen Kurier beherbergten, weicher seine Erlebnisse in den Mitropa-Schlafwagen der Kriegszeit geschildert hatte; diesmal fuhr er als britischer Militärangehöriger...). Für Herbst 1947 endlich erwartete man die Fertigstellung der zerstörten Wardarbrücke an der direkten Strecke Europa–Griechenland, so daß ein Schlafwagenlauf des Simplon-Orient-Expreß zwischen Paris und Saloniki beschlossen werden konnte. Für die Weiterreise nach Athen wären den Fahrgästen Plätze im Flugzeug reserviert worden, denn die Bahnlinie dorthin war weiterhin nicht passierbar – die alte Asopos-Brücke lag jahrelang als verrostetes Gerippe in einer unzugänglichen Felsschlucht. Dann aber kam der griechische Bürgerkrieg und Jugoslawien galt nun als Feindesland. Erst als 1950 die gesamte Strecke wiederhergestellt war, konnte der griechische Flügel des Simplon-Orient-Expreß durch den Metropoliten von Athen zu seiner Eröffnungsfahrt nach Paris eingeweiht werden.

Oberitalien zeitweise hinter einer eigenartigen, blechverkleideten Franco-Crosti-Maschine durchquerend, in Serbien oft mit zwei Dampflokomotiven fahrend, vorübergehend mit Waggons Rom–Jugoslawien und mit vielen anderen Kurswagen aus den verschiedensten Teilen Europas war der Simplon-Orient-Expreß in den fünfziger Jahren noch einmal zur faszinierendsten Verbindung des Kontinents geworden. Als in Ankara 1960 das Menderes-Regime beseitigt wurde, schlossen sich zwar die türkischen Grenzen, doch kurze Zeit später war der Weg für den Expreß wieder frei. Auch Terroranschläge konnten ihn nicht ernstlich aufhalten. An einem Julitag des Jahres 1961 waren kurz nach Mitternacht an der schweizerisch-italienischen Strecke Brig–Domodossola zwei Fahrleitungsmasten gesprengt worden, weswegen der Zug über den Gotthard umgeleitet wurde. Am anderen Morgen flogen dann auch an dieser Linie bei Como zwei Masten in die Luft und es wurden Südtirol-Flugblätter gefunden, die aus Osteuropa stammten. Am gleichen

*Simplon-Orient-Expreß Athen–Paris mit 01 der JŽ und griechischem Gepäckwagen bei Miravci, im August 1960 Foto: Dahlström*

*Griechische Mi alpha, eine der größten Lokomotiven Europas, die den Simplon-Orient und den Balkan-Expreß zog, in der Ursprungsausführung von Breda Foto: Werkfoto*

*ISG-Schlafwagen 2826, Typ R mit 16 Plätzen, Kurs Athen–Saloniki, um 1950*   Sammlung: Commault

Tag aber lief der Verkehr durch den Simplon schon wieder normal. Die altmodischen französischen Sitzwagen, welche wie der durchgehende Schlafwagen alle diese Jahre hindurch die südöstlichen Ziele ansteuerten, beförderten junge Globetrotter, Zigeunerfamilien, Flüchtlinge und Mohammedaner auf der Emigration vom Balkan nach der Türkei.

Von der letzten Fahrplanperiode des Simplon-Orient-Expreß im Jahre 1961 ist die Abfahrt aus Athen in Erinnerung geblieben: Die Abteile sind voll und Menschen stehen während der Nacht in den Seitengängen. Der einheimische Schaffner gibt den zahlreichen Ausländern auf ihre ratlosen Fragen nur ein monotones „do you speak greek?" zur Antwort. In einem der primitiven Aborte hockt eine Frau über dem schmutzigen Boden und versucht geduldig, auf einem Spirituskocher ihrem Kind Milch zu wärmen. Von weit vorne im Dunkeln, wo eine große Mi alpha sein muß, kommt das donnernde Rumoren ihrer Ölfeuerung. Stundenlang sollte es die Reisenden verfolgen, in den zwängenden Gleisbögen zwischen Parnaß und Thermopylen, über bleichen Felsschluchten und blinkenden Geröllhalden, im beißenden Qualm der engen Tunnels. Hoch über der Ebene von Lamia macht das tosende Auf und Ab der mühsamen Berg- und wilden Talfahrten, das bösartige, scharfe Fauchen und das Dampfgeheul im Ton einer Schiffsirene vollkommener Stille Platz: Der Zug ist in einem hangseitig abzweigenden Ausweichgleis zum Stehen gekommen. Nur das Zirpen der Grillen unterbricht die Ruhe. Dann dröhnt aus dem Tal eine andere Mi alpha mit dem nächtlichen Gegenzug herauf, bevor das Ausweichgleis verlassen wird und der Lärm der Talfahrt und die Auspuffschwaden wieder die Luft erfüllen ...

## Die vergessene Linie zur Umgehung Bulgariens

Der Herr gegenüber in einem Abteil des Kurswagens Istanbul–Athen will nicht zu sehr den Verdacht aufkommen lassen, Grieche zu sein. Das ändert sich erst am nächsten Tag, nach Überqueren der Brücke über den Meriç, auf der jeder Laufsteg fehlt, über deren Stahlkonstruktion die Halbmondfahne weht und an deren Enden sich feindlich türkische und griechische Soldaten gegenüberstehen, die nur eines gemeinsam haben, nämlich ihre Ausrüstung durch die NATO. Die griechischen Reisenden aus Istanbul werden in Pithyon von einem Schaffner freundlich, beinahe wie verlorene Söhne empfangen. In Uzunköprü mußten sie an diesem Sommertag 1969 umsteigen und hier nochmals – eine Panne, welche an dieser verwunschenen Grenze die Regel ist. Ein kleiner Lokschuppen dient den alten Dampflokomotiven, die in jenem Jahr noch mit den internationalen Zügen, oft unter kunstvollem, langdauerndem Pfeifen, durch das feindliche Edirne nach dem fast ebenso feindlichen Svilengrad schaukeln.

In entgegengesetzter Richtung, zuerst den braunen Fluß Meriç oder griechisch Evros entlang, dann an bunten Dörfern vorüber, später durch ebene Steppe, hinter der blaß das Ägäische Meer schimmert, dampft der Zug mit seinen zwei Güterwaggons, einem uralten Vierachser für Militär, einem kleinen griechischen Gepäckwagen mit Küche und drei Schnellzugwagen in den Vormittag hinein. Der stille Hafen von Alexandroupolis, einem Städtchen, dessen früherer Name Dedeagatsch auch heute mitunter zu hören ist, wird in Rückwärtsfahrt verlassen. Hier sind noch Frauen in türkischen Hosen und Männer zu sehen, welche in orientalischer Hockstellung auf den Zug warten.

Beim Lokschuppen bleibt er stehen, damit seine Maschine Wasser nehmen kann. Nach weiterer Rückwärtsfahrt setzt sich eine qualmende Schublok an den letzten Wagen. Die dann folgende Anfahrt ist eine „Schau": Ein Eisenbahner applaudiert, die Sicherheitsventile brüllen minutenlang, Kinder auf der Straße hüpfen vor Freude, ein anderes hält sich die Ohren zu. Am oberen Ende der Steigung kuppelt der Schaffner die Maschine auf freier Strecke ab. Von der anderen Seite her erklimmt gerade der Schnellzug „Evros" von Piräus nach Nea Orestias hinter zwei englischen Kriegslokomotiven die felsige Hügelkette. In einer entlegenen Station beggenen sich die Züge. Gelbe Wiesen säumen die Fahrt weiter über Komotini und Xanthi – Orte, in denen Mohammedanerinnen am Bahnsteig ihre Angehörigen von jenseits der Grenze erwarten, in schwarze Tücher gehüllt wie Frauen aus Arabien.

Die idyllische eingleisige Linie, welche zwischen den sonnigen Hängen des Rhodopengebirges und der Ägäis in vielen Schleifen die Grenze Bulgariens umgeht, hatte in den Jahren des Kalten Krieges plötzlich Bedeutung erlangt. Der Schlafwagen des Simplon-Orient-Expreß endete entweder in Sofia oder in Svilengrad, wie das ISG-Kursbuch angab. Im Osten aber lag die Türkei – als NATO-Land, welches gerade seine Soldaten in den Koreakrieg exportierte. Noch Ende der vierziger Jahre hatten die Reisenden der Strecke Griechenland–Türkei in

Drama und in Alexandroupolis übernachten müssen, da wegen der Gefahr von Anschlägen nur tagsüber und nur mit 45-Stunden-Kilometern Höchstgeschwindigkeit gefahren werden konnte. Bis 1952 verkehrte hier einer der letzten Teakholzschlafwagen aus der „guten alten Zeit" von Saloniki nach dem Bosporus, bevor er durch einen blauen Wagon-Lits Athen–Istanbul ersetzt wurde. Im Laufe des gleichen Jahres soll auch der Istanbuler Simplon-Orient-Expreß auf diese Strecke verlegt worden sein. Als 1955 zur Umgehung des „Eisernen Vorhangs" der Balkan-Expreß neu eingeführt worden war, benützte auch er die Route via Saloniki und Alexandroupolis.

Erst 1957 hatten sich die Verhältnisse soweit gebessert, daß der Balkan- vereint mit dem „Jugoslavia-Expreß" aus Deutschland auf der kürzeren Strecke über Sofia in die Türkei gelangen konnte.

*Eine der Lokomotiven Nr. 71–74 des ehemaligen Chemin de fer Franco-Hellenique, vorher Orientbahn, abgestellt in Alexandroupolis am 16. April 1955    Foto: Glock*

*Simplon-Orient-Expreß Paris–Istanbul mit griechischer Lambda-beta und Schlafwagen Typ S der ersten Serie auf dem Umweg über Saloniki in die Türkei   Foto: La Vie du Rail*

*Schnellzug Wien–Jugoslawien mit 06 der JŽ bei Spielfeld-Straß, im September 1961 Foto: Turnwald*

*Verbindung Istanbul–Athen mit ehemals britischer Kriegslok als Lambda-beta, zwei Güterwagen, Postwagen, einem alten Vierachser für Militär, einem zweiachsigen Gepäckwagen mit Küche und an jenem Tag drei Wagen nur aus Pithyon, im Osten von Alexandroupolis, im Sommer 1969.*

Mit dem Cypern-Konflikt ist in den sechziger Jahren der Haß zwischen Griechen und Türken wieder ausgebrochen. Tausende von Hellenen mußten damals „Konstantinoupolis" verlassen. Die Bahn Saloniki–Istanbul aber war wieder zur internationalen Nebenlinie herabgesunken; ihre Schlaf- und Speisewagen gab es nicht mehr und der Kurswagen Skopje–Istanbul fuhr nun über Nisch und Sofia statt über Saloniki. Irgendwann einmal tauchte auf der Linie südlich des Rhodopen-Gebirges noch ein tschechischer Sonderliegewagen und, wie ein Schaffner erzählte, ein umgeleiteter Sonderschlafwagen von Istanbul nach Westeuropa auf, was ihm 36 Stunden Verspätung einbrachte. Ein anderer Schlafwagen hätte, in Strymon einmündend, über den 1965 eröffneten Grenzübergang bei Kulata die Hauptstädte Moskau und Athen verbinden sollen, doch das Projekt kam nur kurzzeitig zur Verwirklichung.

# Tauern-Expreß – die Idee eines Pastors

In dem museumsreifen deutschen Wagen aus den zwanziger Jahren sind die Koffer bis zur Decke getürmt. Unter dem traurigen Schein einer Glühbirne sitzen zwei Jugoslawen, ein Kaufmann aus Bremen, ein griechisches Gastarbeiterehepaar und eine ältere Dame aus Westdeutschland. Der Kaufmann hat seine eigene Übernachtungstechnik entwickelt. Er bettet sein müdes Haupt in ein mitgebrachtes Luftkissen auf dem schmalen Tisch unter dem Fenster. Die Gastarbeiterfrau zieht den „Türkensitz" vor. Andere wieder versuchen, sich mit Bier zu betäuben. Mit mäßiger Geschwindigkeit und unter dem monotonen Brummen einer General-Motors-Diesellok rattert der Zug über die unzähligen Schienenstöße durch die Nacht. Bei einem Signalhalt kommen in der Dunkelheit Leute mit Gepäck über den Gleisschotter gestolpert, um sich in den überfüllten Abteilen noch vor Einfahrt in den Bahnhof einen Platz zu erkämpfen. Es ist Zidani Most im nördlichen Jugoslawien. In Zagreb, um ein Uhr früh, stürmen abermals Menschenmassen die Waggons...

Der Tauern-Expreß war stets einer der überfülltesten Züge Europas. Eisenbahner warnten davor, in seine Balkanwagen einzusteigen, in Deutschland kam er von Süden her jahrelang regelmäßig in zwei Teilen an und in Österreich fuhr er mit 18 oder 19 Wagen, das ist um die Hälfte mehr, als ein „normaler" Schnellzug. Woher kam der Erfolg dieser neuen, erst 1951 eingerichteten Balkanverbindung?

Im Laufe des Jahres 1949 hatte Belgien den Antrag gestellt, einen Schlafwagen im Orient-Expreß von Ostende über Budapest

*Einst gebaut für 180 km/h schnelle Züge Berlin–München – die Lokomotive E 19 11 in dunkelgrünem Anstrich vor dem Jugoslavia-Expreß nach Den Haag, rechts ein DR-Wagenprototyp von Uerdingen 1938, München Frühjahr 1958*

nach Bukarest oder Belgrad zu führen, doch die politische Entwicklung lief solchen Plänen davon: Tito war aus dem osteuropäischen Kominform ausgeschieden, gegen Jugoslawien wurde die Wirtschaftsblockade verhängt. Der Weg durch Ungarn war also nicht mehr der beste, um nach Jugoslawien zu gelangen. Politisch realer erschien jene Verbindung, die noch Ende der vierziger Jahre als „Simplon-Orient-Ostende-Expreß" in manchen Kursbüchern auftauchte und welche von Norden her in Mailand in den Simplon-, zeitweise auch in den Direct-Orient einmündete. Doch diese Kurswagen fuhren nicht weiter südostwärts als bis Venedig: Wagen von Ostende oder von Hamburg waren zu verschiedenen Zeiten mit anderen vom Arlberg-Expreß aus Paris, vom „Calais-Basel-", vom „Skandinavien-" und vom „Holland-Italien-Expreß" in einem Zug Nr. 54 über die Gotthardlinie nach Mailand zusammengefaßt, wo Anschluß nach Südosten bestand.

Demgegenüber schlug der schon früher durch seine Fahrplanprojekte bekannte Stuttgarter Pastor Richard Ottmar die Tauernroute in Richtung Südosten vor – die kürzeste Strecke zwischen München und Jugoslawien. Mit Kurswagen von Ostende und Dortmund nach Belgrad wurde 1951 auf Initiative der Deutschen Bundesbahn dieser neue „Tauern-Expreß" als Flügel des Simplon-Orient eingeführt, zwei Jahre später aber schon als selbständiger Zug bis Belgrad verlängert und mit Schlaf- und Sitzwagen nach Athen ausgestattet. Nördliche Ausgangspunkte seiner Kurswagen bildeten im Lauf der Jahre Ostende, Hamburg, Amsterdam, Hoek und Wien; Endpunkte waren Berlin, und – gemeinsam mit dem Nord-Expreß – Kopenhagen, sowie Graz, Klagenfurt, Innsbruck, Rom, Venedig, Triest, Rijeka, Split, Athen und seit 1957 Istanbul.

Bei einem derartigen Streckennetz konnten besondere Ereignisse nicht ausbleiben. „In der Nacht zum Freitag um drei Uhr traf der letzte Zug aus Deutschland in Brüssel ein. Dem fahrplanmäßig folgenden Tauern-Expreß spannten die Streikenden in der Nähe von Montzen die Lokomotive aus" berichtete die Süddeutsche Zeitung am Heiligen Abend des Jahres 1960. Belgien wurde damals von der heftigsten nationalen Krise seit dem Kriege erschüttert, während der jeder Zugverkehr nach Süden zum Erliegen kam. Die Brüsseler Reisebüros mußten ihre Weihnachtssonderzüge ab Aachen oder Luxemburg einsetzen und ihre Kunden in Bussen dorthin schaffen. Eineinhalb Jahre später entging der Expreß in Mazedonien mit knapper Not einer Katastrophe – ein kleines Mädchen hatte ihn gerettet. Als die neunjährige Tamida Andanova auf ihrem Heimweg von der Schule, der sie wie jeden Tag an der Strecke Gevgelija–Skopje vorbeiführte, eine beschädigte Schiene gesehen hatte, lief sie in aller Eile einen Kilometer weit, um Streckenarbeiter zu alarmieren. Diese konnten den Schaden noch rechtzeitig beheben, bevor der Expreß mit geringer Verspätung die Stelle passierte...

*Tauern-Expreß mit 1020, Vorspann 1041 oder 1141 und Wagen aus dem Simplon-Orient-Expreß auf der Tauern-Südrampe bei Mallnitz im Sommer 1958. Reihung: JŽ Post, 4 DB, 1 JŽ, 1 SNCB Athen–Ostende, 1 WL ISG Athen–/Istanbul– Ostende, D SNCB, 1 FS, 1 ÖBB, 1 DB (blau, ex Rheingold) und WR ISG       Foto: Tausche*

Ein anderesmal – es war im Winter 1954 – stoppte Schnee den Tauern-Expreß. Die in Belgrad fälligen Kurswagen des Simplon-Orient-Expreß aus Paris waren schon ausgeblieben und ein Stück weiter östlich, in Cuprija, war die Fahrt in einer Schneewächte zu Ende. Die Lokomotive versuchte, jeden Wagen einzeln durch das Hindernis zu bringen, doch am Abend erlahmten die Bemühungen. Die Heizleitung war getrennt worden und die Reisenden hatten nun eine eisige Nacht durchzustehen – bis am anderen Tag Soldaten erschienen und den Zug freischaufelten.

Nicht einmal der Abbruch der diplomatischen Beziehungen zwischen der BRD und Jugoslawien auf Grund der sogenannten Hallstein-Doktrin konnte den Tauern-Expreß aufhalten – höchstens hatte das Ereignis mit bewirkt, daß Jugoslawien seine Dieselloks nun in Frankreich und in den USA statt in Westdeutschland bestellte. Über die Tauernstrecke nach Jugoslawien aber gab es weitere neue Züge, anfangs den Adria- und dann den Jugoslavia-Expreß. Der Tauern-Expreß, benützte, wie schon vorher der Balkan-Expreß, in Serbien zeitweise nicht die Hauptstrecke über Nisch, sondern eine Nebenlinie über Kragujevac. Einmal, im September 1961, verkehrte sogar ein blauer, internationaler Schlafwagenzug auf seiner Route: Ab München waren drei ISG-Extrawagen für die Teilnehmer einer bulgarischen Studentensportveranstaltung an den Expreß gehängt worden, irgendwo am Balkan aber wurden sie abgekuppelt und fuhren mit eigener Lok alleine weiter – ein „kapitalistischer" Grand Express in einem kommunistischen Land . . .

An die traditionellen alten Zugsysteme war der Expreß in Salzburg und in Schwarzach-St. Veit angeschlossen, und zwar mit einem zeitweiligen Sitzwagen Paris–Belgrad vom Orient-Expreß und einem Umsteigehalt für Reisende aus dem Arlberg-Orient. Wenn sich die Züge in Schwarzach gegenüberstanden – der eine aus Paris und Calais zur Weiterfahrt nach Bukarest, der andere mit seinen rußgeschwärzten Wagen aus Ostende zur Reise nach Athen und Istanbul schien der kleine einstige k.k.-Bahnhof für ein paar Minuten zum Verkehrsknoten Europas geworden zu sein. Daß die große Diagonale Europas Anfang 1962 trotz ihres Erfolges ein Ende fand, lag weder an der hohen Politik noch an der fliegenden Konkurrenz. Um ein paar Stunden Fahrzeit zu gewinnen, verlegten die Jugoslawischen Eisenbahnen die Relation Kanalküste–Athen auf den „Austria-Expreß". Die Verbindung von Nordwesteuropa nach Istanbul und die oft ausgebuchten durchlaufenden Schlafwagen gingen dabei völlig verloren – die Reisenden mußten auf das Flugzeug umsteigen.

*

Eine ausgesprochen „politische" Verbindung war ein anderer Zug, der „Balkan-Expreß". 1955 startete er von Wien über den Semmering und Zagreb nach Athen und Istanbul – unter Umgehung ungarischen Staatsgebietes, wie dies auch beim Tauern-Expreß der Fall war. Außerdem vermied er auf dem Weg nach Istanbul auch noch Bulgarien, und zwar durch die Fahrt über Saloniki–Pithyon. Schon in den Jahren kurz nach Kriegsende hatte es Kurswagen Prag–Rijeka via Semmering gegeben, welche in Jugoslawien einen Teil des Simplon-Orient gebildet hatten. Einen Namen hatte jene Relation freilich nicht, denn die „große" Verbindung nach Belgrad war ja damals, vor Ende der vierziger Jahre, noch der Orient-Expreß über Budapest gewesen. Als aber der Balkan-Expreß eingeführt war, bildete er mit ISG-Schlafwagen, mit Kurswagen Großenbrode–Villach–Athen/Istanbul aus dem Adria-Expreß und südlich von Belgrad auch mit den Wagen Paris–Saloniki–Istanbul aus dem Simplon-Orient vorübergehend eine „prominente" Verbindung. Später jedoch wurden diese Kurswagen und auch die Schlafwagenläufe eingestellt, und Anfang der siebziger Jahre stand denjenigen Touristen, welche partout nicht aufs Flugzeug umsteigen wollten, auf der Balkan-Expreß-Route nach Jugoslawiens Hauptstadt nurmehr ein JŽ-Schlafwagen Maribor–Belgrad in einem namenlosen Nachtzug zur Verfügung.

Eine Reise mit diesem Zug ist im Gedächtnis haftengeblieben: Nach der drückenden Enge, der ermüdenden Hitze in der vollbesetzten Zweiten ist das in Aluminium und Neon glänzende Coupé des in Maribor angehängten Schlafwagens eine andere, eine „heile" Welt mit einem blank überzogenen Bett darin, einem roten Teppich, mit einem zum ordinären Bahnsteig hin herabgelassenen Rollo, der Schließkette an der Türe, welche das gemeine Leben draußenhält, mit einem Nirostawaschbecken in einem Schränkchen, einem anderen für die gläserne Trinkwasserflasche, einem weiteren Fach für das Handtuch und die sorgfältig verpackte Seife, mit dem Anschluß für den Rasierapparat, einer Klingel für den Schaffner und den vielen Knöpfchen und Hebelchen für Leselampen und Spiegelbeleuchtung, kleines und großes Licht, helles und gedämpftes. In so einem Abteil alleine, bei abgedunkelter Beleuchtung, offenem Fenster und einem „pivo" über die kurzen Schienen durch den Abend zu schaukeln, kommt einem beinahe göttlichen Vergnügen gleich... Bei einem kurzen Erwachen in der Nacht ist ringsherum neblige Ebene. Zweimal huscht ein Lichtschein aus tau-

Tauern-Expreß Ostende–Athen mit Theta gamma, der amerikanischen „Klapperschlange", in der griechischen Grenzstation Idomeni, im September 1961

*„Akropolis" München–Athen mit 111 der DB auf der Falkensteinbrücke an der Tauern-Südrampe in den achtziger Jahren*

send Fenstern vorüber, vielleicht der Tauern- und der Direct-Orient nordwärts, zurück. Der Rhythmus der Schienenstöße schleicht sich in den Traum ein, der draußen in der Dunkelheit spielt, in einer kleinen serbischen Station, von der aus der Zug alleine weiterfahrt, in die Finsternis hinaus. Irgendwie bleibt auch eine nahe Fabrik im Unterbewußtsein, in der die Arbeiter Nachtschicht haben, während der Schlafwagen mit seinen weiß überzogenen Betten vorübergleitet. Am anderen Morgen läuft der Wagen in den Belgrader Hauptbahnhof ein.

## Ein halber Kilometer Direct-Orient

Als der Simplon-Orient-Expreß 1960 von seinen mitteleuropäischen Zugteilen losgelöst worden war, hatte er im Südosten seine Wirtschaftlichkeit verloren. Er wurde 1962 auf die Streckenabschnitte Paris–Zagreb und Paris–Neapel beschränkt, während die Wagen nach Athen und Istanbul mit dem bestehenden Paris–Triester Schnellzug befördert wurden. Diese neue Transitverbindung erhielt auf Wunsch der Schweizerischen Bundesbahnen den nicht sehr populären Namen „Direct-Orient" – der glorreiche Simplon-Orient-Expreß war damit offiziell gestorben.

Mit Kurswagen von Calais nach Mailand, von Paris nach Interlaken, von Kopenhagen nach Venedig, von Triest nach Genua, von Dortmund nach Athen, von Warschau nach Sofia und später von Athen nach Istanbul war der Direct-Orient zum „internationalsten" Zug Europas geworden. Vierzehn Länder wurden durch seine Kurswagen verbunden, dreizehn Bahnverwaltungen und neun verschiedene Schlaf- oder Speisewagengesellschaften waren an seinem Service beteiligt! Gegen Mitternacht am Pariser Gare de Lyon, als der Bahnhofslautsprecher geduldig die vielen Stationsnamen aufgezählt hatte („Verona, Venezia, Trieste, Ljubljana, Zagreb, Belgrade, Dragoman, Sofia"), als ein paar alte Mütterchen in Balkantrachten den Wagen nach Istanbul suchten und als auf einem anderen Gleis gerade der silberglänzende „Mistral" mit seinen von Balmain scharlachrot gekleideten Stewardessen eingefahren war (dem sah man es an, daß er *nicht* aus Dragoman kam), konnte es vorkommen, daß nicht weniger als vier Züge der Direct-Orient-Gruppe zur Abfahrt bereitstanden: einer nach Brig mit einem halben Dutzend Schlafwagen, ein Sonderzug „Train Opale", der Hauptzug mit ungefähr 17 Wagen und der zeitweise separat geführte Flügel nach Interlaken mit einem Teil nach Morez im Jura.

Inzwischen hatte sich, 561 Kilometer weiter südlich, unter den Betondächern des neuen Bahnhofs von Bern, eine Reihe Züge nord- und westwärts in Bewegung gesetzt. Sie bestand zum Beispiel in der Wintersaison 1970 aus dem Gegenzug von Interlaken nach Paris, aus ein oder zwei anderen nach Ostende und aus einem Schnellzug von Interlaken nach Amsterdam, Ostende, Calais mit einem Schlafwagen nach Paris, welcher vorher im Direct-Orient gelaufen, dann aber ein Teil des Arlberg-Expreß geworden ist. Vor Jahren gab es außerdem Wagen von Brig nach Paris über die Lötschbergroute.

Unterdessen dröhnte der Direct-Orient auf der anderen Linie via Montreux und Sion durch das Wallis, manchmal ausgelastet mit bis zu 20 Wagen. Zeitweise kam aus Basel ein Kurswagen über den Gotthard nach Venedig und für 1967 war ein Lauf Zürich–Mailand–Skopje diskutiert worden – in der Poebene aber brachte eine Wagengruppe aus dem Alpen-Expreß von Kopenhagen nach Venedig den Direct-Orient schon vor Jahren planmäßig auf 820 Tonnen, was jede weitere Belastung verbot. Puttgarden–Venedig, Hamburg- und Dortmund–Venedig für „Touropa" und „Scharnow" und Ostende–Venedig als Teil des Sonderzuges „Holiday-Express" waren einige der Wagenläufe bei Ankunft des Direct-Orient in der Lagunenstadt. Nach dem Krieg gab es einmal Wagen Ostende–Triest im Ostende-Wien- und Austria-Expreß und Venedig–Brenner–Brüssel im Simplon-Orient-Expreß; in den sechziger Jahren lief dann noch ein Reisebürozug ab Brüssel, welcher trotz seines Namens „Il Veneziano" in Verona endete und dessen Passagiere vermutlich im Direct-Orient weiterfahren mußten – der trotz seiner Länge von einem halben Kilometer so überfüllt war, daß in einzelnen Wagen die Leute nicht zur Tür hineinkonnten, zu dem parallel von Paris an die Adria ein ebenso schwerer Lombardie-Expreß verkehrte und auf dessen Strecke um 1970 noch einige „echte" blaue Schlafwagenzüge für den „cet" von Paris nach Mestre gefahren sind. In den Coupés des Direct-Orient gaben sich Passagiere

Oben: Direct-Orient mit der schönen E 428 der FS in Brescia am 27. Januar 1958   Foto: Dr. Pedrazzini

Mitte: Direct-Orient mit 45.509 und 44.505 der TCDD, Sitz- und Buffetwagen der TCDD, AB der SNCF und WL Typ Z Istanbul–Paris und AB der CEH Istanbul–Athen in Halkali 1964   Foto: Dr. Stöckl

„Dinara", eine der drei Lokomotiven, welche gewöhnlich vor Titos Sonderzügen beobachtet wurden, kommt mit dem Pannonia-Expreß dem Marmara-Expreß entgegen. Zwischen Nisch und Belgrad am 28. Juni 1969

nach Italien, dem Balkan, der Türkei und sowohl Land- als auch Seereisende nach Griechenland ein Stelldichein, denn in Venedig nehmen die Schiffahrtslinien nach dem östlichen Mittelmeer ihren Ausgang. Wenn der Zug Paris–Istanbul gegen Abend nach Überqueren der grauen, von Stromleitungen überzogenen Lagune, aus Venedig kommend in den Bahnhof von Mestre einlief, dann bestieg ein anderes Publikum die Abteile. Es waren Arbeiter mit abgewetzten Aktentaschen und Thermosflaschen, die in die Orte Portogruaro, Latisana oder Cervignano nach Hause fuhren. In Triest wurde der Zug wieder neu zusammengestellt: Weitere Wagen nach Jugoslawien kamen hinzu. 1964 gab es außerdem einen Kurs von Wien über slowenisches Gebiet nach Triest, doch er konnte sich nicht halten – man bevorzugte den direkten österreichisch-italienischen Grenzübergang.

Als 1962 nicht nur der Simplon-Orient-, sondern auch der Tauern-Expreß vom Balkan verschwunden waren, mußten Ersatzverbindungen von Deutschland nach Südosten gesucht werden. Dies war der Jugoslavia-Expreß nach Istanbul und der Austria-Expreß von Hoek van Holland nach Athen. Wegen der wahrscheinlich vorausgesehenen Misere ständiger Überfüllungen verlangte die Deutsche Bundesbahn außerdem einen Flügel Deutschland–Athen im Direct-Orient. Leider führten die Österreichischen Bundesbahnen diese wichtigste Verbindung Europa–Griechenland nur als einfachen Eilzug, welcher in vielen Bauerndörfern hielt und allerlei lokale Zugteile mitschleppte. Entsprechend gestalteten sich die Schwierigkeiten: Der Kurswagen Athen–Hagen lief wegen Verspätung fast immer nur bis München, im Winter kamen die Wagen öfter nur aus Jugoslawien statt aus Griechenland, am 20. Dezember 1962 verkehrte der „Mozart" Salzburg–Paris, mit dem die Balkanverbindung kombiniert war, ab München westwärts in zwei Teilen und die Athener Gruppe kam als dritte hinterher, auch tags darauf fuhr diese separat, am 22. Dezember war der ganze Zug durch Schnee aufgehalten worden, am 31. Dezember wußte überhaupt niemand, wo er geblieben sei und am 7. März 1963 kamen die Balkanwagen des „Mozart" statt aus Athen aus Istanbul.

Dazu kam der steigende Gastarbeiterverkehr. Am 20., 21. und 22. Dezember 1962 fuhren Entlastungszüge und 5 bis 6 Verstärkungswagen zu einem D-Zug ab München, in den Reisende durch die Fenster ein- und ausstiegen. In einem Monat des Sommers 1963 kamen die Athener Wagen im Vorzug zum Wörthersee-Expreß an, je einmal fielen die Athener bzw. die Belgrader Wagen aus, zweimal fuhren die Klagenfurter Kurswagen als Vor- oder Nachzug und zweimal in dem sonst nunmehr separat geführten „Mozart". Am 19. September kam als Restlein die Athen-Münchener Flügels in einziger Vierachser verspätet im Austria-Expreß nach Norden. Obwohl 1963 ein neuer „Hellas-Expreß" Dortmund–Athen eingerichtet worden war, erreichten die Überfüllungen am Balkan solche Ausmaße, daß erboste Gastarbeiter auf eigene Faust Fahrgastzählungen durchführten. Die Europäische Fahrplankonferenz stellte im Herbst 1964 fest, daß der Direct-Orient „extrem überlastet" sei. Statt eines unmittelbaren Entlastungszuges aber beantragten die Österreichischen Bundesbahnen für 1964 den Ersatz der Münchener durch eine Wiener Wagengruppe, was abgelehnt wurde. Als dann 1965 der „Austria-Expreß" wegen seiner andauernden Verspätungen als Balkanverbindung beendet werden mußte, brach der Verkehr des deutschen Direct-Orient-Flügels wegen Überfüllung vollends zusammen. Familien belagerten damals, von einem Zug auf den anderen wartend, die

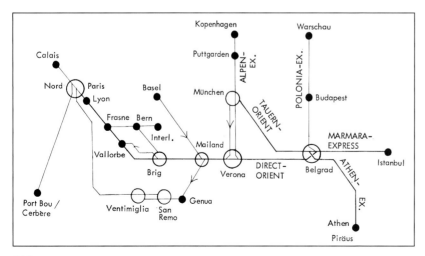

Direct-Orient/Tauern-Orient/Athen-/Marmara-Expreß, Sommer 1968

Bahnsteige des Münchener Hauptbahnhofes, jede Waggontüre wurde durch Bahnpolizei bewacht, selbst Plätze im Gepäckwagen waren begehrt ...

Wenn die Zugteile des Direct-Orient aus Paris und aus Deutschland dann unter dem gleitenden Scheinwerferlicht des Laibacher Bahnhofsgeländes zusammengestellt wurden, war die Länge des Expresses nicht mehr zu überblicken. Am 11. September 1965 zum Beispiel zählte er 76 Achsen. Weit draußen brummte im Leerlauf eine General-Motors-Diesellok, dahinter stand an dem mitternächtlichen Bahnsteig ein Postwagen, ein jugoslawischer Schlafwagen, müde saßen ein paar Mädchen hinter den schmalen zweigeteilten Fenstern eines alten italienischen Waggons, in einem anderen hockte eine Frau frierend im Flur, der Regen spiegelte sich auf den Dächern, irgendwo auf einer Plattform lehnten ein paar Gestalten unter dem grellen Neonlicht, mit heruntergezogenen Rollos erschien unnahbar und hochmütig der Schlafwagen Paris–Athen, aus dessen Blechschornstein der Qualm der Koksfeuerung quoll, weiter hinten stand düster und verschlossen ein anderer Wagon-Lits aus München, dann der Gepäckwagen, dann vier Kurswagen aus Deutschland, übernächtigte Menschen in den Gängen, dann ein Waggon Rijeka–Skopje. Von der Diesellokomotive fünfhundert Meter weiter vorne war nichts zu hören, als sich der Zug langsam in Bewegung setzte. Laut Protokoll der Europäischen Fahrplankonferenz 1965 hatte der Direct-Orient „eine Länge erreicht, welche die Aufnahmefähigkeit bestimmter Bahnhöfe überschreitet". Ab Belgrad ostwärts liefen schon 20 Wagen mit zwei Lokomotiven und in Slowenien brachten die Verstärkungen aus Italien und Deutschland den Expreß im Sommer 1965 einmal auf – 24 Waggons und 4 Stunden Verspätung.

Die Rangiermanöver in Belgrad dauerten rund eine Stunde – Wagen aus Paris, aus Mailand, Triest, Dortmund, München und andere vom Polonia-Expreß aus Warschau wurden vorgezogen, abgestoßen, auf vie-

Marmara-Expreß aus Istanbul mit Lokomotive 05 014 nach Ankunft in Crveni Krst im Oktober 1968

Direct-Orient mit jugoslawischem Salonwagen bei Rangierfahrt mit einem „Amibock" Reihe 62 in Belgrad am 29. September 1968

*Direct-Orient nach Paris beim Rangieren in Triest mit Lokomotive 835 151 am 29. April 1971*

len Gleisen des Bahngeländes verteilt und dann, unter dem Pfeifen und Winken Dutzender von Rangierern langsam zusammengeschoben. Am Abend vollzog sich das gleiche Schauspiel, wenn der Gegenzug aus Crveni Krst mit 16 oder 18 Wagen in Serbiens Hauptstadt eintraf, wenn der Bahnhof wieder von den hohen Pfiffen der Rangierer und dem blauen Dieselqualm erfüllt war, wenn muselmanische Bauern in Reithosen und mit weißen Ledermützen, Uniformierte, vielleicht ein orthodoxer Priester mit wallendem, weißen Haar, junge osteuropäische Intellektuelle, peinlich korrekt, sowie Pfadfinder, Touristen und Geschäftsleute nach ihren Wagen suchten, wenn Rufe wie „London?", „no, Venezia", „ah, ce sont les voitures françaises" durch die Dunkelheit schwirrten und der Lautsprecher die Litanei der Anschlüsse herunterrasselte: „... London, Villacha, München, Stockholma, Oslo ..."

## Tauern-Orient – kein blauer Schlafwagen mehr

Ein Teppich mit braun-grünem Blattmuster verschluckt jeden Schritt. Die Wände im Seitengang des Schlafwagens sind dunkel getäfelt, die Tür zum Abteil steht offen. Ein Träger verstaut knirschendes Ledergepäck auf den Ablagen unter der hohen Decke. Dann ist Zeit, in die weichen, beigefarbenen Polstersitze zu sinken und das Abteil zu betrachten. Die Wände aus dunkelbraunem Holz erinnern an eine vornehme Yacht, einzelne Metallbeschläge funkeln bronzefarben, neben dem Fenster findet sich das diskrete Schränkchen mit dem Waschbecken darin und dem Spiegel darüber, alles an seinem vertrauten Platz. Die Vielfalt der Lichtschalter für hell, dunkel, unten, oben ist so verwirrend wie stets und auch die schokoladenbraune Uniform des ISTG-Schaffners ist die gleiche wie in allen Grands Express – und dennoch handelt es sich bei diesem Schlafwagen, welcher an einem Augusttag 1973 im Münchner Hauptbahnhof zur Abfahrt nach Athen bereitsteht, nicht um einen der traditionellen blauen Wagons-Lits, sondern um einen deutschen Wagen in roten DSG-Farben.

Eine Stunde später gleitet die getäfelte Luxuskabine durch das oberbayrische Voralpenland, zwischen grünen Wiesen hindurch und an dunkelblauen Bergen vorüber. Über der Kampenwand steht eine düstere Wolkenbank, vielleicht gibt es ein Abendgewitter. Unserem „Ozeandampfer" wird es nichts ausmachen – majestätisch, mit einschläfernd summender Klimaanlage, zieht er seine Bahn. Man kann an alles und muß an nichts denken – nicht an Verkehrsampeln, an keinen Vordermann und auch nicht an die Gastarbeiterwagen vorne am Zug mit ihren „Zwischendeckpassagieren". Der braun Uniformierte sammelt die Pässe, Fahrscheine und „Bulletins" ein – das sind die Bettkarten – der Reisende braucht sich um nichts mehr zu kümmern, er lebt von nun an außerhalb der Zeit, zwei Tage Balkan vor sich.

In Salzburg brennen schon die Neonlichter, Obusse und Autos drängen sich unten in den Straßen. Der Untersberg ist in Wolken gehüllt, der Zug fährt in eine regnerische Nacht hinein. Naß glänzen draußen die Schienen des Gegengleises. Die Türen der meisten Schlafabteile sind geschlossen, die Leute haben sich zurückgezogen. Das Steinerne Meer liegt im Regen. Bei fast völliger Dunkelheit steigt der Nebel über die Berge; vorn leuchten die Fenster der 16 Wagen, darüber eine ununterbrochene Kette von roten Schlußlichtern der nahen Straße. Unser Söhnchen hat seinen Hampelmann mit ins Bett zum Schlafen genommen.

Beim Erwachen in Zagreb regnet es. Der Zug hat drei Stunden Verspätung, bis er sich wieder in Bewegung setzt – an qualmenden ungarischen 11 und 22, an serbischen 01 und an müden Arbeiterheeren vorüber hinaus in die graue Ebene. Diese scheint im Regen zu versinken. Irgendwo kommt eine ehemalige deutsche Kriegslok entgegen, irgendwo dampft ein „Amibock". Gegen zwölf Uhr mittags passiert der Zug die Hochhäuser von Semlin und läuft kurz darauf in den Belgrader Hauptbahnhof ein, den er eigentlich schon am Morgen hätte erreichen sollen.

Der letzte Wagen steht bei Ankunft weit draußen im Gleisvorfeld. Menschenmassen stürmen den Expreß. Neidisch blickt eine ältere, offensichtlich jugoslawische Dame zu dem wie eine Oase des Friedens, eine Erinnerung an bessere Zeiten wirkenden, vereinzelten Wagon-Lits empor und spricht auf deutsch nachdenklich das Wort „Schlafwagen...". Nachdem die Münchner Waggons auf die Züge Paris–Athen und Paris–Istanbul verteilt sind, windet sich unsere rote Luxusjacht in einer endlosen Reihe aus 19 meist schmutzig-grauen Wagen hinter einer brummenden General-Motors-Maschine die Schleifen zum Ripanj-Tunnel hinauf, pflügt durch Maisfelder und segelt über die sommerlich-gelbe serbische Erde – vorüber an blaugetünchten Bauernhäuschen, an rotgelben Bahnschranken, an Pferdefuhrwerken und an den Scharen von Fabrikarbeitern in den kleinen Städtchen, über denen immer ein schwefliger Braunkohlengeruch in der Luft liegt. In Lapovo faucht dampfend eine UNRRA-Maschine vor dem Abteilfenster; eine deutsche und eine amerikanische Kriegslokomotive der Reihen 33 und 62 sind abgestellt. In Nisch steht der Marmara-Expreß aus Istanbul, diesmal auch mit einem schweizerischen und einem griechischen Wagen, der Gegenzug aus Athen läuft ein und kurz danach wird der Expreß mit den Kursen Paris– und München–Istanbul aus Belgrad ankommen. Draußen sitzen Frauen mit Einkaufstüten aus Plastik und Männer mit Schirmmützen.

Zwischen raschelnden Laubwäldern hindurch, an grünen Bahnwärterhäuschen und deren lieblich-bunten Blumengärten vorbei fährt der Zug das Tal der Morava aufwärts. Auf der anderen Seite der Wasserscheide, über Mazedonien, braut ein

*Griechische Kappa-beta-Lokomotive mit dem Marmara-Expreß nach Fahrt über die Strecke der ehemaligen Chemin de fer Franco-Hellenique bei Ankunft in Svilengrad am 7. Juni 1969. Die Durchfahrt durch Griechenland auf dem Weg nach Istanbul gehört seit 1971 der Vergangenheit an.*

*Jugoslawische 2'D Schnellzuglokomotive Reihe 11 entsprechend der ungarischen Baureihe 424 vor Gleichstrom-Lokomotive Reihe 362 mit dem Adriatica-Expreß Warschau–Rijeka bei Abfahrt in Zagreb, Sommer 1969. Bis Zagreb führte er den russischen Schlafwagen Moskau–Rom.*

*Istanbul-Expreß mit Lokreihe 56.5, entsprechend der deutschen Kriegsbaureihe 52, dahinter mit einem jugoslawischen Wagen, dem österreichischen Vorkriegswagen Istanbul–Wien, einem neuen türkischen Speisewagen und der Wagengruppe nach Deutschland, vor Abfahrt in Halkali bei Istanbul im Juni 1969*

Gewitter. Am Abend in Skopje werden einige Waggons abgehängt. Im flackernden Schein einer Petroleumlampe versuchen Eisenbahner, den Übergang zum Schlafwagen wieder zu schließen, während die Reisenden interessiert zuschauen.

Das andauernde, nur kurz unterbrochene Tuten des Signalhorns einer Diesellok, die jagenden Schienenstöße und das reißende Schlingern des Wagens lassen aus dem Schlaf aufschrecken mit dem Gedanken an die vorangegangenen Entgleisungen des Akropolis- und des Hellas-Expreß. Es ist drei Uhr nachts, der Zug muß Saloniki verlassen haben und der Lokomotivführer versucht nun offenbar, auf Teufel komm raus einen Teil der Verspätung aufzuholen. Doch am Morgen, hinter Larissa, ist die kühne Fahrt zu Ende. An den grauen, von einzelnen Flecken gelblichen Steppengrases durchsetzten Berghalden von Domokos kommt der Zug nur noch schrittweise voran. Die Wagen bleiben stehen, der Motor der amerikanischen A 308 heult auf, mit scheppernden Kupplungen geht es einen Meter vorwärts, dann bleibt der Zug wieder stehen, fährt wieder an, bleibt abermals stehen, fährt abermals an. Nach einer Dreiviertelstunde ist der heroische Kampf der Alco zu Ende. Der Zugführer ist, den Expreß mühelos überholend, über den Gleisschotter zur Lokomotive vorgegangen und langsam läßt der Lokführer die 12 Wagen rückwärts in eines der bergseitig abzweigenden Ausweichgleise der winzigen Gebirgsstation Xinia einrollen. Die Reisenden steigen aus und setzen sich auf den Gleisen in die Sonne – Franzosen, Engländer, Deutsche, Kanadier, griechische Soldaten und griechische Arbeiter, eine dunkle Frau, welche aus Asien oder Südamerika kommen könnte, und junge Globetrotter mit Bart und Hippiefrisuren, einer in einer Art zerfetzter Khaki-Uniform als modischen Schmuck.

Überraschend ist auch der Anblick einer vornehmen älteren Amerikanerin, welche sich gut gekleidet auf einer Schiene niederläßt. Überhaupt: Welch ein Publikum hat dieser Zug! Die Reisenden stehen während der Fahrt an offenen Fenstern und auch die Schlafwagenfahrgäste haben die fest eingebauten Scheiben aufschrauben lassen, da ihnen der griechische Sommerwind lieber ist, als das von den Technikern verordnete antiseptische Filtrat aus der Klimaanlage. Jubel bricht aus, als endlich eine Dampflokomotive aus dem Tal heraufkommt – eine amerikanische Kriegsbaureihe mit der Bezeichnung Theta-gamma – und hinter der Alco eingereiht wird. Mit einem Vielfachen der vorherigen Geschwindigkeit wird die Paßhöhe genommen und es scheint, daß die Dampflok der Mithilfe des Diesels gar nicht bedurft hätte. Auch die luftige zweite Rampe zwischen Lianokladion und Brallos wird mit einer Theta-gamma erstürmt und ist, wie immer, ein Nervenkitzel.

Auf der anderen Seite des Scheiteltunnels, in den zahlreichen engen Kurven, den wechselnden Steigungen und Gefällen, erweist sich ein nervöser grauhaariger Ober in einem fast fünfzig Jahre alten ehemaligen Pullmanwagen beim Servieren als vielbewunderter Jongleur. Begleitet von dem unablässigen Geklapper aus den Geschirrregalen balanciert er Tassen und Teller zwischen spiegelnden Scheiben, Edelhölzern, polierten Furnieren, Intarsien und funkeln-

den Messingkanellüren. Am Nachmittag schließlich fährt der Zug durch die Athener Vororte: ein unendliches Meer kleiner weißer Häuser auf staubiger Erde. Vom Betriebswerk Aghios Joannis aus läuft nur ein einziger Waggon weiter, ausgerechnet jener, welcher das Halbmondzeichen des verhaßten türkischen Erbfeindes der Griechen trägt. Hinter einer deutschen Dieselrangierlok trifft er mit sieben Stunden Verspätung in Piräus ein – als Überbleibsel eines Expreßzuges, der tags zuvor in Serbien noch 19 Wagen gezählt hatte.

\*

Nachdem für 1966 in Westdeutschland weitere 100 000 Gastarbeiter angekündigt worden waren, ein neuer Istanbul-Expreß aber im Jahr zuvor manchmal schon nicht ausgereicht hatte und der Hellas-Expreß über die Tauernstrecke mit bis zu 20 Wagen gefahren war, mußte nun endlich der vollwertige deutsche Flügelzug zum Direct-Orient eingeführt werden. Als „Tauern-Orient" wurde er für die Strecke München–Belgrad mit Wagen nach Istanbul und Athen beschlossen. Doch die bulgarischen Staatsbahnen lehnten ihn ab - man vermutete politische Direktiven dahinter. Erst zwei Monate vor Fahrplanwechsel gelang es den jugoslawischen Eisenbahnen, von ihrem Nachbarland die Zustimmung zu den Kurswagen München–Istanbul zu erhalten. Damit wurde der türkische Teil der Direct-Orient-Gruppe besser ausgelastet, weshalb die bisherige Kombination mit einem Güterzug in der europäischen Türkei entfallen konnte. Der neue Zugbildungsplan ermöglichte auch, daß die „Sechs-Länder-Bahnpost" vom Istanbul-Expreß auf den Tauern-Orient überwechselte, und daß ein Postwagenlauf von München direkt an den Bosporus startete, welcher inzwischen in Belgrad gebrochen wurde. 1967 ging die „Geschäftsführung" des neuen Zuges von Frankreich an Österreich über und gleichzeitig wurden abermals neue Zugnamen erfunden – „Athènes-Express" für den griechischen und „Marmara-Expreß" für den türkischen Flügel. Im gleichen Jahr liefen Gastarbeitersonderzüge mit bis zu 30 dreiachsigen Vorortwagen, doch schon machte sich die in Westdeutschland ausgebrochene Wirtschaftskrise bemerkbar: Hatte der Tauern-Orient anfangs durchschnittlich vierhundert Reisende nach den südöstlichen Ländern befördert, so waren es nunmehr höchstens halb soviele. 1969 ging es wieder aufwärts, die Gastarbeitersonderzüge aus Istanbul liefen in der Türkei später mit bis zu zwei Speisewagen und Sonderzüge für Griechen aus Brindisi waren gut besetzt. Für 1970 untersuchten die Balkanländer neue Kurswagenmöglichkeiten vom Ruhrgebiet nach Athen, von Paris im „Mozart" und Tauern-Orient nach Belgrad und von Calais über Mailand nach Istanbul. Im Sommer jenes

*Istanbul-Expreß mit 05 der JŽ zwischen Nisch und Dimitrovgrad JŽ*
*Foto: Konzelmann*

*Ersatzzug Svilengrad–Sofia an Stelle des Marmara-Expreß, welcher wegen Cholera in der Türkei nur ab Sofia westwärts verkehrte. Ankunft mit Lokomotive Baureihe 01 in Dimitrovgrad vor Weiterfahrt nach Plovdiv am 24. Oktober 1970*

*Jugoslawischer Umbauspeisewagen Nr. 507288–20600-0, mit Küche über die ganze Wagenbreite, im Athènes-Expreß 1971*

Jahres verkehrte ein regelmäßiger Entlastungszug München–Belgrad, und zu Weihnachten erzielten die Bahnen einen Beförderungsrekord, welcher den absoluten Höhepunkt im Balkanverkehr darstellte: Nicht weniger als 21 Sonderzüge fuhren an einem einzigen Tag, dem 19. Dezember, von allen Teilen Deutschlands nach Jugoslawien und Griechenland. An der Salzkammergutlinie, welche wegen der Überlastung und der Bauarbeiten auf der Tauernbahn teilweise benutzt werden mußte, tauchten selbst tschechische und dänische Waggons auf. Im Sommer 1972 war der Tauern-Orient in der 2. Klasse ab München auf Wochen hinaus ausverkauft, ab Österreich standen die Reisenden und in Jugoslawien waren selbst Waschräume als Sitzplatz begehrt. Vielleicht war der Tauern-Orient der Zug, in dem sich jener Streit um einen Platz zugetragen hat, bei dem zwei jugoslawische Schaffner einen griechischen Arbeiter in einen Abort zerrten und dort verprügelten – was zu diplomatischen Schritten und beinahe zu politischen Schwierigkeiten geführt haben soll. 1974 wurde ein Entlastungszug Paris–Triest–Belgrad eingeführt, doch 1976 mußte der Jugoslavia-Expreß mit dem Tauern-Orient kombiniert werden – der Balkanverkehr hatte seinen Höhepunkt überschritten.

Der Verkehrsrückgang war durch die Wirtschaftskrise verursacht, aber die Ausstattung der Züge wirkte auch nicht immer verkehrsfördernd. Noch Anfang der siebziger Jahre wurden in den gewinnbringenden Balkanzügen teilweise Wagen eingesetzt, welche bis zu 45 Jahre alt waren. Defizitäre Verkehrsleistungen dagegen, wie bestimmte TEE-Züge, erhielten wesentlich moderneres Material.

Im Tauern-Orient wurde beobachtet, daß von Griechenland bis Deutschland in Aborten kein Spül- und Waschwasser vorhanden war, weswegen eigentlich die zuständigen Gesundheitsbehörden gerichtlich belangt werden müßten. Doch von einem Verfahren ist nichts bekannt – schließlich reisen in diesen Zügen hauptsächlich Gastarbeiter.

Besonders rechtlos sind einreisende arbeitssuchende Ausländer dann, wenn es sich dabei um „Illegale" ohne Arbeitserlaubnis handelt. Viele von ihnen mußten Wucherpreise an sogenannte Vermittler zahlen, welche sie heimlich über Frankreich nach Deutschland einschmuggelten – denn auf dem direkten Weg wurden sie schon von Österreichs Polizei in den Balkanzügen abgefangen. Auch in Schirnding war für manche Ausländer schon die Fahrt zu Ende: Im März 1972 wurden dort 33 Türken, die aus der Tschechoslowakei kamen und angeblich nach der Schweiz weiterreisen wollten, aus dem Zug geholt. Von einem besonders krassen Fall berichtete die Süddeutsche Zeitung: Ein Agent, der in Pakistan zwanzig Arbeiter mit dem Versprechen einer Stellung in England angeworben hatte, erklärte diesen Männern im Zug bei Rosenheim kurz vor München, die nächste Haltestelle sei – London. Im Münchner Hauptbahnhof drückte er zum Aussteigen jedem seiner Landsleute, die weder lesen noch schreiben konnten, einen wertlosen Zettel in die Hand und verschwand mit seiner Provision auf Nimmerwiedersehen ...

Viele der Gastarbeiter versuchten, ihre knappe Kasse durch Gelegenheitsschmuggel aufzubessern. Journalisten des Münchner Merkur begleiteten einmal die Zöllner bei ihrer Arbeit: „Mit einem strahlenden Lächeln begrüßt uns ein junger, im Sitzen außergewöhnlich groß wirkender Türke", berichteten sie aus einem der Wagen. „Schon nach wenigen Minuten wird der Sitzriese merklich kleiner, als ihm der Zollbeamte mehrere Flaschen unter dem Gesäß hervorholt..." Ein anderer Ausländer hatte im Wassertank eines Waggonklosetts seine Slibovitzflaschen versteckt. Die erfahrenen Kontrolleure fanden die Flaschen und suchten daraufhin den Zug nach einem leeren Koffer ab, der groß genug sein konnte für die Schmugglerware. Sie entdeckten ihn bei einem Mann, welcher gerade in einem Abteil seinen „Erfolg" mit – Slibovitz begoß. Nicht alle aber, die in den Zügen erwischt werden, sind harmlose Gelegenheitsschmuggler. Ende der fünfziger oder Anfang der sechziger Jahre gelang es den Fahndern in internationaler Zusammenarbeit, einen großen Rauschgiftring auffliegen zu lassen, welcher auf der Eisenbahn arbeitete. Zwei Händler waren am Istanbuler Flughafen schon beinahe überführt worden, was sie dazu bewog, die bisherige Taktik zu ändern. Statt auf dem Luftweg über Rom und Zürich ließen sie die Ware nun durch junge Österreicherinnen im Zug von Istanbul nach Wien bringen, wo die Bande ein Appartement gemietet hatte. Erst als sich einer der Chefs auch privat mit so einem reizenden Mädchen blicken ließ, war es um alle geschehen – als die Dame wieder den Zug nach Istanbul bestieg, wurde sie beschattet und wenig später schlossen sich die Gefängnistüren hinter mehr als einem Dutzend Lieferanten, Vermittlern, Händlern und Chemikern. Doch der Schmuggel in den Zügen geht weiter. Vor wenigen Jahren wurde im Tauern-Expreß Haschisch im Wert von mehreren Tausend Mark gefunden. Daneben werden auch andere Waren „en gros" transportiert: Wie die Süddeutsche Zeitung zu berichten wußte, nahmen im November 1970 Bahnpolizisten einen Türken fest, der vor den Schließfächern des Münchner Hauptbahnhofes laut schimpfend nach einer Reisetasche suchte, welche von Beamten kurz vorher sichergestellt worden war – sie enthielt 19 fabrikneue Pistolen aus der Tschechoslowakei, welche sicher für sein Heimatland bestimmt gewesen waren.

*Marmara-Expreß aus Istanbul mit Lokomotive 38 001, UNRRA-Maschine der britischen Liberation-Bauart, und dahinter türkischem Postwagen bei Ankunft in Nisch am 23. April 1971*

Neben den Schmugglern beherbergen die Züge noch anderes „bemerkenswertes" Publikum. Die Münchner Abendzeitung beschrieb einmal, wie eine Dame aus Köln in Augsburg aus dem langsam rollenden Istanbul-Expreß gestoßen wurde. Sie habe in einem Abteil als Dirne gearbeitet und war mit einem Türken in Streit geraten. Der Münchner Merkur berichtete über die Festnahme eines international bekannten Taschendiebes im Orient-Expreß, die Süddeutsche Zeitung meldete einen Gemäldediebstahl im gleichen Zug. im Jugoslavia-Expreß prellte eine Glücksspielerbande Gastarbeiter um ihr sauer verdientes Geld. Im Tauern-Expreß wurde einmal eine Frau erschlagen. Beim Hellas-Expreß konnte 1970 ein fünfzigköpfiges Verbrecherteam festge-

*Athènes-Expreß Athen–Paris mit Lokomotive 661 und Umbau-Speisewagen bei Nisch am 23. April 1971*

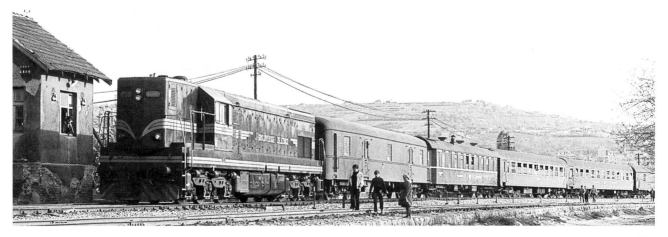

*Hellas-Expreß nach Athen mit A 400 der CH von Henschel bei Sfendali in Südgriechenland am Karsamstag 1971*

*Rangierarbeiten am Ende des Athènes-Expreß mit JŽ-Lokomotive Reihe 61 in Gevgelija vor Weiterfahrt nach Skopje, Juni 1969*

nommen werden, das sich auf Diebstähle in den Zügen spezialisiert hatte. Ein Schlafwagenschaffner des Direct-Orient erzählte von zwei Banden aus verschiedenen Ländern, welche auf der Semmering- und der Tauernstrecke die Züge unsicher gemacht haben. „Passagiere ausgeraubt und aus Zug geworfen", hieß es 1971 in einer Überschrift der Münchner Abendzeitung, und weiter: „Skrupellose Gangster terrorisieren jugoslawische Gastarbeiter in den Zügen zwischen München und Zagreb. Sie scheuen auch nicht davor zurück, Passagiere zu berauben und aus dem fahrenden Zug zu werfen . . ."

Eine andere Bedrohung waren stets Naturkatastrophen. 1947 soll einer der Orientzüge 13 Tage lang im Schnee steckengeblieben sein. Im Sommer 1963, als die Stadt Skopje und ihr Bahnhof durch ein Erdbeben in Schutt und Asche gesunken waren, mußten die Transitreisenden in Busse umsteigen. Wenige Monate danach wüteten am Balkan Überschwemmungen, deretwegen der Direct-Orient in Athen einmal mit 9 Stunden Verspätung eintraf. Am 18. Dezember des gleichen Jahres kam in München wegen Schnee Oberhaupt kein Athener Zugteil an, dafür lief am anderen Morgen der um eine ganze Nacht verspätete Austria-Expreß mit einem Schlafwagen ein, bei dem es sich um einen „verirrten" Lauf Athen–Paris gehandelt haben dürfte. Tags darauf ließen die weißen Massen den Direct-Orient im nördlichen Jugoslawien fast nur schrittweise vorankommen und er erreichte München gegen Mitternacht statt mittags. Ein anderes Mal während dieses Frostwinters waren im türkisch-bulgarischen Grenzgebiet drei internationale Fernzüge im Schnee steckengeblieben und die Fahrgäste mußten die Nächte in einer nahegelegenen Zuckerfabrik verbringen. Im September 1964 entgleiste ein Zug bei Penk, hoch oben auf der Tauernstrecke, weswegen der Verkehr über Selzthal geführt wurde. Anfang 1965 reichte dem Expreß bei Nisch das Wasser der Morava bis an die Schienen und im Mai mußten die Züge in Serbien wegen Überschwemmung ganz umgeleitet werden. Als im August 1966 die Salzachschlucht beim Paß Lueg durch eine Flutwelle unpassierbar geworden war, traf der Direct-Orient ohne Münchner Wagen in Athen ein. Im September wiederholte sich die Sperrung – der Tauern-Orient mußte über Selzthal fahren. Im Juli 1967 hielten Erdrutsche in Südtirol den Brenner-Flügel des Direct-Orient auf; im November jenes Katastrophenjahres unterbrach eine Sintflut die Strecke Venedig–Triest sowie abermals die Brennerlinie und am 12. Januar 1968 kam der Tauern-Orient wieder einmal wegen Schnee mit 10 Stunden Verspätung von Jugolsawien her in Österreich an. Auch der Bukarester Orient-Expreß wurde einmal, im Dezember 1969, aufgehalten, als Schnee und eine Entgleisung die Strecke Wien–Hegyeshalom für mehrere Tage blockiert hatten. Im April 1971 stürzte eine Brücke der Linie Svilengrad–Plovdiv mitsamt einem Güterzug in ein Flußbett, weswegen die Expreßzüge einen mehrstündigen Umweg im Norden machten, bevor sie über eine hölzerne Notbrücke den Fluß überqueren konnten.

Doch nicht nur die Natur war es, welche die Direct- und Tauern-Orient-Züge aufhielt: Im Jahre 1956 stieß bei Cassano d'Adda der Direct-Orient mit einem Sonderzug zusammen, der von einer Dampflok der Reihe S 685 geführt wurde. Ein anderes Mal fing die elektrische Lokomotive der Reihe E 428 des Direct-Orient bei Premosello in der Nähe von Domodossola Feuer. Im Juli 1968 prallte der Marmara-Expreß in dem Bahnhof Krnjevo, 50 Kilometer südöstlich von Belgrad, in voller Fahrt auf einen Güterzug, den er dort überholen sollte. Der Tank der Diesellok zerbarst bei dem Aufprall, das auslaufende Öl fing Feuer, Lokomotive und Postwagen wurden zerstört, aber niemand kam ums Leben. Im gleichen Jahr ereignete sich auf einem eingleisigen Streckenabschnitt im Wallis ein Unglück, welches die Transitzüge zum Umweg über den Lötschberg zwang. Am 16. November ging eine Lawine auf die Tauernbahn nieder – der Expreß fuhr wieder über Selzthal. Im Mai 1970 mußte der Tauern-Orient wegen einer Kesselwagenexplosion in Rosenheim einige Male über Mühldorf-Freilassing ausweichen. Am 10. Juli verzögerte ein Unfall bei Mallnitz den Betrieb der Tauernbahn, am 8. August sperrte ein Unglück des Dalmatia-Expreß die Linie Laibach–Jesenice, zwei Tage danach verlegte ein Felsblock auf der Brennerlinie den Weg der Direct-Orient-Wagen aus Puttgarden und am Abend des 10. November wurde auf der Tauern-Südrampe ein Unglück dadurch verhindert, daß man einen Leerzug, welcher durchgegangen war, in eine Abzweigung leitete und über eine Böschung abstürzen ließ. In Griechenland hatte sich Ende Juli eine schwere Dampflokomotive selbständig gemacht und näherte sich mit 100 Stundenkilometern, wie die Zeitung Ta Nea schrieb, auf eingleisiger Strecke dem entgegenkommenden Expreß aus Paris – bis Stationsvorstand Konstantin Dika in der Nähe von Saloniki eine Weiche auf ein Abstellgleis stellte. Der Koloß überrannte den Prellbock, überquerte eine Straße, bohrte sich bis zum Dampfdom in ein Haus und grub seine Räder bis zu den Achslagern in die Erde. 1972 prallte der Akropolis-Expreß südlich von Larissa in Mittelgriechenland mit einem entgegenkommenden Zug zusammen, wobei viele Menschen getötet wurden. Kurz darauf blieb ein Wagen des Hellas-Expreß bei einem Brückeneinsturz in Nordgriechenland wie durch ein Wunder auf den Brückenauflagern hängen – im September jenes Jahres hatte dieser Zug einen Zusammenstoß bei Laibach. Ende August 1974 starben weit über 100 Menschen, als ein Entlastungszug in Zagreb entgleiste, und vor Pfingsten 1975 stürzte bei Skopje eine

Blauer Dienstsalonwagen der JŽ aus Zagreb in München am 30. März 1990 bereitgestellt für den Jugoslavia-Expreß. Diese Wagen waren in den zwanziger Jahren in Deutschland für die JDŽ als 1. Klasse mit 2-Bett-Halbabteilen gebaut worden.

Wegen Unterbrechung der Simplon-Linie wurden zwischen Oktober 1977 und Mai 1978 einige internationale Züge über Borgomanero, Novara umgeleitet. Ein Nachfolger des Direct-Orient, der Express 225, geführt von FS-Diesellokomotive Gruppe 345, mit Schlaf- und Liegewagen Calais–Venedig, bei Pettenasco am 17. April 1978    Foto: Tausche

Brücke unter einem Schnellzug zusammen – kurz bevor der Akropolis die Strecke hätte passieren sollen.

Zuweilen aber entstehen die mehrstündigen Verspätungen der einstmals pünktlichen Orientzüge aus weniger „dramatischen" Gründen. So wurde an einem Oktobertag des Jahres 1970 beobachtet, wie der Bahnhof Rosenheim den Tauern-Orient festhielt, um zwei Kurzstreckenschnellzüge vorbeizulassen. Der Expreß hatte dann bis Salzburg fast eine Stunde und bis Athen drei Stunden Verspätung. Einmal sind Streckenarbeiten in Griechenland, ein anderes Mal die Anschlußzüge aus Osteuropa die Ursachen für Unpünktlichkeit. 1970 startete der Expreß in Istanbul eine Zeit lang eine Stunde später, als im Fahrplan angegeben. Oft mußten die verspäteteten Zugteile vom Osten her im Simplon-, im Lombardie- oder auch im Akropolis-Expreß im Westen nachgeführt werden. Besonders prekär ist die Situation an der Tauernstrecke: Diese im wesentlichen eingleisige Linie war mit bis zu 150 Zügen pro Tag fast doppelt so stark belastet, als es aus Sicherheitsgründen zulässig sein durfte. Daß der Betrieb dennoch bis zu ihrem heutigen Ausbau aufrechterhalten werden konnte, ist nur dem bewundernswerten Einsatz der Eisenbahner zu verdanken.

Kaltblütig war auch ein Eisenbahner, welcher 1967 im Tauern-Orient eine tickende Zeitbombe gefunden und sie kurzentschlossen auf freier Strecke aus dem Fenster geworfen hatte. Zwar hatte um 1960 herum eine Boulevardzeitung geschrieben: „Es wird nicht mehr geschossen an den Strecken des Orient-Expreß" – doch schon ganz kurze Zeit später waren Schüsse auf den Simplon-Orient gefallen. Dies hatte sich bei einer Ortschaft namens Pehlivanköy ereignet. Eine harmlosere Begebenheit war der österreichische Bahnstreik am 23. März 1965 – die Wagen Deutschland–Athen, welche München am Nachmittag verlassen hatten, konnten erst um Mitternacht von Freilassing aus nach Österreich weiterfahren. Ihnen wurde der Athener Teil des Austria-Expreß angehängt, dessen Reisende schon den ganzen Tag auf dem oberbayerischen Grenzbahnhof in den Waggons verbracht hatten. Öfter legten in Italien Streiks den Bahnverkehr lahm: „Dutzende von Familien waren gezwungen, auf den Bahnsteigen in Mailand zu übernachten", meldete eine Zeitung, als 1966 vor Weihnachten die Eisenbahner streikten. Anfang August 1970 konnten Tausende von Einheimischen und Touristen Venedig nicht erreichen, weil Arbeiter und Studenten nicht nur die Eisenbahnstrecke, sondern auch die Straße nach der Lagunenstadt blockiert hatten. 1971 und 1972 setzten sich die Arbeitskämpfe fort – die internationalen Züge wurden dabei an den italienischen Grenzen gestoppt. Auch Frankreich hatte seine Streiks: Als einmal wegen eines Bergarbeiterausstandes die Lokomotivkohle nicht in der gewohnten Qualität geliefert worden war, ließen die Lokmannschaften der Strecke Paris–Calais die kostbaren Vierzylinderverbundmaschinen im Schuppen und behalfen sich mit robusteren Güterzugloks, so sehr liebten sie ihre edlen, aber empfindlichen Renner ...

Griechenland war Mitte der sechziger Jahre von einer Streikwelle überrollt worden. Oft blieben die Eisenbahner für 24 oder 48 Stunden ohne vorherige Ankündigung im Ausstand, die internationalen Züge sollen zum Teil bis Saloniki gefahren sein, es wurden aber auch Busdienste zur jugoslawischen Grenze bekannt und es gab überfüllte Omnibusse von Saloniki nach Athen. Einmal kamen in Athen nach einem Streik ersatzweise ein paar uralte, verrostete Reservewaggons an Stelle des Direct-Orient an. Als am 15. August 1966 zur Abwechslung die griechischen Luftfahrtpiloten die Arbeit niederlegten, sollen ab Athen zwei Sonderzüge und ein auf 20 Wagen verstärkter, von zwei Dieselloks gezogener und von einer weiteren Maschine geschobener Direct-Orient auf die schwierige Gebirgsstrecke nach Mazedonien gegangen sein. Dann trat in der Nacht vom 20. zum 21. April 1967 der politische Umsturz ein. Die Grenzen schlossen sich und in den Städten wurden die Züge „von einem Kordon aus Soldaten empfangen", wie eine Zeitung schrieb. Der am 22. April zum griechischen Osterfest eingesetzte Arbeitersonderzug Dortmund–Athen beendete seinen Lauf in München, so daß die Reisenden dort den auf 16 Wagen verstärkten Tauern-Orient stürmten. Den Endpunkt der Griechenlandzüge, auch des „Hellas-Expreß" mitsamt zahlreicher Gastarbeiterfamilien, bildete bis zum Abend des 22. April Skopje: „Der ganze Bahnhof war überfüllt, überall standen und lagen alte Leute und Kinder herum", berichtete die Süddeutsche Zeitung. Wenige Tage später lief der Eisenbahnverkehr wieder normal.

Ein Stück Politik stellten auch die Schlafwagen Paris–Istanbul dar. Noch 1949, als die „Life"-Reporter Rowan und Birns eine Reportage von dieser Route machten, begegneten sie als Mitreisenden einem Kurier der US-Regierung. Als die Internationale Schlafwagengesellschaft für 1962 und für 1963 die Beendigung der Verbindung beantragt hatte, traten die betroffenen Länder für ihr Weiterbestehen ein. Ein jugoslawischer Schlafwagenschaffner dieser Strecke bewahrt neben dem Autogramm von Orson Welles diejenigen von politisch so bedeutenden Leuten wie Trygve Lie und Lord Attlee in seinem Gästebuch auf. Er erzählte,

*Hellas-Expreß Athen–Dortmund bei Umleitung über Donauwörth–Aalen in der Steigung vor dem Tunnel bei Aufingen am 4. Oktober 1980*

*Laufschild, aufgenommen am 19. August 1984 in Nisch*

daß noch 1971 eine Gruppe Journalisten einen Schlafwagen und einen französischen Salonwagen zu einer Fahrt nach Istanbul gemietet hatte, seine Uniform jedoch ließ die Wagon-Lits-Herrlichkeit in einem anderen Licht erscheinen: Sie war sichtlich ebensoviele Jahrzehnte alt, wie er selbst bei dem renommierten Haus in Diensten stand ...

Das Ende der Schlafwagen wurde in den sechziger Jahren durch eine „finanzielle Regelung" seitens der südosteuropäischen Staaten noch einmal verhindert. Als die Türkei beantragt hatte, den Direct-Orient überhaupt aufzulassen, wehrten sich die anderen Verwaltungen fast einmütig dagegen. Auf der Strecke München–Athen waren damals die Kurse auf Monate hinaus ausgebucht, obwohl die Reisenden wegen Überfüllung der Faltenbalgübergänge kaum einen Speisewagen aufsuchen konnten und obwohl sie bei Fahrzeugpannen in Jugoslawien einfach in Sitzwagen gepfercht worden waren. In den siebziger Jahren aber wurde der Schlafwagenverkehr schlagartig abgebaut: Zuerst verschwanden 1971 die Läufe Wien–Athen und Istanbul, 1972 folgte – obwohl er häufig gut besetzt war und mitunter sogar doppelt geführt werden mußte wegen „Unrentabilität" der Waggon München–Istanbul, 1973 verschwand der DSG-Dienst Hamburg–Belgrad und gleichzeitig wurde der Wagen Paris–Athen auf zwei Fahrten wöchentlich beschränkt. Die für 1972 geplante Einstellung des Kurses München–Athen konnte die Deutsche Bundesbahn nur dadurch verhindern, daß sie selbst die Wagen stellte. Mehr und mehr ging die Initiative im Langstreckenverkehr auf östliche Länder über. Bulgarien schlug für 1974 Liegewagenläufe Paris–Sofia und München–Varna im Marmara-Expreß vor, und Rußland hatte schon in den Jahren zuvor ein ganzes Netz eigener Schlafwagenverbindungen aufgebaut: 1968 erschien im Simplon-Expreß ein Wagen von Moskau nach Rom, welcher über Budapest tschechisches Gebiet umging, im Istanbul-Expreß tauchte ein Wagen von Moskau an den Bosporus auf, 1969 gab es einen vorübergehenden Lauf von Turin nach Togliatti an der Wolga – im Simplon-Expreß, Adriatica-Expreß und dem Moskau-Taschkenter Schnellzug „Usbekistan" – 1973 folgte im Athènes-Expreß ein Kurs von Moskau über Belgrad nach Griechenlands Hauptstadt und 1974 einer von Moskau nach Skopje. So veränderten die einst „bürgerlichen" Grands Express Européens nach und nach ihr Gesicht – an die Stelle der dunkelblauen Schlafwagen mit den goldenen Löwen waren grüne mit Hammer und Sichel getreten ...

\*

Svilengrad, 24. April 1971, 6 Uhr früh. – Irgendwo an einer Hauswand hängt ein politisches Transparent im Morgengrauen. Endlos scheint der Aufenthalt. Dann fährt auf dem Nebengleis eine antike griechische Kappa-gamma qualmend mit dem Marmara-Expreß aus Istanbul ein. Eine bulgarische „01" kommt an ihre Stelle, hellgrün mit rot angemalt, mit einem Geländer neben dem Kessel nach russischer Art. Die schwarze Kappa-gamma kehrt mit einem zur Personenbeförderung umgebauten Güterwagen in ihre Heimat zurück. Endlich setzt sich der Istanbul-Expreß wieder in Bewegung, ostwärts an einem hohen Drahtzaun entlang, der sich bald neben einem neugebauten Gleis im Norden verliert – der direkten Linie zur Umgehung Griechenlands. Nur ein paar Monate noch schaukeln die Wagen auf der alten Strecke mit vierzig oder fünfzig Stundenkilometern über griechisches Gebiet, bevor sie die Türkei erreichen – zwischen überschwemmten Wiesen hindurch, dicht an grünen Laubbäumen vorüber, mit Dampfpfiffen, wie sie früher im fernen Mitteleuropa üblich waren, ein wenig heiser, hoch, tief, hoch, Frösche quaken in den Wassertümpeln beiderseits des schwankenden einzelnen Gleises in der Morgensonne, ein Storch fliegt auf, kein einziger Mensch ist zu sehen. Neben einigen alten Güterwagen bleibt der Zug stehen – Dikea. Die Häuschen sind bunt, anders als in Bulgarien, eben griechisch. Ein Pope steht am Bahnhof. Stolz uniformierte Offiziere kommen herein, die Pässe zu kontrol-

*Wegen Bauarbeiten ausnahmsweise Diesellokomotiven Am 4/4 18462 und 18463 der SBB (!), ehemals 220 der DB, sowie elektrische Lokomotive Re 6/6 11638 mit Simplon-Expreß im Bahnhof Brig am 8. März 1988  Foto: Huwyler*

lieren. Kurz darauf, nach Passieren des letzten Evzonen, fährt der Zug an Halbmondfahnen vorüber, türkische Gastarbeiter winken ihren Landsleuten in Khakiuniformen zu, die Wagen halten vor dem in orientalischem Stil erbauten alten Stationsgebäude von Edirne in der Türkei. Eine riesige Kaserne, türkische Panzer, Wachtürme – dann befindet sich der Zug mit seiner ehemals englischen Kriegslokomotive und dem sowjetischen Schlafwagen Moskau–Istanbul wieder in Griechenland. In Nea Orestias kommt eine türkische „45.5", eine einstige Orientbahnmaschine, mit vier schmutziggrauen Wagen Istanbul–Edirne entgegen. Als der „Expreß" endlich, nach zweieinviertel Stunden Fahrzeit für 73 Kilometer, in Pithyon einläuft, steht dort gerade ein Güterzug mit einer ebensolchen türkischen Lok und vielen leeren DB-Schnellzugwagen zur Abfahrt nach Westen bereit. Eine deutsche Kriegslokomotive in türkischen Diensten übernimmt den Istanbul-Expreß zur Weiterreise durch überschwemmte Flußniederungen ins türkische Uzunköprü. Ein letztes Mal wird dort die Romantik der Orientbahn lebendig: Eine Güterzugmaschine, deren Typ 1877 für Baron Hirsch gebaut worden war, manövriert einen rußgeschwärzten Speisewagen, welcher einst der Compagnie Internationale des Wagons-Lits et des Grands Express Européens gehört hatte, vor den russischen Schlafwagen. Kein Arbeitsaufwand ist hier im Orient zu hoch, um das Restaurant im Zug so zu plazieren, daß die Schlafwagenreisenden auf dem Weg zum Frühstück keinesfalls mit normalen 2.-Klasse-Menschen zusammenkommen – eine Praxis, die in Europa längst aufgegeben wurde. Am Bahnsteig tanzt unterdessen mit unbeholfenen Bewegungen ein geisteskranker Mann; Menschen werfen ihm Zigaretten oder Kaugummipäckchen zu.

Kohle und Schlacken, Armut und eine leise keuchende Maschine aus dem vorigen Jahrhundert- das ist Uzunköprü. Ein paar Monate später sollten die transeuropäischen Fernzüge diese Station für immer verlassen und auf die neugebaute, direkte Linie überwechseln. Raschelndes Laub, die hohen Pfiffe wie von Teekesseln der beiden Dampflokomotiven, der deutschen Kriegslok und einer 2 D, einige Kurven, Maisfelder, mühsame Steigungen einen halben Tag lang, das ist die Fahrt weiter nach Istanbul – dazu der alte Speisewagen, verfallenes Edelholz mit zerbrochenen Intarsien, Messing, welches niemand mehr putzt, ein original türkisches Essen, liebevoll serviert für die 1 oder 2 Gäste, am Spätnachmittag bei einem der unzähligen Halte in einem Bauerndorf gegenüber eine alte Moschee, nichts als ein viereckiges Haus, Kinder barfuß im Staub, graue kahle Hügel, verrostete Bahnschwellen, welche als Schneezäune bizarr in den Himmel ragen – Dinge, von denen der Flugreisende keine Ahnung hat, wenn er am glitzernden Bosporus ankommt, wo sich der Expreß von der Fahrt durch Europa, hügelab, hügelauf, verstaubt ausruht.

# Verkehrspolitik – eine Humorlosigkeit

Im ersten planmäßigen Orient-Expreß vom Juni 1883 waren bei Durchfahrt durch München nur 34 Passagiere, meist Engländer, von denen elf bis Konstantinopel reisten. Nach dem Protokoll der Nord-Süd-Expreß-Konferenz in Bozen 1901 ergab sich „... *bei einem Luxuszug auch bei einer Besetzung mit 12 Reisenden eine genügende Rente, da die Eisenbahnverwaltungen nur die Zugkraft und Personal stellen, sohin keinerlei Verzinsung und Amortisation für Wagenmaterial zu rechnen haben...*". Die ISG nannte auf einer Konferenz in Tegernsee als Mindestanzahl 14 Reisende.

Während der Bukarester Zweig des Orient-Expreß laut ungarischer Staatsbahn zumindest vor der Verlängerung nach Konstanza nicht rentabel gewesen ist und z.B. der Zug Nisch–Saloniki laut EFK Winter 1901 in der 1. Klasse durchschnittlich nur 0,4 Passagiere beförderte, zählte die Direktion Köln im Ostende-Wien-Expreß 1896 im Juni durchschnittlich 32 Personen pro Zug, im Juli 47, im August 50 und im September 30 Fahrgäste, bei einer Spitze von 69 Reisenden. In Österreich allerdings dürfte dieser Zug mit täglich 10–13 Personen damals kaum gewinnbringend gewesen sein. Der Ostende-Triest-Expreß beförderte südlich Wiens nach EFK 1900 gar nur 4–5 Passagiere. Zwar konnte die Internationale Schlafwagengesellschaft 1913 8 Prozent Dividende ausschütten, doch die Luxuszüge machten lediglich ein Drittel ihres Verkehrs aus. Für die Bahnverwaltungen stellten sie überhaupt nur einen winzigen Bruchteil ihres Gesamtverkehrsaufkommens dar. Sehr früh wurde ihnen ein besonderer Reklamewert zugesprochen, was schon 1884 aus einer Bemerkung Georges Nagelmackers' hervorging, „... *deren Einfluß auf die Entwicklung des Verkehrs alle Bahnverwaltungen anerkennen* ..." doch angesichts der sehr beschränkten Beförderungsziffern erscheint der praktische Nutzen dieser Reklame zumindest für die Bahnverwaltungen gering. Bezeichnend ist jedenfalls, daß in dem aufgeklärteren Schweden die normalen Eisenbahnzüge meist so komfortabel waren, daß es dort keiner exklusiver Luxuszüge nach kontinentalem Muster bedurfte.

Im Jahre 1905 wurde der Zuschlag für die Fahrt München–Konstantinopel im Orient-Expreß mit 58,30 Mark, Paris–Konstanza mit 75 Francs angegeben. Zusammen mit dem Bahnbillet 1. Klasse machte das für die Reise von Paris über Belgrad an den Bosporus in jenem Jahr 388,95 Francs aus. Die Kosten für das Déjeuner und das Diner betrugen 4 bzw. 6 Francs ohne Wein, was ungefähr dem (sehr hohen) Preis für ein „Diner-Concert" im Grand Hotel in Paris entsprach. Eine Reise im Luxuszug kostete z.B. im Jahre 1894 viereinhalbmal so viel wie der billigste Bahntarif, was bewirkte, daß sie selbst dem sogenannten bürgerlichen Mittelstand zu teuer erschien. Wie undenkbar erst recht für die Massen längere Reisen waren, geht aus der Tatsache hervor, daß im bayerischen Kursbuch gegen Ende des vorigen Jahrhunderts der Tarif München–Konstantinopel überhaupt nur für die erste Klasse angegeben war. Untrennbar mit den hohen Fahrpreisen war das schon damals ausgeprägte Privilegienwesen verbunden: Im Luxuszug Nord-Expreß durften Mitglieder des Preußischen Herrenhauses und des Reichstages sowie preußische Land- und Eisenbahnräte auf Freikarten reisen ...

Erst nach dem Ersten Weltkrieg kam mit der Luftfahrt eine Konkurrenz auf, gegen welche die Luxuszüge als Reklame ins Feld geführt werden konnten. Bis dahin waren sie strikt auf die erste Klasse beschränkt, doch nun begannen die Ausnahmen. In der ersten Hälfte der zwanziger Jahre, als der Simplon-Orient-Expreß noch „exklusiv" war, führten die Prager Schlafwagen bis Belgrad schon die zweite Klasse mit Zweibettabteilen. Die für den S.O.E. mit

*Aus dem ISG-Guide vom 1. Juni 1922*

8 Centimes pro Kilometer höher als für andere Schlafwagenläufe angesetzten ISG-Zuschläge, welche weiter anstiegen, machten es notwendig, daß sich die Bahnen später auch für diesen Zug mit einem Billet zweiter Klasse zufriedengeben, um den Gesamtfahrpreis in Grenzen zu halten. In Griechenland lief sogar ein Schlafwagen dritter Klasse, ein nachträglich mit Dreibettabteilen ausgerüstetes Teakholzfahrzeug. Laut Protokoll der Europäischen Fahrplankonferenz 1933 hatte der Expreß bei Ankunft in Istanbul eine durchschnittliche Besetzung von nicht einmal 10 Passagieren, weswegen die östlichen Bahnverwaltungen auf Kosten der westlichen eine Subvention erhalten mußten.

Der Orient-Expreß beförderte in den Jahren 1928–1929 bei Ankunft in Bukarest im Schnitt 20 bis 40 Reisende. Die durch Rumänien angeregte Zulassung von Schlafwagenreisenden zweiter Klasse für den ganzen Zuglauf in Verbindung mit einer täglichen anstelle der dreimal wöchentlichen Führung wurde auf einer Konferenz in Kopenhagen am 18. Oktober 1930 abgelehnt. Während in diesem Zug die Wagons-Lits zweiter Klasse damals auf den Abschnitt östlich Wiens beschränkt blieben, mußte der Suisse-Arlberg-Vienne-Express wegen sehr schwacher Benutzung schon 1926 Schlafwagenpassagieren zweiter Klasse geöffnet werden.

Im Ostende-Orient-Expreß mit seinem langen Lauf durch das finanziell bankrotte Deutschland mußte im Jahre 1929 die zweite Schlafwagenklasse eingeführt werden. Die zu gleicher Zeit hereingebrochene Weltwirtschaftskrise und die 1931 in Deutschland ausgesprochene Devisensperre führten vom Jahre 1930 bis zum Jahre 1931 bei

Abfahrt dieses Zuges in Brüssel zu einem Rückgang von 405 bis 636 auf 333 bis 545 monatliche Passagiere.

Eine weitergehende Demokratisierung durch Aufnahme von Sitzwagen hatte die Schweiz für den Suisse-Arlberg-Vienne-Express zum Jahre 1928 beantragt, sie stieß damit jedoch ebenso wie Ungarn mit dem Wunsch nach einem Sitzwagen Berlin–Bukarest im Orient-Expreß auf den entschiedenen Widerstand der anderen Verwaltungen.

Doch schon war die Götterdämmerung für die Orient-Expreßzüge heraufgezogen. Ihr erstes Anzeichen bildete die Passagiersonderfahrt des Zeppelinluftschiffes „Sachsen", welches am 9. Juni 1913 in knapp 8 Stunden von Baden-Baden nach Wien gelangt war, wobei es die Reisezeit des Luxuszuges um rund 5 Stunden unterboten

*Fokker, F. VII b-3 ms, gebaut bei Avia, auf dem planmäßigen Flug Bukarest–Belgrad–Wien–Prag–Nürnberg–Straßburg–Paris der CIDNA, kurz vor Übernahme durch Air France, aufgenommen in Wien-Aspen im Juli 1933   Foto: Tausche*

*Der letzte Teakholz-Luxuszug Europas – Gepäckwagen, Schlafwagen Typ R, angeblich Nr. 2122 von 1911 und Speisewagen mit nachträglich geändertem Dach – verdient eigentlich einen Platz in einem Museum. Aufgenommen in Athen Aghios Joannis 1969*

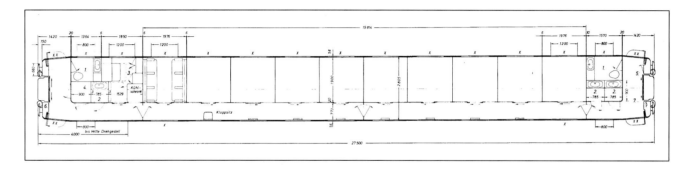

„Komfortzug", der nicht starten durfte: DB-Entwurf des Liegewagentyps Bcümh-257 mit 27,5 m Länge für den „Akropolis" von 1969. Gleichzeitig wurden die Großraum-Liegesitzwagen 1. Klasse Apümh-206, 2. Klasse Bpümh-236 und 2. Klasse mit Gepäckabteil BDpümh-275 entworfen, Sitzteilung in der 1. Klasse 1 + 2, in der 2. Klasse 2 + 2, mit größeren Sitzabständen als in den TEE-Zügen und ebenfalls 27,5 m Länge. Als einziger Nachteil erscheint der Einbau von Fenstern, die sich nicht öffnen lassen, womit die Bahnen zahlreiche Eisenbahnfreunde und Fotografen zum Abwandern auf Auto veranlassen.

*Zeichnung: DB*

hatte. Die erste europäische Passagierlinie mit Flugzeugen wurde im Februar 1919 zwischen Berlin und Weimar eingerichtet, und im gleichen Jahr schon flogen Maschinen des Bayerischen Luft Lloyd regelmäßig in der Orient-Expreß-Relation München–Wien. Unter den militärischen Postfluglinien jener Zeit befand sich 1919 eine französische Route von Athen über Lamia, Larissa, Saloniki, Dedeagatsch, Konstantinopel, Burgas, Bukarest und Galatz nach Kischinew im nördlichen Rumänien. Am 20. September 1920 schließlich hatte die Compagnie Franco-Roumaine de Navigation Aérienne einen Passagierflugverkehr zwischen Paris und Straßburg eröffnet. Am 7. Oktober wurde die Linie bis Prag und am 12. April 1921 über Breslau nach Warschau verlängert – im gleichen Jahr, als der Orient-Expreß seine Fahrten dorthin einstellte. Im Lauf des nächsten Jahres führte die Franco-Roumaine einen Zweig von Prag weiter nach Wien, Budapest, Belgrad und Bukarest, der Hauptstadt der Petite-Entente-Partners. Am 3. Oktober 1922 schloß der Pilot Louis Guidon mit einer Blériot Spad 46 die letzte Lücke zwischen Bukarest und Konstantinopel.

„Das Fluglinien-Äquivalent zum Orient-Expreß war erreicht ...", kommentierte R. E. G. Davies in seinem Standardwerk „A History of the World Airlines", dem viele dieser Angaben entnommen sind, die Aufnahme des regulären Betriebes zum Bosporus am 15. Oktober jenes Jahres. Der Orient-Expreß hatte seine fliegende Konkurrenz bekommen, noch ehe es Luftverkehrslinien von Paris nach Berlin, Rom oder Madrid gab, wobei die Sympathie bemerkenswert ist, welche der neuen Technik gerade von deutscher Seite entgegengebracht wurde.

Die Luftfahrt sollte Deutschland jene verkehrsbeherrschende Rolle zurückgeben, welche man ihm mit der Schaffung des Simplon-Orient-Expreß nehmen wollte. „Der Schnellverkehr in der Luft wird ... über weitere Entfernungen den Eisenbahnverkehr schlagen", schrieb 1919 Regierungsrat Leopold Stocker in der Zeitung des Vereins deutscher Eisenbahnverwaltungen, und so kam es auch. Die Initiatoren des Simplon-Orient-Expreß hatten ihre Rechnung ohne das Flugzeug gemacht ...

Allerdings tauchten Schwierigkeiten durch Winterwetter und frostige Politik auf. In der Zeit, als der Orient-Expreß Deutschland via Arlberg umging, wurde auch für die Flugzeuge eine ähnliche Ausweichroute ausgearbeitet. 1925 aber meldete der Verein deutscher Eisenbahnverwaltungen, daß an einen derartigen Service für jenes Jahr „nicht zu denken" sei. Im Januar 1925 war die Compagnie Internationale de Navigation Aérienne – abgekürzt CIDNA – an die Stelle der Franco-Roumaine getreten, aber erst am 1. April 1926 wurde, obiger Quelle zufolge, deren Betrieb zwischen Prag, Wien, Budapest, Belgrad, Bukarest und Konstantinopel sowie zwischen Prag und Warschau aufgenommen. Noch später wurde der Service über Nürnberg und Straßburg bis Paris ausgedehnt. 1927 schloß die Gesellschaft das einst „feindliche" Bulgarien mittels einer Zweiglinie an das französische Streckennetz an, und ein Jahr darauf wurde auch diese nach Istanbul verlängert – als fast vollkommenes Spiegelbild des Orient-Expreß-Systems in der Luft.

Die Flugzeuge der Franco-Roumaine waren Potez VII mit zwei Passagiersitzen, ab

1922 Potez IX mit Platz für 4 Fluggäste, daneben Blériot Spad 33, Salmson 2-A.2 und Caudron C 61, C 61 bis und C 81. Die CIDNA hatte Maschinen von ihrer Vorgängerin übernommen und stellte weitere Neubauten in Dienst. Sie besaß u. a. Potez IX, 29-4 und 32, Bernard 190 T, Blériot Spad 33, 46, 56, 66, 116 und 126, Caudron C 61, C 61 bis, C 81 und C 183, Farman F. 190, F. 70, F-4 X, Salmson 2-A.2, Fokker F. VII a, F. VII b-3m, F. VII b-3ms, tschechische Aero A 38 und Wimbault 282.T. 1933 übernahm den Betrieb der CIDNA die neu gegründete Air France. Sie brachte auf den Balkanrouten Fokker-Maschinen, Potez 62, auch Wibault 283.T und ab 1938 moderne Bloch 220 für 16 Passagiere zum Einsatz.

Die Gesamtflugzeit hatte sich bis Anfang der dreißiger Jahre auf eineinhalb Tage und dann auf einen Tag verkürzt. Ursprünglich waren Hotelübernachtungen noch in Prag und Bukarest, dann nur in Wien, später nur in Bukarest notwendig gewesen. Der Simplon-Orient-Expreß dagegen brauchte selbst in seinem „Rekordjahr" 1939 noch drei Nächte von Paris bis zum Bosporus.

Deutschland waren nach dem Ersten Weltkrieg durch den Versailler-Vertrag beim Aufbau internationaler Fluglinien die Hände gebunden. Deshalb gründete Junkers eine Reihe von Tochtergesellschaften im Ausland, welche später die Trans-Europa-Union formten. Zwei von ihnen, die österreichische ÖLAG und die schweizerische Ad Astra, eröffneten am 14. bzw. 15. Mai 1923 mit den Teilstrecken München–Wien und Genf–München jene Linie, deren Hauptziel es laut R. E. G. Davies war, „an die Expreßzüge anzuschließen, welche der Donauroute ostwärts folgten „Es waren zunächst Landflugzeuge des damals revolutionären Ganzmetalltyps Junkers F 13 eingesetzt, wozu am 16. Juli Wasserflugzeuge des gleichen Baumusters zwischen Wien und Budapest kamen. Diese Verlängerung wurde gemeinsam mit der ungarischen Junkers-Filiale „Aero-Express" betrieben. Daneben flogen zwischen den beiden Donaumetropolen Fokker F 111 der ungarischen Malert. Zwischen Zürich und Wien wurden später die kleinen F 13 durch größere G 23 von Junkers ersetzt. 1927 flogen zwischen Genf, München und Wien Rohrbach „Roland".

*Das blieb vom Luxus der Grand Expreß: Ehemals Schlafwagen der ISG vom Typ R mit 18 Plätzen, dann als JŽ-Schlafwagen eingesetzt und schließlich abgestellt bei Titov Veles 1969*

*Hier verrostet und vermodert die letzte Erinnerung an den ersten Orient-Expreß: rechts ehemaliger Abteilwagen, wie sie von Russe nach Varna verkehrten, dahinter Lok Nr. 148 der BDŽ, gebaut ursprünglich für die Bahngesellschaft Russe–Varna, dann ein für Filmaufnahmen zurechtgeschminkter Wagen und der Salonwagen AS 1 des Sultans am alten Bahnhof Russe, 1970*

*Versuche mit Komfort: Ausschließlich Schlafplätze, Speisewagen und einige Liegesitze enthielt der Triebwagenzug „Komet" der DSG, welcher Theodor Heuss und ein anderesmal Ludwig Erhard nach Athen brachte. Hier die Abreise mit dem Wirtschaftsminister am Athener Larissabahnhof am 26. November 1954*

*Foto: DB-Pressedienst*

Auf der Strecke Berlin–Istanbul unternahm für die 1926 gegründete „Deutsche Luft-Hansa" eine Maschine vom Typ Arado VI einen ersten Probeflug im Oktober 1929. Vom 25. April 1930 an, einige Monate bevor die niederländische KLM über Istanbul nach Asien flog, verkehrten deutsche Postmaschinen regelmäßig an den Bosporus. Ausgangspunkt war Wien, wohin die Sendungen aus der Reichshauptstadt per Nachtzug gebracht wurden, und ein Jahr später Breslau, womit sich der Bahntransport abkürzen ließ. Von 1932 an führte die Linie von Berlin über Sofia nach Athen, wobei 1933 zumindest streckenweise die einmotorige Ju 60 „Pfeil" zum Einsatz gekommen sein soll. Ab 1935 waren auch Reisende zugelassen – wer nach Istanbul wollte, mußte aber in Sofia auf den Simplon-Orient-Expreß umsteigen. Erst vom 1. Juni 1939 an flogen Passagiermaschinen der Luft-Hansa planmäßig an den Bosporus – bis 1940/41. Standardmuster war die berühmte Ju 52, doch für den Teilabschnitt Berlin–Wien gibt der Flugplan 1940 bemerkenswerterweise amerikanische DC3 an, und nach Belgrad sollen zeitweise die modernen viermotorigen Ju 90 geflogen sein. In den Relationen des Orient-Expreß zwischen Kanal und Donau hatten sich Ende der dreißiger Jahre auch ÖLS, ÖLAG – beide später der Luft-Hansa einverleibt – sowie KLM, Imperial Airways und Sabena ein Stelldichein gegeben.

Eine Konkurrenz für den Simplon-Orient-Expreß bildeten die italienischen Gesellschaften S.A.N.A., S.A.M., A.L.I. und A.E.I. – letztere mit Brindisi als Ausgangspunkt, wo ein Schlafwagenlauf des Direct-Orient endete – sowie deren Nachfolger Ala Littoria, die rumänische LARES, die jugoslawische Drustvo za Vazdusni Saobraca und die in Athen zwischenlandenden Asienlinien. Bis zum Zweiten Weltkrieg war ein Flugnetz entstanden, welches zwar noch nicht dem Massenverkehr diente, das aber als Konkurrenz für die exklusiven Luxuszüge wirkte. Die Anerkennung der Luftfahrt als ernstzunehmende Alternative kam nicht zuletzt von den Fahrplankonferenzen der Bahnen: Als der Ostende-Wien-Expreß zwischen 1936 und 1938 westlich von Budapest täglich statt nur dreimal wöchentlich geführt worden war, geschah dies unter ausdrücklichem Hinweis auf die fliegende Konkurrenz.

Obwohl die Schlafwagenzüge nicht sehr rentabel waren, wurden sie bis zum Zweiten Weltkrieg strikt „exklusiv" geführt, letzten Endes vielleicht deswegen, weil sie immer noch dem kleinen Personenkreis der wirtschaftlich und politisch Mächtigen dienten. Nach dem Krieg aber war die Luftfahrt soweit entwickelt, daß diese Klientel bei längeren Geschäftsreisen praktisch vollzählig auf das Flugzeug umstieg. Es bestand nun zumindest kein politischer Anlaß mehr, attraktive Langstreckenverbindungen auf Schienen zu betreiben. Zwar wurde das Verschwinden des Geschäftsverkehrs hundertfach ausgeglichen durch andere Bevölkerungsschichten – der alte Orient-Expreß beförderte 40 Reisende und der neue Direct-Orient schon an die 2000 pro Zug – doch die neue Kundschaft konnte sich nur billige Sitz- und Liegewagen, keine Schlafwagen leisten.

Letztere wurden bei den steigenden Dienstleistungskosten sogar immer teurer: Auf der Strecke München–Athen kostete Anfang der Siebzigerjahre der Bettkartenzuschlag für eine Nachtfahrt mehr als ein Zimmer in Münchens „Vier Jahreszeiten" oder in Athens Nobelhotel „Grande Bretagne". Wie

SNCF-Generaldirektor Guibert zu Interview gab, mußte die Internationale Schlafwagen- und Touristikgesellschaft insgesamt „steigende Defizite" hinnehmen. Die ungünstigen Aussichten des Schlafwagenverkehrs veranlaßten die Bahnverwaltungen schließlich, das unter Georges Nagelmackers für die Belle Epoque konzipierte System auf seine Gültigkeit für die Gegenwart hin zu untersuchen. Die bestehenden Verträge zwischen privater Schlafwagengesellschaft und Staatsbahnen besagten, daß letzteren im wesentlichen der Fahrpreis zustand, während die Gesellschaft einen besonderen Zuschlag vom Reisenden für ihre Leistungen kassierte. Diese bestanden aus dem Stellen der Wagen und des Service, für den sie eigenes Personal hatte. Größere Reparaturen am Material führten anfangs die Staatsbahnen, später eigene Ausbesserungswerke der Schlafwagengesellschaft durch – für Südosteuropa vor allem Neu-Aubing, Wien-Inzersdorf und Athen (natürlich waren die Ateliers, welche einst in Zossen bei Berlin, in Warschau, Prag, Budapest und Bukarest bestanden haben, infolge der Zeitereignisse längst aufgelöst worden). Die Ausrüstung der Wagen mit Bettwäsche hatte jeweils eine lokale „Division" oder „Sektion" zu besorgen. Die Platzkontingente wurden in den letzten Jahren auf sogenannte „Bureaux Centralisateurs des Places", abgekürzt BCP, und auf einzelne Agenturen aufgeteilt, zum Beispiel für den Kurs Paris–Istanbul auf das BCP Paris, das BCP Mailand und die Agenturen in Belgrad, Sofia und Istanbul.

Während Osteuropa die private Internationale Schlafwagengesellschaft durch staatliche Dienste verdrängt hatte, trat im Westen 1961 ein Ausschuß zur Neuorganisation des Schlafwagenverkehrs zusammen. 1967 begann eine Arbeitsgruppe ihre Tätigkeit und 1968 schließlich einigte man sich darauf, daß künftig die Staatsbahnverwaltungen die Wagen selbst stellen, vor allem die Verluste übernehmen und der Schlafwagengesellschaft lediglich der Service gegen Entgelt durch die Bahnen überlassen sollen. Da aber kaum bahneigene Schlafwagen vorhanden waren, mußten ISTG- und DSG-Fahrzeuge für einen „Pool" angemietet werden, welcher innerhalb Westeuropas am 1. Juli 1971 in Kraft trat.

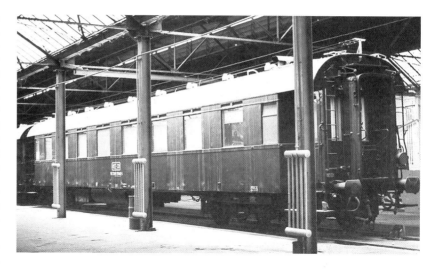

Über die Speisewagen schrieb Edmont About im vorigen Jahrhundert, daß sich manche südosteuropäische Bonvivants im Orient-Expreß nur deswegen auf Reisen begaben, um im Speisewagen echt französische Küche genießen zu können.

*Huîtres*
*Potage aux Pâtes d'italie*
*Turbot Sauce Verte*
*Poutet Chasseur*
*Filet de Boeuf*
*Pommes Chateau*
*Chaud-froid de Gibier*
*Salade*
*Crème Chocolat*
*Dessert*

*Griechischer Salonwagen 507389-29046-5, umgebaut aus einem Sitzwagen von LHW 1937, den das griechische Königshaus nach dem Krieg zu Reisen nach Mitteleuropa benutzte – in Griechenland als Sonderzug, im Ausland dem Simplon-Orient-Expreß angehängt; um 1975 im Bw Athen Aghios Joannis*

*Dieser ausgediente Schlafwagen auf einem Abstellgleis in Sofia, fotografiert 1968 vom Marmara-Expreß aus, hätte ebenfalls einen Platz in einem Museum verdient, denn er ist höchstwahrscheinlich der Salonwagen Nr. 1 des bulgarischen Zaren, gebaut 1908 bei Ringhoffer.*

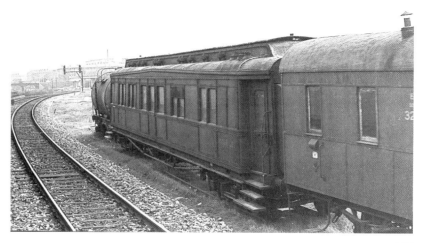

„Akropolis" Athen–München mit A 300 von Alco, A, 2B und Bc der DB, WL der ISG und WR der CEH, ehemals ISG-Pullmantyp „Etoile du Nord", bei Avlon in Griechenland, wo er mit minutenlang eingeschaltetem Signalhorn durchfuhr, am 16. Oktober 1970

war eines der Menus, welches aus dem rollenden Restaurant des Train Eclair vom Jahr 1882 überliefert ist. Die Ober trugen vor dem Ersten Weltkrieg zum Servieren dunkelblauen Frack … Im Athènes-Express des Jahres 1972 gab es in Jugoslawien Büchsenfleisch und Büchseneintopf, im Stehen zu löffeln, und inzwischen nicht einmal mehr das. Sitzgelegenheiten waren in diesem Staatsbahn-Buffetwagen nicht vorhanden.

Kurz nach Aufkommen der ersten rollenden Restaurants im vorigen Jahrhundert hatte die Internationale Schlafwagengesellschaft die Geschäftsführung dem jeweiligen Koch übertragen, welche dieser mit allen Risiken als selbständiger Unternehmer ausübte. Erst gegen die Jahrhundertwende wurde dieses System verlassen. Das Prinzip, nach dem mit Speisewagen möglichst günstige finanzielle Ergebnisse erzielt werden müssen, hat sich aber auf der Schiene – anders als bei der Luftfahrt – bis heute erhalten. Bei steigenden Dienstleistungskosten wurde daher das weitgehende Ende der Speisewagen unvermeidlich. Die Staatsbahnen übernahmen das Wagenmaterial und der gute ISG-Service machte häufig staatlicher Küche Platz, zum Teil verbunden mit rigorosen Qualitätseinschränkungen. So hatte die DSG im Akropolis-Expreß Konservenessen durch eine Bedienung in Kittelschürze ausgeben lassen, worauf das internationale Publikum natürlich mit Spott reagierte. Im Tauern-Orient gab es zwischen München und der türkischen Grenze, abgesehen von einem Würsti-Imbiß in Österreich, überhaupt keine Mahlzeiten. Die Fahrgäste, von Sir Peter Allen, Deputy Chairman eines der größten britischen Chemiekonzerne, bis zu einem Reporterteam der British Broadcasting Corporation, gelangten immer zu ein und derselben resignierenden Feststellung: „no food at all" – gar nichts zu essen.

Im November 1972 forderte der internationale Reisebüroverband F.U.A.A.V. 4-Bett-Liegeabteile, einen Verpflegungsservice wie im Flugzeug und, zitiert nach „La Vie du Rail", die *"sofortige Modernisierung bestimmter Züge, z. B. des Orient-Expreß zwischen Wien und Istanbul, welche besser frequentiert wären, wenn ihr Komfort und ihre Geschwindigkeit dem Geschmack der Epoche angepaßt werden würden"*. Als aber 1968 die DB und die CEH genau letzteres mit Neuausstattung des Akropolis-Expreß versuchen wollten, waren sie darin gebremst worden. Eigentlich stammt das Projekt der Griechischen Staatsbahnen, einen schnellen, bequemen Zug Athen–München zu schaffen, schon aus dem Jahre 1958, doch es mußte anfangs auf politischen Widerstand stoßen. Jugoslawiens Eisenbahnen hatten in sozialer Hinsicht wichtigere Aufgaben und in Österreich protestierte man (anläßlich der voreiligen Stillegung der Salzkammergutbahn) noch gegen „Luxuszüge nach Tito-Jugoslawien". 1966 aber stimmte Jugoslawien plötzlich zu – es wurden diplomatische Einflußnahmen vermutet – und 1967 fand in Wien eine technische Konferenz etwa zur gleichen Zeit statt, zu der auch Tito in Wien den „über Österreich nach Jugoslawien strömenden Tourismus", wie es in der Presse hieß, zur Sprache brachte. Die vier Zuggarnituren – jede mit einem 27,5 Meter langen Liegesitzwagen erster und dreien zweiter Klasse, einer davon mit Gepäckabteil, ein bis zwei Liegewagen und für Tagesstrecken einem Speisewagen – sollten einschließlich der Reserven durch Deutschland und Griechenland gestellt und in der Bundesrepublik gebaut werden. Außerdem hatte die ISG erklärt, daß sie sich mit modernen Schlafwagen beteiligen würde. Noch im Juli 1970 wiesen die Griechischen Staatsbahnen darauf hin, daß auch Wagen des Simplon-Expreß aus Paris beim Übergang auf den Akropolis dessen Standard entsprechen müßten und später forderten die Schweizerischen Bundesbahnen überhaupt eine neue, schnelle Simplon-Orient-Verbindung unter Verknüpfung beider Züge – doch alle Mühe war umsonst. Auf der Europäischen Fahrplankonferenz für 1969 hatte der Vertreter der CEH die „baldige Entscheidung des griechischen Staates, weicher für die Finanzierung bzw. Ausführung der Beschaffung entscheidet", in Aussicht gestellt und dabei ist es geblieben. Der Komfortzug konnte nicht starten, obwohl er nur einen Bruchteil von dem Preis eines einzigen Düsenflugzeuges gekostet hätte. Zwar wurde als gewöhnlicher D-Zug doch noch ein „Akropolis" eingeführt, die Bundesbahndirektion München machte 1970 und 1971 kurzzeitige Versuche, jeweils einen TEE-Wagen 1. Klasse anzuhängen und von 1973 bis 75 gab es Anschluß von Westen her mit einem Kurswagen Paris–Skopje aus dem Entlastungszug des Orient-Expreß doch von einem modernen Komfortzug konnte nicht die Rede sein. Dem Traum von einem schnellen Zug nach dem Balkan versetzten schließlich die Jugoslawischen Eisenbahnen den Todesstoß, als sie ihre Drohung wahrmachten, bei Ausbleiben der neuen Wagen die Fahrzeiten zu verlängern. Der Expreß wurde seither um sechs Stunden langsamer! Dabei war der Zug anfangs pünktlich gewesen, da er mit

*Das Frühstück im rumänischen Speisewagen Budapest–Bukarest des Orient-Expreß im Jahr 1970 war noch solide: Schinken, Suppe, Fisch zur Auswahl, dazu Schnaps, ein Wasserglas voll ...*

*SZD-Schlafwagen der neuen RIC-Serie. Moskau–Athen – hinter Diesellokomotive A 301 der CH bei Ankunft in Piräus, 1. September 1973*

*Der blau-beige rumänische Dieseltriebwagen 75-0001-0, einst als „Blauer Pfeil" für Touristenfahrten Wien–Schwarzmeerküste bestimmt, am 13. Januar 1990 neben einem zweiten derartigen Zug entdeckt im Betriebswerk Arad  Foto: Glöckner*

Vorrang geführt wurde. Später verlor er die „Vorfahrt" und die Verspätungen erreichten mehrere Stunden – weswegen auf der EFK 1983 erstmals seine völlige Einstellung diskutiert wurde.

Andere Vorschläge während der vergangenen Jahre waren die griechischen, österreichischen und rumänischen Bestrebungen nach Autotransportwagen München–Athen bzw. Autoreise- und Touristenzügen Paris–Wien und Düsseldorf–Konstanza sowie der in Teheran lautgewordene Wunsch nach einem Schlafwagen Persien–Deutschland. Schon 1965 hatte das Österreichische Verkehrsbüro einen „Leichtmetallzug Blauer Pfeil" von Wien ans Schwarze Meer angekündigt – mit 160 Liegeplätzen, 10 Zweibett- und vier Vierbettabteilen – doch der Zug war nie gefahren. Daneben wurden zahlreiche private Vorschläge gemacht, zum Beispiel das Projekt von Schlafwagen-TEE-Zügen von Dr. Fritz Stöckl, der Vorschlag des Verfassers auf Ausstattung der Langstreckenzüge mit Schlaf- und Verpflegungsmöglichkeit für alle Reisenden (was es bisher nur in Rußland gibt), die Anregung, Schlafwagen von Gleisanschlüssen interkontinentaler Flughäfen aus verkehren zu lassen oder das Projekt des französischen Dichters Jules Romains, welcher von Kreuzfahrten auf Schienen geschwärmt hatte.

Indessen machten die steigenden Dienstleistungskosten Komfort auf Schienen und damit Langstreckenservice immer schwieriger. Schließlich verkündete die Deutsche Bundesbahn im Jahre 1973 als Fernziel, den Nacht-Reisezugverkehr überhaupt einzuschränken. So ist es nicht verwunderlich, daß heute Istanbul, das einzige Ziel des

*Die rote 2004 der HSH, ehemals 221 der DB, vor einem aus hellgrünen und hellblauen chinesischen Einheitswagen bestehenden Zug Tirana–Vlorë in der albanischen Hauptstadt Tirana am 19. Juli 1990  Foto: van Hattum*

Orient-Expreß, Endpunkt von mehreren Fluglinien, aber von keinem einzigen westeuropäischen Zug mehr ist.

Und wie entwickelten sich die Balkanzüge? Der Reisende, der etwa den Schlafwagen München–Athen benützte, konnte erleben, daß er im Münchner Hauptbahnhof darüber falsche Auskünfte erhielt, daß er beim Fahrkartenkauf „angepflaumt" wurde oder, daß er unterwegs durch den DSG-Schaffner zusammengebrüllt wurde, wie es dem Verfasser im Sommer 1975 erging. Wer den Liegewagen wählte, der konnte mitten in Jugoslawien sehen, wie er weiterkam, wenn das Fahrzeug kaputt ging und kein Ersatz gestellt wurde. Und wer gar als Frau im Direct-Orient reiste, mußte, einem Pressebericht zufolge, sogar damit rechnen, vergewaltigt zu werden. Auch die Sicherheit nahm ab, wie die Katastrophen von Zagreb 1974 und Laibach 1976 bewiesen. Statt aber die Leistungen auf ein normales Niveau anzuheben, beschlossen die Bahnen, den Dienst Paris–Istanbul/Athen 1977 ganz einzustellen. Nicht so sehr die Luftfahrt, sondern die Zustände der Züge waren der Grund dafür, wie das Protokoll der Fahrplankonferenz vom Herbst 1975 bestätigte: „Das gegenwärtige Angebot ist nicht gut ... entweder ist es möglich, die Qualität des angebotenen Dienstes wesentlich zu verbessern, besonders, was die Reisegeschwindigkeit und die Qualität des Materials betrifft, oder es ist unnütz, Verbindungen der Art aufrechtzuerhalten, wie sie gegenwärtig der Kundschaft angeboten werden."

Nach Einstellung des Tauern-Orient 1979 verblieb der Hellas-Istanbul-Expreß als Hauptverbindung nach Südosten – und wurde zum katastrophalsten Zug Europas: Seine oft achtzehn Wagen waren in Jugoslawien so überfüllt, daß niemand mehr zu den Türen hineinkam, daß nachts die Leute in den Fluren so dicht gepackt auf dem Boden schliefen, daß nicht einmal der Schaffner durchkam und, daß die besten Plätze diejenigen im Gepäckwagen waren. 1985 machte der Autor der Deutschen Bundesbahn einen ausgearbeiteten Vorschlag auf Zusammenfassung der Schlaf- und Liegewagen nach Athen und Istanbul in einem eigenen Zug. Gleiche Überlegungen sind aber auch schon bei der DB selbst

angestellt worden und 1989 konnte der „Attika" von München nach Athen starten – als erster reiner Schlaf- und Liegewagenzug nach Südosten.

Zum Fahrplanwechsel 1992 wurde auch der Skopje-Istanbul-Expreß München–Istanbul mit Zugteil nach Skopje in einen reinen Schlaf- und Liegewagenzug umgewandelt, wie der „Attika" mit Autobeförderung. Es war auch von einem türkischen Speisewagenlauf nach Deutschland die Rede, doch beide „Qualitätszüge" fuhren ohne Verpflegung. Der blau-rote türkische Schlafwagen führte nur 1. Klasse, weswegen er praktisch leer fuhr und bald eingestellt wurde. Und die Rückfahrt-Reservierungen funktionierten nicht. Selbst in Athen wurden kaum Vorreservierungen angenommen, da das Platzkontingent an Deutschland übergeben worden sei, dort aber kam es bei den zuständigen Reservierungsstellen nie an – und der Zug fuhr halb leer.

Dafür gab es nun Raubüberfälle. Reisende im „Attika" wurden 1990 mit dem Messer angegriffen, im September 1993 wurden 14 Passagieren die Autos aufgebrochen und Zeitungen schrieben, daß der Zug künftig ohne offiziellen Halt durch Jugoslawien fahren solle. Immer wieder fielen Kinder aus den Balkanzügen, da die südöstlichen Bahnen noch keine Türsicherungen hatten.

Im Juli 1991 änderte sich der gesamte Balkanverkehr. Kroatien und Serbien entschlossen sich zum Krieg, die Strecke Zagreb–Belgrad wurde zwischen Vinkovci und

*Nach Konstanza und Athen waren Autotransportwagen beantragt, doch solche sind damals nur bis Jugoslawien gelangt: Autoreisezug Wien–Split Baureihe 06 in Zagreb am 29. Juni 1969. 1977 wurde der Autotransport Wien–Nisch im Marmara-Expreß und 1978 Wien–Saloniki im Athènes-Expreß erprobt. Die FS hatten eine Griechenland-Verbindung mit einem Autoreisezug Düsseldorf–Rimini angeregt.*

Šid unterbrochen und die internationalen Züge mußten über Wien und Budapest geleitet werden. Diese klassische Orient-Expreß-Route, nach der Befreiung Ungarns von den Sowjets attraktiv geworden, war nun wieder die Hauptstrecke nach Südosten! Serbien, das verbliebene Rest-Jugoslawien, aber lähmte diese Route mit Einführung des Visumzwanges. Als ein Bundesbahnbeamter im Dezember 1991 den „Attika" benutzte, berichtete er von peniblen serbischen Grenzkontrollen, der ganze Zug wurde durchsucht, er stand stundenlang in Kelebia herum und in Saloniki traf er dann mit elf Stunden Verspätung ein.

Im Sommer 1992 brach der Krieg in Bosnien aus. Ende Juli kamen tausende von Flüchtlingen in Sonderzügen – DB-Wagen mit Rotkreuz-Zeichen – in Deutschland an. Die Züge „Attika" und Skopje-Istanbul-Expreß fuhren nach wie vor durch Serbien, waren aber fast leer. Dabei hatte Griechenland eben gerade die aus Ostdeutschland erworbenen Liegewagen mit leuchtend rotem Anstrich im „Attika" eingesetzt, zusätzlich zu dem blauen jugoslawischen Schlafwagen, einem Mitropa-Schlafwagen und zuweilen einem ehemaligen DSG-Schlafwagen mit griechischem Logo. Im Herbst 1993 wurden der „Attika" und der Skopje-Istanbul-Expreß eingestellt.

Im Schnellzug „Dacia" ist tatsächlich ein Wagen Wien–Athen auf dem riesigen Umweg über Rumänien gefahren. Von der Weltpresse mehr beachtet wurden andere Züge: Von Ende 1995 an rollten mehr als zweihundert Militärzüge mit amerikanischen Truppen und schwerem Material meist nachts von Süddeutschland nach Südungarn, von wo aus die Fahrt auf eigener Achse nach Bosnien fortgesetzt wurde. Dieser IFOR-Einsatz hatte Erfolg. Im Mai 1997 konnten DB-Sonderzüge mit bosnischen Rückkehrern von Deutschland aus starten.

Die Umwälzungen im Südosten hatten auch die Landkarte der Eisenbahn geändert. Nach Zerfall der Tschechoslowakei spaltete sich 1993 die ČSD in ČD und ŽSR auf. Die kroatische HŽ und die slowenische SŽ konnten sogar mit modernen EC-Zügen nach Wien und über München nach Berlin am hochwertigen Reisezugnetz Anteil nehmen. Der mazedonische Teil der JŽ wurde zur MŽ und in Bosnien-Herzegowina entstand die ŽBH. Außer wenigen General Motors-Maschinen der JŽ-Serie 661 hatte sie keine Streckenlok, weswegen sie von Deutschland einige Diesellok russischer Bauart der Reihe 232 erhielt, in Rot mit ŽBH-Logo. Die bestehende albanische HSH war schon im Sommer 1986 an das jugoslawische Netz bei Titograd angeschlossen worden. Internationalen Reisezugverkehr erhielt Albanien damals aber nicht. Die Türkei will mit einem Bahnbau Tirana–Skopje in dieser Krisenregion Fuß fassen – was an das italienische Projekt einer Transbalkanbahn aus jener Epoche erinnert, als Albanien Mussolinis Kolonie war.

In Griechenland wurde 1990 der IC-Verkehr mit modernen deutschen Dieseltriebwagen aufgenommen. Die Vorstellung, auf der neu elektrifizierten Strecke von Jugoslawien her jugoslawische Elektrolok bis Saloniki durchlaufen zu lassen, machten

*Skopje-Istanbul-Expreß mit 1044 der ÖBB, türkischen und bulgarischen Liegewagen München–Istanbul, jugoslawischen Liege- und Schlafwagen München–Skopje, deutschem Post- und Autotransportwagen in München Ostbf. am 7. August 1993*

"Attika" München–Athen mit 110, JŽ- und Mitropa-Schlafwagen und dahinter deutschen und roten griechischen Liegewagen und Autotransportern, in München Ostbf. am 8. August 1993

die Zeitereignisse zunichte. So mußte bis zur Lieferung der „Eurosprinter" gewartet werden. 1996 wurde mit Auftragsvergabe an Adtranz ein wichtiger Schritt zur Elektrifizierung der Hauptstrecke Saloniki–Athen getan. Die anschließende Meterspurlinie nach Patras soll begradigt und später auf Normalspur umgebaut werden.

Mit Einstellung der Züge „Attika" und „Skopje-Istanbul-Express" war der Reisezugverkehr von Deutschland nach der Türkei und nach dem EU-Partner Griechenland zu Ende. In den nächsten Jahren liefen zwar noch von Budapest aus ein Balkan-Expreß über Belgrad nach Istanbul und ein Hellas-Expreß nach Athen, doch 1996 wurde letzterer auf Saloniki beschränkt. Gegenüber der Luftfahrt scheinen diese Züge keine Zukunft zu haben. Es gibt aber doch noch Angebote für Langstreckenreisende nach Südosten, nämlich Autoreisezüge, meist durch private Reisebüros betrieben, oft nicht in Kursbüchern verzeichnet, oft von winzigen Balkanstädtchen aus startend und deshalb von einer Atmosphäre des Geheimnisvollen umgeben ...

Anfang Juni 1985 schrieb die Süddeutsche Zeitung: „Das Münchener Reisebüro Optima Tours hat für das Überwinden dieser Entfernung einen völlig neuen Weg ausgemacht: Die Griechenland-Reisenden verladen am Abend des ersten Tages in Ljubljana ihr Fahrzeug auf einen jugoslawischen Autoreisezug, der um 21 Uhr abfährt. Um sieben Uhr früh erreichen sie Niπ." Ein bahneigener Autoreisezug war 1993 zwischen Berlin, Salzburg und Istanbul verzeichnet, er wurde mit nur zwei IC-Wagen und einem einzigen Transporter gesehen und verkehrte wohl nur bis Salzburg. 1994 war er via Bad Schandau und Rumänien eingetragen. Nur für 1993 nannte der Zugbildungsplan einen Autoreisezug München–Istanbul via Rumänien, ein Bericht sprach vom RECA-Express. Ein Autoreisezug, den das Kursbuch 1996 für Köln–Istanbul mit Schlafwagen T2S und Liegewagen angab, ist tatsächlich mit DB-Wagen beobachtet worden, doch er verschwand bald aus dem Fahrplan. Monsieur Wasteels, ein rühriger belgischer Unternehmer mit Sitz in Monte Carlo, brachte einen Autoreisezug zum Einsatz, von dem die Eisenbahnhistoriker nicht so recht wissen, wo und wann er begann und wieder endete. 1997 war sein Ausgangspunkt Pinnye in Westungarn, sein Ziel Svilengrad an der bulgarisch-türkischen Grenze und

Das gelbe Laufschild auf einem bulgarischen Liegewagen des Optima-Expreß, 1996

„Optima-Expreß", Autoreisezug von Optima Tours, Autotransporter Hccrrs von ARS, Dreiachser noch mit DR-Zeichen, umgebaut mit absenkbarem Dach, vor Abfahrt mit 2 Bc der BDŽ in Lébény/Ungarn nach Svilengrad am 25. Mai 1996. Diese Autotransporter tauchten auch in Pinnye auf. Optima Tours verwendet daneben auch einbruchsicher vergitterte französische Dreiachser.

zurück fuhr er ab Kapitan Andreevo (schon dort gewesen?). Bei Gastarbeitern längst bekannt ist der Autoreisezug von Optima Tours, der „Optima-Expreß", aus bulgarischen, früher jugoslawischen, Schlaf- und Liegewagen zusammengesetzt. Seine Ausgangspunkte wechselten zwischen Villach, München, Linz, Loosdorf, Parndorf und dann Lébény, seine Ziele waren Niπ, Saloniki, Istanbul und Svilengrad. Und 1998 wurde er erstmals auch wieder auf der Strecke Villach–Zabreb–Edirne und Saloniki gefahren, der lange gesperrten kroatisch-serbischen Route.

Wie findet man Lébény? Von der Autobahn Hegyeshalom–Budapest zweigt man in ein Dorf ab, das durch eine ehrwürdige romanische Kirche auffällt. Aber der Bahnhof? Der liegt weit außerhalb, zwischen kleinen Bauernhäusern und – es war Pfingsten 1996 – da standen wirklich zwei beige-dunkelrot lackierte bulgarische Liegewagen und eine Reihe überfallsicher verkleideter dunkelgrüner Transporter, Umbauwagen der ehemaligen DR, eine Firma aus dem bayerischen Wolnzach als Besitzer angeschrieben. „Morgen fahren wir nach Svilengrad", sagte das nette Personal, „wollen Sie mitfahren?"

Der eigentliche Orient-Expreß Paris–Bukarest wurde 1991 in einen reinen Nachtzug Paris–Wien umgewandelt und auf Budapest als Endstation beschränkt. Damit ging ein lange gehegter Wunsch der ÖBB in Erfüllung, der Zug verlor damit aber auch sein buntes, kosmopolitisches Erscheinungsbild und – den Großteil seines Publikums. Er fuhr auf der Nachtstrecke oft schon so leer, daß die Ablehnung seiner Ausstattung als moderner „Hotelzug" durch die SNCF verständlich erscheint. Während die Bahnverwaltungen ihren jeweils nationalen Verkehr mittels drastischer Fahrpreisermäßigungen retteten, wurden internationale Bahnreisen oft teurer als der Flug. Der bunteste Zug Europas war eine Zeit lang noch der Balt-Orient-Express Berlin–Bukarest mit seinen blauen und grünen tschechischen und slowakischen Wagen, den hellblauen ungarischen, roten rumänischen und grün-cremefarbenen DR-Wagen. Seine Route erlebte eine letzte Blüte mit den Reisen illegaler rumänischer Einwanderer nach Berlin. Doch im Herbst 1995 wurde dieser inzwischen ebenfalls zur Tradition gewordene Zug eingestellt. Daß jemals ein planmäßiger Orient-Expreß wieder bis an den Bosporus oder gar über die geplante kombinierte Bahn- und Straßenbrücke und die angestrebte Hochgeschwindigkeitsstrecke bis Ankara und weiter verkehren würde, ist unwahrscheinlich geworden ... Der Orient-Expreß ist tot – was sicher, um ein Wort des Österreichers Fritz von Herzmanovsky-Orlando abzuwandeln (er hatte seinerzeit das Ende der Donaumonarchie als eine der größten Humorlosigkeiten der Weltgeschichte bezeichnet), eine der – größten Humorlosigkeiten der Verkehrsgeschichte ist.

# Ein großer Expreß in Volksbewußtsein und Literatur

Zum Frühjahr 1961 hätte der Name „Orient-Expreß" aus den Fahrplänen verschwinden sollen, und die Austrian Airlines hatten gleichzeitig angekündigt, daß sie vom 1. April jenes Jahres an einen regelmäßigen Liniendienst auf der Route des früheren Expreß einrichten wollen. Doch das Ende des Zuges blieb überraschenderweise aus – vielleicht als Reaktion auf die zahlreichen Nekrologe in der Presse. Den berühmten Namen fallenzulassen wäre ungefähr gleichbedeutend gewesen mit der Abschaffung von Begriffen wie Rolls-Royce oder Bentley, die durch nichts Neues ersetzt werden können, da die Begriffe unserer Zeit mit „Concorde" und „Jumbo" bereits festliegen. Der Expreß war so sehr zum alleinigen Markenzeichen für seine Strecken geworden, daß auch ein neuer Prestigezug nach dem Bosporus, nach Bukarest oder nach Athen kaum unter einem wesentlich anderen Namen vorstellbar gewesen wäre, sonst hätte er eben kein Prestige gehabt. Wie sehr der Luxuszug als Maß aller Dinge selbst außerhalb Europas anerkannt war, zeigt eine Reklame der amerikanischen Santa-Fé-Eisenbahn aus dem Jahre 1896, in der diese ihre Fahrgeschwindigkeit mit jener des „gefeierten" Orient-Expreß verglich – „the celebrated Orient-Express". Inzwischen erschienen sogar bloße Anekdotenbücher über den berühmten Zug. Wenn es noch eines letzten Beweises für seinen Ruhm bedurft hätte, dann lieferte ihn Ende 1971 die Neue Zürcher Zeitung: Nicht weniger als drei volle Seiten widmete sie in einer Wochenendbeilage dem Orient-Expreß alias „Direct-Orient" – eine Ehre, die selbst Staatsoberhäuptern kaum zuteil wird, bestimmt aber niemals einem der Intercity oder TGV-Züge.

Eine englische Eisenbahnzeitschrift schrieb einmal von den *„untereinander verbundenen europäischen Expreßzügen, welche oft alle zusammen als Orient-Expreß bezeichnet werden"*. Zwar hieß der Zug anfangs in Frankreich noch „Express d'Orient", Edmont About sprach vom „Eclair" und Deutschland vom „Orient-Blitzzug", doch schon kurze Zeit später setzte sich die heutige Bezeichnung durch. Der Name Orient-Expreß wurde so bekannt, daß ihn Volksmund und Presse auch auf andere Züge, wie den Ostender Flügel oder den „Orient-Kurierzug" Berlin–Breslau–Budapest übertrugen. Unabhängig von dem kontinentalen Fernzug gab es kurz nach der Jahrhundertwende auch in England einen „Orient-Express", und zwar als boat-train von Paddington nach Birkenhead zum Anschluß an einen Asiendampfer. Etwas später verwirklichte in Amerika der Eisenbahnkönig Jim Hill mit einem „Oriental Limited" den Jugendtraum vom Orient auf seine Weise. Mit dem Ersten Weltkrieg kam eine Zeit, in der ein preußischer Minister und der Allgemeine Deutsche Sprachverein gegen die „undeutsche" Benennung protestierten, weswegen der Name „Balkanzug" zustandekam, doch schon 1919 erschien in Presse und Volksmund wieder ein neuer „Orient-Expreß" – offiziell allerdings als „Simplon-Orient-Expreß" bezeichnet. Von Paris nach Prag, von der Schweiz nach Warschau, von Budapest nach Venedig ebenso wie von Istanbul über die Tauern nach München und von Saloniki nach Istanbul fuhr für die Zeitungen der Orient-Expreß. Ein Herr aus Böhmen erzählte von einem „Orient-Expreß" weiter im Osten, in Schlesien oder in der Slowakei, und ein deutscher Ingenieur, der vor dem Krieg aus der Türkei heimfuhr und in Bodenbach an der Prag-Berliner-Strecke seine 15 Koffer auslud (womit er wahrscheinlich eine Zugverspätung verursachte) war seiner Ansicht nach ebenfalls mit dem Orient-Expreß gefahren – so wie ein junges Mädchen nach jahrelanger Zwangsarbeit bei der Ausreise aus Rumänien nach Belgrad. Von dort nach Italien sei es aber wieder ein „Orient-Expreß" gewesen, berichtete die Dame ...

*Expreß in Plüsch Paris–Sofia–Konstantinopel: Das war ein Schienenstrang der Abenteuer und Skandale. Jetzt kommt Europas berühmtester Eisenbahnzug auf das Abstellgleis*

Überschrift in der Massenzeitung „Bild am Sonntag"

„Orijent-Express" stand noch 1961 auf einem Wagen Zagreb–Venedig, die Zeitungen schrieben auch von einem Brautpaar, das im Dach des „Orient-Express" versteckt von Budapest in die Lagunenstadt reiste und für griechische Prospekte fuhr dieser Zug nach wie vor von Athen nach Paris, wenngleich es für den Volksmund eher der „Simplon" war, welcher damals noch jeden Tag Athen verließ. Für Frankreich war mit dem Simplon-Orient 1962 der „Orient-Expreß" gestorben. In Belgrad dagegen konnte man an einem Sommerabend 1965 einen serbischen Bauern auf dem Bahnsteig den gerade einfahrenden Direct-Orient seinem Enkel stolz als „Orijent-Expresnij" erklären hören...

Die „Porta Orientalis" war eine Haltestelle bei Herkulesbad, nördlich vom Eisernen Tor der Donau – also dort, wo heute nicht der Orient, sondern höchstens noch Balkan ist. Die Faszination dieses Raumes zwischen Ost und West, die den Orient-Expreß von den anderen Zügen, vom einst eleganten Train Bleu wie vom vornehmen Luisitania-Expreß oder vom deutschen Rheingold unterscheidet, beginnt bereits kurz hinter den Alpen. „Das Westliche endet schon in der Wiener Landschaft, wo die große Florengrenze verläuft: hie die atlantisch-westliche, hie die pontisch-östliche oder Schwarzmeerflora, und hier beginnt auch die andere Fauna, ein anderes Klima, ein anderer Himmel, ein anderes Völkergemisch", schreibt darüber in „Schienen und Schiffe" der österreichische Dichter Adalbert Muhr. Zwar meint er das im Zusammenhang mit der Donau, doch auch der Orient-Expreß ist eine Art „Donau" in dem Sinne als geographischer Begriff (in einem Merian-Heft wurde einmal die Lage Sofias als die Kreuzung des Nord-Süd-Weges durch Isker- und Strumatal mit der Orient-Expreß-Linie definiert). Der Erzähler Heimito von Doderer sieht das Besondere dieses Raumes gegenüber dem überschaubaren, wohlgeordneten, aber vielleicht gerade deswegen weniger geheimnisvollen Westen im Schicksal seiner Bewohner: *„... Man hetzt sie. Das Einzel-Leben lehnt sich nicht auf, es ist zuwenig davon vorhanden für eine Auflehnung. Eine Seele mischt sich mit der anderen wie Rauch. Daher sind die Menschen dort brüderlich..."* Wer in den Tauern-Orient in einer östlichen Station einstieg, sah ein passendes Bild – diese in den überfüllten Zügen zwischen Koffern und Schachteln am Boden, in Waschräumen, in Verbindungsgängen hingekauerten Teile einer unübersehbaren, scheinbar amorphen Menschenmasse.

Vielleicht mußte es gerade in dieser Landschaft einen „Zug der Könige" geben, als welcher der Orient-Expreß in die Legende eingegangen ist – und mit ihm Abdul Hamid, der für seine Frauen drei oder vier Abteile belegt haben soll, Ferdinand von Bulgarien, welcher, um ein fait accompli zu schaffen, in Waggontoiletten versteckt heimlich in sein künftiges Land gereist sei, einen orientalischen Pascha, der einem Lokführer zum Dank für eine gute Fahrt eine Haremsdame schenken wollte und Graf Apraxin, der sich auf Reisen stets mit fünf Musikern umgab, damit er seine Lieblingsmelodien hören konnte. Ganz anders war Zar Boris: *„Zwischen rasselnden Kohlen und fiebernden Manometern, im hellroten Schein der Feuerlöcher, frönte er seinem so ganz unköniglichen Hobby"*, schrieb ein Boulevardblatt.

Auch die Frau eines Fürsten aus dem Stamm Mdivani fehlte nicht in den Annalen des berühmten Zuges. Zweimal jährlich sei sie vom Kaukasus nach Paris gereist, um dort ihre sechs Pudel scheren zu lassen, wofür sie ein ganzes Abteil belegte. In einer anderen Story wird sie freilich „bloß" als österreichische Comtesse beschrieben. Für Calouste Gulbenkian mit seinem armenischen Teppich reichte es dagegen nur für ein einziges Billet – seinen Sohn mußte er in dem Teppich versteckt halten. Später wurde er der berühmte Milliardär „Mister 5%".

Zu den zahlreichen Geschichten vor dem Hintergrund des Orient-Expreß gehörte auch jene böswillige Verleumdung, derzufolge Baron Hirsch auf der Strecke nach Konstantinopel absichtlich unnötige Kurven einbauen ließ, um die Entfernung und den Verdienst zu erhöhen. Der von den Sorgen um sein kühnes Bahnbauunternehmen gezeichnete Finanzier meinte einmal zu dem ganzen Schwall von Geschichten: *„Da hätte ich ja ein Theater finanzieren können, das hätte weniger Risiko bedeutet."* Nicht boshaft, wenngleich ebenso unglaubwürdig sind die Anekdoten über Josephine Baker, welche in dem Expreß öfter gereist sei. Wenn auch manches, was über sie geschrieben wurde, ein bloßer Reportereinfall sein mag, so soll sie doch auf jeden Fall zu den nettesten Passagieren gehört haben, ohne Überheblichkeit, ohne Dünkel. Die große Diva fand in die Legende des Luxuszuges ebenso Eingang wie die kleine „Unbekannte von Jimbolia" – ein junges anonymes Mädchen, welches den Expreß in jener Station regelmäßig erwartete, Jahre hindurch.

Mit dem Orient-Expreß ging die romantische Zeit der Eisenbahn zu Ende. In Daninos' „Carnets du Bon Dieu" läßt ein gewisser Limonaire seinen Orient-Expreß auf der Modellbahn so viele Tage laufen, wie auch das Vorbild von Paris nach Istanbul unterwegs war. Neue Züge aber fahren höchstens wenige Stunden lang, dann sind sie schon am Ziel – in Hannover oder Gelsenkirchen. Die Jugend von heute kauft Autobahnen (mit Autos auf Schienen) statt elektrischer Eisenbahnen oder geht mit Fernglas und Photoapparat auf den Flugplatz – denn Auto und Flugzeug fahren in die Ferne, moderne Intercity-Züge aber nur zur Arbeit. Die scheinbare geographische Surrealität des Orient-Expreß (etwa wenn der Schlafwagen Paris–Bukarest neben dem alltäglichen Vorortzug stand), die politische Surrealität (etwa des Simplon-Orient-Expreß während des Zweiten Weltkrieges), sein sozialer und wirtschaftlicher Anachronismus und vielleicht auch die herrliche, surrealistische Unwahrhaftigkeit seines Namens mögen ihm zu jener romantischen Faszination verholfen haben, welche den jüngeren Zügen fehlt.

Obwohl die Orient-Expreßzüge keine so „vornehme" Bezeichnungen tragen wie etwa die Intercity-Züge, „Patrizier", „Präsident" oder „Prinzipal", tauchte in ihnen immerhin noch dann und wann „echte" Prominenz auf:

Der seinerzeitige bayerische Ministerpräsident Seidl anläßlich eines Staatsbesuches in Wien – übrigens demokratisch in einem normalen Schlafwagen, wahrscheinlich auch der damalige österreichische Staatspräsident Schärf in einem älteren ÖBB-Salonwagen und Gracia Patricia alias Grace Kelly fuhren mit dem Orient-Expreß. Auch das Haus Dior benützte ihn anläßlich einer Modenschau in München. Mit dem Arlberg-Expreß fuhr der Schah von Persien von Wien nach Innsbruck zur Winterolympiade, wobei er den ÖBB-Salonwagen Nr. 12 und einen Erste-Klasse-Wagen für seine Begleiter benutzte, der Duke of Edinburgh auf einer Fahrt nach Liechtenstein und vielleicht auch die niederländische Königin Juliane auf einigen ihrer Winterreisen nach Österreich. Der Simplon-Orient-Expreß der Nachkriegszeit zählte König Michael von Rumänien zu seinen Fahrgästen. Ende 1947 kehrte dieser Monarch in einem Salonwagen, welchen Frankreich zur Verfügung gestellt hatte, von den Hochzeitsfeierlichkeiten der englischen Königin Elisabeth nach Rumänien zurück, doch das Ankunftskomitee am Bukarester Nordbahnhof bereitete ihm einen kühlen Empfang. Am Neujahrstag 1948 bestieg er dann abermals einen Sonderwagen, der an einen der Orient-Expreßzüge angehängt werden sollte zur Fahrt ins Exil. Glücklicher war dagegen das griechische Königshaus daran: sein Hofwagen, ein umgebautes Fahrzeug der deutschen Linke-Hofmann-Busch-Werke, brachte dessen Mitglieder öfters nach Mitteleuropa und auch wieder zurück – in Griechenland als Sonderzug und jenseits der Grenze als Teil der planmäßigen Expreßzüge. Ebenso benützte die Elite der kommunistischen Staaten Südosteuropas, nämlich Parteipolitiker und Delegationen, mit eigenen Salonwagen die Orientzüge. Auch die dienstliche Prominenz der Bahnverwaltungen frequentiert ihre Fernzüge: Nach einer UIC-Tagung 1972 in Budapest verschönte eine Sängerin der Budapester Oper mit dem Ave Maria von Gounod die Rückfahrt einer amtlichen Abordnung im Orient-Expreß. Zu den Fahrten von Persönlichkeiten kamen in den Expreßzügen nach dem Südosten auch Fahrzeuge, welche selbst schon zur „Prominenz" zählten, zum Beispiel der ehemalige DSG-Speisewagen Nr. 1226, der einst im Quartierzug von Hermann Göring und dann in einem US-Army-Zug gelaufen ist und, 1963 einmal im Austria-Expreß, jener sechsachsige Salonwagen, der vorher ebenfalls dem anspruchsvollen Reichsmarschall gedient hatte. Ein anderes Prunkfahrzeug, welches der deutsche „Führer" persönlich benutzt hatte, sollte nach dem Krieg als Aussichtswagen auf der Tauernstrecke eingesetzt werden, wurde dann aber in einen Meßwagen umgewandelt. Als Lokomotive des Pannonia-Expreß wurde in Serbien einmal eine der in Westdeutschland gebauten „Tito-Maschinen" gesehen, welche ansonsten hauptsächlich die Sonderzüge des jugoslawischen Staatsmannes zogen. Obwohl die Werbung alles tut, um die Reisenden vom Zug wegzulotsen, gab es auch in den letzten Jahren noch Passagiere, die souverän genug waren, die Orient-Expreßzüge zu benutzen. Nicht irgendeine Wein- oder Bierkönigin, welche gewöhnlich für die TEE-Züge Reklame machten, sondern die Familie keines Geringeren als des Königs Hussein von Jordanien beherbergte der Schaffner eines Sonderschlafwagens vor einigen Jahren im Direct-Orient.

„Nichts beginnt mit der Literatur, aber alles endet mit ihr, auch der Orient-Expreß" schrieb Paul Morand in „Le Voyage/Notes et Maximes" und weiter „man denke an die ersten Bücher von Bourget, an ‚Cosmopolis', an die neurasthenischen Prinzessinnen von Barrès in ihrem sleeping (heute spricht man vom Bett, damals waren es sleepings). Die Poesien des Barnabooth klingen im Gedächtnis:
Dein nächtliches Gleiten durch das beleuchtete Europa
O train de luxe..."

„Geschwindigkeit, Landschaften, verschwendetes Geld, – angebotene Liebe, die niemand will, – Vagabundieren, kleine Anwandlungen von Kleptomanie; lange und zu heiße Bäder, Parfums und Souvenirs", so schildert die Welt dieser Romanheld von Valery Larbaud, der im Orient-Expreß, im Nord-Expreß, in seinem rollenden Privatsalon zwischen Berlin und Italien und zwischen Triest und Wien zu Hause ist. Seine Bemerkung „Wir aus den Schlafwagen" – „nous autres des wagons-lits" und mehr noch „dieser andere Zuname, Trains de Luxe", welchen ein reicher Infant in einer Komödie von Abel Hermant für sich und seinesgleichen auswählte, nehmen den „Jet-Set" unserer Tage und dessen scheinbar unbeschwertes Reisen für die Zeit kurz nach der Jahrhundertwende vorweg.

Der Krieg von 1914 und die Wirren, welche darauf folgten, haben diese Träume abrupt beendet. Schon der Balkankrieg ließ den italienischen Begründer des dichterischen Futurismus, Filippo Tommaso Marinetti, auf der Strecke des Orient-Expreß die Qualen der Verwundeten an Stelle des Vergnügens der Luxusreisenden sehen. Maurice Decobras „Madône des Sleepings" und die Menschen, die sich in Graham Greene's „Stambul Train" nach dem Ersten Weltkrieg ein Stelldichein gaben, waren Gehetzte und Unfreie, abhängig von ihren Wünschen und Wahnvorstellungen. Der Zug tauchte in Kriminalromanen auf, wie in Agatha Christie's „Murder on the Orient-Express", und er erschien im Kino: 1944 war er auf der Leinwand Hintergrund für einen geheimnisvollen Mord. Es spielten Paul Dahlke und Siegfried Breuer. Die Zeiten überdauert hat ein Klassiker von Alfred Hitchcock unter dem Titel „The Lady Vanishes", gedreht nach Ethel Lina White's „The Wheel Spins". Auf den Waggons erschienen zwar nicht die Worte „Orient-Expreß", doch die tagelange Blockade des Zuges durch Schnee in einem Land mit spitzen Bergen, schwarzen Dampflokomotiven, unaussprechlichen Namen, unverständlicher Sprache, noch nie gesehenen Polizeiuniformen, Spionen, Schüssen, splitternden Speisewagenfenstern und einem skrupellosen Gehirnchirurgen, der im Auftrag des Staatssicherheitsdienstes arbeitet, wo sonst hätte es das alles zusammen geben können, als auf der Strecke des berühmten Luxuszuges? Daß Hitchcock, als er 1971 am Frankfurter Hauptbahnhof eine Musikkapelle dirigierte, ein Zuglaufschild nach Istanbul als Hintergrund auswählte, mag ein Hinweis sein.

Nur vereinzelt noch ließen Schriftsteller die Romantik im Stil des A. O. Barnabooth wiederaufleben, so während der dreißiger Jahre der junge Engländer Beverley Nichols in „No Place like Home": ... *Was könnte unwirklicher, erhebender sein ... romantischer ist das einzige Wort als der Augenblick, wenn man in der Nacht aus Träumen von England aufwacht und plötzlich durch das dicke Fensterglas einen goldenen Mond die Wipfel eines fremden rumänischen Waldes entlangeilen sieht? Eine Zeit lang bleiben Sie liegen, räkeln sich in der Wärme ihres komfortablen Betts. Dann schlüpfen Sie hinaus, ziehen einen Morgenrock an, pressen Ihr Gesicht gegen*

*die eisige Scheibe und starren hinaus..."*
*"... Es ist drei Uhr morgens. Sie sind irgendwo in Rumänien und fegen mit sechzig Meilen die Stunde durch die Winternacht. Dennoch haben Sie nur einen dünnen, seidenen Morgenrock an und der Rauch Ihrer Zigarette steigt geradlinig zur Decke empor. Gewiß sollte diese Art, zu reisen, Göttern vorbehalten sein..."*

Anderen Dichtern waren die Züge Hintergrund für gesellschaftskritische Gedanken. Der in seiner Heimat sehr populär gewordene Bulgare Aleko Konstantinov hatte sich in der 1894 erschienenen satirischen Geschichte von dem Rosenölhändler „Baj Ganju", welcher auf der Strecke des Orient-Expreß nach Westen reiste, noch auf ein treffendes Aufdecken allgemeiner menschlicher Schwächen konzentriert. Ebenfalls vor dem Ersten Weltkrieg gelangte der berühmte rumänische Dramatiker Jon Luca Caragiale schon zu ausgesprochener Sozialkritik: *„Mein Freund X, ein außerordentlich sympathischer Kerl, ist uns Bukarestern allen wohlbekannt. Wie sollten wir ihn auch nicht kennen? Wir begegnen ihm so häufig und überall: in den prunkvollen Salons unserer Elite, auf bescheidenen Unterhaltungen in der Vorstadt, im „Capsa", im „Gambrinus", bei Zdrafcu, im Jockey-Klub und im Kaffeehaus „Schreiber" auf der Strada Lipscani, im Orient-Expreß, in der Pferdebahn, im gummibereiften Coupé, zu Fuß in Galoschen — immer bereit, uns mit größter Liebenswürdigkeit zu begrüßen und uns herzlich die Hand entgegenzustrecken, mögen wir nun Metropolit oder Künstler, Korporal, Minister oder Dienstmann, Edelmann oder Bauer sein"*, so beginnt die Kurzgeschichte „Freund X", welche eine oligarchische Gesellschaft geißelt, die aus einer dünnen Kulturtünche obenauf, tiefer unten aber aus 80 Prozent Analphabeten bestand. Zwischen den Kriegen wurde aus Sozialkritik Revolution — der Holländer Cornelius Spoelstra alias Den Doolard schilderte ihre Kämpfer am Balkan, die comitadjis, in seinem Buch „Orient-Expreß", und Blaise Cendrars schrieb in einem Abschnitt aus „L'Homme foudroyé" das vielleicht Mitreißendste, was vor dem Doppelhintergrund „Expreßzug" und „Revolution" je geschrieben wurde.

Aus Kreisen der Eisenbahn selbst waren Dichter gekommen — Adolf Pernwerth von Bärnstein vertrat die bayerische Staatsbahn auf den internationalen Konferenzen und bemühte sich außerdem um die Wiederbelebung der lateinischen Dichtung — und auch von Eisenbahnfreunden kamen eindrucksvolle Schilderungen. Bahnkenner werden sich in dem Zusammenhang an die Aufsätze von Arnold Müll, einem Deutschen aus Rumänien, oder von Dr. Kristl im Lok-Magazin erinnern. Doch nicht nur für ausgesprochene Eisenbahnenthusiasten, sondern auch für die allgemeine Literatur war die Bahn stets gegenwärtig. Selbst wo die Züge nicht unmittelbar das Thema bestimmten, waren sie doch „da" — als selbstverständlicher Teil der Umwelt, wie in dem Gedicht „Prager Fußgänger" des tschechischen Dichters Vitězslav Nezval:

*„Eines Tages im April 1920*
*kam ich zum ersten Mal nach Prag*
*Am traurigen Bahnhof*
    *drückte sich wie Asche*
    *ein Haufen Unglücklicher herum*

*Das waren Auswanderer*
*Auch erblickte ich hier eine Welt,*
*die ich nicht verstehen werde*
*Der Nachmittag jammerte*
    *es war Dämmerung*
    *das Bahnhofsgebäude*
    *zog sich hin bis in die Vorstadt"...*

Oder in dem Gedicht „Das winterliche Ungarn" des großen, 1919 verstorbenen ungarischen Lyrikers Endre Ady:

*„Wenn zwischen schneeverwehten Saaten*
*In großer weißer Winternacht*
*Der Dampfzug rollt und wiegt mich sacht"...*

Die Eisenbahn war Bestandteil der Phantasie, so wie ihre Luxuszüge — *„l'accordéon rouge de fièvre du Simplon-Express plein de Ritz"* ... eines Léon Paul Fargue, welcher lange Zeit in dem rußigen Pariser Viertel von La Chapelle gelebt hat, wo sich die „Kliniken für die Lokomotiven" befinden und wo beim sonntäglichen Familienspaziergang die erwachsene Tochter *„den Rauch des Engadin-Expreß oder des Paris-Bukarest einatmet, welche ihr Herz weit über die Grenzen der Geographie und des Gefühls hinwegführen"* ..., wie er im „Piéton de Paris" schreibt. Solch ein Zug war es, in dem Simon, die Romanfigur von Jean Giraudoux, sich mitnehmen ließ, bis man umsteigen mußte, und – „man mußte erst am Bosporus umsteigen" ... „Häuser, die an Teichen, Fohlen, die an Gattern stehenblieben, erwarteten bescheiden an Ort und Stelle die Morgenröte, der ich in den Orient entgegenfuhr" ... In München sprang der Schaffner „mit einer Handvoll Radis auf das Trittbrett, die er aus dem Pflaster des Bahnhofs gerissen haben mußte" – Jean Giraudoux hatte sich hier gerne mit Paul Morand im Spatenbräu getroffen – und dann trat Lyzika aus ihrem Schlafwagenabteil. „Das ist München, erklärte ich. – Ach, sagte sie." Es war eine Freundschaft, „der im ganzen nur zwei Tage blieben, der der Begegnung und der der Trennung; die keine Erinnerungen in der Zeit hatte, aber bereits tausend im Raum: Diese drei Bäume bei Salzburg! Dieser verrückte Fischer in Orsova!" ...

Die Selbstverständlichkeit, mit welcher in den Expreßzügen ein Bestandteil der Gegenwart gesehen wurde, war nach dem Zweiten Weltkrieg dahin. Heute gibt es keinen Schlafwagen auf Giraudouxs Strecke von München an den Bosporus und auch kaum mehr Frauen in den schäbig gewordenen Balkanzügen. Kleinbürgeridol James Bond reiste zwar noch – in „From Russia with Love" via Pithyon–Saloniki – mit dem Simplon-Orient-Expreß der Nachkriegszeit, die Literatur aber benützte den Zug meist nurmehr in der Retrospektive, rückblickend auf etwas Vergangenes. „Zärtlich antwortet eine Compound" – hätte sich Léon Paul Fargue über das tonlose Gequäke einer modernen Diesellok ebenso äußern können? Eine alternde Romanfigur von Ladislas Dormandi zeigt eine Eisenbahnbegeisterung, welche Marc Baroli in seiner Literaturgeschichte „Le Train dans la littérature française" fragen läßt: „Wäre eine Manie für den Zug wie sie seine bei jemandem begreiflich, der die Bahn nicht zu ihrer Glanzzeit gekannt hätte?" Die Glanzzeit der Eisenbahn, das war die Epoche der Dampflokomotiven und der Expreßzüge mit ihrem „cachet de yacht de luxe", welches laut Maurice de Waleffe, einem Zeitgenossen Georges Nagelmackers', die Noblesse ihres Erfinders widerspiegelte. Was für Liliencron der Blitzzug war ( ... „Gilt es die Seligkeit schneller zu kosten? Kommt er zu spät an im Hirnmelslogis?" ... ), ist für die Gegenwart nicht etwa eine Elektrolokomotive, sondern die „Concorde". Die Luftfahrt hat die ästhetische Führungsrolle übernommen, welche zur Zeit der Dampflok und der Grands Expreß die Bahn besessen hatte. Nicht von neuen Intercity-Zügen nach Düsseldorf, sondern von der alten Eisenbahn, von der, welche mit Dampf und in unbekannte Fernen fuhr, sprach folgerichtig auch der zeitgenössische Dichter Günter Kunert in „Hausaufgabe":

*Beschreibe: die Lokomotive*
*Beschreibe: der Schienen anfälliges*
*Metallgeflecht*
*über dem Leib Europas*

*Beschreibe: den Kohlenwurf ins Feuerloch*
*gekrümmter Rücken bis Tschirpan oder*
*Kjüstendil*
*oder wie die Weltenden heißen; ...*

Auch im Film lebt die Bahn von Gestern. In dem Streifen „Orient-Expreß" mit Silvana Pampanini, Eva Bartok und Henri Vidal, welcher in den fünfziger Jahren im Pustertal gedreht wurde, geht es um die Begegnung eines kleinen Dorfes mit dem großen Luxuszug – ein Motiv, welches schon 1927 Stoff für einen Streifen um den Expreß war. Damals hatten sich Lil Dagover und Heinrich George auf der noch stummen Leinwand bewegt. Der neuere, amerikanische Spielfilm „Istanbul-Expreß" handelt zwar in der Gegenwart, doch auch er kommt nicht darum herum, als Requisiten die Salonwagen der Vergangenheit zu benutzen – neue gibt es nämlich auf den Langstrecken nicht. Wehmütig erinnert sich Paul Morand in „Le Voyage/Notes et Maximes" an das Ende des alten Orient-Expreß, welches eigentlich mit dem Ersten Weltkrieg schon gekommen war:

... „Vorbei war nun die Zeit, da ein Bojar aus Bukarest nach einer glücklichen Nacht des Spiels seine Parasiten nicht anders loszuwerden wußte, als daß er einen Waggon mietete und sie alle nach Paris brachte, wo er sie, ihrer überdrüssig, ohne einen Pfennig zurückließ; da Antoine Bibesco, der Freund von Proust, über seine großen Besitztümer mit Stolz sprach: ,Der Orient-Expreß braucht dreiviertel Stunden, um MICH zu durchqueren'; da der Reisende im Bahnhof von Érsekujvár durch ein Orchester geweckt wurde, welches am Bahnsteig Csardas spielte, gemäß dem letzten Willen *eines ungarischen Originals. Mit seinem Testament hatte er eine Summe hinterlassen, die ausreichte, um die Geigen singen zu lassen, wenn die großen Expreßzüge vorüberkamen, die er so sehr geliebt hatte"* ...

Erinnerung nurmehr ist die ganze skurrile „wagonliteske Flora" – eine ureigene Wortprägung Morands – welche den Expreß bewohnt und die Dichter inspiriert hat. Erinnerung ist auch die Zeit, in der es ein Europa gab, dessen Namen die großen Züge trugen: „Grands Express Européens". Heute wurde dieser Titel nicht zu Unrecht abgeschafft. Der türkische Schriftsteller Güney Dal schreibt in „Europastraße": „Weißt du, da gab es früher einen Orient-Expreß. Ein Zug, der die europäischen Staaten mit unserem Land verband. Ich weiß gar nicht, ob der nun eingestellt worden ist oder nicht? Die Westler haben sich nun angewöhnt, alle ungesetzlichen Vorkommnisse, die sie charakteristisch für den Orient halten, sei es nun in Filmen oder in Romanen, immer in diesen Orient-Expreß zu verlegen. Es würde mich gar nicht wundern, wenn heutzutage immer mehr derartige Romane und Filme über die E5 kommen."

Einst war es nicht die Europastraße 5, sondern: „Der Orient-Expreß, der aus der weiten Welt kam, unsere schale Einsamkeit eine Sekunde lang berührte und wieder in die weite Welt verschwand. Der Staub Europas wehte dann wieder einmal um unsere Köpfe", wie der russische Adelige, dann Schlafwagenschaffner, Sergej v. Markow in „Menschen im Schlafwagen" schrieb. „Bukarest–Vinkovci–Zagreb–Milano–Paris (Simplon-Orient-Expreß). Die Welt, die weite schöne Welt! Wie ich sie alle beneidete, die im Simplon-Expreß an uns vorbeifuhren, alle die Reisenden, Schaffner, Schlafwagenkondukteure, die gestern noch in Bukarest auf der Calea Victoriei saßen und morgen auf der Place d'Opéra in Paris stehen werden, denen unser armseliges ungarisches Nest gar nicht wert schien, auch nur einen einzigen Blick aus dem Fenster darauf zu werfen ..."

In Wolfgang Hildesheimer's „Paradies der falschen Vögel" fährt der Orient-Expreß sogar in den bis heute von niemandem gefundenen südöstlichen Staat Procegovina und

sein Onkel Robert, falscher Diplomat, war, nach einer Nacht mit einer echten Spionin, im Pyjama und ohne Paß im falschen Schlafwagen, nämlich dem nach der procegovinischen Hauptstadt Píloty geblieben, der unterwegs vom Pariser Hauptzug abgetrennt worden war. „Robert befand sich also im procegovinischen Teil des Orient-Expreß ...", stellte Hildesheimer sachkundig fest.

James Joyce war im vorarlberger Feldkirch zwar nicht gestrandet, sondern zu Urlaub. „Um halb acht eilte er auf dem schnellsten Weg zum Bahnhof, wo jeden Tag der Paris-Wien-Express für zehn Minuten hielt ... Wenn der Zug schließlich einlief, stürzte er sich auf den nächsten Wagen, um die französischen, deutschen und jugoslawischen Beschriftungen „zu studieren" und dem Sprachengewirr zu lauschen", schrieb dessen Verleger Eugène Jolas über seinen genialen Autor. Bei jenem Aufenthalt in der Station des Arlberg-Orient-Expreß im Jahr 1932 entstand mit „Finnegan's Wake" Weltliteratur.

Im Arlberg-Orient-Expreß Paris–Wien spielt der Film „Le Signal Rouge" des österreichischen Cinéasten Ernest Neubach, in dem ein Arzt jeden Abend um 23.05 Uhr, der Durchfahrtszeit des Arlberg-Orient-Expreß, das Haus verläßt und in der Nacht verschwindet. Seine Frau war bei einer Entgleisung des Expreßzuges ums Leben gekommen und ein Wiener Psychiater (Freud läßt grüßen...) versucht, seine Eisenbahnpsychose, die ihn mit roten und grünen Signalen und den Pfiffen der Lokomotiven bis in den Wahnsinn verfolgt, zu kurieren.

*Die Zigeunerkapelle von Érsekujvár (heute Nové Zamký), von welcher Paul Morand geschrieben hatte, in Erwartung des Orient-Expreß. Sammlung: Dr. Kubinszky*

# Der Orient-Expreß ist tot – es lebe der Orient-Express

*Der neue Orient-Expreß – der „Nostalgie-Orient-Expreß" der Intraflug AG – überquert während einer Fahrt Zürich–Tauern–Istanbul am 25. Mai 1978 hinter einer ÖBB-Lokomotive der Baureihe 1020 die Trisannabrücke auf der Arlbergstrecke.*

„21.30 Uhr. Gare de l'Est ... 29. April 1967. Es ist ein historisches Datum: der Orient-Expreß lebt wieder auf. Der Orient-Expreß, dieser prächtige Zug, der die Phantasie dreier europäischer Generationen entflammt und ‚seine Salons' den talentierten Romanciers geliehen hat, startet wieder. Nur für 15 Tage. Für eine Eisenbahnkreuzfahrt, die speziell für anspruchsvolle Touristen ausgearbeitet wurde. Eine Kreuzfahrt, wie es sie noch nie gegeben hat und wie es sie vielleicht nie wieder geben wird. Schlafwagen, wagon-boutique, wagon-salon-bar, dieser Palast auf Rädern steht zu Ihrer Verfügung von Paris bis an den Bosporus.

Achtung! Schlagen Sie die Europakarte auf und markieren Sie die sieben Stationen Ihres Vergnügens in sieben Ländern.

München ... eine Hauptstadt der Romantik ... die grünen Wasser des Tegernsees, melancholisch wie ein verrückter König ...
...Prag ... laterna magica ...
... Wien ...
... Budapest ... der Pfiff des Orient-Expreß kündigt die Weiterfahrt nach Belgrad an
... Sofia ... seine Exzellenz der Botschafter von Frankreich präsidiert beim Déjeuner
... Istanbul ... das ist der Höhepunkt: Hier enden die von Paris kommenden Schienen

„Simplon-Orient-Expreß" Mailand–Istanbul, die erste Kreuzfahrt der Intraflug AG und der erste nostalgische Orient-Expreß überhaupt – mit E 656 024 in Verona am 18. März 1976   Foto: Pedrazzini

*direkt am Marmarameer ... Palast Dolmabahce ... die tausendundzweite Nacht, die Nacht von Paris ... bis der Morgen die Fluten vergolden wird, die Europa mit Asien verbinden, dieses Europa, welches Sie, komfortabel untergebracht, bedient und verwöhnt, in Ihrem Schlafwagen ‚Orient-Expreß' durchquert haben werden im Laufe einer glücklichen Kreuzfahrt, die einen Markstein in der Geschichte des modernen Tourismus gesetzt haben wird."* So hieß es in einem französischen Prospekt, mit welchem die internationale Schlafwagengesellschaft und Comte Guy de Casteja Anfang 1967 die Freunde des großen Expreß überrascht hatten.

Doch der Zug fuhr nicht. – Die Compagnie hatte entschieden, lieber auf diese Sonderfahrt zu verzichten, als ihren Prestigecharakter dahinschwinden zu sehen, wie es hieß. Ungefähr zur gleichen Zeit war die Abschaffung des Titels „et des Grands Express Européens" auf die Tagesordnung gekommen, drei Jahre später kündigte die internationale Schlafwagengesellschaft die Abgabe ihres Wagenparks an, und 1976 wurde beschlossen, den planmäßigen Verkehr Paris–Istanbul des Direct-Orient 1977 zu beenden.

Am 18. März 1976 aber war zum ersten Mal wirklich ein Orient-Expreß auf Kreuzfahrt gegangen: Von Mailand nach Istanbul liefen Schlaf-, Speise-, Pullman- und Servicewagen als „Simplon-Orient-Expreß" für eine vornehme Kundschaft, die 1600 Schweizerfranken dafür übrig hatte, und – die Fahrt war ein Riesenerfolg! Herr Albert Glatt, Inhaber des schweizerischen Reisebüros Intraflug AG, war der Veranstalter. An der Idee war Herr Walter Finkbohner beteiligt, Repräsentant der Schweizerischen Bundesbahnen in Mailand. Die nächste Kreuzfahrt führte im Oktober 1976 als „Arlberg-Orient-Expreß" von Zürich über die Tauern nach Istanbul, und schon wurden weitere Reisen propagiert. Die Einfahrten in Istanbul gestalteten sich zum Triumph. Die Zeitungen kündigten sie an und Zehntausende jubelten dem (vermeintlichen) „Zug der Millionäre" zu.

Anfangs mußte Albert Glatt noch größtenteils fremde Wagen verwenden, doch nach und nach kaufte er selber Schlaf-, Speise- und Pullman-Wagen auf. Er suchte die schönsten und besterhaltenen: Wagons-Lits des berühmten Typs Lx, der 1929 für den „Train Bleu" gebaut und auch im „Peninsular & Oriental Overland Expreß", einem Teilstück der legendären England-Indien-Route, eingesetzt worden war und dessen kostbare Interieurs von Morison, Maple, Prou und Nelson stammen. Dazu kamen Pullman-Wagen des Typs „Côte d'Azur", ebenfalls von 1929, dekoriert von René

*Schlafwagen der CH im Nachtzug Athen–Saloniki, ehemals Typ Lx der ISG, am 11. September 1976*

*Unten: Arlberg-Orient-Expreß Zürich–Tauern–Istanbul – die zweite Kreuzfahrt der Intraflug AG, aufgenommen am 7. Oktober 1976 in Innsbruck.*

Prou (Nr. 4149) oder mit den vielbewunderten Glasreliefs von René Lalique (4158, 4161), mit 28 Fauteuils, an denen auch serviert werden kann, in zwei Salons und zwei Viererabteilen. Der Wagen 4149 war nach dem Krieg im Sud-Express gelaufen. Nummer 4161 war, ebenso wie der zeitweilig angemietete Pullman 4151, zum Schluß im „Mistral" gefahren. Der ebenfalls öfter gemietete Pullman-Wagen 4159 hatte früher einen Speisesalon für „Le Drapeau" Paris–Bordeaux erhalten, verkehrte dann im Jubiläumszug Maastricht–Zandvoort und schließlich neben dem vom Sud-Express kommenden und zum „Bar-Dancing" umgebauten Pullman 4148 in den französischen Touristenzügen „Azur 2000" und „Alpes 2000". Drei „Côte d'Azur" waren 1951 in blaue „Voitures Salon" mit Bar und einem Speiseraum für den „Train Bleu" umgewandelt worden, und einen davon, 4164, kaufte Albert Glatt. Er ließ ihn mit roten Lederfauteuils und einem – Klavier ausstatten. Ein anderer von Glatt verwendeten ehemaliger Pullman-Wagen, Nr. 4013 des Typs „Flèche d'Or" von 1926, war 1967 zum „Rundreise-Servicewagen" oder „Voiture Services-Croisières" mit sieben Duschkabinen und blau/grauem Außenanstrich umgebaut worden.

Einen Speisewagen Nr. 2741 erwarb Albert Glatt 1977 bei einer Versteigerung von Sotheby in Monte Carlo und stellte ihn 1978 in Dienst. Er war 1926 mit braun/cremefarbenem Anstrich als „Voiture Salon Pullman" für den französischen Abschnitt des Sud-Express Paris–Madrid/Lissabon gebaut und 1953 als blauer Speisewagen in der portugiesischen Sektion jenes großen Expreßzuges eingesetzt worden. 1980 erhielt er wieder seine ursprüngliche Bemalung mit Ausnahme der neuen Beschriftung „Restaurant Sud-Express". Als Vorratswagen, ausgestattet mit Hilfsküche und Dieselgenerator, kam von 1982 an der ehemalige Wagon-Lits-Gepäckwagen 1283 zum Einsatz, der einer für den Simplon-Orient- und den Rome-Express teilweise mit Duschabteil ausgestatteten Serie von 1929 entstammt. Sein ursprünglich blauer Anstrich wurde dem Sud-Express-Speisewagen angepaßt. Und als besonderes Glanzstück nahm Albert Glatt 1983 den Speisewagen 3354 in Betrieb. Einige Wagen aus jener Serie von 1928 waren im „Mistral" (3353, 3355, 3358), einer im „Peninsular & Oriental Overland Express" (3352), die Nummer 3354 aber, zusammen mit 3360, im französischen Präsidentenzug gefahren. An der Längstafel in dem großen Salon, dem sich ein kleinerer mit Einzeltischen anschließt, sollen schon Königin Elizabeth, König Baudoin, Chruschtschow,

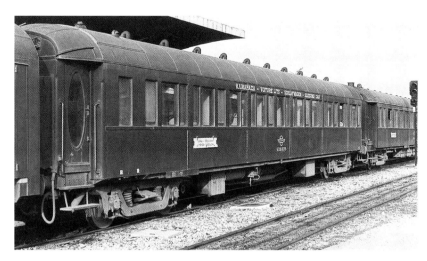

die Präsidenten Coty, de Gaulle und Pompidou Platz genommen haben.

Die Wagen wurden in Wagons-Lits-Werkstätten, bei der DB und der SBB hergerichtet. Viele Enthusiasten, darunter die Eisenbahnhistoriker Grosser und Dr. Fritz Stöckl, steuerten Ratschläge bei. Mit Pullman- und „Grand Luxe"-Schlafwagen war der Zug viel komfortabler als früher die Orient-Expreßzüge. Dieser zu dem Zeitpunkt schönste Zug der Welt fuhr, fast schon in seiner vollständigen Komposition, als „Nostalgie-Orient-Express" im März und im April 1977 von Zürich über Arlberg und Tauern nach Istanbul. Bei einer Reise im Mai führte er erstmals den Salon-Bar-Wagen mit, im September lief er über Bern–Lötschberg–

Oben: Sonderfahrt „Orient-Expreß Citroën" Paris–Mailand–Istanbul mit Pullman-Wagen Typ „Côte d'Azur" im April 1977    Foto: Citroën

Nostalgie-Orient-Expreß Stuttgart–Istanbul mit 441 der JŽ vor Abfahrt in Belgrad am 26. Oktober 1977

Nostalgie-Orient-Expreß mit DE 18 der TCDD in Edirne am 27. Oktober 1977

*Nostalgie-Orient-Expreß Zürich–Istanbul auf der Strecke des einstigen Arlberg-Orient-Expreß bei Hopfgarten in Tirol am 25. Mai 1978*

Simplon nach Athen – mit Dampfdoppeltraktion Mailand–Brescia (Reihen 685 und 625) sowie Idomeni–Saloniki – und im Oktober jenes Jahres verkehrte er zum erstenmal von Deutschland, nämlich Stuttgart, via Tauern nach Istanbul. Die erste Reise war für Gäste aus den USA bestimmt. Die zweite, für das deutsche Publikum, wurde in der Presse groß gewürdigt.

„Orient-Expreß war wieder da", „Der Expreß, den die Könige liebten, hielt gestern in München" oder „Barone, Lords und Kaiserenkel schwelgen in Nostalgie" lauteten die Zeitungsüberschriften. Bald erschienen einige der Passagiere in nostalgischen Gewändern und ein Maître d'Hôtel in Frack und Zylinder. Unter den Wagons-Lits-Schaffnern des Nostalgie-Orient-Express konnten manche schon auf mehrere Dienstjahrzehnte zurückblicken, einer kam aus der Passagierschiffahrt, und in der Küche vollbrachte die Mailänder Wagons-Lits-Brigade, meist unter Küchenchef Falciola und Maître Brigatti, wahre Wunder.

CONSOMME XAVIER
SAUMON EN BELLEVUE
Sauce tartare
CUISSOT DE VEAU «ECARLATE»
Asperges à l'italienne

SOUFFLE «ALASKA»
CORBEILLE DE FRUITS

So lautete die Menukarte des Gala-Diners bei der Fahrt nach Istanbul am 29. März 1977. Von den Gästen wurde das Erscheinen in Abendkleidung erwartet ...

Als der Restaurantdienst auf die Schweizerische Speisewagengesellschaft überwechselte und als die Wagons-Lits-Schaffner durch junge Enthusiasten ersetzt wurden, änderte sich nichts am perfekten Service. Und auch, wenn einmal eine Idee nicht verwirklicht werden konnte, wie 1977 eine Reise Stuttgart–Athen oder 1979 eine Fahrt Zürich–Istanbul–Saloniki–Zürich, konnte das den Elan nicht bremsen. Am 8. Oktober 1980 lief der Nostalgie-Orient-Express erstmals von Zürich über

Lindau–München–Belgrad nach Istanbul und im Jahr darauf zum erstenmal auf der Simplon-Orient-Strecke von Paris über Mailand nach Istanbul. In jenem Jahr wurde er einmal bei einer Umleitung auf der oberbayerischen Strecke Rosenheim–Holzkirchen–München gesehen. Am 5. Mai 1982 startete er zu einer Reise Zürich–Arlberg–Budapest–Istanbul über Wien Südbahnhof, Ebenfurth und die Gleise der GySEV nach Sopron, geführt von zwei MÁV-Dampflok der Reihe 424.

Schon vorher, am 27. Oktober 1979, waren zwei Pullman- und ein Schlafwagen von der Tenderlok 275.037 von Györ nach Sopron gezogen worden. Überhaupt gab es öfter Sonderfahrten einzelner Wagen des Nostalgie-Orient-Express. So fuhr ein Teil der Garnitur, zusammen mit dem von Armin Glaser erworbenen Speisewagen 2749 und Sitzwagen erstmals hinter der restaurierten Mikado 141 R 1244 am 18. März 1979 zum Bodensee. Für einen Sylvesterausflug nach Wien wurden im gleichen Jahr die Pullman-Wagen 4149, 4158 und ein SBB-Speisewagen einem Schnellzug angehängt. Zur Rückfahrt wurden sie dem Arlberg-Expreß beigestellt. Für Sonderfahrten boten die SBB später auch ihren restaurierten historischen Speisewagen Nr. 25 an. Glatt kaufte auch „Rheingold"-Wagen, doch das gehört nicht zur Geschichte des Orient-Expreß. Besonders bekannt wurden die Frankreich-Rundfahrten des Nostalgie-Orient-Express unter dem Namen „Bordeaux-Reims-Express". Viel exotischer ist der „Transsibirian Special", den Al-

Nostalgie-Orient-Expreß Zürich–Istanbul bei Durchfahrt durch Hall in Tirol am 16. September 1978

*Sonderfahrt «L'Ouverture gastronomique du Centenaire de l'Orient-Express» mit dem Nostalgie-Istanbul-Orient-Expreß im März 1983*

bert Glatt – mit sowjetischen Wagen – auf Grund des Erfolges mit seinem Nostalgie-Orient-Express startete. Glatts Beispiel machte Schule: Auf indischer Meterspur wurden Fahrten des Maharadscha-Express angeboten. Und im September 1977 trafen in Kyoto Wagons-Lits-Wagen ein, um in der Nähe des Biwa-Sees die Japaner vom Orient-Expreß träumen zu lassen.

Überseeische Reisebüros wiederum bedienen sich des Nostalgie-Orient-Express in Europa. So wurden Passagiere von jenseits des Atlantik durch das traditionsreiche Reisebüro Raymond & Whitcomb geschickt. Ein Erfolg wurde eine Fahrt der „Society Expeditions" aus Seattle, die den Nostalgie-Orient-Express zum erstenmal am 4. Oktober 1982 von Paris über Reims, München, Wien, Budapest, Bukarest und Sofia nach Istanbul und zurück über Belgrad, Venedig, Interlaken und Béaune nach Paris führte. Die ganze Rundreise kostete 8900 US-Dollar, dafür gab es an der Gare de l'Est dann einen roten Teppich, Musik und Mannequins mit Windhunden (echten). Für 1983 wurden sechs und für 1984 acht weitere Fahrten angekündigt. Am 22. Oktober 1982 mietete den Nostalgie-Orient-Express die Young Presidents Association, eine Unternehmervereinigung aus den USA, in der nur Mitglied werden kann, wer über eine gewisse Mindestanzahl Untergebener gebietet, für einen Ausflug von Zürich via Arlberg nach Istanbul. In dem angehängten französischen Kinowagen hielt Jean des Cars einen Vortrag über den Orient-Expreß.

Das große Ereignis aber wurde das hundertjährige Jubiläum des Orient-Expreß im Jahr 1983. Auf einer Fahrt ins Blaue am 20. März 1983 durch die Nordostschweiz, bei der erstmals auch der Präsidentenspeisewagen eingesetzt war, feierten es Albert Glatt, seine Fahrgäste und seine Freunde, darunter der Generaldirektor der Schweizerischen Bundesbahnen, mit einem unvergeßlichen Diner, das wohl der Feste Georges Nagelmackers' würdig gewesen wäre. Zubereitet und serviert wurde es durch die Mannschaft von Max Kehl, einem der drei besten Köche der Schweiz, ausgezeichnet mit drei Mützen des Gault-Millau. Der Zug war unter dem Namen angekündigt worden:

L'OUVERTURE GASTRONOMIQUE DU CENTENAIRE DE L'ORIENT-EXPRESS

Eine viel weitere Jubiläumsfahrt des kompletten Zuges war für Mai vorgesehen worden: Abfahrt in Paris, Gare de l'Est, am 2. Mai gegen 16 Uhr, abends erstes Gala-Diner, am anderen Tag Empfang in München, dann in Wien großer Ball in einem Palais, Übernachtung im „Imperial", am 4. Mai offizielles Mittagessen in Budapest, abends Gala-Diner an Bord, am 5. Mai Empfang in Bukarest und am 6. Mai festliche Ankunft in Istanbul. Für den Service war die Brigade des französischen Präsidentenzuges verpflichtet worden. Als Reiseroute zwischen Deutschland und Österreich wurden die ursprüngliche Strecke über Simbach gewählt und zur Traktion die ölgefeuerte 41018 und die österreichische 52.3316 ausersehen. Da die Deutsche Bundesbahn die mit Dampfsonderfahrten verbundenen Probleme, ihren eigenen Presseverlautbarungen zufolge, nicht zu lösen vermochte, mußte die Dampftraktion auf das Gebiet der Österreichischen Bundesbahnen beschränkt werden. Für diese historische Reise wurde schließlich der Oktober 1983 als Termin festgelegt. Als Streckenführung wurde Paris – Reims – München – Krems – Wien – Sopron – Budapest – Debrecen – Sighişoara – Bukarest – Tirnowo – Istanbul vorgesehen. Und auf einigen Teilstrecken gab es Dampftraktion!

Der Erfolg des Nostalgie-Istanbul-Orient-Express, wie er nun hieß, ließ andere Unternehmer nicht ruhen. Ein vermeintlicher

Konkurrent, ausgerechnet ebenfalls aus Zürich, hatte vor Jahren zwei Schlafwagen in einem gewöhnlichen Zuglauf eingesetzt. Ein holländischer Veranstalter ließ nach Istanbul einen Orient-Expreß mit DB-Liegewagen fahren! Ein Zug mit grünen und einem roten Wagen der SNCF, am 5. September 1978 bei Skopje vom entgegenkommenden Athènes-Express aus vorüberhuschen gesehen, erwies sich auch als Eintagsfliege. Ernstzunehmen war die Ankündigung von Jean-Pierre Hutin, Direktor der bahneigenen französischen Firma „Vacances 2000", einen eigenen Zug mit Salon-Bar, Pullmans und neuen Schlafwagen nach Istanbul verkehren zu lassen, doch er fuhr nicht. Ein anderer Luxuszug war am 27. Mai 1977 tatsächlich von Paris auf der Simplon-Orient-Strecke nach Istanbul gestartet, aber er war nur für Mitarbeiter der Citroën-Werke bestimmt. Dieser „Orient Express Citroën" bestand aus sechs neuen Schlafwagen, dem Duschwagen, einem Salon-Bar-, einem Pullman- und nicht weniger als drei Speisewagen. Der nächste „Citroën" führte dazu rote DSG-Schlafwagen mit und lief über Prag.

Albert Glatt's Nostalgie-Istanbul-Orient-Express indessen verkehrte auf immer neuen Routen. 1987 führte eine Rückfahrt von Istanbul mit 17 Wagen über Venedig und den Gotthard nach Zürich. Im Herbst 1988 ging die spektakulärste Luxuszugreise aller Zeiten von Paris über Sibirien nach Hong Kong und daran schlossen sich Rundfahrten durch Japan. Zur gleichen Zeit fand der übliche Istanbul-Trip statt, wofür ausnahmsweise moderne Schlafwagen des Typs UH in alter Wagons-Lits-Bemalung eingesetzt wurden. Zwischen Lindau und Kempten mußte wegen Überlast schon in

*Nostalgie-Orient-Expreß Zürich–Istanbul mit 1042 der ÖBB bei Einfahrt in Innsbruck am 16. September 1978*

*Venice Simplon-Orient-Expreß Venedig–Boulogne mit BB 25500 der SNCF bei Chantilly im Juni 1982   Foto: Dahlström*

*Venice Simplon-Orient-Expreß Venedig–Boulogne mit Lokomotive E 656 297 und dahinter Schlafwagentyp Lx vor Abfahrt in Venedig am 7. August 1982*

Wegen der Balkankrise fielen von 1991 an die Istanbul-Reisen aus und Anfang 1993 erhielten die Freunde des Nostalgie-Istanbul-Orient-Express von Albert Glatt die traurige Mitteilung: „Infolge eines mißglückten Engagements mit einem Luxuszug in den USA mußten wir vor kurzem unseren Zug verkaufen. Das Reisebüro Mittelthurgau in Weinfelden hat ihn übernommen. 15 Wagen werden ab April in Rußland und Sibirien eingesetzt, die restlichen Wagen bleiben in der Schweiz und können nach wie vor gemietet werden. An dieser Stelle danken wir Ihnen ganz herzlich für Ihre Treue und Sympathie."

zwei Teilen gefahren werden, in Österreich zog einmal die 310, die extravagante Lokomotivschönheit aus der Kaiserzeit, und bei einer Fahrt zur Semper-Oper in Dresden (die DDR-Regierung legte auf Geheimhaltung eines solch kapitalistischen Zuges größten Wert) war die 18$^2$, die schnellste verbliebene Dampflok der Welt, vorgespannt. Es kamen „Rheingold"-Wagen hinzu und schließlich auch der renovierte Pullman 4080 des Typs „Flèche d' Or", der nach dem Krieg als Speisewagen von Zagreb aus und dann in britischen Militärzügen nach Berlin gelaufen war.

Bei der Auktion von Sotheby in Monte Carlo 1977 sind zwei Schlafwagen (3489, 3543) von James Sherwood, ersteigert worden. Er wolle einen Luxuszugdienst London–Dieppe–Venedig einrichten, hieß es dann überraschenderweise. Sherwood ist Multimilliardär („20 billion dollars" heißt es) und Besitzer des Sea-Container-Konzerns. Nach und nach erwarb er weitere Fahrzeuge, ein im Bau befindliches Luxushotel in London zusätzlich zu seinem Hotel Cipriani in Venedig und die Londoner „Harry's Bar". Und 1982 erschien die Sensation in der Presse: Für 11 Millionen Pfund hatte Sherwood 35 Wagen gekauft und komplett um-

*Venice Simplon-Orient-Expreß Folkestone–London im Anstieg bei Abfahrt aus Folkestone Harbour mit „Electro-Diesel" Klasse 73 am Zugende, mit britischen Pullman-Wagen, im August 1982*
*Foto: Dahlström*

*Die Lokomotive Nr. 11212 bringt Albert Glatts Sonderzug mit dem am 20. März 1983 die Jubiläumsfeierlichkeiten des Orient-Expreß eingeleitet wurden, zur Abfahrt in den Hauptbahnhof Zürich.*

bauen lassen, davon 23 der Wagons-Lits-Gesellschaft und 12 der britischen Pullman Car Company, für einen Luxuszugdienst London–Venedig, der nicht nur als Sonderzug, sondern nach festem Fahrplan das ganze Jahr über verkehren sollte!

Die vielfältigen Umbauten im Stil des 19. Jahrhunderts führten nach Plänen von Gérard Gallet die Wagons-Lits-Werkstätten in Ostende, die Bremer Waggonbau und das Steamtown Railway Museum in Carnforth durch. Die britischen Pullmanwagen für den Streckenabschnitt London–Folkestone waren früher teilweise im „Golden Arrow" gefahren. „Zena" und „Ione" liefen in den „boat trains" London–Plymouth, die mit ihrem Dampferanschluß nach Amerika zu den faszinierendsten Zügen überhaupt zählten. In den Schlafwagen vom Typ Lx für den kontinentalen Abschnitt Boulogne–Venedig wurde jeweils ein Schlafabteil durch einen großen Waschraum bzw. durch ein Dienstabteil für einen Kondukteur pro zwei Wagen ersetzt. Der Schlafwagen 3544 hatte im holländischen Königszug gedient, der Pullman-Wagen 4144 mit Lalique-Dekor war 1938 für König Georg VI. von Calais nach Paris gefahren und die Speisewagen 4095 und 4110 liefen einst im portugiesischen Sud-Expreß. Gebaut wurden sie 1927 als Pullman-Wagen 2. Klasse, Typ „Etoile du Nord". Ein Schlafwagen aus dem zum 1. November 1980 eingestellten „Night Ferry" Paris–London wurde ebenfalls erworben. Und der aus einem Speisewagen um-

*Tagesgarnitur des Nostalgie-Istanbul-Orient-Expreß hinter einer 218 auf Fahrt Zürich–München, bei Grafrath am 19. April 1983*

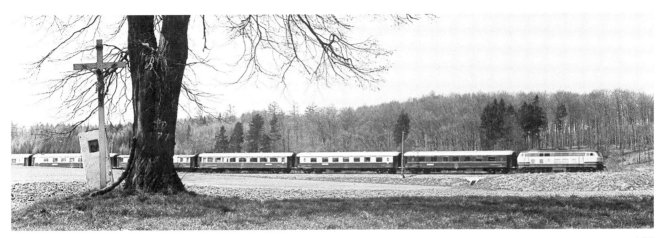

*100jähriges Jubiläum des Orient-Expreß-Sonderzuges, CIWL-Wagen des späteren „Pullman-Orient-Expreß" bei der Rückfahrt Salzburg–Paris in München Ost am 5. Oktober 1983*

*Venice Simplon-Orient-Expreß Venedig–Brenner–Boulogne mit 1020 als Vorspann bei Pettneu am Arlberg, 14. Juli 1984*

Oben: Venice Simplon-Orient-Expreß Venedig–Brenner–Boulogne mit der schönen CC 7137 bei Ankunft im Pariser Bahnhof Austerlitz, August 1984

Mitte: Nostalgie-Istanbul-Orient-Expreß Zürich–Istanbul via Rosenheimer Schleife, mit 1044 der ÖBB beim Kloster Reisach im Jahr 1985
Foto: Tausche

Unten: „Orient-Express" Venedig–Istanbul–Kusadasi im Anschluß an den Venice Simplon-Orient-Expreß, beim Auslaufen aus Piräus am 24. August 1987

*Eine blaue 11 der JŽ mit roten Rädern aus dem Doppelgespann des Tito-Zuges, ausgestellt in Zagreb, aufgenommen im September 1988*

*Die originalgetreu mit schwarzem Anstrich für Nostalgiefahrten renovierte 310.23, Gölsdorfs Lokomotivschönheit, hier ausnahmsweise nach Ankunft mit dem planmäßigen R 271 Prag–Wien in Gmünd am 1. Oktober 1994*

gebaute Bar-Salon-Wagen erhielt selbstverständlich ein Klavier.

Für die Kondukteure wurden nostalgische Uniformen geschneidert. Pullman-Lampen, Schaffnertaschen und eine Menge anderer nach historischem Vorbild eigens angefertigter Gegenstände kann der Reisende im Bar-Salon-Wagen oder in der neu eröffneten Pariser Boutique „Orient-Express" erstehen. Die Werbeplakate im Stil der Dreißigerjahre entwarf Fix-Masseau, der große Grafiker, der Eisenbahnplakate schon in den – Dreißigerjahren entworfen hatte. Die Mannequins auf den Reklamefotos wurden von Saint Laurent Rive Gauche und von Chloé aus London eingekleidet. Und den (geschützten) Namen „Simplon-Orient-Express" stellte die SNCF zur Verfügung. Daraus wurde der „Venice Simplon-Orient-Express".

Am 22. Mai 1982 war es soweit: Der Expreß startete in London, unter den Passagieren befand sich Liza Minelli. Zwischen dem Victoria-Bahnhof und Folkestone wird in den englischen Pullman-Wagen ein „light luncheon" gereicht, auf der planmäßigen Sealink-Fähre ist für die Fahrgäste der Verandadeck-Salon reserviert und in Boulogne erwartet sie der Schlafwagenzug. „Der Service und die Küche entsprechen höchstem internationalen Standard", heißt es in dem Prospekt und so sieht eine Speisekarte für das Dinner aus:

*Cassolette d'écrevisses en gelée
de sauternes
Dos de turbot aux cornes d'abondance
Deux mignons de veau
Gratin de courgettes et tomates au romarin
Fromages
Poire pochée au vin rouge
Sorbet aux mûres de framboisier
Mignardises*

In Paris berührte der Zug den Bahnhof Austerlitz, die Fahrt über Gare de l'Est war geplant. In Lausanne am anderen Morgen hielt er, um frische Croissants und Zeitungen an Bord zu nehmen und am Vormittag wird den Passagieren ein „brunch" serviert. Der Fahrpreis London–Venedig wurde mit 250 Pfund am Flugticket erster Klasse orientiert, zuzüglich 325 Francs für das Dinner, 60 bis 90 Francs für den Burgunder und bis zu 420 Francs für den Champagner. Dennoch waren die ungefähr 180 Plätze in der Saison sofort auf Monate hinaus ausgebucht. Es erschien möglich, die für eine Rendite notwendige siebzigprozentige Auslastung über vier Jahre hinweg zu erzielen. In England werden mit den Pullman-Wagen auch Sonderfahrten unternommen und für den kontinentalen Zug kamen ähnliche Pläne ins Gespräch.

Unter den Passagieren des Venice Simplon-Orient-Express sind in der Saison viele nette Amerikaner, darunter auch Familien. Rührend zu sehen, wie in Venedig ein gelähmter Vater im Rollstuhl seinem Sohn den Zug erklärte, mit dem sie fuhren: „... and this is the diner". Zwischen Paris und London kehrte offenbar eine Klientel zurück, die vor Jahren mit Abschaffung des „Golden Arrow" aufs Flugzeug umgestiegen war. Ein Journalist berichtete aber auch von Abendanzügen und Seidenhandschuhen und einmal soll sogar ein Passagier im „Highland dress" erschienen sein.

Der Ganzjahresbetrieb konnte allerdings nicht durchgehalten werden, da die Geschäftsreisenden ausblieben. 1984 wurde erstmals die für Touristen interessantere Route über Arlberg und Brenner nach Venedig befahren und zeitweilig ein Schlafwagen in Schnellzügen bis Florenz weitergeführt. Von 1985 an ging es über Paris Est und 1986 kam der Anschluß nach der Türkei zustande: Sherwood ließ ein Fährboot zu dem eleganten Schiff „Orient Express" umbauen und setzte es im Anschluß an seinen Venice Simplon-Orient-Express auf dem Kurs Venedig–Piräus–Istanbul–Kusadasi–Venedig ein.

Ab 1988 fuhr der Expreß auf der Arlberg-Route auch nach Wien, 1989 manchmal mit Rückfahrt über die Orient-Expreß-Strecke via München und zeitweilig auch bis Budapest. Der Luxuszug kürzte die Fahrt über die „Rosenheimer Schleife" ab. Als aber im Juli 1990 wegen Zusammenbruchs einer Autobahnbrücke die Bahn bei Kufstein unterbrochen war, fuhr der Zug über Zell am See – auf der originalen Arlberg-Orient-Expreß-Linie!

Auf Arlberg und Brenner wird in Doppeltraktion gefahren. Wegen Bremsproblemen mußte am Arlberg auch schon eine Mittellok eingereiht werden. Dort fuhr anfangs meist die Reihe 1020, die Lokomotive des Arlberg-Orient-Expreß der Nachkriegszeit. In Südtirol zog auch die khakibraune E 636, ebenfalls eine Traditionslok.

Einmal lief der Venice Simplon-Orient-Express hinter zwei roten Ae 6/6 ausnahmsweise über den Gotthard nach Venedig und für den 6. September 1994 ist eine einmalige Reise nach Prag angekündigt worden. Vom Sommer 1993 an verkehrte der Luxuszug zeitweilig von Düsseldorf aus über Arlberg und Brenner nach Venedig. Stammlok am Rhein war die schöne blaue E 18 03, wogegen sich amtliche Bedenken anmeldeten. So durfte zuweilen die ebenfalls blaue 110 348 die fünf Wagen, darunter einen „Rheingold"-Barwagen, ziehen. Für den 28. August 1998 wurde schließlich die erste Fahrt des Venice Simplon-Orient-Express nach Istanbul über Budapest–Bukarest angekündigt.

*Nostalgie-Istanbul-Orient-Expreß Istanbul–Zürich wegen Einsatzes der Lx-Schlafwagen auf der Sibirien-Japan-Fahrt ausnahmsweise mit neueren Schlafwagen des Typs UH am 8. Oktober 1988 bei Zorneding vor München*

Auch 1995 wurde der „Venice Simplon-Orient-Expreß" Venedig–Düsseldorf–Venedig im Abschnitt Frankfurt–Düsseldorf u.z. mit der E 18 03 bespannt. Die DB-Museumslok trägt jetzt die Computernummer 118 003. Am Schluß läuft der Barwagen 24 503, umgebaut aus „Rheingold"-Wagen.
Foto: Pempelforth

Auch für den Nostalgie-Istanbul-Orient-Expreß kündigte dessen neuer Besitzer, das Reisebüro Mittelthurgau, für den Herbst 1998 eine Reise nach Istanbul an. Schon 1993 hätte der ehemalige DDR-Regierungszug und 1996 der NIOE zum Bosporus fahren sollen, aber die Situation auf dem Balkan hatte das verhindert. Da die ehrwürdigen Schlafwagen des Typs Lx in Rußland liefen, wurden als Ersatz moderne DSG-Schlafwagen AB 33 mit Klimaanlage und Dusche blau lackiert, mit dem gelben Schriftband „Train de Luxe NOSTALGIE ISTANBUL ORIENT EXPRESS".

Noch ein dritter nostalgischer Orient-Expreß erschien auf Europas Gleisen. 1994 propagierte die Compagnie des Wagons-Lits, wie die Internationale Schlafwagengesellschaft, also der authentische Orient-Expreß-Betreiber, nunmehr heißt, den exklusiven „Pullman-Orient-Express". Seine Wagen waren bereits im Oktober 1983 zum hundertjährigen Jubiläum als Sonderzug von Paris nach Salzburg gefahren. Der Pullman Orient-Express besteht aus je zwei Pullman- und Barwagen vom Typ „Côte d'Azur", dazu einem Duschwagen, alle blau-cremefarben lackiert, bis zu vier blauen Speisewagen und bei Bedarf normalen Schlafwagen. Küchenchef ist der vom „Centenaire" her bekannte Michel Merlette.

Und die Freunde von Alby Glatt konnten 1996 folgenden Brief vorfinden: „Nach einer schöpferischen Pause freuen wir uns, Ihnen wiederum ganz spezielle Reisen mit Liebe zum Detail anzubieten. Einige dieser Reisen werden in Zusammenarbeit mit unseren langjährigen Partnern organisiert... Die Reise nach Dresden findet mit dem Luxuszug ‚Pullman Orient-Express' der Compagnie des Wagons-Lits aus Paris statt". Noch weitere Projekte mit den erstaunlichsten Firmenpartnerschaften hat dieser Pionier der Schienenkreuzfahrten im Visier...

Auch andere interessante Initiativen hat es gegeben. Die Österreichischen Bundesbahnen ließen die zuvor in Telfs als Museum stehenden ISG-Wagen 4032 und 4250 für Sonderzüge restaurieren. Für Fahrten mit der berühmten 310 bauten die Bahnwerkstätten České Velenice einige ÖBB-Wagen zu dem schwarz lackierten Phantasiezug „Le Majestic" um. Unter seriösen denkmalpflegerischen Auflagen wurde 1997 die Renovierung der meterspurigen Salons des blau-weißen ehemaligen „Golden Mountain Pullman" eingeleitet. Exklusive Fahrten von der Rhätischen Bahn aus nach Zermatt und auch ins italienische Tirana wurden ins Programm aufgenommen. Und natürlich wird die Strecke von Chur nach St. Moritz befahren, wo einst der Engadin-Expreß im Anschluß an den Arlberg-Orient-Expreß verkehrte.

In Rumänien sollte der ältere blau-weiße Regierungszug für Touristen mit Dampf über die Karpathen fahren. Er ist dem Diktator Ceausescu nicht gut genug gewesen, weswegen er sich einen noch prächtigeren hatte bauen lassen. Dessen bürgerlich-prunkvolle Dekoration steht in krassem Gegensatz zu dem großzügig-modernen Stil des bekannten blauen Tito-Zuges. In Bulgarien sind noch vier alte hölzerne Salonwagen vorhanden. Der eigentliche olivgrüne Regierungszug „Witoscha" aus der DDR ähnelt dem ostdeutschen Regierungszug und ist wie dieser auf russische Breitspur umsetzbar. Nur auf Normalspur konnte der Salonzug des ungarischen Präsidenten Kadar verkehren, da es sich bei ihm um einen Dieseltriebwagen handelt, es gibt aber auch einige Salonwagen in Ungarn. In der Tschechoslowakei diente Masaryk's blauer rollender Salon auch den Kommunisten. Nach der Wende tauchten in manchen dieser Länder Überlegungen zur touristischen Vermarktung der Salonzüge auf, es wurden aber auch Rückzieher gemacht.

Aus anderen Beständen, unter anderem der ISG, kommen die 26 Wagen der Baujahre 1911 bis 29, die in Griechenland 1994 unter nationalen Denkmalschutz gestellt und damit für den Export gesperrt worden sind. Die Tageszeitung „To Vima" veröffentlichte 1995 die Idee, aus zunächst drei der alten Fahrzeuge, einem Speise- und zwei Schlafwagen, den griechischen „Orient-Expreß" zu bilden. Die erste Fahrt soll zwischen Athen und Saloniki stattfinden.

Bei dieser Vielzahl an Nostalgiezügen fragt sich das Publikum, welcher nun eigentlich der „Orient-Express" ist. Um den berühmten Namen als Warenzeichen wird prozessiert, seitdem es VSOE-Boutiquen gibt, denn die Warenzeichenrechte hatte lange zuvor die New Yorker Modefirma „Hunting World" erworben. Für Züge unterliegt der Name offenbar nicht dem Warenzeichenrecht, sondern er wird von den Französischen Eisenbahnen SNCF verwaltet. Diese hielten an der Bezeichnung „Orient-Express" für den bescheidenen Schnellzug Paris–Budapest fest, weswegen die Nostalgiezüge offiziell ein wenig anders heißen mußten. Merkwürdig mutet es an, daß fran-

*Oben: Sonderzug Nürnberg–Budapest mit Lokomotive 18 201 bei der Ausfahrt vom Regensburger Hauptbahnhof in Richtung Straubing am 11. Juli 1996. Foto: Turnwald*

*Unten: Die modernen blauen Schlafwagen 3334, 3342 und 3318 des Nostalgie-Istanbul-Orient-Expreß, ehemals Serie 33 000 der DSG, und der ebenfalls blaue „Dienstwagen" 4501, ehemals Gepäckwagen der SBB, abgestellt in München am 4. Januar 1998*

zösische Eisenbahndienststellen wegen des Namensrechts und der Gebühren dem Venice Simplon-Orient-Expreß unterwegs einmal den Speisewagen ausgespannt haben – und damit ihre bestzahlende Kundschaft vor den Kopf stießen! Es wurde aber schon in den achtziger Jahren davon gesprochen, den werbeträchtigen Namen „Orient-Express" vernünftig geregelt an Privatunternehmer zu vergeben, zum Beispiel unter der Bedingung, daß deren Zug einem gewissen Standard entspricht und mindestens einmal im Jahr nach Istanbul fährt.

Unterdessen ist der „Orient-Express" zum weltweiten Begriff geworden. James Sherwood wollte 1986 Luxuszugfahrten in China mit renovierten ehemaligen ISG-Wagen durchführen. Der „Orient Express in China" sollte, wie die Fachpresse schrieb, von Hong Kong aus mehrtägige Touren nach Peking unternehmen. Die 1988 durch Glatt durchgeführte Reise Paris–Hong Kong hätte ursprünglich durch VSOE abgewickelt werden sollen. Sherwood konnte das chinesische Projekt damals nicht verwirklichen, aber am 19. September 1993 startete mit neuseeländischem Material sein Luxuszug „East & Oriental Express" von Singapore nach Bangkok. In den USA nahm der ursprüngliche American European Express, der Alby Glatt so viel Unglück gebracht hatte, unter dem Namen „American Orient Express" Touristenfahrten auf. Sogar in Mexico, auf der sensationellen Gebirgsstrecke von Chihuahua zum Pazifik,

ging ein Orient-Expreß für reiche Amerikaner in Betrieb, der „South Orient Express". Noch an einigen anderen Plätzen der Welt stehen „arbeitslose" Schlafwagenzüge herum, die sich zu einem „Orient-Express" umstilisieren lassen würden. Daß die Fahrzeuge nie in diesem gelaufen sind, macht anscheinend nichts, und auch viele der Wagen der europäischen Nostalgiezüge taten das nicht. Pullmans aus anderen Luxuszügen, alte „Rheingold-" und neue Ausichtswagen ergaben für so manche der beliebten kurzen billigen Tagesfahrten erst das passende „Disneyland"-Erscheinungsbild.

Nicht nur der alte Orient-Expreß, sondern auch die Nostalgiezüge sind schon in die Literatur eingegangen. Kein Geringerer als Gregor von Rezzori, durch seine Geburt in Czernowitz als k.u.k.-Österreicher für Orient-Expreßgeschichten privilegiert, schildert in dem Roman „Kurze Reise übern langen Weg" die Fahrt eines alternden Amerikaners armenischer Herkunft, geboren unweit der Donaumündung, mit dem Venice-Simplon-Orient-Express. Der Kritiker O. F. Beer schreibt darüber in der Süddeutschen Zeitung: „Und natürlich begegnet er auch im neuen Orientexpreß einer Dame, nicht ganz so hochklassig wie es damals im Train de luxe der Fall war, aber doch eine deutliche Parallele. Aber weil nun heute alles Talmi ist, ist es auch dieser Flirt. Zur geplanten Nacht im Schlafabteil kommt es nicht, weil er die Abteilnummer vergessen hat."

# Auf den Spuren der alten Orient-Expreßzüge

## Nach London...

*Wer nach Istanbul, Bukarest, Athen reisen wollte und konnte, nahm einen der Orient-Expreßzüge. Wer nach London fuhr, nahm die gleichen Züge, nur in Gegenrichtung. Ostende-Orient-, Arlberg-Orient-, Simplon-Orient-, Tauern-Expreß, dazu der Nord-Expreß: alle hatten im Westen London zum Ziel, mit Umsteigen am Ärmelkanal natürlich.*

Aachen, 4. Januar 1979: Um fünf Uhr früh wird der Londoner Teil des Nord-Expreß, ein einziger Wagen, dem aus Split kommenden Tauern-Expreß beigestellt. Hinter der graublauen belgischen Ellok 1604 geht es in Richtung Brüssel. Nach der hallenden Durchfahrt durch den dortigen Stadttunnel begegnen wir an dem noch immer düsteren Morgen im Südbahnhof Bruxelles-Midi, unterhalb der Gründerzeitsilhouette des Justizpalastes, dem Zug 298 aus Basel via Luxemburg mit Wagen aus dem Arlberg- und dem Italien-Holland-Expreß. In Ostende wird er an das gleiche Fährschiff anschließen wie „unser" Tauern-Expreß.

Draußen liegt Schnee. Die Backsteinhäuser auf dem flachen Land sind verschneit wie die Weidenbäume und die Pappelalleen. In Gent werden die Gleise von Reihenhäusern gesäumt, die so alt und verschnörkelt aussehen wie die belgischen Vorkriegswagen der beiden hintereinander herfahrenden Grands Express. Bei Ankunft in Ostende ist rechts ein ehrwürdiger blauer Schlafwagenzug aus Y-Typen zu sehen.

Kofferschleppen und Rolltreppenfahren, dann sind wir an Bord des Schiffes, der „Prins Albert". Das Frühstück und der Kaffee im Speisesaal, von Wagons-Lits serviert, tun gut nach der Nachtfahrt. Und das Schaukeln auf den grünen Wellen ist eine Abwechslung... Die Kreidefelsen von Dover sind schon in Sicht, als die „Prins Albert" in der Nähe eines Feuerschiffs die Maschinen stoppt und nun in der hohen See dümpelt. Die Western Docks seien gesperrt wegen des Oststurms, heißt es. Der Kapitän wird um Genehmigung anfragen, die Eastern Docks anzusteuern.

Das Einlaufen dort gestaltet sich schwierig. Statt um 12 Uhr 45 legt das Schiff erst um

*London, Liverpool St. Stn. – ein Continental Boat Train nach Harwich, am 6. Januar 1979*

*Ostende-Wien-Expreß in Brüssel Süd – Bruxelles Midi – am 1. November 1985*

zwei Uhr nachmittags an. In überfüllten Omnibussen geht es zunächst zum Zoll, dann zum Bahnhof Priory. Dort verkündet eine Kreidetafel: „Unterbrechung wegen einer Entgleisung bei Ashford". Der nächste Zug nach London fährt via Canterbury East und Chatham, mit Halten auf allen Stationen.

Es ist ein Elektrotriebzug mit Seitenstromabnehmern, wie alle Continental Boat Trains. Die altmodischen Waggons sind unten eingezogen, einige mit vielen Seitentüren ausgestattet, blau mit hellgrau gestrichen. Innen blinzeln tulpenförmige Lampen durch geflochtene Gepäcknetze auf gemütliche Stoffsitze.

Im Abteil sitzen acht Personen, die Gänge sind überfüllt, aber niemand beschwert sich. Schnee liegt auf den Gleisen, irgendwo steht eine Diesellok mit Schneepflug und in Deutschland haben die Zeitungen von einer „Schneekatastrophe in England" geschrieben.

Langsam wird es dunkel. Draußen ist kaum mehr etwas zu sehen, so daß der Krimi „Miss Hinch" nun interessanter erscheint als das vergebliche Hinausschauen: „Ein Expreßzug donnerte gerade herein und der Geistliche mit seinem dicken Krückstock hätte ihn fast nicht mehr erreicht...". Chatham, noch fünfzig Minuten bis London. Im Wagen ist es kalt. „... Die Frau mit Hut und Umschlagtuch saß in einer Art traurigen Schweigens; und der Zug warf sich heulend durch den Tunnel ...". Lichter draußen. „... Und mit dem nächsten Atemzug brauste donnernd der Gegenzug vorbei...". Aufstehen. Jemand sagt: „The station", ein Anderer „Victoria."

Nach dem Aussteigen behält der Kontrolleur das Rückfahrtbillet. Meine Frau sagt „Rückfahrkarte" aus Müdigkeit in ihrer Muttersprache „M' epistrophy". Darauf der Beamte stoisch: „Yes, Mepistrophy", und gibt die Fahrkarte zurück, so als ob er die seltene Sprache verstanden hätte. London ist eben eine Weltstadt ...

## Gastarbeiterzug...

*Kaum mehr als ein halbes Jahrhundert lang war der Orient-Expreß ein Luxuszug, Arlberg- und Simplon-Orient nur zwei Jahrzehnte lang. Über ein anderes halbes Jahrhundert fahren oder fuhren sie oder ihre Nachfolger für jedermann. Die wichtigsten Nachfolger des Ostende-Orient waren Hellas- und Istanbul-Expreß – die Züge der Gastarbeiter.*

Dortmund Hbf, 10. August 1986: „Am Gleis 18 bitte die Türen schließen, Vorsicht bei der Abfahrt des Zuges", das ist die ganze Durchsage, wenn der Hellas-Expreß, wie damals tagaus, tagein, seine fast dreitausend Kilometer lange Fahrt nach Athen antritt, vorüber an dem stillgelegten Stahlwerk hinaus in die grüne Landschaft. Erinnerung nurmehr ist es, als hier im Ruhrgebiet der Rauch der Zechen und Stahlwerke den Himmel verdüsterte und als, außer den vielen 01, einigemale am Tag auch eine 05 mit ihren 2 Meter 30 hohen Rädern vorüberdonnerte. Erster Halt nach einer Viertelstunde: HERNE, ein leerer Bahnsteig. Saubere neue Häuser, WANNE-EICKEL. Beim nächsten Halt eine Lautsprecherdurchsage: „Gelsenkirchen Hauptbahnhof. Eingefahrener Schnellzug Hellas-Expreß fährt weiter nach Athen". Eine Kokerei, endlich Kohlenpott: ESSEN-ALTENESSEN. In Oberhausen steigen die ersten Mitreisenden in den Liegewagen zu, Griechen, eine Familie mit Kindern. DUISBURG, DÜSSELDORF, ein IC überholt uns, er wird um Stunden früher in München sein, dann wird die IC-Strecke durch das wilhelminische Brückenportal der alten Rheinbrücke wieder verlassen. NEUSS, Getreidefelder, bald taucht die Silhouette des Kölner Doms auf, Einfahrt in die Rundbogenhalle: KÖLN Hbf.

Jetzt erst hat sich der Zug gefüllt, er fährt am „falschen", dem meist Güterzügen vorbehaltenen rechten Rheinufer, weswegen er in Beuel statt in Bonn hält. Links liegt das Siebengebirge, rechts der Rhein, dazwischen kleine Städte, Gründerzeitfassaden aus Sandstein, irgendwo ein Volksfest, ein Fußballspiel am sonnigen Sonntagnachmittag, in Boppard, nun wieder auf dem „richtigen" Ufer, der Raddampfer „Goethe" und vor dem Bahnhof bunte Kaffeehaustische – Deutschland wie aus dem Bilderbuch.

Bingen – Erinnerung nurmehr, wie einst der Rheingold mit 01 mitten durch die Stadt raste, oder am anderen Ufer, in Rüdesheim, mit hohl-fauchendem Getöse und schleudernden Rädern der schwere Jugoslavia-Expreß anfuhr, oder wie nachts das tiefe Donnern der Dampflok von der Mainzer Strecke herauftönte ...

In Worms, Ludwigshafen, Mannheim, Bruchsal steigen wieder Griechen zu. Es gibt Picknick im Abteil, man teilt aus, man wird eingeladen. Vor Jahren war der Zug schon von Köln, ja von Dortmund an überfüllt, erzählt ein Gastarbeiter. Seit zwanzig Jahren schon ist er in Deutschland, immer bei der gleichen Firma. In Stuttgart kommt ein Ehepaar ins Abteil, Lazaros heißt er – im Hellas-Expreß ist man per du – er arbeitet bei Mercedes, sie fahren nach Saloniki. Ein anderes Paar muß von dort noch

*Gastarbeitersonderzug Wiesbaden–Athen in München Hbf. am 18. Dezember 1971*

einmal einen Tag lang bis Nea Orestiada an der türkischen Grenze weiterfahren. PLOCHINGEN, der zwölfte Wagen hat nicht mehr am Bahnsteig Platz. GÖPPINGEN, dann die Dächer von Geislingen, hier hält der Zug nicht, da die 111 die Steige alleine schafft (der schwerere Jugoslavia-Expreß benötigt eine 194 als Schublok). ULM, das Münster mit dem höchsten Kirchturm. Schwäbische Dörfer, Fachwerkhäuser, Obstgärten ... der Spätnachmittag könnte ewig dauern, vergessen, daß es die Welt weit draußen gibt, sich sagen lassen, wie man Obstbäume zieht, am Nachmittag zu Kaffee und Kuchen hinter sauberen Gardinen sitzen, draußen den Hellas-Express vorbeifahren zu sehen, in Fernen, die uns nichts angehen ...

## Simplon-Orient

*Ein Orient-Expreß „plein de Ritz", wie der Dichter Léon Paul Fargue das ausdrückte, war der letzte Simplon-Expreß, auch als er noch Simplon-Orient hieß, wahrlich nicht mehr. Sein Paris war nicht das Paris des Ritz, sondern das Paris der Orientalen und Afrikaner zwischen Place de Stalingrad und der Lokomotivenvorstadt La Chapelle.*

Ein Hauch von Ritz hat sich am Austerlitz-Bahnhof erhalten, wo in jenem Jahr der Venice Simplon-Orient-Express bereitsteht. Hinter einer CC 7100, der immer noch schönen Ellok, deren Design vor Jahrzehnten der Bildhauer Paul Arzens geschaffen hat, lassen die dunkelblauen Wagen mit den Goldbuchstaben, die korrekt uniformierten Schaffner, die Gepäckträger, der Schimmer von Mahagoni und Plüsch hinter den spiegelnden Fenstern und gar der rote Teppich auf dem Bahnsteig die Belle Epoque aufleben ...

Der Kauf eines Billets für den Simplon-Expreß auf der Gare de Lyon holt sehr schnell in die Realität zurück. Menschenschlangen am Fahrkartenschalter, nochmal anstehen am Bankschalter, nach Stunden endlich hat man ein Schlafwagenbillet ergattert. Bartstoppelige Gastarbeiter, einzelne Serben mit Pelzmütze, irgendwo eine Orientalin im Tschador, alte Leute mit noch älteren Koffern, junge Eurail-Touristen mit Schlafsack warten auf den Expreß, als er an einem

*Plakat zur Eröffnung des Simplon-Tunnels    Archiv: SBB*

Augusttag des Jahres 1984 hereingeschoben wird. Der dritte Wagen von hinten ist der blaue Wagon-Lits der Jugoslovenske Zeleznice.

Der jugoslawische Schaffner entschuldigt sich, daß er nicht französisch kann, er spreche nur – deutsch. Er geleitet in die Welt aus Plüsch, morgen wird er den Frühstückskaffee servieren. Auf dem kognacfarbenem Sofa hinter den diskret geschlossenen Wänden in Holzmaserung, über weichen Teppichen und zwischen den Dutzenden von Schaltern für großes Licht und kleines, für Leselampen und Rufanlage ist die Welt noch in Ordnung. Der Bahnhofslautsprecher krächzt „Le Rapide Simplon-Express ...", zählt die Stationsnamen auf „... Ljubljana, Zagreb, Slavonski Brod, Vinkovci, Sremska Mitrovica, Ruma, Belgrade" (Istanbul und Athen sind nicht mehr dabei; kein Wunder, daß der Zug bald einging, wer fährt schon nach Sremska Mitrovica).

*Linke Seite oben: Hellas Expreß Dortmund–Athen mit 110 vor Burg Rheinstein am 30. April 1972*

*Linke Seite unten: Austria-Expreß, einst eine Verbindung nach Athen mit 111 in der Salzachschlucht am 6. Januar 1984*

*Zweiter Teil des Direct-Orient bei Sion im Wallis am Morgen des 18. Januar 1970*

*Rechte Seite oben: Sowjetischer Schlafwagen Rom–Moskau während der Überstellung auf den Simplon-Expreß in Venedig am 30. April 1971*

*Rechte Seite unten: Venice Simplon-Orient-Expreß aus Boulogne beim Überqueren des Dammes nach Venedig am 7. August 1982*

Unter dem Gewirr der Gleichstromleitungen windet sich der Expreß hinaus aus der Bahnhofshalle, wirft sich in die Kurven von Villeneuve-Saint-Georges und bei Kilometer 23 ist er erst zwölf Minuten unterwegs, das heißt, er erreichte durch die kurvenreiche Ausfahrt von Paris hindurch einen Schnitt von 100 km/h, was manche andere Bahn nicht einmal auf offener Strecke schafft. Vive le train!

Ob es einen Speisewagen gibt? „Ja, Kantina", sagt der Schaffner. Der Kellner im Buffetraum ist nett, Jeans-Set statt Jet-Set sein Publikum. Tische und Sonnenschirme an einem Bahnhofsbuffet, MORET-VENEUX-LES-BAINS ist im Vorüberfliegen zu lesen. Einen Knall gibt es jedesmal, wenn ein Zug entgegenkommt. Um halb neun Uhr abends, am Tunnel von Laroche, bremst der Zug zum erstenmal seit Paris, sonst machte er stundenlang volle Fahrt. Ein Regenschauer geht über frisch gemähte Wiesen nieder.

Das Bett im Single-Abteil ist gemacht. Der Simplon-Expreß trägt uns in die Nacht hinein ...

Aufwachen in der Dunkelheit, eine hohe Bergkette gegenüber, der Mond über den Gipfeln, unten ein Nebelstreif, ein, zwei Lichter über dem Tal, ein Kirchturm. Anhalten, Stationsschild BRIG.

Einfahrt in den Simplon.
Ein Fensterspalt Tunnelluft.
Simplon-Granit.
2 Uhr nachts.

„... ‚Der Lokomotivführer?' schrie er und starrte nach den Felsmassen, die in das grelle Licht der Scheinwerfer hinaufstürzten, ihm entgegen, die auf ihn zurasten, und über ihm, unter ihm und zu beiden Seiten des Führerraums verschwanden. ‚Abgesprungen'...",

so zerschellt Dürrenmatt's Simplonzug in „Der Tunnel".

6 Uhr morgens. Das Fenster steht offen, Wind knattert herein, romanische Städte Oberitaliens im Vorbeifahren. Die Nacht war viel zu kurz gewesen. Die Gedanken sind noch beim Träumen, bei einer früheren Reise im Simplon-Orient-Expreß, beim Nebel, der damals über dem Abend lag. Ankunft in Venedig damals, im Zug auf dem Damm über das Meer, in der Lagune Fernleitungsmasten, die stählernen Füße im Wasser.

Der Schlafwagenschaffner serviert den Morgenkaffee am Bett. Der Zug fährt nicht mehr über Venedig, in Mestre muß umgestiegen werden, um 6 Uhr 57. Nein! – Weiterschlafen bis Triest.

Die Morgenrasur beim offenen Schlafwagenfenster während des Halts in Portogrua-

*Ersatzzug Triest–Venedig für den verspäteten Venezia-Expreß aus Athen bei Ausfahrt aus Triest am 18. August 1984*

*Platz nehmen in dem aus einem einzigen Wagen bestehenden Zugteil Venedig–Paris zur Überstellung in Mestre auf den Simplon-Expreß, aufgenommen in Venedig am 15. August 1985*

ro (draußen warten normale Leute auf normale Züge), der Gleitflug abwärts die triestiner Riviera entlang, Pinien, unten das Schloß Miramar (von dort war Maximilian von Habsburg nach Mexiko gesegelt, wo er hingerichtet wurde), weit das Meer ... das ist die Ankunft in Triest. Der Hafen liegt leer da. Die Restaurants sind teuer, tot. Leben? Das gibt es am ehesten in den engen Gassen, in den Kneipen, wo vielleicht noch einer der vergilbten k.u.k.-Seeoffiziere aus den Geschichten von Herzmanovsky-Orlando zur Tür hereinkommen mag. Oder am Bahnhof, wenn (damals!) der Venezia-Expreß nach Athen und Istanbul dasteht: Schwarze warten neben Unmengen Gepäcks, Twen-Reisende waschen sich am Bahnsteigbrunnen, einer läuft in Badehose herum. Der Zug hat keinen direkten Schlafwagen, der Liegewagen nach Athen ist verdreckt, seine Vorhänge sind speckig, die Löcher in den Plastiksitzen mit Flicken zugeklebt.

„Raus", schimpft ein Italiener, der glaubt, das Liegeabteil für sich und seine Frau al-

## Auf den Gleisen des Balt-Orient-Expreß

*Der Orientzug der osteuropäischen Länder der Nachkriegszeit war der Balt-Orient-Expreß – bewußt ein Pendant zu den westlichen Orient-Expreßzügen – in der ursprünglichen Relation von Stockholm über Posen und Budapest nach Belgrad zum Wagenübergang auf den Simplon-Orient-Expreß ...*

Ein Bahnsteig gegen Mitternacht in der Kathedrale des Ostbahnhofs, eine im Leerlauf brummende M 63 – Diesellok und acht Wagen des Expreßzuges „Puschkin", als letzter der ungarische Wagon-Lits nach Athen, das sind die ersten Eindrücke von der Abfahrt mit einem „kommunistischen" Expreß in Budapest an einem Augusttag 1979. Am Abend zuvor hatte es bei der Rezeption in dem Hotel nahe dem Bahnhof genügt, sich auf den Kellner des Orient-Expreß aus Paris zu berufen, und in dem ausgebuchten Hotel war ein Zimmer frei geworden. Nun geht es in die Nacht hinein auf den Spuren des einstigen Istanbuler Flügels des Balt-Orient (die schwarzhaarige Schöne im Seitengang ist keine Madône des Sleepings, wie sich herausstellen sollte, sondern Eleni, Pianistin aus Preßburg, staatenlos, aus Saloniki emigriert nach dem Bürgerkrieg und unterwegs zu ihrem ersten Besuch in ihrer Heimat). In Kiskunhalas werden sechs sowjetische RIC-Schlafwagen aus Moskau beigestellt. Irgendwann in der Nacht poltern Grenzkontrollen mit Leitern und Taschenlampen durch die Waggons, die Hohlräume im Dach und sicher auch der ganze Zug von unten werden nach Flüchtlingen durchsucht. Im Morgengrauen winden sich die nunmehr dreizehn Wagen durch die Kurven an der Donaubrücke bei Novi Sad. Im ersten Tageslicht geht es vorüber an der Hochhaussilhouette des neuen Belgrad, über die Save hinweg, vorbei an dem noch immer qualmerfüllten Lokbetriebswerk, in den alten Hauptbahnhof.

Gedränge auf dem Bahnsteig, alte Weiblein und Väterchen trinken am Brunnen, in die Sitzwagen quetschen sich Rucksacktouristen und die Züge werden durcheinanderrangiert. Der Budapester und ein oder zwei russische Schlafwagen werden dem Vene-

leine zu haben. Der Schaffner der Wagons-Lits-Gesellschaft macht ihm klar, daß da ein halbes Dutzend Leute hineingeschichtet wird. Er spricht französisch, englisch, italienisch, deutsch, serbokroatisch und griechisch. Der Italiener aber reicht zur Entschuldigung die Hand – sie ist verkrüppelt. „Vor El Alamein verwundet", erklärt er, „mit Rommel in Afrika gekämpft."

Die Sonne ist hinter dem Meer untergegangen, Miramare bleibt zurück. In Sežana werden Leute aus dem Zug geholt, zur Zollkontrolle. Der Expreß nach Osten fährt weiter in die Nacht hinein ...

*Vierzig Jahre bei Wagons-Lits ...*

*In dem vom Erdbeben zerstörten alten Bahnhof von Skopje, Juni 1969*

zia-Expreß nach Athen und einige von dessen Wagen wiederum dem Marmara-Expreß nach Istanbul angehängt.

Der Venezia-Expreß durchquert hinter einer silberfarbenen Ellok der Reihe 461 die südöstlichen Vororte, vorüber an dem Schuppen, wo Soldaten den Staatszug Tito's bewachen, hinauf zum Ripanj-Tunnel. Draußen kleine Bauernhäuschen in Sonnenblumengärten, irgendwo eine orthodoxe Kapelle, Friedhöfe weit außerhalb der Ortschaften, hinter Niš das grüne Tal der Morava, ein leichter Regen über den Laubwäldern, ein fauler Mittagsschlaf im Single-Abteil (die Unterhaltung im Seitengang hatte nach echt griechischer Manier bis lange nach Mitternacht gedauert), die Wardarschlucht in der Abenddämmerung, so geht der zweite Reisetag vorüber.

Beim Weg in den Buffetwagen, im Korridor des russischen Schlafwagens, neben den Abteilen der Dauerschachspieler und Teetrinker, ist ein Fest im Gange. Slibowitz, Dudelsackmusik, Rufe, martialisch – ho – Gesang – ooopa – Tanz. Woher? Nemanskij? Deutsch? Der Gesang wird lauter, der Tanz wilder. Wohin? Skopje? Einer kommt aus Sotschi. Und eine unglaublich schöne Frau, das Profil klassisch wie eine Marmorstatue vom Erechtheion, tritt aus einem Abteil und verschwindet gleich wieder, indigniert wohl von der Ausgelassenheit der Männer. Im sowjetischen Schlafwagen fragt man nicht die Leute aus, aber eine andere spricht englisch, mit ihr könnte man eine Unterhaltung versuchen. Sie ist in Taschkent geboren, sagt sie, lebt in Mazedonien, kommt jetzt aus Kiew und „meine Mutter ist Griechin". – „Und das andere Mädchen?" – „Ist meine Schwester".

Eleni indessen hat Angst vor der kommenden Grenzkontrolle, wegen ihres Staatenlosenpasses. Außerdem taucht ein schlimmes Gerücht auf: Da die griechischen Eisenbahner wieder einmal streiken, soll der Zug in Saloniki enden und die Reisenden müßten im Bus weiterfahren. Zunächst kommen in Idomeni die griechischen Offiziere zu der meist so ungefähr siebenfachen Grenzkontrolle herein. Einer blättert in dem Ausweis der Staatenlosen, schaut ihn nochmals an, lacht dann und ruft: „Das ist doch die Kleine aus dem Dorf Sowieso, ich habe ihren Onkel gut gekannt...". Vorbei ist die Furcht, daß an der Grenze etwas schiefgehen könnte. Das Gerücht aber bewahrheitet sich, der Zug endet in Saloniki, um elf Uhr nachts müssen dort alle aussteigen.

*Marmara-Expreß aus Istanbul bei Einfahrt in den Hauptbahnhof von Belgrad, 1971*

*Hellas-Expreß Athen–Dortmund bei Vladici Han in Jugoslawien am 1. September 1977*

## Nach Athen ...

Hellas-Expreß, im August 1986. Blaß taucht nach der Abfahrt in Saloniki linkerhand zum erstenmal das Meer auf. Der Olymp auf der anderen Seite hat sich in Wolken gehüllt. Die Schlucht von Tempi: Felsen über grünem Wasser. Hinter Larissa wird der Zug langsamer, es geht über die vertrockneten Berghänge bei Domokos aufwärts. Unten liegt wie ein Schachbrett aus grünen und braunen Feldern die Ebene. Dann folgt der Abstieg von der Hochfläche, in unzähligen Kurven die Hänge entlang, immer wieder rote Erdschluchten ausfahrend, gegenüber blau im Dunst das Massiv des Parnaß.

Aufstieg nach Brallos: Unglaublich, wie französische Ingenieure vor einem Dreivierteljahrhundert die Bahn in den Fels gesprengt haben, wie das eine Gleis in schwindelnder Höhe über senkrechten Kaminen entlangquert, hunderte von Metern weiter unten die Ebene von Lamia, an deren Ende vor zweieinhalbtausend Jahren in der Schlacht an den Thermopylen Weltgeschichte gemacht worden war. Beißender Qualm im Scheiteltunnel, dann wird das Hecheln der kanadischen Diesellok der Reihe A 450 leiser, Grillen sind in der Mittagshitze zu hören, unterhalb der Parnaßkette geht es in einer Staubwolke abwärts.

Als einziger Zug hat in jenem Jahr noch der Hellas-Expreß einen Speisewagen. 1926 als Pullman für „La Flèche d'Or" gebaut, rattert er mit mahlendem Lauf und unter dem Ächzen seiner Edelhölzer immer noch über die Gleise. Von der Decke blättert in Fetzen die Farbe, das Messing ist noch stumpfer als im Jahr zuvor, aber die Intar-

„Akropolis" Athen–München mit A 300 bei Avlon in Griechenland am 16. Oktober 1970

*Meterspurtriebwagen Olympia–
Piräus an der Kakia Skala
hoch über dem Saronischen Golf,
22. August 1977*

sien bleiben in unverwüstlicher Schönheit (in solch einem Interieur hatte es sich ereignet, daß wir, der Eisenbahnfreund und eine Unbekannte, die ex-Freundin eines Duke Ellington-Musikers, neun Stunden lang von Saloniki bis Athen beisammengesessen sind, während an anderen Tischen englische Hooligans die Biervorräte leergetrunken haben).

Thive, Theben, die Stadt des Königs Ödipus: Eine Taxifahrt von Athen über fast hundert Kilometer bis hierher bleibt in Erinnerung, der Versuch nämlich, den versäumten Akropolis-Expreß einzuholen. In Inoi war er nur knapp entwischt und in Theben fuhr der Taxifahrer direkt bis auf den Bahnsteig, doch einen Augenblick zuvor hatte sich der Zug in Bewegung gesetzt. Es blieb nur noch die Möglichkeit, einen Liegeplatz in dem abends nachfolgenden Hellas-Expreß zu bestellen, das Gepäck im Büro des hilfsbereiten Stationsvorstehers abzugeben und – spazieren zu gehen.

Draußen das Gras ist nun noch gelber, die Hitze noch größer als jenseits des Parnaß.

Ungefähr um vier Uhr nachmittags beginnen die endlosen Vororte von Athen. Mit „nur" eineinhalb Stunden Verspätung läuft der Hellas-Expreß in den dortigen Larissa-Bahnhof ein, die türkis-beigefarbenen deutschen Wagen mit einer weißen Staubschicht überzogen.

## Orient-Expreß

*Die einzigen Orient-Expreßzüge nach Istanbul, künftig wohl überhaupt die einzigen Reisezüge von Westeuropa zum Bosporus, waren oder sind die Nostalgiezüge, wie der Nostalgie-Istanbul-Orient-Express auf einer Fahrt von Stuttgart nach Istanbul im Jahr 1977 – für Presse und Volksmund damals wie heute einfach der „Orient-Expreß".*

Niπ, 26. Oktober. Ein langer hoher Pfiff. Dampf zischt aus den Zylinderhähnen, als sich der Nostalgiezug in Bewegung setzt. Gleichmäßig klingt der Schlag des Auspuffs. Die Anfahrt der 33, ehemals die deutsche Kriegsbaureihe 52, gelingt ohne Schleudern. Ruß rieselt. Rauchwolken ver-

*Meterspurtriebzug von Ganz-Mávág als Schnellzug Olympia–Piräus über dem Kanal von Korinth am 31. August 1980*

*Marmara-Expreß aus Sofia mit 05 der JŽ und Wagen nach Warschau, Paris und München für Polonia, Direct-Orient und Tauern-Orient in der Nischawa-Schlucht am 24. Oktober 1970*

dunkeln die Bahnhofslampen; es ist Abend geworden. Die meisten Reisenden haben sich in die Abteile zurückgezogen, um sich für das Dîner zu kleiden. Bei einem kurzen Halt sieht man auf dem Gleis gegenüber einen Bauzug. Bettgestelle, eine rollende Kantine; Arbeiter beim Bier im Lichtschein. Vorne rumort die Dampflok; öffnet man das Fenster, dann kommt der Geruch von Kohlenrauch und Schwefel ins Abteil. Er erinnert an die ersten Eisenbahnerlebnisse der Kindheit, an die ersten Reisen. Hoch und unnatürlich türmen sich die Felsen der Nischawa-Schlucht; fauchend fegt der Zug am Flußufer entlang, legt sich in die Kurven, taucht in Tunnels ein, die das Abteil wie den Führerstand einer Lokomotive mit dem herrlichen Qualm füllen (früher machte man das Fenster bei der Tunneleinfahrt zu, heute öffnet man es), schießt wieder in die Nacht hinaus, speit Rauchwolken vor den Mond und beleuchtet diese mit dem orangeroten Schein aus der Feuerbüchse, wenn der Heizer nachlegt.

Platznehmen zum „Captain's Dinner". Nach dem ersten Gang („Giuwetsch Bulgara") kommt die jugoslawische Paßkontrolle, nach dem dritten („Tavouk Goüskü, Pilavli M'Giaddra Palik") die bulgarische. Ob wir kein Visum haben? Nein? Das wird uns teuer zu stehen kommen, warnen Mitreisende. Der Polizist sieht nur meine Frau an: „Sind Sie wirklich eine Deutsche?", und – „vergißt" das Visum. Durch ein osteuropäisches Land ohne Stempel zu fahren, das gibt es wohl nur im Luxuszug ..., so wie es das vor 1914 gegeben hatte, als Europa noch keinen Paßzwang (und keinen Europarat, und keine EG, und keine Europagremien mit Luxusgehältern) kannte. Irgendwie hatte der alte Schlafwagenschaffner, der mit der Medaille für vierzig Dienstjahre, schon recht, als er meinte, daß so ein Zug im heutigen Europa ein Wunder sei ...

Der Expreß erreicht Sofia um dreiundzwanzig Uhr dreißig statt am frühen Abend. „Captain" Albert Glatt kommt in den Speisewagen und gibt bekannt, daß die geplante Sightseeing-Tour dennoch stattfinde und daß auch die angekündigte Folklore-Gruppe ausgeharrt habe, vier Stunden lang. Während auf dem verlassenen Bahnsteig Dampfschwaden der Heizung vor den Fenstern der Schlafwagen emporsteigen, während die letzten Schichtarbeiter zu den allerletzten Vorortzügen gehen, drängen sich die Reisenden des Nostalgiezuges, so wie sie von dem festlichen Gala-Diner aufgestanden sind, in „kapitalistischen" Smokings, um die Volkstänzer eines kommunistischen Landes. Und als die Vorführung aus ist, als der Beifall ertönt, fängt die Musik von neuem an, packen die Kostümierten die Fremden, und es muß mitgemacht werden. An der Hand einer Bulgarin als notorischer Nichttänzer einen bis dahin nicht gekannten Balkantanz zu tanzen, um Mitternacht in der Bahnsteigunterführung von Sofia, wer hätte das gedacht …

Auch die Sightseeing-Busse sind noch da. Auf der Straßenseite des neuen Bahnhofs warten sie. „Wir haben die Lichter in der Stadt nur für Sie solange brennen lassen", begrüßt die Touristen der einheimische Fremdenführer. Über menschenleere Straßen zur Alexander-Newski-Kathedrale, vorüber am Balkan-Hotel (da war vor Jahren einem Bulgaren zu begegnen, der auf die Frage, welche Sprachen er versteht, bescheiden antwortete: „alle". Er sprach dann auch Französisch, Russisch, Englisch, Deutsch, Türkisch, Armenisch, eben alle, die man in diesem Teil der Welt unter „alle" versteht), vorbei am Universitätsviertel geht es wieder zum Bahnhof. Um ein Uhr nachts, in dem weiß überzogenen Bett des Schlafwagens, ist der zweite Reisetag zu Ende.

Sonderbare, „verkehrt" herum erscheinende kyrillische Buchstaben, Nebel, Offiziersuniformen mit breiten Schulterstücken, ein verschlafener Bahnhofsausschank in der Morgendämmerung – Svilengrad. Irgendwo rumpelt eine Diesellokomotive. Stiefel knallen durch die Gänge. Klopfen an der Tür: Paßkontrolle. Aber niemand sagt etwas wegen des fehlenden Visums. Endlich fährt der Zug wieder an. Vor den Fenstern liegt eine Lehmstraße, wie eine Ansammlung von Rinnsalen, braungelb, neben erdbraunen Feldern. Hier ist nicht mehr Mitteleuropa. Ein Stacheldrahtzaun verliert sich in der Ferne, die bulgarisch-türkische Grenze. Ein Halt neben einer Reihe schmutziger, schäbiger Eisenbahnwagen – Kapikule, Türkei. Die fremden Wagen setzen sich in Bewegung; sie tragen Tafeln „Marmara-Expreß/Tauern-Orient".

Nach einer Viertelstunde Fahrt bleibt unser Zug abermals an einem Bahnsteig stehen –, und eine schneidige Kapelle blau Uniformierter empfängt die Touristen mit schmetternden Klängen. Erst spielt sie den River-Kwai-Marsch, dann, bei türkischer Musik, steigert sie sich, wird lauter, schneller, leidenschaftlicher. Es ist, als ob der Rhythmus, den die Eisenbahner spielen, der Rhythmus der kurzen Schienen wäre, über die seit nun schon einem Jahrhundert der Orient-Expreß donnert.

Die Station heißt Edirne, das frühere Adrianopel. Omnibusse bringen die Reisenden zur Selimiye-Moschee, dem Meisterwerk des genialen Baumeisters Sinan, dem vielleicht schönsten Raum der Welt.

Die Straße führt an leeren Benzinfässern mit Reklameaufschriften, an Bergen alter Reifen, an Lastwagenkolonnen und an einem zertrümmerten Pkw vorüber. Es ist die Todesstraße der Gastarbeiter, die ihre blutige Spur von Mitteleuropa bis an den Bosporus zieht, gesäumt von Autowracks, Kränzen und Kreuzen.

Ratatam, ratatam, ratatam jagt der Zug über die unzähligen Schienenstöße. Gleisbauarbeiter vor ihren spitzigen Zelten grüßen die Reisenden. In Alpullu steht eine 2D-Dampflokomotive. Beim Mittagessen im Speisewagen erzählt der Tischnachbar, ein Richter aus Colorado, von der Denver, Rio Grande und von der „Santa Fe". Als die fünf Gänge abgeschlossen sind (ein besonderer Feinschmecker sagt, er nehme immer nur im Speisewagen Platz, nie in den Pullmans, da diesem die Küche am nächsten liege und hier das Essen am frischesten sei), braust Beifall auf: Chefkoch Falciola, Maître d'Hotel Brigatti und ihre Leute passieren den Salon auf dem Weg in den Personalwagen.

Die Stunden des Nachmittags ziehen sich an der „Train Bleu"-Bar hin. Besitzer und „Kapitän" Albert Glatt hat einen Modellbahnzug aufgebaut, Schlafwagen, Pullmans und eine rote stromlinienförmige Dampflokomotive der Baureihe 03¹⁰. „Sie betreiben Modellbahn?", fragt ihn eine Dame. „Ich spiele lieber mit der echten Eisenbahn", gibt er zur Antwort. Er erzählt auch von seiner eigenen Dampflokomotive, der deutschen 23058. „Setzen Sie die vor ihrem Zug ein?", will ein Mitreisender wissen. „Gerne würde ich das tun, aber die Bestimmungen..."

Albert Glatt träumt aber nicht nur vom Einsatz seiner Dampflokomotive. „Wenn wir schon spinnen, dann spinnen wir komplett", meint er an der „Train Bleu"-Bar, irgendwo zwischen Orten mit Namen wie Pehlivanköy (vor Jahren gab es dort Schüsse auf den Simplon-Orient-Expreß) und Çerkezköy (1929 steckte dort ein Orientzug tagelang im Schnee). Er träumt zum Beispiel auch davon, daß eine jugoslawische Schnellzuglok den Zug ziehen könne, und – „im nächsten Jahr fahren wir bis Bagdad" (daß

*Im Pullman „Côte d'Azur" des Nostalgie-Orient-Expreß*

*Istanbul-Expreß mit DE 20, dahinter JŽ-, ÖBB- und DB-Wagen nach Belgrad, Wien und München, einem blauen DB-Gepäckwagen, BDŽ-Liegewagen, einem in der Schweiz gebauten TCDD- und zwei DB-Wagen nach Frankfurt sowie einem ex-ISG-Speisewagen der TCDD bei Ausfahrt aus Istanbul am 18. August 1972*

ein Krieg das verhindern sollte, konnte noch niemand wissen). Draußen ist ein alter blauer Schlafwagen abgestellt, ein Schnellzugwagen aus den „mail trains" der einstigen britischen Ottoman Railway, irgendwo ein Wagen der Bagdadbahn. „Den kaufen wir ..." Was kostet die Welt für einen, der mit der „richtigen" Eisenbahn spielt?

Vermutlich wegen eines Streiks kann an jenem Tag in Halkali nicht die übliche Dampflok vorgespannt werden. Hinter einer Elektrolokomotive gleitet der Zug gegen acht Uhr abends in den Sirkeci-Bahnhof von Istanbul. Trommeln und türkische Schwerttänzer, umringt von einer Mauer Schaulustiger, ein martialischer Tanz, wilde Rufe, das Klirren von Metall erwarten dort die ehrwürdigen „Grand Luxe"-Schlafwagen, diese alte Garde aus der großen Zeit von Europas Expreßzügen, als sie zum letztenmal auf dieser Fahrt mit knirschenden Bremsklötzen zum Stehen kommen.

Zur Erinnerung geworden sind alle diese Reisen in den Orientzügen. Erinnerung die Nachtfahrten im Simplon-Orient-Expreß unterhalb des Parnaß im beißenden Rauch der Mi-alpha, der italienisch-griechischen Lokomotivschönheit, einer der größten Dampflok Europas, wenn sie ihren pechschwarzen Ölqualm mit ungeheurer Wucht wie einen Vulkanausbruch senkrecht nach oben schleuderte ...

Erinnerung die Hochzeitsreise vor Jahrzehnten im Direct-Orient zwischen Parnaß und Olymp: Der Nachthimmel hat einen Stich ins Rotviolette. Große Oper. Schwarz heben sich die Silhouetten der Pinien und Zypressen ab, schwarz auch die bizarren Wolken am Horizont mit Rändern aus Silber, von einem lichten Schimmer umgeben. Der untergehende Mond, groß und gelb, spiegelt sich in dem Gleis hinter dem letzten Schlafwagen. Am Zenith weiße Sterne, eine Linie: eine Sternschnuppe. Flackern. Ein Meteorit? Eine Supernova?

„Man wollte uns träumen lassen von fernen Metropolen", so hatte der „Figaro" 1967 geschrieben, als das erste Projekt eines Nostalgiezuges gescheitert war, „eh bien, so laßt uns denn weiterträumen, was ja nicht vorgesehen war". Weiterträumen von den Plätzen des Orient-Expreß, Larbauds Bergeinsamkeiten Serbiens, der staubigen Erde im Bahnhof Piräus, der fahlhellen Sommernacht bei zirpenden Grillen und wiegendem, blinkendem Geleise. – Die Phantasie erdichtete einst Reisen des Königs Leopold der Belgier in seinem Waggon mit der schönen Tänzerin Cléo de Merode und Paul Morand schreibt von den „wunderlichen Geschichten", welche die geheimnisvollsten Plätze des Orient-Expreß erzählen könnten ...

*Istanbul*

# Der Orient-Expreß – Daten und Fakten

## I. Zeittafel

**1861**
Eröffnung der Kehler Rheinbrücke, Erwähnung eines Schnellzugdienstes Paris–Wien.

**1862**
Einführung von Eilzügen Pest–Bazias mit Anschluß an Donaudampfer.

**1866**
Eröffnung „The Varna Railway of His Imperial Majesty the Sultan", Ruse–Varna (ab 1873 Betriebsführung Orientbahn).

**1872**
Wiedereinführung der 1870 unterbrochenen „Courierzüge" Paris–Wien mit Übergang eines Wagens 1. Klasse in Avricourt.

Gründung der Compagnie Internationale de Wagons-Lits.

Oktober: Versuchsfahrt eines Schlafwagens Paris–Wien.

**1873**
Präsentation des Schlafwagens Nr. 3 auf der Wiener Weltausstellung.

**1874**
Vertrag für Schlafwagen Paris–Wien in Courierzügen.

**1876**
Gründung der Compagnie Internationale des Wagons-Lits (CIWL, deutsch auch ISG).

**1878**
Einführung von Schlafwagen Wien–Orşova.

**1882**
10.–14. Oktober: Versuchsfahrt des Train Eclair Paris–Wien.

**1883**
Beschluß der „Conference à quatre" auf Conventionszüge nach Konstantinopel (dafür offensichtlich ISG-Wagen mit „Coursplätzen" bestellt), nicht verwirklicht.

5. Juni: Einführung des Luxuszuges *Orient-Expreß* 2x wöchentlich Paris–Straßburg–München–Simbach–Wien–Preßburg–Budapest–Szeged–Orşova–Piteşti–Bukarest–Giurgiu, Anschluß an Orientbahn Ruse–Varna, Österreichischer Lloyd Varna–Konstantinopel.

4. Oktober: nachträgliche Eröffnungsfahrt des *Orient-Expreß* (bis 1891 auch als „Express d'Orient").

**1884**
Ab 1. Juni: *Orient-Expreß* bis Wien täglich.

**1885**
Ab 1. Juni: *Orient-Expreß* bis Budapest täglich, zusätzlich 1x wöchentlich Paris–Wien–Hegyeshalom–Budapest–Belgrad–Niš, Anschluß Orientbahn Tatar–Basardschik–Konstantinopel

**1888**
12. August: Eröffnung der durchgehenden Strecke nach Konstantinopel, *Orient-Expreß* zusätzlich 1x wöchentlich Paris–Wien–Hegyeshalom–Budapest–Belgrad–Sofia– Konstantinopel statt Niš

Einführung der *Conventionszüge* (Konventionalzüge) Wien–Budapest–Belgrad–Konstantinopel, später auch Saloniki, mit Wagen (Liegeeinrichtung) der beteiligten Bahnverwaltungen (gegen den Widerstand der ISG).

**1889**
*Orient-Expreß* nach Konstantinopel 2x, nach Bukarest 1x wöchentlich.

Einführung *Orient-Kurierzug* der KPEV (nur kurzzeitig) mit preussischem WL Berlin–Oderberg–Ruttka–Budapest (ab 1906 ISG).

**1892**
Unterbrechung des *Orient-Expreß* wegen Quarantäne in Belgrad (?) zeitweilig Zaribrod (Dimitrovgrad) und (1894) Mustafa Pascha (Svilengrad).

**1894**
1. Juni: Einführung des Luxuszuges *Ostende-Wien-Expreß* (OWE) Ostende–Köln–Frankfurt–Nürnberg–Wien.

**1895**
*Orient-Expreß* Paris–Wien–Preßburg–Budapest–Belgrad–Konstantinopel 2x wöchentlich, Paris–Constanţa 1x wöchentlich, Anschluß mit rumänischen Eilschiffen nach Konstantinopel.

Krieg zwischen Serbien und Bulgarien.

*Ostende-Wien-Expreß* im Sommer mit Zugteil *Ostende-Karlsbad-Expreß*.

Ab 12. November: OWE 1x wöchentlich als *Ostende-Wien-Konstanza-Expreß* bis Constanţa mit Schiffsanschluß Konstantinopel.

Ab 3. Dezember: OWE 1x wöchentlich als *Ostende-Wien-Triest-Expreß* über Laibach bis Triest, mit Schiffsanschluß Österreichischer Lloyd nach Alexandria.

**1896**
Juli: *Orient-Expreß* mit WL Paris–Bayreuth zu Festspielen.

**1897**
*Orient-Expreß* über Salzburg statt Simbach.

Überschwemmungen, zeitweilig Umsteigen in Stalac.

*Ostende-Wien-Triest-Expreß* bei Bedarf mit 1 WL nach Fiume.

**1900**
1. Mai: *Ostende-Wien-Expreß* mit WL Ostende bzw. Calais-Wien-Triest statt Ostende-Wien-Triest-Expreß.

**1900**
Ab 1. Mai: *Orient-Expreß* östlich von Wien vereint mit *Ostende-Wien-(Orient-)Expreß*, nach Konstantinopel 3 x und nach Constanţa 2 x wöchentlich.

Einführung des Luxuszuges *Berlin-Budapest-(Orient-)Expreß* mit WL Berlin–Konstantinopel für *Orient-Expreß*, Vereinigung laut Kursbuch in Galánta, laut Reisebericht in Budapest.

14. Juni: Einführung des Luxuszuges *Paris-Karlsbad-Expreß* Paris–Stuttgart–Karlsbad nur im Sommer, getrennt vom Orient-Expreß (Vertrag 1901).

**1901**
*Orient-Expreß* bis Budapest täglich, Vereinigung mit *Ostende-Wien-Expreß* wegen Verspätungen offensichtlich ausgesetzt.

*Paris-Karlsbad-Expreß* mit WL Paris–Karlsruhe–Frankfurt (evtl. schon ab 1900).

**1902**
1. Oktober: Einstellung des *Berlin-Budapest-Expreß*.

**1905**
*Ostende-Karlsbad-Expreß* mit WL Amsterdam–Karlsbad als Schnellzug (ab 1906 nach Bad Kissingen, zeitweilig Marienbad, bis 1910).

Projekt für Trajekt Dover–Calais mit Luxuszug der ISG (6achsige Salonwagen) London–Paris durch britische Regierung abgelehnt.

**1906**
*Orient-Expreß* ab Châlons kurzzeitig mit WL Calais–Wien.

*Paris-Karlsbad-Expreß* über Heilbronn, bis 1907 mit WL Calais–Karlsbad.

*Ostende-Karlsbad-Expreß* vom 21. Januar bis 20. August mit 1 bay. Sitzwagen 1. Kl. Nürnberg–Bayreuth.

Auf EFK 1906 Vorschlag der PLM auf Luxuszug via Simplon nach Südosteuropa durch Mittelmächte abgelehnt.

1. Juni 1906: Verkehrsaufnahme im Simplontunnel I, Einführung des Luxuszuges *Simplon-Expreß* Calais–Paris–Mailand zunächst 3x wöchentlich, spätestens ab Winter 1906 zeitweilig bis Venedig; im Sommer mit Zweig *Oberland-Expreß* Calais–Pontarlier–Interlaken, statt *Oberland-Léman-Expreß*.

**1907**
Blockade durch Schnee in der Türkei.

**1909**
*Orient-Expreß* östlich Wien vereint mit *Ostende-Wien-(Orient-)Expreß* Ostende–Constanţa bzw. Konstantinopel).

*Ostende-Wien-Expreß* mit WL Ostende–München (kurzzeitig), Einstellung des WL nach Triest.

**1910**
*Ostende-Wien-Expreß* mit WL Ostende–Würzburg–Bad Kissingen (nur kurzzeitig), Vereinigung mit *Orient-Expreß* in Wels.

**1911**
*Orient-Expreß* 4 x wöchentlich bis Konstantinopel, 3 x wöchentlich bis Constanţa.

Einführung WL Courswagen Berlin–Konstantinopel im *Conventionszug*.

*Simplon-Expreß* Calais–Venedig ganzjährig täglich, ab Winter 1911 Calais–Triest, mit ABBÜ der Südbahn Venedig–Triest, zeitweilig WS Mailand–Triest.

Winter: Einführung des S 703/704 *Tauern-Expreß* Salzburg–Triest (3x wöchentlich) mit einem ABBÜ Paris–Triest aus Schnellzug, Schiffsanschluß Österreichischer Lloyd nach Alexandria; zum Sommer 1912 eingestellt, Wagen Paris–Triest nurmehr in namenlosen Schnellzügen.

**1912**
Ab Oktober wegen Balkankrieges *Orient-Expreß* zeitweilig nur bis Belgrad, Juli bis August 1913 nur bis Budapest statt Konstantinopel.

**1914**
Unterbrechung der Luxuszüge durch Ersten Weltkrieg.

**1916**
15. Januar (geplant 1. Januar): Einführung *Balkanzug* (Schlaf- und Sitzwagen) 2x wöchentlich Berlin Anhalter-Bf.–Iglau–Wien Nord–Budapest–Belgrad–Konstantinopel, Zugteil Straßburg (Eröffnung und ab 1. Juni 1917 nur ab München)–Wien Nord (–Konstantinopel), Zugteil Berlin Stadtbahn–Breslau–Sillein–Galánta–Konstantinopel, ab Mai 1918 Wagen Würzburg–Passau–Wien angegeben.

**1918**
11. Oktober: letzte Abfahrt Berlin–Niš, Rückkunft 15. Oktober, dann Einstellung des *Balkanzuges*.

**1919**
Februar: Einführung „Orient-Express Train de luxe militaire" Paris–Belfort–Delle–Basel–Arberg–Wien–Oderberg–Warschau/–Linz-Prag, 3x wöchentlich.

1. April: Einführung des Luxuszuges *Simplon-Orient-Expreß (SOE)* Paris–Triest mit WL Paris–Vinkovci–Arad–Sighișoara–Bukarest und Paris–Zemun in gewöhnlichen Zügen, letzterer mit WL Zemun–Wien.

Im *Rome-Expreß* vorübergehend WL Paris–Genua–Rom–Foggia–Taranto mit Schiffsanschluß über Korinth nach Istanbul.

**1920**
Ab 1. Januar: *Simplon-Orient-Expreß* Paris–Vinkovci–Szeged–Timișoara–Pitești–Bukarest mit zwei D Paris–Bukarest, D Paris–Belgrad, WP Paris–Bukarest, WL Paris–Belgrad, Paris–Bukarest, Paris–Mailand, Paris–Brig, Lyon–Triest, Ostende–Basel–Mailand–Bukarest, WS Mailand–Triest.

Ab 1. Juli: *SOE* Paris–Bukarest 4x, Paris–Istanbul 3x wöchentlich, mit WL Boulogne–Istanbul/Bukarest, Ostende–Mailand–Istanbul/Bukarest, Paris–Athen für Zug P. A., Lyon–Triest, WS Mailand–Triest (bis 30. November), Timișoara–Bukarest (ab Oktober ab Vinkovci, ab Januar 1921 ab Zagreb).

*SOE* im April und September wegen Streiks über Wien; während griechisch-türkischem Krieg ab 8. Juli Istanbul unterbrochen.

Luxuszug *Boulogne/Paris-Ostende-Strasbourg-Vienne-Expreß* mit *Boulogne/Paris/Ostende-Prague-Varsovie-Expreß* 3x wöchentlich statt Train de luxe militaire (laut Verkehrsministerium ab 20. Juni, laut Kuntzemüller ab Oktober).

**1921**
Wiedereinführung des Luxuszuges *Orient-Expreß* 3x wöchentlich (laut Kursbuch ab 1. Mai, aber homogene Zusammensetzung erst ab 1. Juni?) Paris–Wien–Budapest–Arad–Bukarest mit WL Paris–Calais–Gagny–Bukarest, Amsterdam–Wien–Bukarest, Ostende–Wien–Bukarest aus Schnellzug und im Sommer Paris–Karlsbad und Paris–Prag für *Karlsbad-Expreß*.

1. Juni: *Simplon-Orient-Expreß* Paris–Istanbul täglich, mit zwei D und WR Paris–Istanbul, WL Paris–Triest, Paris–Istanbul, Calais–Istanbul, Paris–Athen (3x wöchentlich, für Zug P. A.), Paris–Bukarest (für Schnellzug), Paris–Brig, Ostende–Basel–Istanbul, fourgon-messageries Lyon–Bukarest (4x), Paris–Triest, Paris–Istanbul, Paris–Bukarest (4x wöchentlich).

WL ab Calais mit Calais-Méditerrannée-Expreß und WL Calais–Bukarest für Orient-Expreß.

Einführung des *Direct-Orient (D.O.)* mit Sitzwagen Paris–Triest, Triest–Balkan.

Ab 1. Oktober: *SOE* nach Bukarest über Senta statt Szeged.

**1922**
Ab 8. Januar: *Simplon-Orient-Expreß* mit WL Lyon–Mailand statt Triest (am 3. April eingestellt), ab 1. Juni WL Prag–Belgrad–Istanbul (3x wöchentlich, im SOE bis 1925).

*Orient-Expreß* mit WL München–Istanbul, für Schnellzug.

**1923**
Ab 30. Januar *Orient-Expreß* Paris–Bukarest über Arlberg wegen französischer Besetzung, mit WL Ostende–Basel–Bukarest.

Friede von Lausanne, Orientbahn Svilengrad–Pithyon–Alexandroupolis an CFFH (türkischerTeil 1937 an TCDD).

Einführung WL Prag–Athen (bis 1925 ab Niš im P.A.).

**1924**
Ab 2. März: *Simplon-Orient-Expreß* mit fourgon-messageries Paris–Athen (4x wöchentlich).

Juni: *Orient-Expreß* wegen Brückensprengung über Timișoara. Ab November Orient-Expreß Paris–Bukarest wieder über München, ab Châlons mit WL Calais–Bukarest, stattdessen:

November: Einführung des Luxuszuges *Suisse-Arlberg-Vienne-Expreß (SAVE)* Paris–Basel–Innsbruck–Salzburg–Wien, 3x wöchentlich alternierend mit OE, mit WL Calais–Bukarest–Wien und Saison-Zugteilen *Oberland-Expreß* Paris/Calais–Belfort–Interlaken (ab Belfort mit Sitzwagen) und *Engadin-Expreß* Paris/Calais–Sargans–Chur mit Anschluß Meterspurzug Engadin-Expreß Chur–St. Moritz.

**1925**
5. Juni: Wiedereinführung des Luxuszuges *Ostende-Wien-Expreß* 3x wöchentlich, östlich von Linz, zeitweilig Wels, mit *Orient-Expreß* vereint, mit WL Ostende–Amsterdam–Bukarest.

Wiedereinführung des Luxuszuges *Karlsbad-Expreß*, 3x wöchentlich nur im Sommer, bis Stuttgart vereint mit *Orient-Expreß*, mit WL Calais–Châlons–Karlsbad, Paris–Prag und Ostende–Karlsbad vom *Ostende-Wien-Expreß,* nur 1926 laut Kursbuch Salonwagen Nürnberg–Karlsbad, ab 1928 WL Paris–Karlsbad, 1930–31 westwärts erst in Nancy mit *Orient-Expreß* vereint.

5. Juni: Einteilung des WL Ostende–Basel–Mailand–Istanbul des *SOE*.

**1926**
Ab 14. Mai: WL Wien–Athen 3x wöchentlich im *P.A.*

*Simplon-Orient-Expreß* nach Bukarest vom 16. Juli bis 17. Oktober über Stara Pazova, vom 28. September bis 26. Oktober über Lötschberg.

15. September: Einführung *Flèche d'Or* Paris–Calais (ab 1929 Anschluß Golden Arrow).

**1927**
15. Mai: Einführung eines Bootes durch ISG für SOE-Passagiere Istanbul–Haydarpasa.

*SAVE* mit WL Paris–Wien (Schnellzug)–Budapest–Cluj–Bukarest und (kurzzeitig) WL Lyon–Zürich–Wien.

*Direct-Orient* mit WP Mailand–Venedig (vorübergehend).

**1928**
*Orient-Expreß* mit Ostende-Wien-Expreß in Linz vereint, mit WL Ostende–Istanbul statt Bukarest.

ab 15. Mai: *Simplon-Orient-Expreß* mit WL Ostende–Istanbul vom *Orient-Expreß* (3x wöchentlich), Berlin–Athen (3x), Wien–Athen (4x), Berlin–Istanbul (4x wöchentlich).

**1929**
*Orient-Expreß* mit WL Calais–Constanța statt Bukarest für Rapide Ovidiu, ab 1930 stattdessen Boulogne–Bukarest.

*Simplon-Orient-Expreß* ab 15. April mit WL Typ S, ab 13. Mai mit WL Budapest–Istanbul und Wien–Athen statt Berlin–Istanbul/Athen, ab 26. Oktober fourgon-douche.

**1930**
*Orient-Expreß* kurzzeitig mit fourgon-douche; Aufnahme der Wagen aus Calais/Boulogne in Châlons.

*SAVE* kurzzeitig mit WP Basel–Wien.

Ab 15. bzw. 16. Mai: *Simplon-Orient-Expreß* mit WL Berlin–Breslau–Istanbul (4x wöchentlich, ab Nis im SOE), Prag–Istanbul (4x) und Prag–Athen (3x wöchentlich, ab Nis P.A.) statt Budapest–Istanbul.

Für *SOE* WL Karlsbad–Istanbul und als Fernziel Verlängerung bis Bagdad und Kairo, später auch an rumänisch-russische Grenze, vorgeschlagen, nicht verwirklicht.

**1931**
Luxuszug *Arlberg-Orient-Expreß (AOE,* statt SAVE) Paris–Basel–Innsbruck–Wien–Hegyeshalom–Budapest Ost, 3x wöchentlich, mit WL Paris–Bukarest und Boulogne–Bukarest für Schnellzug, kurzzeitig WL Boulogne–San Candido.

Benutzung der Bahn Paris–Brindisi durch Imperial Airways (bis 1937).

*Simplon-Orient-Expreß* mit WL Paris-Istanbul vom *Orient-Expreß* und Paris–Athen vom *Arlberg-Orient-Expreß* (je 3x wöchentlich, ab Köbanya Felsö mit Schnellzug 910).

**1933**
*Orient-Expreß* mit WL Paris–Belgrad statt Istanbul.

*Arlberg-Orient-Expreß* ab Winter Aufnahme der Wagen aus Boulogne/Calais in Chaumont.

**1935**
*Simplon-Orient-Expreß* 10. Januar bis 25. April mit WL Paris–Florenz, vorübergehende Kombination mit *Rome-Expreß* gelöst, ab 14. Mai WL Paris–Istanbul vom *Orient-Expreß* (3x wöchentlich), dafür WR Triest–Istanbul nur bis Svilengrad.

Winter: Einführung des Schlafwagenzuges *Tyrol-Exreß* Paris–Arlberg–Salzburg mit *Oberland-*, *Engadin-Expreß* und WL aus Calais, 3x wöchentlich, zeitweiliger Saisonzug.

**1936**
*Ostende-Wien-Expreß* zeitweilig täglich bis Budapest (bis 1937).

**1938**
*Orient-Expreß* über Hegyeshalom statt Preßburg.

A.P. mit WL (Typ R) Athen–Istanbul 2x wöchentlich).

*Direct-Orient* mit 1 Sitzwagen Paris–Istanbul (JDŽ, 1., 2., 3. Klasse).

Ab 24. September: Wegen Sudetenkrise Zug Berlin–Budapest unterbrochen, WL Berlin–Athen via München, WL Prag–Istanbul unterbrochen.

**1939**
9. Januar: Wiedereinführung WL Prag–Istanbul, ab 11. Januar WL Berlin–Prag–Athen.

Deutscher Antrag auf beschleunigte Führung des *Orient-Expreß* bis Istanbul unter Trennung von *Karlsbad-*, *Ostende-* und *Simplon-Orient-Expreß* abgelehnt.

26. August: *Ostende-Wien-Expreß* eingestellt.

27. August: *Arlberg-Orient-Expreß* eingestellt.

Ende August: *Orient-Expreß* eingestellt.

1. September: Polenfeldzug und Ausfall des *Simplon-Orient-Expreß* ab Paris, ab 2. September ab Mailand geführt, ab 7. September wieder ab Paris.

17. September: Einführung WL Berlin-Athen (3x wöchentlich), WL Budapest–Istanbul (3x, bis 31. März 1940), WL Budapest–Athen (3x, bis 1. Dezember 1939), ab 18. September WL Berlin-Prag–Istanbul (4x wöchentlich, bis 30. April 1940) im *Simplon-Orient-Expreß*.

**1940**
*Simplon-Orient-Expreß* ab 25. Januar mit WL Paris–Genf; ab 3. April WL München–Istanbul verzeichnet (3x wöchentlich, verkehrte lt. DR nicht).

Ab April: Luxuszug *Orient-Expreß* kurzzeitig München–Bukarest mit WL Zürich–Arlberg–Bukarest, WR Budapest–Lököshaza. WL Berlin–Bukarest im Reichskursbuch aufgeführt, aber laut CFR in gewöhnlichen Zügen gefahren.

12. Mai: Einstellung der WL aus Deutschland des *Simplon-Orient-Expreß*, stattdessen WL Szenc–Budapest–Istanbul (7x wöchentlich) und WL Szenc–Budapest–Athen (3x wöchentlich), am 25. Mai Einstellung des SOE ab Paris, ab 27. Mai SOE ab Mailand geführt, ab 30. Mai ab Lausanne, lt. SBB-Kursbuch mit WL Lausanne–Istanbul, Lausanne–Saloniki (Athen), Lausanne–Bukarest, WR Lausanne–Triest, 1., 2., 3. Klasse Lausanne–Brig. Verkehrseinstellung der SOE am Balkan vermutlich spätestens mit italienischem Griechenlandfeldzug im Oktober 1940, in Kursbüchern bis 1942 aufgeführt.

**1941**
Herbst: D 148/147 mit WL (Mitropa) Berlin–Budapest–Pécs–Vinkovci–Belgrad–Sofia und WL (Mitropa) Paris–München–Budapest, ab 1942 via Sopron–Belgrad, weiter mit WL Turin–Belgrad–Sofia und Rom–Belgrad–Sofia (bis 1943?), Anschluß Sofia–Svilengrad, Svilengrad–Istanbul, Belgrad–Athen.

**1944**
9. September: Einstellung der Schlafwagen Berlin–Balkan.

**1945**
Ab 23. Juli: Britische Militärzüge *Medloc B* Mailand-Simplon-Calais (zeitweilig bis 3–4 Züge täglich, bis Anfang 1946), ab 20. Juli Anschluß *Medloc „feeder"* Neapel–Rom–Mailand, Taranto–Rimini–Mailand, 1946 stattdessen Bari–Foggia–Neapel–Ancona–Mailand.

Ab Ende Juli: *Medloc A* Toulon–Toulouse–Vierzon–Pontoise–Dieppe, 1946 stattdessen Toulon–Béaune–Calais, bis Anfang 1946, Schiffsanschluß aus Alexandria/Port Said.

Ab 22. August: Einführung US-Militärzug Linz–Wien FJB, (später erweitert, als *Mozart*).

US-Militärzüge DUS 607/608 Paris–München Oberwiesenfeld/Nürnberg und DUS 705/706 Nice–Karlsruhe–München Oberwiesenfeld/Nürnberg Röthenbach (im Zp DR 1. Dezember 1945, nur kurzzeitig).

27. September: Wiedereinführung des *Arlberg-Orient-Expreß* Paris–Innsbruck, jetzt auch mit Sitzwagen, am 13. Oktober erste Ankunft in Wien, zeitweilig WL Paris–Rom.

Ab Oktober 1945: *Medloc C* Seebach bei Villach–München Ludwigsfeld–Straßburg–Pagny–Lille–Calais, 6x, später 3x wöchentlich, zeitweilig ab Triest.

13. November (?): Wiedereinführung des *Simplon-Orient-Expreß* Paris–Venedig (je 1 WL und AB), mit Wagen Paris–Rom (je 1 WL und AB), Calais–Mailand (1 WL), Bern–Mailand (1 Sitzwagen), anfangs auch Ac Paris–Lausanne (aber LVDR von 1946 nannte SOE erst ab 18. März 1946).

Für November 1945 nennen tschechische Veröffentlichungen Einführung des US-Militärzugverkehrs Pilsen–Furth i. W.–Nürnberg mit Tatra-Triebwagentyp „Slovenska Strela", aber beobachtet wurden in Furth nur Rückführungszüge Schweiz–Warschau. Im Dezember Rückzug der US Army aus ČSR.

**1946**
Ab 7. Januar: *Arlberg-Orient-Expreß* mit Wagen Paris–Linz–Prag.

Ab 18. März: *Simplon-Orient-Expreß* täglich.

15. April: Wiedereinführung der *Flèche d'Or* in Anschluß an Fährschiff „Canterbury" Dover-Calais (AB, WP Calais–Paris, WL Calais–Mailand für SOE).

1. April: Wiedereinführung des *Orient-Expreß*, jetzt auch mit Sitzwagen, zunächst 3x wöchentlich Paris–Linz mit Flügel *Paris-Praha-Expreß*, abzweigend in Kornwestheim, dann Stuttgart, später bis Warschau, vorübergehend Wagen Paris–Baden-Baden und Paris–Appenweiher–Lindau–Innsbruck. Wagen aus Holland oder Belgien über Straßburg erwogen, nicht verwirklicht.

Einführung eines Zuges Prag–Budapest–Belgrad mit Wagen Prag–Bukarest für *Arlberg-Orient-Expreß* (WL der ISG bis 1949).

*Orient-Expreß* ab 1. Juli (?) bis Wien, östlich Linz vereint mit Personenzug 1129/ 1126, ab 7. Oktober östlich Salzburg vereint mit *Arlberg-Orient-Expreß*.

1. August: *Arlberg-Orient-Expreß* via Hegyeshalom bis Budapest, Wagen Calais (Rapide CB)–Basel–Wien, Wagen nach Belgrad vereinbart.

Konferenz im Juni 1946: Ziel der Umwandlung der ab 1945/46 auch mit Sitzwagen ausgestatteten Luxuszüge in Schlafwagenzüge, wurde nie mehr erreicht.

Winterfahrplan: *Simplon-Orient-Expreß* Paris–Belgrad, zunächst noch via Udine.

**1947**
*Simplon-Orient-Expreß* Paris–Sofia, ab 30. April bis Istanbul, vorübergehend Paris–Genua, Paris–Tauern–Belgrad vom AOE, Budapest–Venedig, Prag–Wien–Rijeka, Belgrad–Wien, Saloniki–Istanbul, Calaiser Wagen im Train Bleu.

*Orient-Expreß* Paris–Wien und Warschau täglich, in Österreich vorübergehend Zug Lindau–Innsbruck–Wien mit WP vereint, Warschauer Teil mit Wagen Ostende–Prag und Amsterdam-Prag vom L 52 und vorübergehend Wagen Prag–Zvolen, Prag–Bohumín nach Košice Rom–Wien–Gmünd–Prag–Warschau, Belgrad–Bohumín–Warschau, Bukarest–Bohumín–Warschau vom *Arlberg-Orient-Expreß*.

WL Paris-Warschau-Gdingen mit Anschluß Stockholm geplant, aber nicht verwirklicht, WL Zebrzydowice–Stockholm verzeichnet, aber vermutlich nicht gefahren, für Winter *Orient-Expreß* Paris–Budapest–Belgrad geplant.

*Arlberg-Orient-Expreß* bis Bukarest. Zeitweilig Wagen nach Bern bzw. Interlaken, Chur, Belgrad via Tauern, Prag–Budapest–Bukarest, Warschau–Budapest–Bukarest, WL Basel–Linz–Prag–Warschau und 1949 kurzzeitig WP Basel– Wien.

*Medloc* Verona–Brenner–München Ludwigsfeld–Straßburg–Lille–Calais (nur kurzzeitig).

**1948**
*Medloc C* Hoek–Krefeld–Mainz/Frankfurt–Karlsruhe–München Ludwigsfeld–Seebach b. Villach (statt Calais-Villach), zeitweilig mit WL über Villach bis Wien.

ab Mai *Orient-Expreß* Paris–Wien–Preßburg–Budapest–Lököshaza–Bukarest mit Wagen Paris–Budapest–Belgrad, Prag–Krakau, Ostende–Wien und Amsterdam–Wien vom L52 beim *Wien-Expreß*, Zugteil *Orient-Expreß* Prag–Preßburg mit Wagen Prag–Bukarest und Prag–Belgrad.

Einführung des *Balt-Orient-Expreß* Stockholm–Trelleborg–Odra Port–Posen–N. Bohumín–Žilina–Galánta–Budapest–Belgrad, mit Wagen aus Oslo und nach Warschau, in Breslau verknüpft mit *Balt-Expreß* Warschau–Prag, in N. Bohumín verknüpft mit Zugteil aus Prag mit Wagen nach Warschau und Prag, in Belgrad Wagenübergang auf SOE nach Sofia.

*Simplon-Orient-Expreß* zwischen Svilengrad und Uzunköprü zeitweilig unterbrochen, Ersatz Lkw

**1949**
*Orient-Expreß* zwischen Wien und Budapest nur 3x wöchentlich, vorübergehend Wagen Paris Bar le Duc–Frankfurt, Wagen Hoek–Warschau statt aus Amsterdam, Antrag auf WL Prag–Istanbul abgelehnt.

*Balt-Orient-Expreß* mit Wagen Berlin–Posen–Bukarest und Wagen Prag–Istanbul u.a. verzeichnet, spätestens ab 1950 *BOE* nur bis Budapest.

*Simplon-Orient-Expreß* vorübergehend mit Wagen Paris–Lötschberg–Mailand vom AOE, Venedig–Gotthard–Paris für AOE, Buchs–Tauern–Belgrad,

187

Rijeka–Wien, Rijeka–Linz–Prag, Triest–Wien; WL nach Rom nicht mehr im *SOE*.

**1950**
*Orient-Expreß* nicht mehr nach Belgrad, vorübergehend Wagen Pairs–Lindau–Innsbruck–Wien und Paris–Baden-Baden, *Ostende-Wien-Expreß* zeitweilig getrennt von Orient-Expreß, mit Wagen Fredericia–Wien und WL Ostende–Prag–Preßburg.

*Simplon-Orient-Expreß* vorübergehend mit Wagen Prag–Linz–Split, Wien–Belgrad. Unterbrechung in Svilengrad.

Einführung des *Direct-Orient* Paris–Mailand–Belgrad

**1951**
15. Februar: Streckeneröffnung nach Athen, *Simplon-Orient-Expreß* mit Zugteil Paris–Athen, Trennung in Niš.

*Orient-Expreß* östlich von Wien eingestellt. Wagen Paris–Bayreuth bei Bedarf, *Ostende-Wien-Expreß* mit Wagen Amsterdam–Wien statt Hoek und Fredericia, ab 1. Juli ISG nicht nach ČSR.

Einführung des *Tauern-Expreß* Ostende–München–Laibach mit Wagen Ostende– und Dortmund–Belgrad für *SOE*.

*Balt-Orient-Expreß* nach Bukarest mit Wagen über Donautrajekt Giurgiu–Ruse nach Sofia.

*Simplon-Orient-Expreß* vorübergehend mit Wagen Paris–Rom und Venedig–Brenner–Brüssel.

**1952**
März: WL Paris–Prag/Warschau und Ostende–Prag wieder eingeführt.

*Orient-Expreß* in Österreich von Ostende–Wien getrennt, Wagen Paris–Bukarest ab Wien im *Arlberg-Orient-Expreß*, Wagen Calais–Wien vom „Calais-Bâle" (bis 1960).

*Balt-Orient-Expreß* via Bukarest bis Sofia (bis 1957).

WL Athen- statt Saloniki–Istanbul (zeitweilig im *SOE*).

Winter (?): *Simplon-Orient-Expreß* mit WL Paris–Saloniki–Istanbul.

**1953**
*Orient-Expreß* mit innerösterreichischen Kurswagenläufen und ohne Wagen Paris–Bukarest und Ostende–Prag.

*Tauern-Expreß* Ostende–Laibach–Belgrad mit WL Ostende–Athen für *SOE* und zahlreichen Kurswagenläufen (s. Text).

**1954**
1. Januar: *Balt-Orient-Expreß* Stockholm–Trelleborg–Saßnitz–Berlin–Bukarest, statt über Odra Port.

Donaubrücke Giurgiu–Ruse statt Trajekt.

Warschauer Zugteil des *Orient-Expreß* mit Zug Stuttgart–Hof kombiniert.

Umleitung des *Orient-Expreß* wegen Überschwemmung über den Semmering.

*Simplon-Orient-Expreß* Paris–Sofia–Istanbul, vorübergehend Wagen Wien–Saloniki. 7. März: CFFH an griechischen Staat.

**1955**
*Orient-Expreß* mit Wagen Paris–Belgrad für *Tauern-Expreß* (bis 1958).

Einführung des *Balkan-Expreß* Wien–Zagreb–Belgrad–Istanbul, zunächst via Saloniki, ab Belgrad mit WL Paris–Saloniki–Istanbul des *Simplon-Orient-Expreß*.

Oktober: Einteilung des *Medloc* Hoek–Klagenfurt.

**1956**
*Orient-Expreß* Paris–Wien–Hegyeshalom–Budapest–Lököshaza–Bukarest, zeitweilig bis Straßburg mit *Arlberg-Orient-Expreß* vereint; Ungarn-Aufstand.

*Balt-Orient-Expreß* wieder via Belgrad, mit „weiche Klasse" Moskau–Budapest–Belgrad, Warschauer Flügel mit „weiche Klasse" Moskau–Wien.

*Simplon-Orient-Expreß* vorübergehend mit Wagen Calais–Rijeka und Wien–Sarajevo.

**1957**
Einführung *Pannonia-Expreß* Berlin–Bukarest, ab Budapest mit AOE.

Einführung des *Karpaty-Expreß* Warschau–Przemyśl (Umspurung)–Vadul Siret (Umspurung)–Bukarest (SZD-, dann PKP-Wagen. Ab 1988 via Košice–Ungarn).

*Simplon-Orient-Expreß* in Belgrad statt Niš geteilt, WL Paris–Saloniki–Istanbul und Athen–Istanbul eingestellt.

**1958**
*Simplon-Orient-Expreß* mit WL Ostende–Istanbul des *Tauern-Expreß*.

**1959**
*Orient-Expreß* zwischen Wien und Budapest nurmehr 3x wöchentlich, abwechselnd mit Triebwagen *Wien-Budapest-Expreß*.

*Balt-Orient-Expreß* Berlin–Prag–Bukarest, Verknüpfung mit Zugteil Warschau–Balkan in Breclav (bis 1960).

*Simplon-Orient-Expreß* mit Wagen Skopje–Saloniki–Istanbul, Athener Teil über Kraljevo statt Niš.

**1960**
*Simplon-Orient-Expreß* Paris–Istanbul/Niš–Athen beschleunigt, mit Wagen Paris–Neapel, Istanbul–Athen, getrennt vom *Tauern-Expreß* und *Balt-Orient-Expreß*.

*Tauern-Expreß* Ostende–Athen, Zugteil Istanbul östlich Belgrad mit *Balt-Orient-Expreß*.

**1961**
*Orient-Expreß* östlich Wien und Prag eingestellt.

*Simplon-Orient-Expreß* südlich Saloniki mit *Tauern-Expreß*.

**1962**
*Arlberg-Expreß* Paris–Wien statt *Arlberg-Orient-Expreß*.

*Balt-Orient-Expreß* beschränkt auf Berlin–Prag–Budapest–Bukarest.

Einführung des *Polonia-Expreß* Warschau–Belgrad–Sofia, verknüpft mit *Direct-Orient*.

Einführung des späteren *Nord-Orient-Expreß* Warschau–Constanța/Varna (bis 1987).

*Austria-Expreß* verlängert Hoek–Athen statt *Tauern-Expreß* (bis 1965).

*Simplon-Expreß* Paris-Zagreb/Neapel statt *Simplon-Orient-Expreß* (ab 1967 bis Belgrad).

Einführung des *Direct-Orient* Paris–Simplon–Istanbul/Athen, Trennung in Crveni Krst, mit Wagen Calais–Mailand, Paris–Jura, –Interlaken, –Lötschberg–Brig, Triest–Genua, Venedig–Brenner–Kopenhagen, Dortmund–München–Athen–Hagen, Warschau–Sofia, Ostende– und Dortmund–Brenner–Venedig für Reisebüros, Athen–Istanbul, vorübergehend ab 1964 Rijeka–Skopje, Skopje–Sofia, Wien–Triest, ab 1965 Kopenhagen–Venedig, Warschau–Istanbul, ab 1966 Triest–Ventimiglia und München–Genua.

**1963**
Einführung des *Hellas-Expreß* Dortmund–Athen.

Einführung des Turnuszugs *Tourex* Dresden–Varna (bis Herbst 1989).

**1964**
*Orient-Expreß* Paris–Budapest.

**1965**
*Orient-Expreß* Paris–Bukarest mit WL und zeitweilig Wagen Hamburg–Budapest und Dortmund–Budapest, Prager Teil über Frankfurt.

Einführung des *Istanbul-Expreß* München–Istanbul, später zeitweilig in Verbindung mit *Hellas-Expreß* als *Hellas-Istanbul-Expreß*.

**1966**
Einführung des *Tauern-Orient* München–Istanbul, in Belgrad verknüpft mit *Direct-Orient*, östlich Belgrad später als *Marmara-Expreß* (getrennt von Polonia) und *Athènes-Expreß*.

**1968**
Einführung des *Akropolis* München–Athen.

*Simplon-Expreß* mit WL SZD Rom–Zagreb–Moskau (vorher in anderen Zügen, 1969 zeitweilig auch Turin–Moskau–Togliatti).

**1969**
WL-Turnuszug „cet" Paris–Simplon–Mestre und Paris–Arlberg–Brenner–Toblach (kurzzeitig).

**1971**
*Marmara-Expreß* nicht mehr über Pithyon.

**1972**
WL München–Istanbul des *Tauern-Orient* eingestellt.

**1973**
Entlastungszug Paris–Wien im Sommer, mit WL Paris–Bukarest für *Orient-Expreß* (im Winter weiterhin ab Paris im *Orient-Expreß*) und bis 1975 Wagen Paris–Skopje für *Akropolis*.

*Athènes-Expreß* mit WL SZD Moskau–Belgrad–Athen.

**1974**
*Marmara-Expreß* kurzzeitig mit WL SZD Moskau–Belgrad–Istanbul.

**1976**
Einführung von Luxus-Sonderzügen, später *Nostalgie-Istanbul-Orient-Expreß* (NIOE), erste Fahrt am 18. März Mailand–Istanbul und im Oktober Zürich–Arlberg–Tauern–Istanbul, 1978 erstmals nach Athen, 1981 Paris–Simplon, 1982 Paris–München–Wien–Budapest–Bukarest–Istanbul, 1987 Zürich–München–Budapest–Istanbul–Venedig–Gotthard–Zürich, 1990 Boulogne–München–Budapest–Istanbul, u.a.

**1977**
*Venezia-Expreß* Venedig–Balkan statt *Direct-Orient,* Einstellung der Wagen Paris–Istanbul/Athen.

Parthenon Paris–Brindisi mit Schiffsanschluß nach Patras.

**1979**
Einstellung des *Tauern-Orient.*

**1982**
*Orient-Expreß* zwischen Wien und Salzburg zeitweilig mit „Montfort" Wien–Kufstein–Bregenz vereint (bis 1985).

25. Mai: Einführung des Luxuszuges *Venice-Simplon-Orient-Expreß* (VSOE) London–Folkestone, Boulogne–Paris Austerlitz–Simplon–Venedig 2–3x wöchentlich.

**1983**
*Arlberg-Expreß* Paris–Innsbruck statt Wien.

1. Oktober *NIOE* als „Le Centenaire" Paris–Bukarest–Istanbul.

4. Oktober: ab Paris Est ausnahmsweise *VSOE;* und ein Jubiläumszug aus ISTG-WL, WR, WP, Bar Paris–Salzburg.

**1984**
*Venice Simplon-Orient-Expreß* im Hochsommer Boulogne–Paris Austerlitz–Lausanne–Zürich Altstetten–Arlberg–Brenner–Venedig, sonst über Simplon, zeitweilig mit 1 WL Boulogne–Venedig–Florenz–Boulogne, Unterbrechung im Winter.

Liegewagenzug *Türkiye-Expreß* (Wasteels/DB) Dortmund–Frankfurt–Stuttgart–Istanbul (zeitweilig).

**1985**
*Venice Simplon-Orient-Expreß* ab Ende Februar Boulogne–Paris Est–Basel–Zürich Altstetten–Brenner–Venedig 2x/1x wöchentlich.

Autoreisezug Laibach–Niš, Vermarktung durch Optima Tours.

„Schlafwagen" (Umbau Sitzwagen) Athen–Patras–Kalamata (versuchsweise, später planmäßig, vorübergehend).

**1986**
*Venice Simplon-Orient-Expreß* über Zürich Hbf., zeitweilig Chur, Anschluß an Schiff „Orient-Expreß" Venedig–Piräus–Istanbul–Kusadasi–Patmos–Katakolon–Venedig.

6. August: Eröffnung Titograd–Shkoder (Albanien), nur für Güterverkehr.

**1987**
Einstellung des WL Paris–Bukarest des *Orient-Expreß.*

**1988**
*Venice-Simplon-Orient-Expreß* zeitweilig auch Boulogne–Paris–Arlberg–Kufstein–Wien Süd, ab 1989 zeitweilig via München, ab 1991 zeitweilig bis Budapest.

**1989**
Einführung des *Attika* München–Tauern–Athen, nur WL/Bc, mit Autotransport.

**1990**
Einführung des Autoreisezugs *Optima-Expreß* Villach–Niš durch Optima Tours.

**1991**
Beschränkung des *Orient-Expreß* auf Paris–Budapest und des *Arlberg-Expreß* als Saisonzug.

Ersatz des *Ostende-Wien-Expreß.*

Beschränkung des Akropolis auf Belgrad–Saloniki (später Einstellung).

*Istanbul-Expreß* München–Istanbul mit Autotransport (ab 1992 nur WL/Bc.).

Ab 22./23. Juli 1991 *Attika* und *Istanbul-Expreß* über Wien–Hütteldorf–Budapest–Subotica wegen Jugo-Krieg.

Autoreisezug *Optima-Expreß* ab 26. Juli Linz–Budapest–Niπ statt Villach–Niš.

Beschränkung des *Simplon-Expreß* auf Genf–Zagreb.

*Nostalgie-Istanbul-Orient-Expreß* nicht mehr nach Istanbul wegen Jugo-Krise.

**1993**
*Venice-Simplon-Orient-Expreß* auch Düsseldorf–Arlberg–Brenner–Venedig eingeführt.

*Nostalgie-Istanbul-Orient-Expreß* nurmehr in Rußland.

Autoreisezug München Ost–Budapest Ferencvaros–Curtici–Istanbul (lt. DB, zeitweilig).

Herbst: Einstellung des *Attika* München–Athen und des *Skopje-Istanbul-Expreß* München–Istanbul/Skopje (nach Istanbul bzw. Athen verblieben nurmehr ab Budapest Balkan- bzw. Hellas-Expreß).

**1994**
Einführung des Sonderzuges *Pullmann-Orient-Expreß.*

Autoreisezug Berlin Wannsee–Bad Schandau–Sturovo–Curtici–Ruse–Istanbul, (lt. DB, nicht im Cook, zeitweilig?).

Autoreisezug *Optima-Expreß* Loosdorf (Westbahn)–, dann Parndorf–Sofia–Istanbul lt. DB auch München–Budapest–Saloniki (zeitweilig?).

Einführung des *Bucuresti-Istanbul-Expreß* Bukarest–Ruse–Stara Zagora–Istanbul (ab 1996 mit WL der CFM Chişinău–Istanbul statt WL Moskau–Bukarest–Istanbul im *Sofia-Expreß,* ab 1998 als „Bosphor").

**1995**
Autoreisezug *Optima-Expreß* Lébény (Ungarn)–Sofia–Istanbul (ab 1996 bis Svilengrad/Kapikule/Edirne, via Budapest–Belgrad oder Curtici–Bukarest–Sofia).

Herbst: Einstellung des *Balt-Orient-Expreß.*

**1996**
Autoreisezug Köln–Istanbul (nur kurzzeitig).

Beschränkung des *Hellas-Expreß* auf Budapest–Saloniki statt Athen.

**1997**
Autoreisezug (Wasteels) Pinnye–(Ungarn) Svilengrad/Kapitan Andreevo–Pinnye (kurzzeitig).

**1998**
Autoreisezug *Optima-Expreß* auch Lébény-Budapest–Belgrad–Skopje/Saloniki und Villach–Zagreb–Belgrad–Svilengrad/Edirne/Saloniki.

*Venice Simplon-Orient-Expreß* geplant für 28. August erstmals Paris Est–Budapest–Sinaia–Bukarest–Istanbul–Venedig.

*Nostalgie-Istanbul-Orient-Expreß* geplant für Oktober nach Istanbul.

## II. Fahrplan-Auszüge

**Gruppe aus Orient-Expreß (über Straßburg), Ostende-Wien-Expreß, SAVE bzw. Arlberg-Orient-Expreß (über Basel) und Simplon-Orient-Gruppe der Zwischenkriegszeit**

### Orient-Expreß vor dem Ersten Weltkrieg

|  |  | Juni 1883 | 1897 |
|---|---|---|---|
| Paris Est | ab | 19.30 | 19.10 |
| Wien West | an | 23.15 | 18.52 |
| Budapest | an | 6.09 | 23.50 |
| Bukarest | an | 4.45 | 18.55 |
| Konstanza | an | – | 23.50 |
| Giurgiu | an | 6.45 | – |
| Russe | ab | 9.31 | – |
| Varna | an | 16.31 | – |
| Konstantinopel | an | 8.15–13.30 | – |
|  |  | 5.Tag | 4.Tag |
| Belgrad | an | – | 6.20 |
| Konstantinopel | an | – | 11.30 |
|  |  |  | 4.Tag |
| Koristantinopel | ab | – | 17.06 |
| Belgrad | ab | – | 19.48 |
| Konstantinopel | ab | 12.30 | 9.00 |
| Varna | ab | 5.00 | – |
| Russe | an | 12.00 | – |
| Giurgiu | ab | 13.30 | – |
| Konstanza | ab | – | 1.05 |
| Bukarest | ab | 15.15 | 7.00 |
| Budapest | ab | 10.08 | 2.35 |
| Wien West | ab | 15.25 | 8.35 |
| Paris Est | an | 18.00 | 8.20 |
|  |  | 4.Tag | 4.Tag |

|  |  | 1905 | 1914 |
|---|---|---|---|
| Paris Est | ab | 19.30 | 19.14 |
| Wien West | an | 17.50 | 18.00 |
| Budapest | an | 23.00 | 23.05 |
| Bukarest | an | 18.11 | 18.34 |
| Konstanza | an | 11.00 | 23.05 |
| Giurgiu | an | – | – |
| Russe | ab | – | – |
| Varna | an | – | – |
| Konstantinopel | an | 11.30 | 12.00 |
|  |  | 4.Tag | 4.Tag |
| Belgrad | an | 5.40 | 5.58 |
| Konstantinopel | an | 10.39 | 11.00 |
|  |  | 4.Tag | 4.Tag |
| Konstantinopel | ab | 13.48 | 18.15 |
| Belgrad | ab | 16.17 | 22.39 |
| Konstantinopel | ab | 10.00 | 14.30 |
| Varna | ab | – | – |
| Russe | an | – | – |
| Giurgiu | ab | – | – |
| Konstanza | ab | 2.20 | 8.00 |
| Bukarest | ab | 7.26 | 12.50 |
| Budapest | ab | 1.00 | 6.50 |
| WienWest | ab | 9.00 | 12.00 |
| Paris Est | an | 7.33 | 8.56 |
|  |  | 4.Tag | 4.Tag |

|  |  | Juli 1919 | Juli 1920 | Dez. 1924 | Aug. 1927 | Juni 1930 | Sommer 1938 |
|---|---|---|---|---|---|---|---|
| London über Calais | ab | – | – | 11.00 | 14.45 | 14.00 | 14.00 |
| Paris Est über Basel | ab | 19.20 | – | 19.55 | 19.55 | 19.55 | 19.55 |
| London über Calais–Straßburg | ab | – | 8.00 | 11.00 | 11.00 | 14.00 | 14.00 |
| London über Ostende | ab | – | 8.30 | 8.50 | 14.45 | 14.35 | 15.00 |
| Paris Est über Straßburg | ab | – | 19.20 | 19.55 | 19.50 | 19.50 | 19.55 |
| Karlsbad | an | – | – | – | 14.51 | 14.51 | 12.18 |
| Prag Wilson | an | 11.52 | 23.45 | – | 17.29 | 17.37 | 14.53 |
| Warschau | an | 9.35 | 20.40 | – | – | – | – |
| Wien West über Straßburg | an | – | 7.05 | 22.00 | 18.30 | 18.30 | 15.14 |
| Budapest über Straßburg | an | – | – | 7.00 | 23.50 | 23.50 | 20.18 |
| Bukarest über Straßburg | an | – | – | 8.00 | 22.15 | 18.25 | 12.20 |
| Bukarest über Basel | an | – | – | – | 8.40 | 7.20 | 18.30 |
|  |  |  |  |  | 4.Tag | 4.Tag | 3.Tag |
| London über Ostende-Mailand | ab | – | – | 8.50 | – | – | – |
| London über Calais/Boulogne | ab | 8.50 | 8.00 | 11.00 | 11.00 | 11.15 | 14.00 |
| Paris PLM | ab | 21.00 | 19.30 | 20.35 | 20.35 | 20.40 | 22.15 |
| Bukarest über Triest | an | – | 20.20 | 15.00 | 9.05 | 6.45 | 21.55 |
| Belgrad über Triest | an | – | 20.20 | 19.00 | 12.47 | 10.38 | 7.25 |
| Berlin Schlesischer Bhf. über Breslau | ab | – | – | – | – | 7.54 | 8.02 |
| Berlin Anhalter Bhf. über Prag | ab | – | – | – | – | 7.36 | 7.47 |
| Istanbul | an | – | 20.00 | 8.00 | 17.15 | 14.00 | 7.25 |
| Athen | an | – | 10.41 | 14.00 | 20.56 | 17.37 | 10.16 |
|  |  | 6.Tag | 5.Tag | 4.Tag | 4.Tag | 4.Tag | 4.Tag |

### Zwischenkriegszeit (Gegenrichtung)

|  |  | Juli 1919 | Juli 1920 | Dez. 1924 | Aug. 1927 | Juni 1930 | Sommer 1938 |
|---|---|---|---|---|---|---|---|
| Athen | ab | – | 16.00 | 16.15 | 10.05 | 13.30 | 20.10 |
| Istanbul | ab | – | 20.30 | 21.30 | 13.15 | 15.20 | 22.00 |
| Berlin Anhalter Bhf. über Prag | an | – | – | – | – | 23.33 | 22.17 |
| Berlin Schlesischer Bhf. über Breslau | an | – | – | – | – | 22.26 | 22.32 |
| Belgrad über Triest | ab | – | 22.10 | 9.10 | 16.05 | 18.05 | 22.15 |
| Bukarest über Triest | ab | – | 22.00 | 14.40 | 21.40 | 23.00 | 9.55 |
| Paris PLM | an | 10.40 | 7.35 | 7.15 | 8.25 | 8.45 | 8.40 |
| London über Calais/Boulogne | an | 21.05 | 21.35 | 17.15 | 19.15 | 19.15 | 17.20 |
| London über Ostende–Mailand | an | – | 20.30 | 20.25 | – | – | – |
|  |  | 6.Tag | 5.Tag | 4.Tag | 4.Tag | 4.Tag | 4.Tag |
| Bukarest über Basel | ab | – | – | – | 21.20 | 22.40 | 14.00 |
| Bukarest über Straßburg | ab | – | – | 22.50 | 8.30 | 12.15 | 19.45 |
| Budapest über Straßburg | ab | – | – | 22.20 | 7.00 | 7.05 | 9.58 |
| Wien West über Straßburg | ab | – | 23.00 | 9.35 | 12.30 | 11.46 | 15.08 |
| Warschau | ab | 21.00 | 11.40 | – | – | – | – |
| Prag Wilson | ab | 16.16 | 7.14 | – | 13.20 | 13.20 | 16.06 |
| Karlsbad | ab | – | – | – | 16.10 | 16.10 | 18.32 |
| Paris Est über Straßburg | an | – | 9.40 | 10.35 | 11.00 | 11.00 | 10.12 |
| London über Ostende | an | – | 20.30 | 20.25 | 16.30 | 16.42 | 16.20 |
| London über Calais/Boulogne–Straßburg | an | – | 20.50 | 19.15 | 17.15 | 17.20 | – |
| Paris Est über Basel | an | 7.15 | – | 9.15 | 10.35 | 9.58 | 9.45 |
| London über Calais/Boulogne-Basel | an | – | – | 19.15 | 17.18 | 17.15 | 17.20 |
|  |  |  |  |  | 4.Tag | 4.Tag | 3.Tag |

## Zeit nach dem Zweiten Weltkrieg

|  |  | 1948 | 1948 | 1955 | 1955 | 1960 | 1971 | 1973 |
|---|---|---|---|---|---|---|---|---|
|  |  | O.E. | A.O.E. | O.E. | A.O.E. | O.E. | O.E. | O. E. Entlast. |
| London über Ostende | ab | 9.00 | – | – | – | – | – | – |
| London über Calais | ab | – | 14.30 | 13.30 | 13.30 | 14.00 | 15.30 | – |
| Paris Est | ab | 18.50 | 23.20 | 21.00 | 22.10 | 20.25 | 22.15 | 21.33 |
| Wien West | an | 22.50 | 7.30 | 17.15 | 21.45 | 15.40 | 14.40 | 12.28 |
| Budapest | an | 8.05 | 15.35 | – | 8.05 | 20.35 | 19.47 | 18.55 |
| Bukarest | an | 5.50 | 15.00 | – | 8.48 | 19.20 | 10.47 | 11.20 |
| Belgrad | an | 19.20 | – | 6.40 | – | – | – | – |
| Warschau | an | 16.43 | – | 15.38 | – | 9.47 | – | – |
|  |  |  | B.O.E. | B.O.E. |  | B.O.E. | B.O.E. |  |
| Stockholm | ab |  | 23.25 | 23.20 |  | 23.20 | – |  |
| Berlin | ab |  | – | 23.20 |  | 23.28 | 23.58 |  |
| Warschau | ab |  | 23.25 | 23.50 |  | 0.45 | – |  |
| Budapest | an |  | 21.20 | 22.06 |  | 20.05 | 18.07 |  |
| Belgrad | an |  | 8.00 | – |  | 6.55 | – |  |
|  |  |  | S.O.E. | S.O.E. |  | S.O.E. | D.O. | S.E./Akro. |
| London über Ostende | ab |  | – | 12.30 |  | – | – | – |
| London über Calais | ab |  | 9.20 | 10.00 |  | 10.30 | 15.30 | – |
| Paris L. | ab |  | 21.05 | 19.54 |  | 19.28 | 23.53 | 19.28 |
| Belgrad | an |  | 21.00 | 6.30 |  | 0.25 | 7.52 | 22.06 |
| Athen | an |  | – | 10.17 |  | 7.34 | 8.42 | 22.17 |
| Istanbul | an |  | 10.32 | 19.50 |  | 7.30 | 11.15 | – |
|  |  |  | 6.Tag | 4.Tag |  | 4.Tag | 4.Tag | 3.Tag |

## Zeit nach dem Zweiten Weltkrieg (Gegenrichtung)

|  |  | 1948 | 1948 | 1955 | 1955 | 1960 | 1971 | 1973 |
|---|---|---|---|---|---|---|---|---|
|  |  |  | S.O.E. | S.O.E. |  | S.O.E. | D.O. | S.E./Akro. |
| Istanbul | ab |  | 19.00 | 8.20 |  | 23.30 | 19.20 | – |
| Athen | ab |  | – | 20.40 |  | 22.15 | 21.23 | 10.00 |
| Belgrad | ab |  | 9.00 | 23.15 |  | 5.00 | 21.02 | 6.54 |
| Paris L. | an |  | 9.30 | 9.05 |  | 9.55 | 6.29 | 9.30 |
| London über Calais | an |  | 19.50 | 18.50 |  | 20.05 | 15.42 | – |
| London über Ostende | an |  | – | 15.05 |  | – | – | – |
|  |  |  | B.O.E. | B.O.E. |  | B.O.E. | B.O.E. |  |
| Belgrad | ab |  | 21.10 | – |  | 22.45 | – |  |
| Budapest | ab |  | 8.45 | 10.00 |  | 9.30 | 12.05 |  |
| Warschau | an |  | 7.53 | 5.22 |  | 5.16 | – |  |
| Berlin | an |  | – | 5.52 |  | 5.50 | 5.38 |  |
| Stockholm | an |  | 7.50 | 8.10 |  | 8.10 | – |  |
|  |  | O.E. | A.O.E. | O.E. | A.O.E. | O.E. | O.E. | O.E. Entlast. |
| Warschau | ab |  | 14.30 | – | 14.31 | – | 22.15 | – |
| Belgrad | ab |  | 9.35 | – | 23.00 | – | – | – |
| Bukarest | ab | 23.10 | 12.40 | – | 21.40 | 8.45 | 20.03 | 20.25 |
| Budapest | ab | 21.20 | 14.30 | – | 22.20 | 6.35 | 9.05 | 13.00 |
| Wien West | ab | 8.05 | 23.30 | 12.15 | 8.00 | 13.40 | 14.05 | 18.10 |
| Paris Est | an | 11.50 | 7.20 | 8.55 | 7.50 | 9.00 | 8.15 | 9.33 |
| London über Calais | an | – | 16.20 | 15.05 | 16.05 | 16.05 | 15.42 | – |
| London über Ostende | an | 20.50 | – | – | – | – | – | 0 |

**Anmerkung:** Die Entfernungsangaben differieren in verschiedenen Kursbüchern, zum Beispiel für die Strecke Paris–Wien um rund 20 Kilometer. Laut Reichsbahnkursbuch 1939 beträgt die Entfernung Paris (Est)–München–Salzburg–Wien (West) 1385,7 km, im ISG-Kursbuch 1952 ist sie mit 1403 km angegeben. ISG-Kursbücher nennen: Paris (Est)–München–Salzburg–Hegyeshalom–Lököshaza–Bukarest (Nord) 2567 km, Paris (Est)–Zürich (Enge)–Wien (West) 1473 km, Paris (Est)–München–Salzburg–Preßburg–Belgrad–Istanbul 3103 km, Paris (Lyon)–Triest–Istanbul 3034 km, Paris (Lyon)–Triest–Athen 3164 km, Ostende–Zagreb–Athen 3106 km, Paris (Est)–Nürnberg–Zebrzydowice–Warschau 2045 km.

## Berlin-Budapest-(Orient-)Expreß

April 1900

| 7.00 | ab | Berlin Friedrichstraße | an | 17.17 |
| 11.55 | an | Breslau | ab | 12.23 |
| 23.00 | an | Budapest | ab | 1.00 |

weiter wie Orient-Expreß

## Ostende-Wien-Budapest-(Orient-)Expreß

Juli 1914

| 9.00 | ab | London | an | 17.10 |
| 16.40 | ab | Ostende | an | 9.52 |
| 12.21 | an | Karlsbad | ab | 16.52 |
| 18.00 | an | Wien West | ab | 12.00 |

weiter wie Orient-Ex

## Paris-Karlsbad-Expreß

Juli 1914

| 19.34 | ab | Paris Est | an | 7.21 |
| 14.01 | an | Karlsbad | ab | 14.36 |

## Simplon-Expreß

Dezember 1913

| 11.00 | ab | London | an | 17.10 |
| 19.55 | ab | Paris PLM | an | 7.16 |
| 12.02 | ab | Mailand | ab | 16.35 |
| 16.15 | an | Venedig | ab | 12.20 |
| 21.00 | an | Triest | ab | 7.50 |

## Nostalgie-Orient-Expreß

25./27. Oktober 1977

| Stuttgart |  | 12.07 |
| München | 14.38 | 14.53 |
| Salzburg | 16.33 | 19.20 |
| Beograd | 8.15 | 10.55 |
| Sofia | 19.30 | 22.50 |
| Edirne | 8.40 | 10.00 |
| Istanbul | 17.00 |  |

## Venice Simplon-Orient-Expreß

Sommer 1982

| 11.44 | ab | London Victoria | an | 17.36 |
| 13.15 | an | Folkestone Harb. | ab | 15.40 |
| 17.44 | ab | Boulogne M. | an | 12.55 |
| 2.46 | ab | Paris Austerlitz | an | 8.30 |
| 4.47 | ab | Vallorbe | ab | 2.53 |
| 5.25 | ab | Lausanne | ab | 1.48 |
| 6.59 | ab | Brig | ab | 23.56 |
| 7.48 | ab | Domodossola | ab | 23.20 |
| 9.40 | ab | Mailand Centrale | ab | 21.30 |
| 11.20 | ab | Verona | ab | 18.53 |
| 12.43 | an | Venedig S.L | ab | 17.25 |

ab London Fr, So, Di, ab Venedig Mi, Sa, Mo.; zeitweise geänderter Fahrplan

## III. Verwendetes Wagenmaterial

Vor dem Ersten Weltkrieg wurden in der Orient-Gruppe teakfarbene ISG-Wagen eingesetzt. Oben cremefarbene Wagen liefen in einigen anderen Zügen. Ein Einsatz des von einer Spielzeugfabrik als „Orient-Expreß" angebotenen WL 1600 im Orient-Expreß wurde nicht bekannt. Die vierachsigen WR des Orient-Expreß hatten normalerweise ein Fumoir, Reservewagen sind bei den Nummern mit enthalten. Gelegentlich beförderte Staatssalonwagen sind nicht berücksichtigt. Soweit keine Achszahl angegeben ist, handelt es sich um einen Vierachser. Im übrigen sind absolut vollständige Wagenlisten nicht mehr vorhanden und nicht rekonstruierbar; ergänzend wird auf die Aufstellungen von Dr. Mühl (s. Literaturverzeichnis) hingewiesen.

Anmerkung zur Laufleistung der Wagen: Im Jahre 1887 waren im Plan des Orient-Expreß insgesamt 20 Vierachser der ISG mit einer Jahreslaufleistung von zusammen 3.848.705 km eingesetzt, mit nur vier Ausfällen (Nr. 137, 171, 172, 189). Im Jahre 1888 betrug die Laufleistung 3.786.812 km bei fünf Ausfällen (Nr. 136, 177, 180, 190).

### Train Eclair:

**WL Nr. 756** Erster Drehgestellwagen der ISG, Dyle et Bacalan, 1880, geschlossene Plattformen, zwei 2-Bett-, zwei 4-Bett-, 22-Bett-Abteile, 1908 umgebaut

**WL 77**, evgl. 78, 79 3-Achser, Rathgeber 1881(82, offene Plattformen, ein 4-Bett, drei 2-Bett-, ein 4-Bett-Abteil

**WR 107** 3-Achser, Rathgeber 1882, erster WR-Neubau der ISG, Küche mittig, 1908 umgebaut

**Pw der franz. Ostbahn** 2-Achser mit geschlossenen Plattformen

### Orient-Expreß Juni 1883:

**WL** 3-Achser wie oben, vermutlich aus Serie 76-...

**WL 75** siehe oben

**WR** 3-Achser, offene Plattformen, 2x 12 Plätze, Küche mittig, Nr. 113 und weitere

**Pw** 2-Achser, zumindest anfangs aus dem Park der franz. Ostbahn

### Orient-Expreß ab Oktober 1883:

**WL 75** siehe oben

**WL 121–122** 4-Achser, Rathgeber 1883, drei 4-Bett-, vier 2-Bett-Abteile (lt. Dr. Mühl)

(Wagen 123–130 hatten Schlaf- und Sitzabteile, evtl. für Conventionszug, nicht OE).

Behrend nennt auch Einsatz der WL 142–144. Nachgewiesen ist zumindest Einsatz der WL 134, 136 und 137 aus Serie 131–137 aus Marly im Orient-Expreß.

**WR 151–153** 4-Achser, Marly 1883, erste durch ISG bestellte Drehgestell-WR, offene Plattformen

3-Achser in Reserve

**Pw 1001–1004** 2-Achser, Marly 1883

### Orient-Expreß, 15. Janaur 1894:
(Wagenreihung):

**PW 1012** 3-Achser, Ragheno 1885

**WR 168** 4-Achser, Marly 1885

**WL 134** 4-Achser, Marly 1883

**WL 253** 4-Achser Rathgeber 1889

**PW 1040** 3-Achser, Jacksen-Sharp 1892

### Orient-Expreß z. B. 1902:

**WL 137** 4-Achser, Marly 1889

**WL 240, 241** 4-Achser, Desouches 1889

**WL 253, 254** 4-Achser, Rathgeber 1889

**WL 544–549** 4-Achser, CGC 1897

**WL 631–640** 4-Achser, CGC 1899

**WR 165, 168** 4-Achser, Marly 1885

**WR 178, 179** 4-Achser, MAN 1885

**WR 601–606** 4-Achser, CGC 1898

**Pw 1005–1007** 3-Achser, Rathgeber 1884

**Pw 1008-1015** 3-Achser, Ragheno 1885

**Pw 1022, 1023** 2-Achser, St. Ouen 188, 1023:ex WL 1, Simmering 1872

Behrend nennt auch WL 702 (Ringhoffer 1900)

### Orient-Expreß z. B. 1906:

**WL 544, 545, 548, 549, 631–640, 709, 710, 712, 786–788**

**WR 165, 601–606**

**Pw 1005–1015, 1037–1040, 1070–1072**

### Orient-Expreß z. B. 1908:

**WL 545, 548, 549** CGC 1897, auch für Nord-Expreß gebaut

**WL 631–640** CGC 1899, auch für Calais-Méditerrannée-Expreß, sechs 2-Bett-Abteile, dazwischen drei Waschräume, ein 4-Bett-Abteil, ein 2-Bett-Abteil

**WL 709–712** Ringhoffer 1900, gleiche Serie auch für Wien-Cannes- und Riviera-Expreß

**WL 1709–1711** Typ R mit 18 Plätzen, Ringhoffer 1907, Messingaufschrift „Orient-Expreß", sechs 2-Bett-Abteile, dazwischen drei Waschräume, drei 2-Bett-Abteile, diese jetzt mit Waschbecken

**WR 497–498** CGC 1897

**WR 601–606** CGC 1898

**WR 1650** Nesselsdorf 1906, ausgestellt in Mailand

**Pw 1005–1007** 3-Achser, Rathgeber 1884

**Pw 1008–1015** 3-Achser, Ragheno 1885

**Pr 1038** 3-Achser, Jackson Sharp 1892

**PwPost 1173–1175** Ringhoffer 1906/07

**PwPost 1199** Ringhoffer 1907

**PwPost 1201** Weyer 1908

### Orient-Expreß z. B. 1909:

**WL 702** Ringhoffer 1900, gleiche Serie auch für Nizza- und Riviera-Expreß

**WL 1709–1711** siehe oben

**WL 1951–1965** Typ R mit 18 Plätzen, v. d. Zypen & Charlier, MAN 1909, Beschreibung wie 1709

**WR 601** s. oben

**WR 1650** s. oben

**WR 1936–1940** Ringhoffer 1908/09

**WR 1941–1943** Nesselsdorf 1908/09

**Pw 1013–1015** s. oben

**Pw 1005–1011** s. oben

**Pw 1038** s. oben

**PwPost 1173–1175** s. oben

**PwPost 1199, 1200** Ringhoffer 1907

### Orient-Expreß z. B. 1913 (2. August):

**WL 1709—711** s. oben

**WL 1951–1965** s. oben

**WL 2176** Typ R. v. d. Zypen & Charlier 1911, später Umbau in R3?

**WR 1650** s. oben

**WR 1738** CGC 1907

**WR 1936–1943** s. oben

**RW 2179** v. d. Typen & Charlier 1911

**Pw bzw. PwPost 1173–1175** s. oben

**Pw bzw. PwPost 1199, 1200** s. oben

**Pw bzw. PwPost 1223–1234** Credé 1912/13

Von den WL waren sieben in Reserve, von den WR drei und von den Pw fünf in Reserve. Im Orient-Expreß waren streckenweise ztw. auch bahneigene Gepäckwagen eingesetzt.

Der Anschlußzug Russe-Varna bestand aus bahneigenen Sitzwagen, und zwar wahrscheinlich zweiachsigen Abteilwagen, doch berichtet About auch über einen „kleinen Salon".

### Ostende-Wien-Expreß 1894:

**WL 434–438** Breslau, 1894, geschlossene Plattformen fünf 2-Bett-Abteile mit Waschbecken, dazwischen ein WC, ein 4-Bett-Abteil mit und eins ohne Waschbecken.

**WL 439–442** MAN 1894, Beschreibung wie 434

**WR 443–447** Ringhoffer 1894, m. Fumoir

**Pw 1050–1052** 2-Achser, Dyle & Cacalan 1894

### Ostende-Wien-Triest-Expreß 1896:

Bis 1896 wurden für diesen Zug weitere Wagen gebaut. Vor Fertigstellung wurde auf die Reservewagen des O.W.E. zurückgegriffen.

Der aus Fourgon-Fumoir des Club Train umgebaute vierachsige Gepäckwagen aus Serie 1027–1033 fuhr vermutlich nicht im O.W.E., sondern im Nord-Expreß.

### Ostende-Wien-Constanza-Triest-Expreß, z. B. Sommer 1898:

**WL 262–265** Marly 1889

**WL 267, 268** Marly 1889

**WL 434, 435** Beschreibung s. oben

**WL 439-441** s. oben

**WL 121** siehe Orient-Expreß 1883! Als Reserve

**WL 442** MAN 1894, als Reserve

**WL 456** MAN 1896, als Reserve

**WL 489** Ringhoffer 1896, als Reserve

**WL 518** Ringhoffer 1897, als Reserve

**WR 389, 390** Ringhoffer 1896

**WR 443, 444** Ringhoffer 1894, mit Fumoir

**WR 445–447** wie 443, als Reserve

**Pw 1054** 3-Achser, 1894, Dyle & Bacalan

**Pw 1059** 3-Achser, MAN 1896, mit Postabteil

**Pw 1066–1068** 3-Achser, MAN 1896

In Reserve befanden sich die bahneigenen Pw 15243, 15244 und 15249 der kkStB. Vorgesehen waren vierachsige Pw der ISG der Nummern 1073–1077, CGC 1898, gebaut für Riviera-Expreß

**PwPost 1060, 1061** 3-Achser, MAN 1896

**PwPost 1062, 1063** 3-Achser, MAN 1896

**Post 1064, 1065** 3-Achser, MAN 1896, als Reserve

Ab 1. April 1898 waren die früher verwendeten zweiachsigen Pw in Deutschland nicht mehr zugelassen.

Unter den Schlafwagen erscheint zu einem anderen Zeitpunkt des Jahres 1898 u. a. Nr. 523, gebaut bei Ringhoffer 1897.

### Ostende-Wien-(Orient-)Expreß im Dezember 1901
beim Unglück in Frankfurt Hbf.:

**WL 665** CGC 1899

**WL 707** Ringhoffer 1900, gleiche Serie u. a. für Wien-Cannes- und Riviera-Expreß

**WR 426** CGC 1896/97

**Pw 1124** 4-Achser, Ganz 1900

**PwPost 1116** 3-Achser, Eisenbahn-Bedarfs-AG 1900

Reihung: 1116, 707, 665, 426, 1124

### Ostnde-Wien-(Orient-)-Expreß z. B. 1905:

**WL 486** Ringhoffer 1896, gleiche Serie u. a. Wien-Cannes-Expreß

**WL 519** Ringhoffer 1897

**WL 649, 650** CGC 1897

**WL 665** CGC 1899

**WL 698, 702, 704–708** Ringhoffer 1900, gleiche Serie u. a. Wien-Cannes-Expreß

**WR 443–447** s. oben

**WR 734** Ringhoffer 1900, gleiche Serie wie für Nord-Expreß

**Pw1120–1124** 4-Achser, Ganz 1900

**PwPost 1055–1058** 3-Achser, Dyle & Bacalan 1894

**PwPost 1059–1061** s. oben

**PwPost 1062–64** s. oben

**PwPost 1116, 1117** 3-Achser, Eisenbahn-Bedarfs-AG 1900

### Ostende-Wien-(Orient-)Expreß z. B. 1906:

**WL 456, 459–461, 486, 519, 649, 650, 665, 666, 698, 702, 704–708, 747–749, 779, 780, 782**

**WR 423, 443–447, 789**

**Pw3** (für O.K.E.) **1055–1059, 1117**

**PwPost3** (für O.W.E.) **1062–1064, 1116**

**Pw** (für O.W.E.) **1120–1124**

### Ostende-Wien-(Orient-)Expreß z. B. 1908 und 1909:

**WL 1767–1783** Ringhoffer/MANB 1908. In Dienstvorschrift von 1909 fehlt 1783, 1768 diente der Deutschen Reichsregierung von 1940 bis 1945

**WL 1986–1988** v. d. Zypen & Charlier 1909

**WR 1784–1790** mit Fumoir, Ringhoffer 1908

**Pw 1120–1124** s. oben

**PwPost 1178–1187** Ragheno 1908

### Ostende-Wien-(Orient-)Expreß z. B. 1910:

**WL 1712–1713, 1770–1777, 1779–1783**

**RW 1785–1790**

**Pw, PPost** wie vorher

### Ostende-Wien-(Orient-)Expreß z. B. 1913:

**WL 2067–2070** v. d. Zypen & Charlier 1910

**WL 2167–2175** v. d. Zypen & Charlier 1911

**WL 2331** Ringhoffer 1912, alle Typ R

**WL 2400–2402** Typ R, v. d. Zypen & Charlier, später in Typ M umgebaut

**WR 1784–1790** s. oben

**Pw 1120–1124** s. oben

**Pw 1197–1198** Weyer 1908, gebaut für Dänemark

**PwPost 1178–1187** s. oben

### Ostende-Karlsbad-Marienbad-Expreß z. B. Sommer 1913 und 1914:

**WL 1771–1779** s. oben

**WL 1868** Breslau 1908, später umgebaut in WL 1., 2., 3. Klasse.

**WR** 4-Achser

**Pw 1207** Ringhoffer 1908, gleiche Serie u. a. für Wien-Cannes- und Riviera-Expreß

**Pw 1217–1221** Credé 1909

### Berlin-Budapest-(Orient-)Expreß:

**WL 779–788** Ganz 1900, z.T. später Riviera-Expreß

**WR 789–793** Ganz 1900, mit Salon, 792 später Nord-Expreß

**Pw 1120–1124** Ganz 1900, später Ostende-Wien-Expreß

Zuvor preußische Pw Nr. 503, 504 und als Reserve 509, 510

### Balkanzug:

WL ISG, WL 6ü KPEV, WL 6ü Elsaß-Lothringen, WR ISG (ab 1917 Betriebsführung Mitropa), staatliche ABB und Pw.

### Paris-Karlsbad-Expreß z. B. 1906:

**WL 821–823, 1612–1618**

**WR 734, 739, 740**

**Pw3 1095, 1096, 1112, 1114**

**Pw 1073–1077**

### Orient-/Arlberg-Orient-Simplon-Orient-Expreß 1910–1940:

Die Wagen wurden durch die ISG gestellt. Die nun verwendeten großen Serien werden durch Buchstaben gekennzeichnet. Die Nummernbezeichnungen laufen weiter, sind aber für die Charakterisierung des einzelnen Wagentyps bedeutungslos. Erste Ganzmetall-WL bestellt 1913 bei Pullmann, Typ X, Nr. 2700–, Anstrich braun, wegen Krieg storniert. Erste Ganzmetall-WL gebaut 1922 bei Leeds Forge Co., Nr. 2641–46, Anstrich braun (!!) für Bombay-Expreß, ab Nr. 2647 erstmals blau, später ganze Serie blau als S2. Die großen Serien wurden im allgemeinen von einer Vielzahl von Herstellern geliefert.

Nummern der im Orient-Expreß zwischen 1929 und 1939 eingesetzten Wagen:

**WL 3301–3310**

  **3421–3427** (Karlsbad–Prag)

**WR 3391–3394**

**Pw 1293–1296**

**WL** R-Typen Beschreibung siehe vor 1914. Eingesetzt anfangs im Train de luxe militaire mit aufgemalten Trikoloren, im O.E., S.O.E., S.A.V.E., O.W.O.E.; z.B. 1930 noch Berlin–Athen/Istanbul, Prag–Istanbul, Lyon–Chur; weiterhin noch Saloniki/Istanbul–Athen. Im S.O.E. fuhren anfangs auch ältere Typen.

**R3** Umbau aus R; neun 3-Bett-Abteile mit Klappwaschbecken. Eingesetzt Saloniki–Athen als WL 3. Klasse.

**S** (Teakholz) Baujahre um 1923, Tonnendach. Nur zeitweise in L-Zügen, z.B. Paris-Prag-Karlsbad-Expreß 1927.

**S2** Erster Ganzmetalltyp der ISG, gebaut 1922 bei Leeds Forge Co., und dann von anderen Werken. Tonnendach drei 1-Bett-Abteile vier 2-Bett-Abteile mit zwei Waschräumen dazwischen, fünf 1-Bett-Abteile, mit Verbindungstüren. Die Einbett-Abteile hatten Waschbecken.

**S1, S3** Ganzmetall, Baujahre ab 1925, 2-Bett-Abteile abweichend am Wagenende.

Die diversen S-Typen verkehrten ab 1922 im Calais-Méditerrannée-Expreß, ab 1925 im Engadin-Oberland-Expreß, ab 1926 im O.E. und später im Nord-Expreß, S.O.E., S.A.V.E., Karlsbad-Expreß.

**ST** Ganzmetall, Baujahre ab 1926, wie S2, aber acht bzw. alle Abteile 2-bettig. Eingesetzt u. a. Berlin– und Wien–Balkan, 1940 Lausanne–Sofia.

**Z** Ganzmetall, Baujahre ab 1925, zwölf 2-Bett-Abteile mit Waschbecken, Zickzackwänden und ohne Verbindungstür. Eingesetzt u. a. im A.O.E. Paris–Bukarest.

**Lx10** Ganzmetall, Entreprises Industrielles Charentais und Metropolitan Cammell 1929, 10 1-Bett-Abteile mit Waschschrank, Zickzackwände, Verbindungstüren. Später z. T. 2-Bett-Abteile, als Lx16, Lx20. Eingesetzt im Calais-Méditerranée-Expreß ab 1929, z. B. Chalais-Niegoreloje, nur streckenweise durch Orient-Expreßzüge befördert.

**Y** Ganzmetall, Baujahre ab 1930, elf 2-Bett-Abteile mit Waschbecken, Zickzackwände mit Verbindungstüren, Office. Eingesetzt im Engadin-, Oberland-, Tyrol-Expreß, z. T. im A.O.E., Nord-Expreß, 1940 Lausanne–Bukarest.

Ein WL aus Serie 3806–09 von Linke-Hofmann 1939 (ähnlich Mitropa, Schürzenwagen) nach Krieg vermutlich in Ex 54/71 über Gotthard.

**WR** Teak, Dachlaterne. Eingesetzt anfangs in allen Luxuszügen und weiterhin im Athener Flügel des S.O.E.

Wagon-Restaurant-Salon, zeitweise im Anschlußzug Bordeaux-Lyon zum S.O.E.

Ganzmetalltypen Baujahre ab 1926. Tonnendach. Eingesetzt in den L-Zügen mit Sitzteilung 1 + 2 (2867–80 für S.O.E.), vereinzelt (z. B. S.O.E. in Frankreich) auch 2 + 2. Ganzmetall-WR liefen auch im D 148.

Im Oberland-Expreß liefen in der Schweiz Teakholz-Vierachser der SSG.

**WS** Salonwagen. Teak Nr. 911 (Mailand–Triest); 957, 960, 961 (Vinkovci–Bukarest; Typ Sud-Ex.), 2445, 2446 (vorgesehen Straßburg–München, nicht eingesetzt.) ex Sud-Ex.).

**WS** 1677–78 sollen 1921 im S.O.E. Mailand–Triest gelaufen sein.

Vor dem Ersten Weltkrieg waren WS 905–908 und 912 zeitweilig für Simplon-Expreß vorgesehen.

**WP** Pullmanwagen, Ganzmetall, Anstrich blau/creme.

Typ „Flèche d'Or", Baujahre ab 1926, ein Abteil mit Seitengang, zwei Salons, ein Abteil mit Seitengang, insges. 32 Fauteuils mit Tischen bzw. Ausführung mit Küche und nur 24 Plätzen. (Eingesetzt im Calais-Brüssel-Pullman und im Calaiser Teil des O.E./ O.E.)

Typ „Etoile du Nord", Baujahr 1927, Sitzteilung abweichend 2 + 1 statt 1 + 2, als 2. Klasse, mit 51 Plätzen bzw. mit Küche 38 Plätze. (Eingesetzt im Calais-Brüssel-Pullman und A.O.E.).

**Pw** Teak, 3-Achser, z. T. in zwanziger Jahren. 4-Achser, Teak, später in Metall, verschiedene Typen, aber nicht im O.E.

Teakholzwagen wurden in Anpassung später auch blau gestrichen.

**Pw**, z. T. Dusche, Nr. 1277–1296 Blanc-Misseron, 1926, eingesetzt zeitweise im S.O.E., Rome-Expreß, O.E. (?).

Vereinzelt werden bahneigene Gepäckwagen eingesetzt, z. B. Dreiachser der Nordbahn im Calais-Brüssel-Pullman und Dreiachser der ÖBB im S.A.V.E.

Die meterspurigen Anschlußzüge des Engadin-Expreß ab Chur bestanden aus Gepäck- und Sitzwagen der Rhätischen Bahn und vierachsige Mitropa-Speisewagen, Baujahr 1929/30.

## Orient-/Arlberg-Orient-/Simplon-Orient-/Balt-Orient-Expreß nach dem Zweiten Weltkrieg Direct-Orient, Tauern-Orient seit 1962

**Wagen der ISG (Eigentumsänderung durch WL-Pool nicht berücksichtigt):**

**WL**

**Typ M,** wie R, aber umgebaut mit vier 3-Bett-Abteilen mit Klappwaschbecken für 3. Klasse (Prag-Zvolen-Košice im O.E. 1947–1951).

**R** (Saloniki–Istanbul im S.O.E. bis 1951/52, Warschau–Prag im B.O.E. bis 1949/59, Warschau–Wien im B.O.E. 1948)

**S** erste Serie, später umgebaut (z. B. P.P.E., O.W.E., A.O.E., zuletzt noch ausnahmsweise, z. B. Paris–Bukarest 1965, und Nr. 2645 München–Balkan 1963)

**S** spätere Serien (z. B. nach Krieg S1 Paris–Nürnberg-Prag/Warschau, Ostende–Prag, Paris–Innsbruck–Prag 1948)

**ST** (z. B. Prag-Bukarest 1947, Paris–Bukarest im O.E./A.O.E. 1948/50, Hoek–Warschau, Fredericia–Wien, Warschau–München–Zürich, Warschau–Rom, Paris–Warschau und Ostende–Wien in 50er Jahren, Paris–Prag noch in 60er Jahren, Athen–Istanbul)

**SG** 1929 für Türkei, drei 2-Bett-Abteile mit je einem Waschraum, drei 1-Bett-Abteile mit Waschbecken, drei 2-Bett-Abteile mit zwei dazwischenliegenden Waschräumen (ausnahmsweise Akropolis).

**STU** Umbau vier 3-Bett-Abteile, acht 2-Bett-Abteile (mit 3-Bett-Abteilen an Wagenende z. B. Wien-Istanbul B.O.E., mit 3-Bett-Abteilen in Wagenmitte z. B. München–Balkan bis 1963/64)

**Z** (z. B. nach Krieg P.P.E., OW.E., Paris–Prag im A.O.E., Ostende–Preßburg, Paris–Bukarest im A.O.E., Warschau–München–Zürich, Paris-Belgrad, Prag-Bukarest, Paris-Bukarest im O.E. bis 1966/67, Ostende-Balkan in 50er Jahren, Paris-Balkan bis etwa 1967/68, später als Spezialklasse Paris-Basel-Interlaken)

Teilweise umgebaut mit elf statt zwölf Abteilen, Verbindungstüren, Office, vor allem für Kurse nach Bukarest und Balkan.

**Y** (zeitweise O.E., A.O.E., S.O.E., D.O., jeweils vor allem im Westen, außerdem Prag–Preßburg, Warschau–Rom 1948, Budapest–Venedig, zeitweilig Paris–Balkan, Ostende–Balkan)

**YT** zwei 3-Bett-Abteile an jedem Ende, sonst wie Y (z. B. A.O.E., Ostende–Kopenhagen im O.W.E. 1952, Paris–Wien/Budapest in 60er Jahren)

**YU** Umbau sieben 2-Bett- und vier Universalabteile (z. B. Paris–Wien Mitte 60er Jahre, Paris–Bukarest ab 1967, ab 1968 Paris–Balkan, 1972 München–Athen)

Von den verschiedenen Y-Klassen wurden unterschiedliche Umbauten eingesetzt, z. B. mit Einstieg nur an einem Wagenende.

**U** 11 Universalabteile, Umbau, ähnlich Y (z. B. Calais–Innsbruck, 1964–1971/72 München–Balkan, ztw. auch Paris–Balkan/Bukarest)

**F** Fährbootwagen im englischen Profil, neun 2-Bett-Abteile, Einstieg nur an einem Ende (1947 Calais–Interlaken/Bern/Basel/Luzern)

**Lx** vier 1-Bett- und sechs 2-Bett-Abteile (Lx 16) bzw. nur zehn 2-Bett-Abteile (Lx 20), (z. B. Calais- und Paris–Italien 1946, Calais–Brig und Triest 1949, Paris–Rom und Neapel bis 1962, Paris-Stuttgart 60er Jahre, Paris-Brig, Paris-Bern-Interlaken; später ausnahmsweise Paris-Salzburg, Paris–Innsbruck, München–Istanbul, Paris-Innsbruck, Athen-Paris)

**P** Nirosta gebaut von Budd–Lizenz, Baujahr 1955, 20 verschachtelte 1-Bett-Abteile mit Seitengang, Klimaanlage (z. B. zeitw. Paris–Chur, Paris–Mailand).

später Umbau AB 30, z. B. Ostende–Wien.

**U** Neubau 1956/57, elf Universalabteile mit Verbindungstüren, Klimaanlage, Office (z. B. Paris–Salzburg 60er Jahre, Paris–Mailand, Paris–Venedig, Paris–Rom 60er Jahre, Paris–Brig), später als UH bezeichnet.

**MU** Neubau 1964/64, zwölf Universalabteile mit Verbindungstür, Klimaanlage, Office, Einstieg nur an 1 Ende (z. B. Paris–Salzburg 60er Jahre, Calais–Mailand, Paris–Brig, Paris–Bukarest (ab 1975), Paris–Venedig, Paris–Innsbruck)

**T2** Neubau, 1968, 18 höhenversetzte 2-Bett-Abteile (Paris–Brig; Lombardie-Expreß)

**T2S** Neubau 1975, Eurofima-Besitz, siebzehn 2-Bett-Abteile (Paris–Frankfurt)

**WR** Umbau aus Teakholzwagen, blau, Nr. 4251 dieses Typs befand sich als Reitereimuseum in Telfs (z. B. O.E., O.W.E. in 50er Jahren), Umbau aus Pullmanwagen, D.O. 1950 im O.W.E., Triest-Mailand und Saloniki-Larissa im S.O.E.)

Vorkriegsspeisewagen in Ganzstahlbauweise (z. B. D.O. Domodossola-Lausanne; um 1966 Brig-Lausanne durch SSG bewirtschaftet.

Umbau aus Vorkriegsspeisewagen, mit Klimaanlage. Der Wagen 2971 dieses Typs wurde 1965 auf der Münchner Verkehrsausstellung gezeigt (D.O. Venedig–Mailand)

Neubauwagen auf ehem. Pullmanchassis, Serie 4265-74 (S.O.E. und D.O. Venedig–Mailand)

Neubauwagen 1950, Serie 4255–64 (O.E. bis 1959/60, zeitw. O.W.E. 1966, A.O.E.)

**WP** Typ Etoile du Nord, ohne Küche (O.E. in Österreich 1947, A.O.E. 1949)

**D** ISG-Gepäckwagen (zeitw. P.P.E. und S.O.E.)

ISG-Gepäckwagen zur Behälterbeförderung Nr. 1260–62 (zeitw. R 82 Paris–Calais)

Fourgons-buffet Istanbul–Edirne im S.O.E. z.B. 1936 waren TCDD-Wagen 1259, 1262–1263.

ISG-Gepäckwagen mit Küche Nr. 1138, 1139, 1144 (S.O.E. in Türkei Ende 40er Jahre)

### Wagen der Staatsbahnen:

Die nach dem Zweiten Weltkrieg erstmals in den L-Zügen eingesetzten Staatsbahnwagen umfaßten im Laufe der Zeit nahezu alle regional vorhandenen Typen. In mehreren Ländern wurden ex-Mitropa-Wagen, in Jugoslawien auch WL ex DSG eingesetzt. Die CH erwarb WLAB33 ex DSG. Die Slowakei kaufte 1997 zehn WLABmee, gebaut in Görlitz für Rußland.

### Ehemalige ISG-Wagen im Staatsbahneinsatz, soweit feststellbar:

**BDŽ** anfangs vorhanden u. a. ehemalige Teakholz-WL

**CEH (ab 1971 CH) WR** sind ehemalige Pullmanwagen Typ Flèche d'Or Nr. 4001, 4004 und Typ Etoile du Nord Nr. 4102, 4105, 4107–09. Beim Unglück des „Akropolis" wurde ein WR zerstört. Später wurden WL Typ YU u. a. für Venedig–Athen (3604, 06, 08; 3904, 21, 25, 32, 34, 37?) und Lx für Saloniki–Athen (3469, 3493, 3514) erworben.

**CFR** anfangs vorhanden u.a. WL R, S und ST und aus Teakholzwagen umgebaute WR (z.B. im B.O.E. 1964; Neubauten erst 1969)

**ČSD** anfangs u.a. vorhanden ehem. ISG-WR (Neubauten ab 1950)

**JDŽ** anfangs u.a. vorhanden Teakholz-WL S und R und aus Teakholz-WR umgebauter WL

**MÁV** bis 1951 nur Teakholz-WL und bis 1959 nur Teakholz-WR vorhanden

**Mitropa** ehemalige WL und WP der ISG sind auch in Zügen nach Südosten aufgetaucht.

**TCDD** ISG-Vorkriegsganzstahl-WR (Marmara-Expreß), ansonsten siehe „Expreßzüge im Vorderen Orient".

Durch den WL-Pool zu Staatsbahnen gekommene Wagen sind hier nicht berücksichtigt. Bei diesen ehemaligen ISG-Wagen wurde in den siebziger Jahren der blaue Anstrich mit gelber Schrift nach und nach durch blauen Anstrich mit dem weißen Schriftzeichen „TEN" ersetzt.

## CIWL-Rollmaterial der Intraflug AG, offizielle Liste, Stand 1987

| CIWL-Nummer | Bezeichnung/Typ | UIC-Nummer | Baujahr | Hersteller | Eigengewicht | Bemerkung |
|---|---|---|---|---|---|---|
| Pullman-Wagen | | | | | | |
| 4149 E | WSP Pullman „Côte d'Azur" | 518009-41 122-5 | 1929 | EIC Aytré | 51 t | |
| 4158 E | WSP Pullman „Côte d'Azur" | 518509-30 000-1 | 1929 | EIC Aytré | 50 t | |
| 4161 E | WSP Pullman „Côte d'Azur" | 518509-70 001-0 | 1929 | EIC Aytré | 53 t | |
| 4164 E | Bar Pullman „Côte d'Azur" | 518508-30 002-8 | 1929 | EIC Aytré | 51 t | Barwagen |
| 4080 DE | WSPc Pullman „Flèche d'Or" | 510809-70 001-5 | 1927 | Leeds | 52 t | Pullman mit Küche |
| Speisewagen | | | | | | |
| 2741 D | WR Speisew. Sud-Express | 518008-33 131-7 | 1926 | Lorraine | 55 t | |
| 3354 D | WR Speisew. Présidentielle | 518509-70 001-5 | 1827 | EIC Aytré | 57 t | |
| Schlafwagen | | | | | | |
| 3472 A | Schlafwagen „LX16" | 510806-41 104-6 | 1929 | Metropolitan | 47 t | |
| 3475 A | Schlafwagen „LX16" | 518006-41 105-3 | 1919 | Metropolitan | 47 t | |
| 3480 A | Schlafwagen „LX16" | 518006-41 106-1 | 1929 | Metropolitan | 50 t | |
| 3487 A | Schlafwagen „LX16" | 518006-41 103-8 | 1929 | Metropolitan | 51 t | |
| 3537 A | Schlafwagen „LX16" | 518006-41 101-2 | 1929 | EIC Aytré | 38 t | |
| 3542 A | Schlafwagen „LX16" | 518006-41 102-0 | 1929 | EIC Aytré | 51 t | |
| 3551 A | Schlafwagen „LX16" | 518006-41 111-1 | 1929 | EIC Aytré | 53 t | |
| 3509 A | Schlafwagen „LX20" | | 1929 | EIC Aytré | | in Reserve |
| 3540 A | Schlafwagen „LX16" | | 1929 | EIC Aytré | | in Reserve |
| 3851 A | Schlafwagen „Yb" | 518006-41 108-7 | 1941 | Breda | 53 t | |
| 3909 A | Schlafwagen „YTb" | 518006-41 107-9 | 1949 | Nivelles | 51 t | |
| Dienstwagen | | | | | | |
| 1283 M | Gepäck-Vorratswagen | 518509-30 010-0 | 1926 | Metropolitan | 40 t | mit Dieselaggregat |
| 4013 | Duschewagen | 518509-40 013-2 | 1926 | Smethwick | 51t | Eigentum CIWL |

Anstrich WL blau, WP blau/creme, WR 2741 und F 1283 braun/creme.

Einsatz fremder Wagen, z. B. September 1988 WL UH für Istanbul-Fahrt.

## Wagenbestand der NIOE-Sammlung im Eigentum der Intraflug AG, offizielle Liste, Stand 1992:

1. Wagen, die früher der Cie Int. des Wagons-Lits gehörten (in Klammern Baujahr), fahrbereit:

7 Schlafwagen vom Typ Lx 16, Grand Luxe (1929)

4 Pullmanwagen Typ „Cote d'Azur" (1929)

2 davon in Privateigentum; die Mietverträge werden übernommen

1 Pullmanwagen mit Küche Typ „Flèche d'Or" (1927)

1 Speisewagen „Sud Expreß" (1926)

1 Speisewagen „La Présidentielle" (1928) der Staatsspeisewagen von Charles de Gaulle

1 Pianobarwagen „Train Bleu" (1929)

1 Duschewagen (1926 als Speisewagen gebaut, 1988 zu einem Duschewagen mit 7 Kabinen umgebaut)

2 Versorgungswagen (1927 als Fourgon-Typ „Orient-Expreß" gebaut, in den achtziger Jahren zu Versorgungswagen für den NIOE umgebaut)

2 Schlafwagen Typ Yb (1947), hauptsächlich für das begleitende Personal

als Reserve, derzeit nicht fahrbereit:

2 Schlafwagen Lx 16 (1929)

1 Schlafwagen Yb (1949, in Aufarbeitung begriffen)

1 Speisewagen Typ „Mistral" (1928)

Außerdem 5 Rheingold-Wagen (2 fahrbereit), 1 WR Mitropa, 1 D ex SBB (blau).

## Reisebüro Mittelthurgau

1993 Erwerb des NIOE zu den vorhandenen eigenen Wagen, dazu weitere Wagen, z.B. 3 WLAB ex DSG 33, blau gestrichen für NIOE nach Istanbul.

## Venice Simplon-Orient-Express, offizielle Wagenliste, Stand 1982

| Wagen | Baujahr | Hersteller | Designer | Typ Original | Typ für VSOE | Dekor (Originalbezeichnung) | Zusatzbemerkung |
|---|---|---|---|---|---|---|---|
| **British Pullmans:** | | | | | | | früherer Einsatz: |
| AUDREY | 1932 | Metro | G. F. Milne | Kitchen 20 seats | kitchen 20 seats | Margquetry landscape panels; Art Deco strip lic | Brighton Belle |
| CYGNUS | 1951 | Birmingham | Waring & Gillow | Parlour 26 seats | Parlour 26 seats | Mahogany panels, mirrors, old prints | Golden Arrow |
| IBIS | 1925 | Birmingham | ? | Kitchen 20 seats | Kitchen 20 seats | Greek dancing girls marquetry | ztw. ISG: Golden Arrow |
| IONE | 1928 | Metro | ? | Kitchen 20 seats | Kitchen 20 seats | Burr wood panels, Victorian frieze | wie Zena |
| MINERVA | 1927 | Midland | ? | Kitchen 22 seats | Parlour/Brake 26 seats | Edwardian-type marquetry | LNER |
| PERSEUS | 1951 | Birmingham | Waring & Gillow | Parlour 26 seats | Parlour 26 seats | Yellow wood panels, old prints | Golden Arrow |
| PHOENIX | 1952 (Chassis '27) | Metro | Waring & Gillow | Parlour 26 seats | Parlour 26 seats | Oval frames of marquetry flowers | ex Name „Rainbow" |
| ZENA | 1928 | Metro | ? | Parlour 24 sats | Parlour 26 seats | Art Deco marquetry | Zena, IONE: |
| Baggage Car No. 7 (957) | 1943 | LNER | ? | Brake van pigeon carier | Baggage car | | ex Plymouth ocean liner boat trains, dann „Cunarder" |
| **ex-CIWL-Wagen, für Kontinent:** | | | | | | | |
| WL 3309 | 1926 | Belgien | René Prou | S1 | S1 | Floral Art Deco marquetry | |
| WL 3425 | 1929 | Birmingham | René Prou | S1 | S1 | Art Deco leaf marquetry | |
| WL 3473 | 1929 | Metro | Morison | Luxe | Lx 18S | „Flower Garland" marquetry | Die Wagen wurden von 10 auf 9 Abteile um gebaut, mit 1 Abteil für Service (Lx 18S) oder Waschraum (Lx 18T) |
| WL 3482 | 1929 | Metro | Maple | Luxe | Lx 18S | „Trapeze" marquetry | |
| WL 3483 | 1929 | Metro | Morison | Luxe | Lx 18S | „Flower Basket" marquetry | |
| WL 3525 | 1929 | Frankreich | René Prou | Luxe | Lx 18T | „Sapelli Pearl" inlay | |
| WL 3539 | 1929 | Frankreich | René Prou | Luxe | Lx 18S | „Sapelli Pearl" inlay | |
| WL 3543 | 1929 | Frankreich | René Prou | Luxe | Lx 18S | „Sapelli Pearl" inlay | |
| WL 3544 | 1929 | Frankreich | René Prou | Luxe | Lx 18T | „Sapelli Pearl" inlay | |
| WL 3552 | 1929 | Frankreich | Nelson | Luxe | Lx 18S | Tiger-Lily marquetry | |
| WL 3553 | 1929 | Frankreich | Nelson | Luxe | Lx 18S | Tiger-Lily marquetry | |
| WL 3555 | 1929 | Frankreich | Nelson | Luxe | Lx 18S | Tiger-Lily marquetry | |
| WR 4095 | 1927 | Birmingham | ? | Wagon-Restaurant 38 Plätze | 36 Plätze | Black lacquer panels with sporting animals | ex WP Typ „Etoile du Nord" |
| WR 4110 | 1929 | Birmingham | ? | Wagon-Restaurant 38 Plätze | 36 Plätze | „Etoile du Nord" flower baskets | |
| Pullman 4141 | 1929 | Frankreich | René Lalique | Pullman-Restaurant 20 Plätze | 37 Plätze | Lalique glass of Bacchanalian maidens | Type Côte d'Azur |
| Bar car 3674 | 1931 | Frankreich | Gerard Gallet (1981) | Waggon-Restaurant 56 Plätze | Bar Car | Art Nouveau, grand piano | gebaut als Speisewagen |
| WL 3912 | 1949 | Belgien | | YUB 26 Betten | Staff Car 14 Betten u. Gepäck, Mahogany panels | | |
| WL 3915 | 1949 | Belgien | | YUB 26 Betten | Staff Car 14 Betten u. Gepäck, Mahogany panels | | |

In der Literatur aufgeführt, aber nicht in dieser Liste enthalten sind die Wagen:

| | | | | |
|---|---|---|---|---|
| „Agatha" | 1928 | Metro | Parlour | ex Queen of Scots |
| No. 86 IIIcl. | 1928 | Metro | Parlour | ex Brighton Belle |
| „Carina" | 1951 | Birmingham | Parlour/Kitchen | |

und ex CIWL weitere Wagen Lx, S, F (3801), WR (2974) und WP (4144, 4121 ex bar-dancing für railtour).

Alle Wagen ex Pullman Car Co. Ltd. mit Anstrich braun/creme; Wagen ex CIWL mit Anstrich: Bar, Restaurant und Pullman blau/creme, alle anderen blau, jeweils mit goldfarbenen erhabenen Beschriftungen.

## Pullman Orient-Express der Compagnie des Wagons-Lits
**Bestand 1994** (lt. La Vie du Rail)

| | | | |
|---|---|---|---|
| WR 2979 | (blau) | | |
| WR 2869 | (blau) | | |
| Voiture de Service | 4013 | (blau/creme) | |
| WP 4151 | Type Côte d'Azur | (blau/creme) | |
| WP 4159 | Type Côte d'Azur | (blau/creme) | |
| Bar 4148 | Type Côte d'Azur | (blau/creme) | |
| Bar 4160 | Type Côte d'Azur | (blau/creme) | |

Zwei weitere blaue WR kamen später hinzu.

# IV. Verwendete Lokomotiven

Lückenlose Angaben über das für die behandelten Züge verwendete Lokmaterial werden nie möglich sein, da hierüber vollständige offizielle Aufzeichnungen nicht vorhanden sind. Durch Vergleich früherer Lokomotivstationierungen, Auswerten der Fachliteratur, Beobachtungen und mit Auskünften von Bahnverwaltungen und Eisenbahnfreunden mußte ein Überblick versucht werden, ohne den die Geschichte des Orient-Expreß unvollständig wäre. Erschwert wird die Arbeit dadurch, daß manche Verwaltungen keine offiziellen Auskünfte geben. Eine Gewähr kann daher nicht übernommen werden und Hinweise aus Leserkreisen sind jederzeit willkommen.

Es ist selbstverständlich, daß sich die Angaben auf die behandelten Züge beziehen und keine lokomotivhistorischen Darstellungen oder allgemeine Loklisten ersetzen sollen. Sie konnten deshalb so knapp wie möglich gehalten werden. So wurden technische Daten, Angaben über Hersteller, Untergruppierungen der Baureihe etc. nicht aufgeführt. Baujahre erscheinen im allgemeinen nur, soweit sie für den Beginn der jeweiligen Traktion als Hinweis wertvoll sind. Rangierlokomotiven wurden generell nicht berücksichtigt.

Zur Ergänzung wird auf die Fachliteratur (siehe Literaturverzeichnis) verwiesen.

## Orient-Expreß 1883–1914:

### Französische Ostbahn
| | | |
|---|---|---|
| Serie 500 | 1B | Baujahre 1878–87, verschiedene Varianten, später Umbau 2B |
| Serie 800 | 2B | Bj. 1891–95, Doppelkessel |
| Serie 2400 | 2B | Bj. 1899–1904 |
| Serie 3100 | 2C | Einsatz ab 1907? |

Ob die 2 vorhandenen 2B1 vor dem O.E. eingesetzt waren, ist nicht bekannt.

### Eisenbahnen in Elsaß-Lothringen
Auch hier müssen anfangs 1B eingesetzt gewesen sein, da 2B erst 1892 auftauchen. Später kam die 2B in die Glehn-Bauart der Reihe S5 vor dem O.E. und dem Paris-Karlsbad-Expreß bis Karlsruhe. Wahrscheinlich ist die Verwendung der 2C, Reihe S9, gebaut ab 1908 oder der 2C1 Reihe S12 von 1909, welche bis Deutsch-Avricourt kamen.

### Großherzoglich badische Staatseisenbahn
Den O.E. können 2B der Reihen IIIa, IIIb und IIa oder IIb befördert haben.

| | | |
|---|---|---|
| IIc | 2B | OE/PKE ztw. ab Straßburg, bis Stuttgart |
| IVe | 2C | OE/KPE bis Stuttgart bzw. Heilbronn |
| IVf | 2C1 | fuhr den OE |

### Königlich württembergische Staatseisenbahn
Anfangs kommen für den O.E. nur 1B in Frage. später besorgten die Traktion folgende Baureihen:

| | | |
|---|---|---|
| E | 1B1 | Bj. ab 1892, Dreizylinder-Verbund |
| AD | 2B | Bj. ab 1899 |
| ADh | 2B | Bj. ab 1907 |
| D | 2C | Bj. ab 1808 |
| C | 2C1 | Bj. ab 1909 |

Auf der Geislinger Steige wurde z.B. bei Einsatz der ADh mit Schublok gefahren, wofür besonders die T4 von 1907 als Vierkuppler-Tenderlok gebaut war. Württembergische Maschinen, z.B. Reihe D vor dem Karlsbad-Expreß und Reihe C, fuhren bis Karlsruhe.

### Königlich bayerische Staatseisenbahnen
| | | |
|---|---|---|
| B IX$^{StB}$ | 1B | |
| B XI | 2B | Bj. ab 1892 |
| AAI | 3A1 | Nr. 1400 Bj. 1896, mit Vorspannachse, im Plan mit B XI V |
| C V | 2C | ab ca. 1900 Salzburger und zeitweise Ulmer Strecke |
| S 2/5 | 2B1 | Ulm–München-B. 1906 |
| S 3/5 | 2C | z.B. München–Salzburg 1906 |
| S 2/5 | 2B1 | amerikanische Bauart 1900 |
| P 2/4 H | 2B | Umbau 1904/07 aus AAI, fuhr O.E. kurzzeitig |
| S 2/6 | 2B2 | Einzelexemplar, zw. 1907 und 1910 beim BwMü.I |
| S 3/6 | 2C1 | Bj. ab 1908, 1912/13 auch in großrädriger Ausführung |

Bei B XI handelt es sich im allgemeinen meist um B XI Verbund.

### k.k. Österreichische Staatsbahnen
Die Betriebsführung erstreckte sich zur Zeit des O.E. auch auf die Kaiserin-Elisabeth-Bahn, welche 1884 verstaatlicht wurde.

| | | |
|---|---|---|
| 7 | 1B | Reihe A III der Kaiserin-Elisabeth-Bahn, für den O.E. anfangs ab Simbach |
| 4 | 2B | ab ca. 1885 Westbahn |
| 6 | 2B | ab 1895/96 Westbahn |
| 106 | 2B | Westbahn |
| 206 | 2B | Westbahn |
| 306 | 2B | Westbahn |
| 108 | 2B1 | Westbahn nur zeitweilig |
| 109 | 2C | ehem. StEG, Wien ostwärts und Verbindungsbahn |
| 110 | 1C1 | ab 1906 Westbahn |
| 10 | 1C1 | ab 1908 Westbahn |
| 310 | 1C2 | ab 1911 Westbahn |

Der erste O.E. kam in Wien mit der Lokomotive „Erfurt" (1B, Reihe A II der KEB, 21 der kkStB) an und wurde durch die Lokomotive „Penzing" (1B, Reihe A I der KEB, 12 der kkStB) verschoben.

Vor dem O.W.E. erschien zumindest ausnahmsweise die Reihe 429. Die Überstellung des O.E. zwischen West- und Staatsbahnhof führten sicher alte KEB-Lok, z.B. Reihe 47 durch, welche später durch die kkStB-Lokomotiven, z.B. Reihe 73, ersetzt wurden. Nach Verstaatlichung der StEG liefen Schnellzuglok bereits ab Wien West ostwärts. Neben der Reihe 109 wurden auch die Reihen 211 (2C, StEG-Reihe 36) und 329 (1C1) eingesetzt.

### k.k. privilegierte Österreichische Ungarische Staatseisenbahngesellschaft
Der O.E. befuhr deren Streckennetz Wien–Budapest–Orșova. Zwischen Wien Staatsbahnhof und Budapest wurden die Linien über Bruck/L. und über Stadlau–Marchegg–Preßburg benützt. Zeitweilig fuhr der O.E. abweichend über Stadlau–Süssenbrunn–Gänserndorf–Marchegg und dann über einen Abschnitt der KFNB. In Gänserndorf war ein Umsteigehalt und außerdem soll in der Nähe ein Halt wegen eines dortigen Herrensitzes stattgefunden haben. Das ungarische Streckennetz wurde 1891 und das österreichische 1908 verstaatlicht. Betriebsübernahme 1909.

| | | |
|---|---|---|
| 23 | 1B1 | Bj. ab 1883, spätere 5; in Ungarn spätere 223 |
| 26 | 2B | Baujahre ab 1900, spätere 406 |
| 36 5 | 2C | Baujahre ab 1902, spätere 109 |

Ob anfangs noch die B3t Engerth-Lokomotiven der Reihe 22 (später 14) den O.E. streckenweise gefahren hatten, ist nicht sicher und gilt nicht als wahrscheinlich.

### Königlich ungarische Staatsbahnen
| | | |
|---|---|---|
| spätere 222 | 2B | östlich von Budapest noch bis mindestens 1911 im Schnellzugdienst |
| spätere 222 | 2B | Tandembauart, Baujahre ab 1890 |
| spätere 223 | 1B1 | Baujahr 1882 |
| spätere 203 | 2B1 | westlich von Budapest |
| 301 | 2C1 | dto., Baujahre ab 1911 |
| 327 | 2C | im Schnellzugdienst östlich von Budapest ab 1912 |

Möglicherweise fuhren vor dem O.E. weitere Maschinen, z.B. 2B1 der Reihe 202.

### Königlich rumänische Eisenbahnen
| | | |
|---|---|---|
| Nr. 20–27 | 1B1 | Hanomag, Baujahr 1886 |
| 28–33 | 2B | Hartmann, Baujahr 1887 |
| 8001–8010 | 2C | Breda, Baujahr 1901 |
| 2201–2240 | 2C1 | Maffei, Baujahr 1913, spätere 231 |

Vor 1886 kamen nur 1B in Betracht, welche von verschiedenen Herstellern geliefert worden waren. Möglicherweise waren auch 1B1 von StEG, Baujahr 1892/93, eingesetzt.

### Serbische Eisenbahn, ab 1899
### Serbische Staatsbahnen
| | | |
|---|---|---|
| Nr. 1-12 | C | Hartmann, 55 km/h Höchstgeschwindigkeit |
| 110–118 | 2B | Esslingen, Weitzer, Haine–St. Pierre, Bauj. 1887 |
| 121–126 | 1C1 | Schwartzkopff 1912, spätere 01 |
| 151–156 | 1C1 | Schwartzkopff 1912, spätere 04 |

### Bulgarische Staatsbahnen
Anfangs fuhr der O.E. bei 45 km/h Grundgeschwindigkeit mit laufachslosen Dreikupplern Nr. 1–5, gebaut bei StEG 1887, danach mit 1C Nr. 6–11, gebaut bei StEG 1890. Ab 1897 waren 2C von Maffei der Nummern 1–8 und ab 1905 2C von Maffei Nr. 9–20 vorhanden. Im Jahre 1912 wurde eine einzelne 2C1 von Cockerill für den Orient-Expreß beschafft, die spätere 09.

Um die Jahrhundertwende ist im Locomotive Magazin von der Traktion des O.E. mit Vierkupplern die Rede und ab 1911 fuhren abschnittsweise evtl. 1D, spätere Reihe 27 bzw. 17.

### Orientbahn (C.O.)
Um die Jahrhundertwende zogen den O.E. Lokomotiven mit der Achsfolge 2B. Möglich ist vor dem Ersten Weltkrieg die Bespannung mit den 1C1 der Nummern 71–74 und vor allem den 2C von 1908.

An Schlepptenderlokomotiven mit vorderer Laufachsen waren insgesamt folgende Nummern vorhanden:

| | | |
|---|---|---|
| 55–57 | 2C | Wiener Neustadt 1898, Vierzylinderverbund |
| 58–60 | 2C | Maffei 1908, dto. |

| 71–74 | 1C1 | Hanomag 1911, 1913, für Schnellzugdienst |
| 101–114 | 2B | StEG, 1888-92 (Nr. 102 später CFFH) |
| 115–116 | 2B | Krauss, München 1893 |

(Zwei Typen von 1C-Lokomotiven waren für die Strecke Saloniki–Monastir gebaut, kommen also für den O.E. nicht in Frage.)

Auch die Anschlußstrecke des O.E. Rustschuk-Varna wurde zur Zeit des O.E. durch die Orientbahn betrieben. Folgende Lokomotiven sind ihr durch die Bahngesellschaft Rustschuk-Varna übergeben worden:

| CO-Nummer | urspr. Nr. | | | |
|---|---|---|---|---|
| 311–319 | 1–9 | C1t(?) | | Evrard |
| 289–290, 287–288, | 10–13 | C | | Beyer-Peacock |
| 279–286 | 14–21 | C | | Sharp |

Auf dieser Strecke wurden auch vier Güterzuglok der Achsfolge D, gebaut bei StEG 1878, als Nummern 243–246 eingesetzt.

## Ostende-Wien-(Orient-)Expreß 1894–1914:

### Belgische Staatsbahn
Die Traktion des Expreß besorgte die ab 1888 gebaute 1B1-Reihe 12, die erstmals 1899/1900 der caledonischen Dunalastair-Klasse nachgebaute 2B der Reihe 17 sowie die ab 1902 hergestellte ähnliche Reihe 18, möglicherweise auch „18 bis" Versuchslok 195 (eine 1B1 mit drei nebeneinanderliegenden Kesseltrommeln bon Belpaire), später 2B1-Reihe 6 von 1905 und evtl. 2C der Reihen 19 oder 9 von 1905 bzw. 1909 2C1-Reihe 10, Baujahre ab 1910, zwischen Brüssel und Herbesthal im Schnellzugdienst.

### Königlich preußische Eisenbahnverwaltung
Den Expreß beförderten 2B der Reihe S 3, Entwurf v. Borries, Baujahr ab 1893, z.B. die Lok Nr. 329 bei dem Unglück in Frankfurt, 1901. Für den späteren Einsatz kommen in Frage die 2B-Reihen S4 oder S5, Baujahre hauptsächlich von der Jahrhundertwende ab, und S6 von 1906, die 2B1-Reihe S6, Baujahre ab 1903, noch mehr S10 oder S10$^1$, 2C-Maschinen mit Vierlings- bzw. Vierzylinderverbundtriebwerk von 1911. Zeitweise, z.B. zwischen Koblenz und Hanau im Jahre 1896, wurde der Expreß in Doppeltraktion gefahren.

### Hessische Ludwigsbahn
Es ist nicht festzustellen, welche Maschinen die Traktion des O.W.O.E. besorgten. Die modernsten vorhandenen Typen wren 1B von Krauss 1893/94 und 1B1 von Hanomag 1895/96. 1897 kam die Ludwigsbahn als preußisch-hessische Eisenbahn zum preußischen Staatsbahnnetz.

### Königlich bayerische Staatseisenbahnen

| B XI | 2B | 1894 Aschaffenburg–Würzburg, Würzburg–Nürnberg, später Nürnberg–Regensburg, Regensburg–Passau |
| B X | 1B | 1894 Nürnberg–Regensburg, Regensburg–Passau |
| C V | 2C | später Aschaffenburg–Nürnberg, Nürnberg–Passau |
| S 3/5 | 2C | 1909 Aschaffenburg–Nürnberg, dann Nürnberg–Passau |
| S 2/5 | 2B1 | 1911 auch Nürnberg–Passau (Reserve) |

Evtl. anfangs B IX Ostb. (1B)Regensburg–Passau. S 3/6 großrädrig ztw. bis Passau, fraglich welche Züge.

Für die Rampenhilfe zwischen Laufach und Heigenbrücken kommen in Frage die Reihen C III (Achsfolge C), E I (1D, Bj. 1894), G 4/5 (1D, Bj. 1905) und G 5/5 (E, Bj. 1911). Später wurde die ab 1913 gebaute GT 2x 4/4 (D-Dt) eingesetzt.

Wegen Lokausfall zog einmal eine Rangierlok D IV den O.W.O.E. von Passau nach Plattling!

### k. k. Österreichische Staatsbahnen
Teilstrecke ab Passau

| 4 | 2B | |
| 6 | 2B | |
| 106 | 2B | |
| 206 | 2B | unmittelbar vor Ersten Weltkrieg eingesetzt |
| 429 | 1C1 | 1. Baujahr 1909 |

Ansonsten siehe auch O.E.

## Paris-Karlsbad-Expreß bis 1914

bzw. Ostende-Karlsbad-Expreß bis 1914

Siehe auch O.E.

Auf den badischen Staatsbahnen waren möglicherweise IVe oder IVb eingesetzt und auf den württembergischen Staatseisenbahnen ADh.

### Königlich bayerische Staatseisenbahnen

| B XI | 2B | Nürnberg–Eger |
| C V | 2C | Crailsheim–Nürnberg, Nürnberg–Eger |
| S 2/5 | 2B1 | ab 1911 Nürnberg–Eger |
| S 3/5 | 2C | z.B. Ostende-Karlsbad-Ex. |

### Buštěhrader Eisenbahn
Auf der Strecke Eger-Karlsbad zogen den Expreß 2B Kat. VI und vor dem Ersten Weltkrieg entsprechend der Südbahnreihe 109 (spätere ČSD 354.4). Die Strecke Eger–Marienbad gehörte zu den k.k. Österreichischen Staatsbahnen.

### Anschlußstrecken London–Kanalküste
Für ihre Reisezüge stellten die South Eastern Railway unter James Stirling 1881, 1883 und 1898, die London, Chatham & Dover Railway unter Kirtley 1884, 1886 und 1891 sowie die kombinierte South Eastern & Chatham Railway unter Wainwright 1900, 1901, 1905 und 1914 jeweils neue 2B-Klassen in Dienst.

### Schnellzüge Berlin–Oderberg–Ungarn bis 1914: Königlich preußische Staatsbahnverwaltung
Um 1900 waren S3, später zumindest ab Berlin S6, möglicherweise S7 und vor dem Ersten Weltkrieg 2C-Maschinen eingesetzt.

### Kaschau-Oderberg-Bahn
(Strecke Oderberg–Sillein)
Für Schnellzüge wurden allgemein 2B einer Südbahnbauart von 1884 und einer ungarischen Bauart von 1885 sowie von 1908 an 1C1 der k.k.St.B.-Bauart verwendet als Reihe Ip.

### Königlich ungarische Staatsbahnen
Im Schnellzugdienst auf der 1891 verstaatlichten Waagtalstrecke fuhren sicherlich 2B der Reihen 220 bzw. 222, später zumindest abschnittsweise 2B1 und dann 2C1 der Reihe 301.

## Balkanzug 1916–1918, Berliner Flügel:

Der Breslauer Zugteil lief in Preußen mit S 10; der Dresdner Flügel wurde in Berlin mit S 10$^1$ beobachtet. Bei der ersten Fahrt südwärts im Jahre 1916 war in Dresden eine 2B der Reihe VIII als Vorspann und eine sächsische Maschine als Zuglok eingesetzt, während eine dritte Maschine anschob. Die 458 km zwischen Wien und Tetschen über Iglau–Groß Wossek wurden ohne Lok- und Personalwechsel mit den Reihen 110 oder 910 (1C1) der k.k.St.B. zurückgelegt. Zwischen Wien Nord, Gänserndorf und Marchegg sollen den Balkanzug 308 (2B1, ehem. KFNB) oder 229 (1C1t), letztere auch in Doppeltraktion, gefahren haben.

Der Straßburger Flügel fur mit badischen IVf, württembergischen C, bayerischen S 3/6 und österreichischen 310.

Auf der Kaschau-Oderberg-Bahn machten ab 1918 2D der Reihe It, ähnlich der Südbahnreihe 570, den bei älteren Maschinen üblichen Vorspann vor Schnellzügen entbehrlich. Probefahrten wuden 1915/16 durchgeführt. Von Sillein südwärts liefen seinerzeit vor Schnellzügen 301 der ungarischen Staatsbahn, in Serbien bayerische P 3/5 N vor dem Balkanzug.

## Orient-Expreß, Train de luxe militaire bzw. Paris-Prag-Warschau/Wien-Expreß 1919–1939:

**Est/A.L./SNCF**
Est:

| 3101–3280 | 2C | |
| 231 051–073 | 2C1 | |

A.L.:

| S 9 | 2C | Reserve |
| S 12 | 2C1 | (?) |
| S 14 | 2C1 | spätere 1–231B |

1938 entstand durch Zusammenschluß ihrer Vorgängerbahnen die SNCF.

**DR**

| 181 | 2C1 | württembergische C ztw. bis München |
| 18$^{4-5}$ | 2C1 | bayerische S 3/6, München–Stuttgart bis Elektrifizierung 1933, München–Salzburg bis 1927 und Rosenheim–Salzburg 1928 |
| 38$^4$ | 2C | bayerische P 3/5H, München–Salzburg, vorübergehend 1921. In Baden möglicherweise anfangs 38$^{10}$–40 (P8) |
| 39 | 1D1 | Kehl–Stuttgart |

Ellok 16 $^{2/3}$ Hz:

| E 04 | 1 Co 1 | München–Stuttgart |
| E 16 | 1 Do 1 | München–Salzburg/Stuttgart |
| E 17 | 1 Do 1 | München–Salzburg/Stuttgart? |
| E 18 | 1 Do 1 | München–Salzburg/Stuttgart? |
| E 52 | 2 BB 2 | München–Salzburg |

**BBÖ**

| 30 | 1C1t | ztw. Verbindungsbahn |
| 109 | 2C | östl. von Wien |
| 209 | 2C | ehem. Südbahn 109; östlich von Wien, ab Westbf. |

| 310 | 1C2 | Westbahn |
| 629 | 2C1t | Baujahr 1927; östlich von Wien |
| 729 | 2C2t | Baujahr 1931; Westbahn |
| DR 38$^{10-40}$ | 2C | P 8 Leihlok, zeitweilig Westbahn |

Möglich wäre auch der Einsatz von 10, 110 und 210. Von der Reihe 214 (1D2, Bauj. ab 1928) und der 114.01 (1D2, Bauj. 1929) ist der Einsatz zumindest vor dem D 54/55 bekannt geworden. Verschiedentlich wurde der O.E. angeschoben, z.B in Linz wahrscheinlich mit Reihe 178 (Dt.). Die Elektrifizierung (16 2/3 Hz) reichte bei Beginn des Zweiten Weltkrieges von Westen her bis Attnang-Puchheim.

Mit dem Anschluß Österreichs an das Deutsche Reich im Jahre 1938 kamen Strecken und Betriebsmittel zur DR.

### ČSD

Von Summerau bis Budweis sollen vor dem luxe militaire ehem. österr. 170 oder 270 gefahren sein und ab Budweis ehem. österr. 106 bzw. 206, evtl. in Doppeltraktion.

Anderen Quellen zufolge zogen den train de luxe militaire ehemals österreichische 310 (ČSD 375.0).

Auf dem slowakischen Streckenabschnitt des O.E. liefen die Reihen 375.0 und 375.1 (2C von Henschel, ursprünglich als MÁV 328 vorgesehen). 1939 wurde der Budapester O.E. nicht mehr durch die Slowakei geführt.

### MÁV

Als Traktionsmittel für den O.E. werden die Reihen 301 (2C1) und 424 (2D) angegeben. Auch 2C der Reihen 327 und 328 sollen ihn geführt haben.

Die 1939 benützte Strecke Hegyeshalom–Budapest war unter 1934 mit 50 Hz 16 kV elektrifiziert und wurde mit V 40 (1D1) betrieben.

Die zwei Prototypen V 44 waren zur Versuchslok, durch Bombenangriff zerstört.

### CFR

Bis in die dreißiger Jahre wurden vor dem O.E. durch Siebenbürgen hindurch bis Brasov (Kronstadt) 2C der ehemaligen ungarischen Reihe 327 eingesetzt, mitunter in Doppeltraktion. Über den Predealpaß fuhren 1D von 1921 der Reihe 140 (im allgemeinen Verkehr zwei bis drei Maschinen pro Zug). Von Cimpina bis Bukarest liefen die zuerst 1913 von Maffei und später Henschel gebauten 2C1 der Reihe 231. Ab Großwardein besorgten die Traktion später die ab 1937 gebauten 1D2 der Reihe 142. Auch die Reihe 230 (entspricht preußischer P8) soll vor dem O.E. eingesetzt gewesen sein. Vorhanden waren auch ehemals ungarische 301.

Im Krieg Planung Brasov–Ploesti 16$^{2/3}$ Hz, E 94 vorgesehen.

## Ostende-Wien-(Orient-)Expreß bis 1939:

### Belgische Stb., ab 1926 SNCB

Für den Expreß kommen vor allem in Frage die Reihe „8 bis" (2C h4v, spätere Reihe 7), Reihe 10 (2C1) und Reihe 1 (2C1, Bj. ab 1935). Außerdem waren ehemalige preußische S 6 als Reihe 66 u. a. in Brüssel, S 9 als Reihe 69 u. a. in Ostende und S 10, S 10$^1$ als 60, 61, 62 in Brüssel stationiert und teils vor internationalen Zügen eingesetzt.

Der Calais-Brüssel-Pullman wurde auf seiner ganzen Strecke bis Brüssel durch eine 2B1 der 2600er-Serie der französischen Nordbahn und später ab Calais durch eine belgische 2C befördert.

### DR

Im Nordwesten kommen in Betracht die preußischen S 6 als Reihe 13$^{10}$, P 8 als 38$^{10-40}$, S 10 bzw. S 10$^2$ als 17$^0$ bzw. 17$^2$ und möglicherweise P 10 als 39, Rheinstrecke bis 1937 03, dann 01.18$^4$ (2m) fuhren zeitweise ohne Lokwechsel von Frankfurt bis Passau– sonst 18$^{4-5}$ Nürnberg–Passau, 18$^4$ (2m) Nürnberg–Frankfurt, Mainz–Nürnberg. Rampendienst zwischen Laufach und Heigenbrücken leistete allgemein die bayerische Gt 2x4/4 als Reihe 96. Vor Kriegsbeginn liefen vor dem O.W.E. auch 18$^4$ des Bw Linz. Der D 54/55 fuhr in Ostbayern anfangs mit Reihe 38$^4$, dann 18$^{4-5}$.

Die behauptete Doppeltraktion des O.W.E. mit BR 70 fand zumindest nie planmäßig statt.

### BBÖ

Teilstrecke ab Passau

| 6 | 2B | in Doppeltraktion, anfangs O.W.E. |
| 106 | 2B | zusammen mit 6 |
| 206 | 2B | zwanziger Jahre |
| 10 | 1C1 | gelegentlich |
| 310 | 1C2 | nach Passau, gelegentlich |
| 629 | 2C1t | kurzzeitig, gelegentlich |
| 729 | 2C2t | vor Zweiten Weltkrieg |

## Paris-Prag-Warschau- bzw. Karlsbad-Expreß 1919–1939:

siehe auch O.E.

### DR

Zwischen Stuttgart und Nürnberg zogen den Expreß 18$^{4-5}$, zwischen Nürnberg und Eger 18$^4$ in großrädriger Ausführung. Den Paris-Prag-Warschau-Expreß beförderten im Jahr 1920 bayerische Lok ab Crailsheim. Nürnberg-Eger fuhren vor Beginn des Zweiten Weltkrieges im Schnellzugverkehr 03.

Von dem im Zweiten Weltkrieg noch verkehrenden D-Zug Stuttgart–Prag ist die Traktion mit stromlinienverkleideter 03$^{10}$ bekannt.

### ČSD

Der Expreß fuhr zwischen Eger und Prag mit der österreichischen Reihe 108 (2B1, ČSD 275.0).

Die Strecke Eger–Karlsbad war bis 1923 ein Teil der Buštěhrader Bahn, bis September 1938 der ČSD und dann der DR.

Den Expreß zogen 354.4 (2C, BEB-Bauart), später 354.7 (1C1 Umbau) und vereinzelt 354.1 (2C1t).

Der im Zweiten Weltkrieg noch verkehrende D-Zug Stuttgart–Prag fuhr zwischen Eger und Pilsen mit DR 68$^0$ (ehemals ČSD 464.0) und zwischen Pilsen und Prag mit 375.0 und 486.0 (2D1).

Im Prager Bereich Wilson–Libeny 1,5 kV, 1 Do 1-Ellok Škoda (dunkelgrün) auch vor internationalen Zügen.

### PKP

Für den train de luxemilitaire und den Paris-Prag-Warschau-Expreß kommen ehemals preußische oder österreichische Lokomotiven in Frage, wenn man von Baureihen absieht, welche nur in geringen Stückzahlen vorhanden waren. Als wahrscheinlich gilt der Einsatz der Pk 2 (2C, ehemals preußische S 10$^1$) vor dem luxe militaire.

## Suisse-Arlberg-Vienne-/Arlberg-Orient-Expreß bzw. Train de luxe militaire 1919–1939:

### Est/A.L./SNCF

Auf der A.L. fuhren vor internationalen Zügen Paris-Basel von 1922 bis 1934 S 9 (spätere 230 A) und dann S 14 (2C1, Typ Etat). Die S 16 (2C1) fuhr nie den A.O.E., aber wahrscheinlich den Rapide Calais-Bâle. Est wahrscheinlich ähnlich O.E. Später führten den A.O.E. auch 2D1 der Reihe 241 001–041 (241A).

### SBB

Bis 1927 fuhren auf dem Abschnitt Zürich–Buchs und bis 1925/26 auch Basel–Zürich 2C mit der Bezeichnung A 3/5. Sodann wurde der Zug mit 16 2/3 Hz elektrisch betrieben, und zwar mit 2C2 oder 2Co1 der Reihe Ae 3/6, möglicherweise ab 1927 auch der 2Do1-Reihe Ae 4/7.

### BBÖ

Auf Talabschnitten war vor der Elektrifizierung die Reihe 110 eingesetzt. Außerdem hat die 2D-Reihe 113, Baujahre ab 1923, den Expreß befördert. Den Rampendienst auf der Arlbergstrecke besorgten bis zur Elektrifizierung 1E der Reihen 81 oder 181, Baujahre ab 1920 bzw. 1922. Ansonsten siehe Orient-Expreß. Den Train de luxe militaire sollen zwischen Linz und Summerau 329 (1C1), evtl. auch 170 oder 270 (1D) befördert haben.

Die Arlbergstrecke wurde ab November 1924 elektrisch betrieben. 1926 erreichte der Fahrdraht Buchs und bis zum Zweiten Weltkrieg Attnang-Puchheim. Auf einem Photo aus Langen am Arlbergtunnel erscheint mit Ellokreihe 1080 und einer Dampflok als Vorspann, wahrscheinlich Reihe 80. Am Arlberg S.A.V.E. mit 1100 (1C+C1); wahrscheinlich zeitw. auch 1082.001. Im Inntal Anfang der zwanziger Jahre allgemein die 1C1 mit Stangenantrieb der Reihe 1029, dann evtl. die (1A)Bo(A1) der Reihe 1570 von 1925 und schließlich vor dem Expreß die (1A)Bo(A1) der Reihe 1670 von 1928.

Andere Verwaltungen

siehe O.E.. Vor Schnellzügen Ungarn–Bukarest in den Karpaten war auch die dieselelektrische 2Do1+1Do2 von 1938 eingesetzt.

## Simplon-Orient-Expreß 1919–1939:

### Nord, ab 1938 SNCF

| 3.1151–70 | 2C1 | Bj. ab 1912 |
| 3.1201–90 | 2C1 | „Super-Pacific", Bj. ab 1923/24, spätere 231 C |
| 3.1111–1130, spätere 231 E1 | 2C1 | Bj. ab 1934, |
| 3.1171–1198 | | |

Die Vierzylinderverbundreihe 231E von Chapelon als leistungsfähigste europäische Pacific entsprach einer Serie der Orléansbahn.

### P.L.M. ab 1938 SNCF

In den zwanziger Jahren waren zwischen Paris und Dijon oder Dôle 2C1 und bis Vallorbe 1D1 der P.L.M. eingesetzt. Von den dreißiger Jahren wird die Traktion wie folgt angegeben (nach SNCF-Schema):

| | | |
|---|---|---|
| 141 E | 1D1 | Dijon–Vallorbe, ab Mouchard in Doppeltraktion |
| 231 C | 2C1 | anfangs Paris–Laroche |
| 231 G | 2C1 | in den dreißiger Jahren Paris–Laroche/Dijon |
| 241 A | 2D1 | z. B. 1930 Dijon–Vallorbe, auch ab Laroche |
| 241 D | 2D1 | in den dreißiger Jahren Laroche–Valorbe |

2D1 liefen auch ab Paris

**SBB**
Auf den nichtelektrifizierten Abschnitten nordwestlich vom Simplon beförderten 2C-Lokomotiven den Expreß bis zur Elektrifizierung. Die Simplonstrecke wurde ab Brig (von 1919 an ab Sion) bis Iselle mit Drehstrom betrieben, Fb 3/5, ab 1908 Fb 4/4. Von Iselle bis Domodossola fuhren dabei SBB-Dampflokomotiven. Die Elektrifizierung mit Wechselstrom $16\,2/3$ Hz erfolgte im Nordwesten in den zwanziger Jahren und erreichte 1930 Domodossola, wodurch der Drehstrombetrieb verschwand. Die elektrische Traktion besorgten Ae 3/6 in 2C1- oder in 2Co1-Ausführung, dann Ae 4/7.

**FS**

| | | |
|---|---|---|
| 640 | 1C | Domodossola–Mailand 1921–25 |
| 653 | 2C | ehemalige Südbahnreihe 109, Venedig–Triest bis Elektrifizierung |
| 685 | 1C1 | Domodossola–Mailand 1925–27; Venedig–Mailand 1921–27 oder 28 Reihe 685 oder 681 |
| S 685 | 1C1 | Mailand–Venedig 1932–37 oder 38; nach Elektrifizierung im Raum Triest S 685 oder 685 Venedig–Cervignano |
| 688 | 1C1 | ehemalige kkStB-Reihe 429, Triest–Postumia bis Elektrifizierung |
| 691 | 2C1 | Mailand–Venedig 1938–40 |
| 746 | 1D1 | Mailand–Venedig 1927 oder 28–31 der 32, Domodossola–Mailand 1937–40 |

Zwischen Mailand und Domodossola wurde die Reihe 685 in Doppeltraktion beobachtet. Nach Elektrifizierung der Abschnitte Cervignano–Triest-Postumia mit Gleichstrom 3000 Volt fuhren dort E 626 (BoBoBo).

Der Simplon-Expreß vor dem Ersten Weltkrieg dürfte in Italien 2B der Reihe 552 oder 1C der Reihen 630 oder 640 sowie 1C1 der Reihe 680 geführt haben. Auf der Österreichischen Südbahn lief er z. B. 1913 mit 2B der Reihe 17b, bei Überlast in Doppeltraktion.

**SHS, ab 1929 JDŽ**
(Nummernschema von 1933)
Die aus Deutschland nachgelieferte 1C1-Reihe 01 wurde als Traktionsmittel des S.O.E. in den dreißiger Jahren zumindest streckenweise durch die neuen deutschen 2C1 der Reihe 05 ersetzt, z.B. für den P.A. Die 01 1101 trug zeitweise Stromlinienverkleidung. Denkbar ist die Einsatz der deutschen 1D1 der Reihe 06 und in Slowenien der 2C-Baureihe 03, ehemalige Südbahnreihe 109. Auch die 1927 gekaufte 1D-Reihe 25 (entsprechend k.k.St.B. 270) kam in Slowenien verschiedentlich vor Schnellzügen zum Einsatz. Ob sie vor vormals ungarischen Maschinen für den S.O.E. verwendet wurden, ist nicht bekannt. Die 17 001–004 (1C1, ehem. ungar. 323) erschienen vor dem S.O.E. im Norden Jugoslawiens.

**BDŽ**
(Angaben nach neuem Nummernschema)
Für Reisezüge waren 2C der Reihe 08 entsprechend den bayerischen C V und P 3/5, eine 2C1 von Cockerill als 09, ab 1930 die 1D1 der Reihe 01 und ab 1935 eine entsprechende Maschine als Dreizylinderlok der Reihe 02 vorhanden. Für Schnellzüge auf der Strecke Sofia–Svilengrad wurden 1941 aus Deutschland 2C1 der Reihe 07 geliefert, welche später als 05 eingestuft wurden. Im Zweiten Weltkrieg kamen die jugoslawischen Streckenabschnitte östlich von Stanicenje bzw. Grdelica zu Bulgarien und gleichzeitig die JDŽ-Baureihen 01 (als 07 der BDŽ), 20, 26, 30 und 61 in bulgarischen Besitz. Für Kriegsverkehr lieh die DR G 10, G 12 und Reihe 50 her.

**CFFH**
Die Nachfolgerin der Orientbahn betrieb die Strecke Svilengrad–Pithyon–Alexandroupolis. Für die Traktion des S.O.E. würden am ehesten in Frage kommen die vier 1D der Nummern 259-262, vier 1C1 der Nummern 71-74 oder eine E (ehemals P.L.M. 5005?). Die 1D wurden 1924 bei Batignolles gebaut, die übrigen Maschinen stammen aus dem Bestand der Orientbahn vor dem Ersten Weltkrieg.

**Orientbahn, ab 1937 in Türkei TCDD**
Vor internationalen Zügen erschienen die 1D-Maschinen Nr. 241–262, welche 1927 bzw. 1924 von Schneider bzw. Batignolles geliefert wurden (TCDD-Reihe 45.5), sowie die D, Nr. 201–209, von Henschel 1910–13 (TCDD-Reihe 44.5). Ob die vorhandenen Mallet-Loks jemals den S.O.E. fuhren, ist nicht feststellbar.

**CEH**
Als Lokomotive des Athener Flügels wurde die 1E-Reihe Lambda-alpha von StEG, Baujahr 1926, und Skoda, Baujahr 1927 (entsprechend österr. 580) bekannt. Anfangs sollen die Schnellzüge von 2C befördert worden sein. Es waren die Reihen Zeta-alpha (Batignolles 1906), eine Zeta-beta (Maffei 1908, ehemals BDŽ 18), Zeta-gamma (StEG 1895, Wiener Neustadt 1906; ehemals Verbindungsbahn Saloniki–Konstantinopel) und Zeta-delta (ehemalige preußische P8, Zugang 1918) vorhanden. Auf Gebirgsstrecken dürften aber eher Vier- und Fünfkuppler eingesetzt gewesen sein, z. B. Kappa-beta (Achsfolge E).

Während des Zweiten Weltkrieges wurden deutscherseits G 10 (E) und G 12 (1E) nach Griechenland gebracht.

**Anschlußstrecken London–Kanalküste:**
Die Kontinentzüge wurden zunächst nur durch 2C-Maschinen gezogen, unter denen sich Mitte der zwanziger Jahre die King Arthur- und dann die Lord Nelson-Klasse befand, wozu ab 1930 noch die 2B der Schools-Klasse kamen.

**Italien–Balkan während des Zweiten Weltkrieges:**
Die Strecke im Bereich von Steinbrück (Zidani Most) wurde nach dem Balkanfeldzug Teil des Deutschen Reiches. An Maschinen, welche den Schnellzugdienst geeignet waren, wurden damals in Steinbrück DR 38$^{41}$ (2C, JDŽ 03) und 39$^4$ (1D1, JDŽ 06) beobachtet.

**Lokomotiven im Schnellzugdienst der Strecke Berlin–Dresden–Ungarn:**

| | | |
|---|---|---|
| 14$^2$ | 2B1 | sächs. X V, Anfang der zwanziger Jahre Dresden–Tetschen |
| 17$^7$ | 2C | sächs. XII HV |
| 17$^{10}$ | 2C | preußische S 10$^1$ |
| 18$^0$ | 2C1 | sächs. XVII H, Berlin–Dresden, Dresden–Tetschen |
| 19$^0$ | 1D1 | sächs. XX HV, Dresden–Tetschen |
| 01 | 2C1 | in Berlin und Dresden vorhanden, ab ca. 1938 Dresden–Tetschen |
| 01$^{10}$ | 2C1 | Stromlinienverkleidung |
| 39$^{10}$ | 1D1 | |

**ČSD**

| | | |
|---|---|---|
| 375.0 | 1C2 | ehem. k.k.St.B.-Reihe 310; fuhr den R 147/148 Bodenbach–Szob (kein Durchlauf) bis 1933, Bodenbach–Prag und Lundenburg–Szob bis 1938 |
| 387.0 | 2C1 | Bj. ab 1923, zunächst als 386.0; R147/148 Brag–Lundenburg ab 1934, Bodenbach–Prag und Preßburg–Szob ab 3/1938 |
| 486.0 | 2D1 | Bj. ab 1933; R 147/148 Prag–Preßburg ab 8/1938; im Krieg u. a. im Schnellzugdienst Dresden–Prag |

Im Schnellzugverkehr Bodenbach–Prag erschienen bis etwa Mitte der dreißiger Jahre auch die Reihen 264.0 (2B, ehem. k.k.St.B.-Reihe 6), 274.0 (2B1, ehem. Nordbahnreihe 308) und 354.7 (1C1, ehem. k.k.St.B.-Reihe 429).

Im Oktober 1938 wurden die Bahnen des Sudetenlandes der DR und die des Olsagebietes vorübergehend der PKP eingegliedert. Im März 1939 wurde die ČSD in die Bahnen des „Protektorats" BMB/CMD und die slowakische SŽ aufgeteilt. Die Lokomotiven des Berliner Balkanzuges bei der SŽ waren im Zweiten Weltkrieg die Reihen 387.0, 465.0 und das stromlinienverkleidete Einzelexemplar 386.0 (2C1, damals silbergrau mit blauen Streifen).

**MÁV**
Siehe Orient-Expreß

Im Zweiten Weltkrieg fuhren Schnellzüge Berlin–Belgrad z.B. 1943 südlich von Budapest mit 424 (2D), nördlich von Budapest möglicherweise mit 328 (2C). Schnellzüge Wien–Sopron–Pécs–Belgrad der Kriegszeit fuhren anfangs mit Reihe 328, ab 1943 meist mit 424. (Ab Wien liefen sie mit Reihe 77$^2$, der ehemaligen 629).

**Schnellzugdienst der Strecke Berlin–Breslau–Ungarn:**

**DR**
Die Strecke Berlin–Breslau wurde anfangs von ehemals preußischen 2C-Schnellzugmaschinen, dann auch von Einheitslokomotiven befahren. Später sollen stromlinienförmige 03$^{10}$ zwischen Berlin und Breslau eingesetzt gewesen sein. In Breslau waren u.a. 01, 01$^{10}$, 02 und 03$^{10}$ vorhanden. Von

der Strecke Breslau–Oderberg ist die Traktion mit 03 bekannt.

### ČSD
Von der tschechoslowakischen Waagtalstrecke ist die Bespannung von Schnellzügen in den zwanziger Jahren mit 2D der Reihe 455.0, ehem. Kaschau-Oderberg-Bahn, bekannt. Kurz vor dem Zweiten Weltkrieg wurden sie mehr und mehr durch 2D1 der Reihe 486.0 ersetzt. Einer anderen Quelle zufolge seien ab Oderberg 387.0 seit 1939 eingesetzt gewesen.

Der internationale Zugverkehr Deutschland–Tschechoslowakei wurde am 24. September 1938 unterbrochen und am 20. November 1938 wieder aufgenommen. Oderberg war nunmehr zur PKP gekommen.

Slowakische Planung für 16 2/3 Hz, E 94 und evtl. E 18, E 44 vorgesehen.

## Orient-Expreß 1945–1991:
(Ende des Verkehrs nach Bukarest):

### SNCF
Der O.E. wurde von Vierzylinderverbundlok befördert, und zwar ehemaligen P.L.M.-2C1 der Reihe 231 K, ehemaligen Ostbahn-2C1 der Reihe 231B, ehemaligen Ostbahn-2D1 der Reihe 241 A sowie möglicherweise auch 1D1 der Reihe 141 P. Der Abschnitt Straßburg–Kehl wurde mit 2D2-Tenderlok der Reihe 242 TA oder den ab 1945 in USA bzw. Kanada gebauten 1D1 der Reihe 141 R betrieben.

Die Elektrifizierung mit Wechselstrom 50 Hz erreichte von Osten her fortschreitend 1962 Paris.

Ellok 50 Hz:

BB 16 000   BoBo   Paris–Straßburg
BB 15 000   BB     Paris–Straßburg

Vor Rapides wurde auch die Zweifrequenzlock BB 25 200 eingesetzt sowie im Übergabeverkehr Straßburg–Kehl allgemein die BoBo-Zweifrequenzlok BB 22 100 und ab ca. 1970 die BB-Zweifrequenzlok BB 20 200.

Diesellokomotiven besorgten den Übergabeverkehr z.B. bei Militärurlauberzügen. Während der Umleitungen über Wintersdorf im Sommer 1966 brachte eine BB 66 000 mit zweiachsigem Heizwagen den O.E. bis Rastatt.

### DR/DB
| | | |
|---|---|---|
| 01 | 2C1 | Umleitung München–Simbach z.B.1959 und 1961 |
| 03 | 2C1 | ab 1950 westlich von Karlsruhe |
| 38[10–40] | 2C | z. B. Vorspann vor 01 bei Umleitung über Simbach 1959 |
| 39 | 1D1 | ab 1946 Karlsruhe–Stuttgart, ab 1950 westlich von Karlsruhe, 1954–58 Kehl–Mühlacker |
| 50 | 1E | z.B. Umleitung Stuttgart–Aalen–Donauwörth 29. September 1960 und Simbach–München 19. Januar 1962 |

Westlich von Karlsruhe besorgten die Traktion vor 1950 (laut Direktion Karlsruhe die 1E-Güterzugbzw. Kriegsbaureihen 44, 50, 42 und 52. Karlsruhe–Mühlacker ztw. Vorspann.

Im Reisezugverkehr auf der Kurswagenstrecke Oos–Baden-Baden war hauptsächlich die 1C1-Tenderlok Reihe 75[10] (die ehemalige badische VIc) eingesetzt.

### Ellok 16 2/3 Hz
| | | |
|---|---|---|
| E 04 | 1Co1 | Stuttgart–München 1953 beobachtet |
| E 10 (= 110) | BoBo | Mühlacker–Stuttgart |
| E 10 002 | BoBo | zumindest ausnahmsweise |
| E 16 (= 116) | 1Do1 | München–Salzburg bis 1961/62 und dann noch Entlastungszüge |
| E 17 (= 117) | 1Do1 | ztw. Mühlacker–Stuttgart, Stuttgart–München und Entlastungszüge |
| E 18 (= 118) | 1 Do1 | Stuttgart–München bis ca. 1961, München–Salzburg 1962–64/65, und Entlastungszüge |
| E 41 (= 141) | BoBo | ausnahmsweise und Entlastungszüge |
| E 44 (= 144) | BoBo | ausnahmsweise |
| E 44[5] | BoBo | München–Salzburg 1946 |
| 103[1] | CoCo | Stuttgart–München ab Winter 1971; D 1162 bis Wien 1975 |
| 111 | BoBo | Stuttgart–München vorübergehend ab 1978. Entlastungszug, Nost-O.E. |
| 120 | BoBo | Stuttgart–München |

„Mozart" Straßburg–Stuttgart ztw. Mehrsystemlok 181 bzw. 184. Bei starker Belastung wurde der O.E. auf der Geislinger Steige mit Schublok Reihe 194, früher auch E 93, gefahren. Ersatzzug München–Salzburg war bei Umleitung im Juli 1959 der Schnelltriebwagen ET 11.

Bei der Umleitung über Mühldorf 1970 waren hauptsächlich dieselhydraulische BoBo der Reihe 218 eingesetzt. Nostalgie-O.E. via Lindau 218 in Doppeltraktion.

Der Zweig über die Schwarzwaldbahn wurde durch Reihe 39, Schublok Reihe 50 und nach 1956 mit dieselhydraulischen BoBo der Reihe V200 gefördert. Am Bodensee führte ihn u.a. Reihe 38[0] (die bayer. P3/5) und östlich von Lindau 77 der ÖBB.

### ÖBB
| | | |
|---|---|---|
| 12 | 1D2 | ehem. 214; Westbahn bis 1952 |
| 52 | 1E | Wien–Hegyeshalom zumindest ausnahmsweise (z.B. 1971) |
| 77[2] | 2C1t | ehem. 629; bis 1961 Wien–Hegyeshalom |

Für die Umleitung über den Semmering kommen die Reihen 33 (2D, ehem. 113), 52 und 95 (1E1t, als Schublok) in Frage.

1956 fuhren östlich von Wien auch die Reihen 33 und 12, doch ist nicht sicher, ob eine davon auch den O.E. zog.

Umleitung ab Simbach mit 50, 52, Diesel 2043. Umleitung München–Passau mit 1044 am 10. September 1986

### Ellok 16 2/3 Hz
| | | |
|---|---|---|
| 1010 | CoCo | 60er Jahre Westbahn, ab 1965 bis München |
| 1018, 1118 | 1Do1 | ehem. E 18[2]; Westbahn nach Zweitem Weltkrieg |
| 1042 | BoBo | Wien–München ab 1972, später Hegyeshalom Nost.-O.E. Wien–Ebenfurth |
| 1044 | BoBo | Wien–München ab 1978, dann Wien–Hegyeshalom; z.T. Nostalgie-O.E. |

Andere Maschinen, z.B. 1040 (BoBo, Westbahn Anfang 50er Jahre) oder 1141 (BoBo) liefen zumindest ausnahmsweise. Elektrifizierung bis Hegyeshalom 1976, später 1014 bis Budapest (nicht O.E.).

**Diesellok:**
| | | |
|---|---|---|
| 2045 | BoBo | Umleitung Tulln |
| 2050 | BoBo | Wien–Hegyeshalom 1964 |
| 2020 | BoBo | Prototyp; Wien–Hegyeshalom 1965 |
| 2041 | BoBo | Mittelführerstand; ausnahmsweise Wien–Hegyeshalom |
| (LDE 1450) | BoBo | Probelok; ausnahmsweise Wien–Hegyeshalom |
| 2143 | BoBo | Wien–Hegyeshalom, teilweise Doppeltraktion |

### ČSD
Dampflok, Baureihen nicht bekannt. Der Paris-Budapester O.E. benützte ČSD-Strecken nur bis 1951.

### MÁV
Es fuhren die Reihen 301 und 424, daneben ztw. angeblich auch der 2C2-Prototyp, Reihe 303, und evtl. die Baureihe 327 und 328 eingesetzt (?), Nostalgie-O.E. u.a. 424 Doppeltraktion Ebenfurth–Sopron.

Hegyeshalom–Budapest 16 kV 50 Hz-Ellok V 40 (1D1), V 55 (BoCo), ab 1962 25 kV V 43 (BB), später auch V 63 (CoCo).

Die Dampftraktion östlich von Budapest wurde im Lauf der 60er Jahre durch die dieselelektrischen CoCo der Reihe M 61 nach General-Motors-Lizenz abgelöst.

Nostalgie-O.E. Sopron–Györ M 62 der GySEV. im März 1983.

### CFR
In Siebenbürgen fuhr noch Mitte der 60er Jahre die Reihe 230, auch zusammen mit Diesellok 060 DA als Vorspann, vor dem O.E. Die Reihe 142 lief z.B. 1966 noch westlich bis Simeria. Über die Karpaten wurden Reisezüge mit bis zu drei oder auch vier (!) Dampflokomotiven befördert, z.B. eine 142 und als Vorspann zwei 150 (1E). Auch die 151 (1E1) lief im Reisezugdienst unter Dampf in den Karpaten. Im Bukarester Raum liefen vor allem 231.

Im Laufe der 60er Jahre übernahm die Traktion in den Karpaten und später bis Bukarest die in Schweden entwickelte 50-Hz-CoCo-Ellok der Reihe 060 EA.

Die in der Schweiz entwickelte dieselelektrische CoCo der Reihe 060 DA fuhr z.B. 1965 Simeria–Brașov und Brașov–Bukarest, später nurmehr Curtci–Brașov. Die DF 241 (2Do1 + 1Do2, hellgrau, roter Umlauf) fuhr für den A.O.E. bis zu dessen Einstellung. Als „Blauer Pfeil" Wien–Constanța war vorgesehen Dieseltriebzug 75-0001 (blau-creme).

## Zugteil des O.E. Stuttgart–Prag bzw. Warschau 1945–1965:

### DR/DB
Zwischen Stuttgart und Nürnberg fuhr zeitweise Reihe 39, zeitweise allgemein im Schnellzugverkehr bis Hof Reihe 18[5] bzw. der Umbau 18[6] und zeitweise Reihe 01. Letztere lief z.B. 1953 bis Schirnding, mit einem Leerlauf Hof-Schirnding zur

Beförderung des Gegenzuges. Später fuhr sie vor dem D 105/106 bis ab Hof, während auf der Teilstrecke Marktredwitz–Schirnding die Baureihe 50 mit Kabinentender verwendet wurde. Einmal fuhr 54$^{50}$!

Als Reihe 01 wurde auch ein Umbau mit Mischvorwärmer und alter Kesselform bis 1965/66 (danach noch vor Entlastungszügen) der Umbau mit Hochleistungskessel eingesetzt. Die dieselhydraulische V 200 besorgte zeitweise die Traktion auf dem Abschnitt Stuttgart–Nürnberg, erst ab 1966 bis Schirnding, später ersetzt durch Reihe 218.

### ČSD

| | | |
|---|---|---|
| 365.0 | 1C1 | Schirnding–Eger zeitweilig |
| 375.0 | 1C2 | kurz nach Zweitem Weltkrieg |
| 387.0 | 2C1 | |
| 475.1 | 2D1 | zeitweilig auch ab Schirnding |
| 498.0 | 2D1 | Eger–Prag |
| 498.1 | 2D1 | Prag bis 1973 |
| 555.0 | 1E | DR-Kriegsbaureihe 52; Schirnding–Eger noch fünfziger Jahre |
| 556.0 | 1E | Schirnding–Eger |

Anfangs fuhren im Schnellzugdienst westlich von Prag auch 465.0 (2D, entsprechend ungarischer 424) und 375.1 (2C, entsprechend ungarischer 328).

Auch die 1957 anläßlich der Moskauer Weltjugendspiele über Schirnding–Eger geführten Sonderzüge hatten Dampftraktion.

Für US-Militärverkehr Pilsen–Nürnberg Triebwagen M 290 vorgesehen.

Der 3000-Volt-Gleichstrombetrieb wurde 1957 zwischen Prag und Česka Trebová (Böhmisch Trübau), 1959 bis Olomouc (Olmütz) und 1960 bis Hranice (Mährisch Weißkirchen) aufgenommen. 1968 beobachtet 556.0 bis Pilsen. Dann Schirnding–Eger mit Diesel T 478 (BoBo), zuvor T 679 (CoCo aus UdSSR), 25 kV Eger–Pilsen, weiter Diesel (T 478); heute Übergang zwischen 25 kV und 3 kV in Beroun.

### PKP

Die Traktion sollen 1D1 der Reihe Pt 47 besorgt haben. Möglich wäre auch der Einsatz ehemaliger DR-Lok. 3000-Volt-Gleichstrombetrieb erfolgte von 1957 an zwischen Kattowitz und Warschau und später ab Zebrzydowice.

## L 51/52/Ostende-Wien-Expreß 1948–1952/53:

### SNCB

Die Traktionsmittel in Belgien waren die Reihen 1, 10, die 1946 aus USA bzw. Kanada gelieferten 1D der Reihe 29, möglicherweise auch die Reihe 12.

Standardlok nach der 3000-Volt-Gleichstromelektrifizierung war die BoBo-Reihe 122.

### DR/DB

z. B. FD 52 im Oktober 1950:

| | |
|---|---|
| Aachen–Wiesbaden | 03 |
| Wiesbaden–Frankfurt | 18$^5$ |
| Frankfurt–Nürnberg | 01 |
| Nürnberg–Regensburg | E 18 |
| Regensburg–Passau | 18$^5$ |
| FD 51 Frankfurt–Wiesbaden | 38$^{10}$ |

Als die Nürnberger 01 vorübergehend ausfielen, wurde u. a. die 1E1-Güterzugreihe 45 vor Reisezügen eingesetzt.

Schublok auf der Rampe Laufach–Heigenbrücken war die Reihe 95, doch es wird auch vom Einsatz der D+D Kriegsdiesellok V 188 vor dem Ostende-Wien-Expreß berichtet.

Die Strecke Nürnberg–Regensburg wurde ab 1950 elektrisch, hauptsächlich mit E 18 betrieben.

Siehe auch O.E.
Ab Passau fuhren u. a. 78$^6$ der ÖBB.

## Arlberg-Orient-Expreß/ Arlberg-Expreß 1945–1991:

### SNCF

In Frankreich fuhren 141 P, 241 A und 241 P. Sie mußten im Lauf der 60er Jahre den dieselelektrischen A1AA1A 68000, CC 70000 und CC 72000 weichen. Im Schnellzugverkehr Belfort–Basel heute BB 15000.

### SBB

Von den eingesetzten Ae 3/6 (2Co1) und Ae 4/7 (2Do1) liefen letztere selbst in den achtziger Jahren noch z. T. von Sargans nach Buchs und Nostalgie-O.E. Ansonsten wurden sie allgemein durch BoBo der Reihen Re 4/4 ersetzt. Am 9. August 1962 soll wegen Ellokmangels die Dampflokomotive Nr. 2969 der Reihe C 5/6 (1E) den Arlberg-Expreß von Sargans nach Buchs gebracht haben. Ab 23. Mai 1983 Entfall des Wendens in Sargans. Nost.-O.E. auch Re 6/6.

### DB (Umleitungen)

Bei Umleitungen über München wurde die Verwendung von Dampflokomotiven der Reihen 01, 03, 39, 50 und im Jahr 1965 auch der letzten S 3/6 der Nummer 18 622 sowie später von Diesellokomotiven der Reihe V 200 bekannt. Zwischen München und Salzburg wurde weiterhin Ellok, ab Lindau, eingesetzt. Planmäßig beförderten den Arlberg-Expreß 1970 zwischen Salzburg und Wien deutsche 110.

### ÖBB

| | | |
|---|---|---|
| 12 | 1D2 | Westbahn bis 1952 |
| 12$^1$ | 1D2 | ehem. Reihe 114; Einzelexemplar; kam mit dem ersten Nachkriegs-A.O.E. in Wien an |
| 19$^1$ | 1D1 | PKP-Typ; Westbahn 1945 |
| 33 | 2D | östlich von Wien vorübergehend 1956 |
| 52 | 1E | östlich von Wien Westbf.; und Umleitungen |
| 77 | 2C1t | östlich von Wien |

Am 27. August 1968 führte die 93.1339 (1D1t) den Arlberg-Expreß auf einer Umleitung über die Wachau. Umleitung über den Semmering siehe Orient-Expreß.

### Ellok 16$^{2/3}$ Hz:

| | | |
|---|---|---|
| 1010 | CoCo | Salzburg–Wien |
| 1110 | CoCo | Buchs–Salzburg |
| 1018 | 1Do1 | Salzburg–Wien |
| 1020 | CoCo | ehemalige E 94; nach Krieg Vorarlberg und Tirol, auch in Doppeltraktion, später noch als Vorspann |
| 1141 | BoBo | ausnahmsweise |
| 1042 | BoBo | Salzburg–Wien; 1973 ab Wien ausnahmswese Dreifachtraktion (!) |
| 1044 | BoBo | gesamte Strecke |
| 1145 | BoBo | z. B. Vorspann Saalfelden–Hochfilzen bei Überlast |
| 1670 | (1A)Bo(A1) | Arlberg |
| 1180 | E | ausnahmsweise Vorspann am Arlberg |

Bei Umleitungen wurde auch die Dieselbaureihe 2050 verwendet. Siehe auch O.E. Probeweise NSB EL 16, SBB Re 4/4ll.

## Balt-Orient-Expreß/Pannonia/ Nord-Orient 1948–1995:

### SJ

Die Traktion erfolgte mittels 16$^{2/3}$-Hz-Wechselstromlok (einer 1C1 mit Stangenantrieb und Teakholzaufbau) oder der Reihe 7 (einer 1Do1) mit Stahllaufbau.

### NSB

Der Zugteil aus Oslo dürfte durch die EL 8 (eine 1Do1 für 16$^{2/3}$ Hz) befördert worden sein.

### PKP

Die Traktion ist mit der 1D1-Reihe Pt 47 bekannt. Möglich ist auch der Einsatz von 1D1 der Reihe Pt 31 und von ehemaligen DR-Lokomotiven.

1957 wurde zwischen Warschau und Kattowitz der 3000-Volt-Gleichstrombetrieb aufgenommen, heute PKP-Ellok bis Petrovice und ČSD-Ellok bis Zebrzydowice.

Vor Schnellzug Gdingen–ČSSR fuhr probeweise auch die österreichische Diesellok 2020.

### DR

| | | |
|---|---|---|
| 01 | 2C1 | bis Sept. 1977 |
| 01$^5$ | 2C1 | Umbau |
| 03 | 2C1 | Nord- und Südteil BOE |
| 03$^{10}$ | 2C1 | Stromlinienverkleidung entfernt; Nord- und Südteil des BOE |
| 18$^0$ | 2C1 | Berlin-Dresden |
| 23$^{10}$ | 1C1 | Pannonia-Expreß |
| 35$^{10}$ | 1C1 | Tourex |
| 38$^{10-40}$ | 2C | südlich Dresden; ausnahmsweise einmal Dresden–Berlin mit BOE wegen 15stündiger Verspätung |
| 39 | 1D1 | ausnahmsweise Dresden–Berlin-Dresden mit BOE |

Die 18 314 (2C1, ehem. bad. IVh) fuhr Berlin–Dresden, doch ist nicht bekannt, ob sie den B.O.E. zog.

Später wurden im Schnellzugverkehr nach Südosten Diesellok der Reihe 118 und 132 zum Einsatz gebracht, Schandau–Děčín 119. 1972 begannen die Elektrizifizierungsarbeiten auf dem Abschnitt Dresden–Bad Schandau. Am 30. September 1979 war Berlin–Elsterwerda, heute ganze Strecke elektrifiziert, zeitweilig 230 Berlin–Prag.

### ČSD

| | | |
|---|---|---|
| 387.0 | 2C1 | Děčín–Prag |
| 399.0 | 2C1 | ursprünglich für Litauen gebaut; B.O.E. vorübergehend ab 1958 |
| 498.0 | 2D1 | |
| 498.1 | 2D1 | auch mit 498.0 in Doppeltraktion! |
| 556.0 | 1E | Schandau–Děčín? |

Kurz nach dem Zweiten Weltkrieg fuhren auf den entsprechenden Strecken im Schnellzugdienst auch 364.0 (1C1 entsprechend österreichischer 910), 375.0 (österr. 310), 486.1 (1D2), 488.05 ... (1D1, ehem. PKP Pt 31) und DR-Reihe 41 (Lok 41 153 wurde in Prag beobachtet). Die 477.0 (2D2t) fuhr u. a. den Pannonia-Expreß. Vom Zug „Chopin" wurde die Traktion u.a. mit 475.1 und 476.0 bekannt.

Elektrifizierung 3 kV Prag–Česká Trebová 1957, heute Netz in Räumen Prag, Prerov, Petrovice, Žilina, Košice, in Bau Prag–DDR. Schnellzüge mit E 499.0, E 499.1 (BoBo). 25 kV 50 Hz Brünn–Preßburg 1967, bis Sturovo 1968, später Komarom, heute Netz in Räumen Eger, Pilsen, Brünn, Preßburg, Breclav-Prerov u. a., Systemwechsel in Kutná Hora. Schnellzüge mit S 489.0 und S 499.0 (BoBo). Zweistromlok ES 499.0, ES 499.1 (BoBo) für Prag–Preßburg; (neues Nummernsystem hier nicht berücksichtigt). 1993 Aufteilung in ČD und ŽSR.

Anfang der siebziger Jahre wurde der Schnellzugbetrieb auf den nicht elektrifizierten Abschnitten auf BoBo-Diesellok T 478.1 und T 478.3 umgestellt.

### MÁV

Zwischen Szob, Budapest und Biharkeresztes war die Reihe 424, zwischen Budapest und Biharkeresztes auch die 2B2-Stromlinientenderlok der Reihe 242 in Doppeltraktion vor dem B.O.E. eingesetzt. Außerdem wird die 2C1-Reihe 301 angegeben.

Südlich von Budapest ist die Verwendung der 2C-Reihe 328 möglich gewesen.

Ab ca. 1965 kam die dieselelektrische M 61 und später die ebenfalls dieselelektrische CoCo-Einheitslok sowjetischer Konstruktion der Reihe M 62 und die M 63 von Ganz-Mávág zum Einsatz. Die Strecke Stúrovo–Budapest wurde im Dezember 1971 mit 50 Hz elektrifiziert; Traktion mit V 43; Elektrifizierung bis Kelebia 12/1979.

### CFR

Die Bespannung ist ähnlich wie beim O.E., jedoch fuhr z. B. Mitte der 60er Jahre eine 1C1-Tenderlok der Reihe 131 zwischen der Grenze und Oradea Mare. Östlich schloß sich der Abschnitt der 142 an und zwischen Teius und Bukarest liefen seinerzeit Dieselokomotiven der Reihe 060 DA, wobei die Karpaten in Doppeltraktion überwunden wurden. Zwischen Bukarest und Ruse liefen 231; heute 060 DA. Aus dem Jahr 1955 ist die Traktion des B.O.E. südlich von Bukarest mit 050 bekannt.

### BDŽ

Der Zugteil „Danubius" Bukarest–Sofia wurde mit Reihe 03 (2D1), evtl. auch mit Reihe 01 (1D1) und der Flügel nach Varna möglicherweise mit Reihe 15, der ehemaligen DR-Kriegsbaureihe 52, bespannt, später 04 bzw. E 42.

### JŽ

Die Traktion war ähnlich wie beim S.O.E. Zwischen Kelebia und Belgrad lief die Baureihe 01. Zum Anschieben internationaler Züge in Novi Sad, wurde die 1C1-Tenderlok der Reihe 117 benützt, später 661, heute 441.

Andere Verwaltungen siehe S.O.E.

Züge Varna/Konstanza–Prag fuhren während der ČSSR-Krise 1968 zwischen Gänserndorf und Břeclav (Lundenburg) mit Reihe 52 der ÖBB.

## Simplon-Orient-Expreß 1945–1961/62, Direct-Orient/Tauern-Orient/ Athènes/Marmara-Expreß 1962–1979:

### SNCF (Region Nord)

Hier wurden 2C1 der Reihen 231 A, 231 C („Super Pacific"), später bis 1967 231 E von Chapelon und unmittelbar vor der Verdieselung 231 G oder K (ehemals P.L.M.) eingesetzt.

Schnellzüge liefen auch in Doppeltraktion mit zwei Pacifics oder mit 141 R als Vorspann, letztere ausnahmsweise auch als Zuglok. Auch die Nordbahn-2C der Reihe 230 D fuhr noch ausnahmsweise.

Nach Elektrifizierung des Abschnitts Paris–Amiens mit Wechselstrom 50 Hertz wurden dort BB 16000 verwendet.

Nördlich von Amiens liefen nach Ende der Dampftraktion Diesellokomotiven der Reihe BB 66000 in Doppeltraktion mit dazwischen eingereihtem Heizwagen, dann auch A1AA1A 68000 und ab Winter 1972 allgemein CC 72000. Für die Überstellfahrten auf der Ceinture wurden 140 G (Baldwin), dann Tenderlok 050 TQ und später dieselelektrische BB 63000 verwendet.

Siehe auch Abschnitt VI.

### SNCF (Region Sud-Est)

Die Traktion auf der Route Impériale besorgten ehemalige P.L.M.-Pacifics und verschiedene Mountains. Im Schnellzugdienst Laroche–Dijon waren bis 1949 häufig die 2D der Reihe 240 P von Chapelon eingesetzt.

Bis Vallorbe verkehrten vor Schnellzügen allgemein 1D1 in Doppeltraktion und zwar anfangs 141 C, 141 D oder 141 F, ab Ende 1946 statt dessen 141 P und dann an deren Stelle 141 R, möglicherweise auch 141 E-F.

Der elektrische Betrieb mit 1500 Volt Gleichstrom wurde 1949 zwischen Laroche und Dijon, 1950 zwischen Paris und Dijon und Ende 1956 bis Dôle aufgenommen. Es fuhren anfangs BB 8100, dann 2D2 9100, später CC 7100, dann auch BB 9200, BB 9300, später CC 6500.

Auf dem 1958 elektrifizierten 50 Hz-Wechselstromabschnitt Dôle–Valorbe wurden anfangs BB 12000 eingesetzt, ab 1963 stattdessen BB 16500 und ab 1964 Zweistromlokomotiven, die z. T. von Paris her, durchliefen, und zwar BB 25000, BB 25100 sopwie BB 25500, auch BB 22000 und CC 21000, später auch BB 26000.

### SBB

Die eingesetzten Ae 4/7 wurden später durch CoCo der Reihe Ae 6/6, BoBo der Reihe Re 4/4 II, Re 4/4 IV und BoBoBo der Reihe Re 6/6 ersetzt. Vor dem zeitweise ab Pontarlier auch von BLS-Maschinen geführten Berner Zugteil erschienen noch in den siebziger Jahren Ae 4/7 der SBB. Nach dem Krieg fuhr der Berner Flügel des D.O. auch mit Triebfahrzeugen der Bern-Neuenburg-Bahn. Intraflug-Zug nach Athen via Lötschberg Sept. 1977 Be 6/8 202 und 205 der BLS in Doppeltraktion. Febr.–April 1988 Simplon-Ex mit zwei Am 4/4 (ex DB 221) Brig–Domodossola!

### FS

2C1 der Reihe 691 fuhren bis 1947 von Domodossola bis Mailand, bis Ende 1956 von Mailand bis Venedig und um 1957 vorübergehend bis Triest. Außerdem war die S 685 und die teilverkleidete 1C1 mit Franco-Crosti-Vorwärmer der Reihe 683 eingesetzt.

Streckenweise Doppeltraktion ist mit der Reihe S 685 und auch mit 691 bekannt geworden. Ab Desenzano schob manchmal dazu eine dritte Lok an!

Die letzte Dampflok des D.O. in Italien waren Ct-Rangierlok der Reihe 835 in Triest Anfang der 70er Jahre.

Domodossola-Mailand bis 1947 Drehstrom.

3000-Volt-Gleichstromlok:

| | | |
|---|---|---|
| E 428 | 2Do2 | verschiedene Serien; ab 1947 Domodossola–Mailand, später auch Mailand–Venedig und Venedig–Triest bis 1964 |
| E 626 | BoBoBo | östlich von Triest bis in die 80er Jahre |
| E 636 | BoBoBo | Vorspann Mailand–Domodossola; Venedig–Triest bis 1964, später östlich von Triest |
| E 645 | BoBoBo | Triest–Venedig z.B. 1971 |
| E 646 | BoBoBo | ab 1964 alle Abschnitte westlich von Triest |
| E 656 | BoBoBo | heute bis Triest u. V.S.O.E. |

Wegen Brückeneinsturz bei Verbania im Okt. 1977 monatelang Simplon-Expreß über Modane und Lombardie-Expreß sowie Zug Calais–Venedig mit Diesel 345 über Domodossola–Novara umgeleitet.

### DB

Ellok 16 2/3 Hz:

| | | |
|---|---|---|
| 1031 | CoCo | Entlastungszug |
| 110 (= E 10) | BoBo | D 41 München Wien ab Winter 1964; T.O. teilweise; Gastarbeiter sonderzüge bis Jeseniče |
| 111 | BoBo | T.O. ab 1977; bis Jesenice |
| 112 | BoBo | Gastarbeitersonderzüge |
| 116 (= E 16) | 1Do1 | T.O. 1966/67 und Gastarbeitersonderzügen, heute a.D. |
| 118 (= E 18) | 1Do1 | D 41 München ab 1964; T.O. 1966 und Gastarbeiterzüge, Nostalgie-O.E. |
| 140 (= E 40) | BoBo | Gastarbeitersonderzüge bis Jeseniče |
| 141 (= E 41) | BoBo | Gastarbeitersonderzüge |
| 144 (= E 44) | BoBo | Gastarbeitersonderzüge |
| 144[5] (= E 44[5]) | BoBo | Gastarbeitersonderzüge |
| 150 (= E 50) | CoCo | Gastarbeitersonderzüge |
| 194 (= E 94) | CoCo | Gastarbeitersonderzüge |

Bei Umleitung über Mühldorf 1970 wurden allgemein im Schnellzugverkehr die Dieselbaureihen 218 und 215 eingesetzt, 1982 fuhren 218 in Doppeltraktion.

### ÖBB

Ellok 16 2/3 Hz:

| | | |
|---|---|---|
| 1010 | CoCo | T.O. München–Jeseniče ab 1968 |
| 1110 | CoCo | T.O. bis 1968 |
| 1020 | CoCo | Entlastungszüge |
| 1140 | BoBo | Eilzug 734 |
| 1041 | BoBo | Vorspann |
| 1042 | BoBo | Vorspann; T.O. ab 1977 |
| 1141 | BoBo | Vorspann |
| 1043 | BoBo | Thyristorlok aus Schweden; Vorspann; ausnahmsweise |

1044  BoBo  München–Jeseniče
             ab 1980

Vor manchen Zügen wurde auch die 1245 als Vorspann verwendet. Gastarbeiterzüge waren im Salzkammergut mit 1042, evtl. auch mit Diesellok 2045 bespannt. Als Vorspann Aussee–Mitterndorf erschienen 1045 und 1189 (= ehem. 1100.100).

Der Tauern-Expreß fuhr auf der Karawankenstrecke anfangs mit Dampflokreihen 52, 135 und 258, Diesel 2045 und Ellok 1245.

Der S.O.E.-Flügelzug Wien–Zidani Most wurde am Semmering durch Reihe 33 mit Reihe 95 als Vorspann (bei schweren Zügen zusätzlich Schublok), evtl. zeitweise auch durch Reihen 12 und 52 befördert. Den Linzer Flügel des S.O.E. dürfte die Baureihe 78 oder die ungarische 424 geführt haben.

### JDŽ/ab 1954 JŽ

| | | |
|---|---|---|
| 01 | 1C1 | Serbien bis Ende 50er Jahre, Nisch–Dimitrovgrad bis ca. 1956/66; Skopje–Gevgelija bis ca. 1968; häufig Doppeltraktion |
| 05 | 2C1 | östlich von Zagreb bis ca. 1960; zuletzt Nisch–Dimitrovgrad bis Anfang der siebziger Jahre; |
| 06 | 1D1 | nach Krieg westlich von Zagreb; evtl. 1964 Laibach–Jeseniče |
| 10 | 2D  | entspricht Südbahnreihe 570; zeitweise Laibach–Zagreb, evtl. 1964 Jeseniče–Laibach |
| 11 | 2D  | entspricht ungar. 424; z.B. 1949 S.O.E. in Kroatien |
| 38 | 1D  | engl. Liberation-Klasse, z.T. UNRRA-Lieferung; bis Anfang der 70er Jahre Crveni Krst–Dimitrovgrad |

Möglicherweise erfolgte die Traktion in Slowenien auch durch Reihe 03 (ehemalige Südbahnreihe 109). Im Reisezugverkehr war auch eingesetzt die 1 E-Reihe 29 (ehemals österreichische 81 oder 181), z.B. vor dem Dalmatija-Expreß, Reihen 18 und 25 nach Spielfeld-Straß, 33 vor Nostalgie-O.E. östlich Nisch (ex DR 52), Reihen 22 (ex MÁV 324) und 106 (ex österr. 429) vor Zug Belgrad–Bukarest.

Die letzten Dampf-Rangierlok des D.O. waren in Belgrad Ct der Reihe 62 (entspr. US-Kriegslok) bis 1969 sowie in Crveni Krst und in Gevgelija Ct der Reihe 61 bis in die sechziger Jahre.

Ellok:
Der in den ehemals italienischen Gebieten vorhandene 3000-Volt-Gleichstrombetrieb wurde 1962 bis Jeseniče, später bis Jeseniče, Ende 1965 bis Zidani Most und 1971 bis Dobova bei Zagreb ausgedehnt. Die von Italien übernommenen BoBoBo der Reihe 361 (ehemals E 626 der FS) wurde in der Traktion durch die BoBoBo-Reihe 362 und dann durch BoBo Reihe 962 und CC Reihe 363 ersetzt.

Das 1970 zwischen Zagreb und Belgrad in Betrieb genommene und danach südostwärts ausgedehnte 50-Hz-Wechselstromnetz wird mit BoBo der Reihe 441 betrieben, teilw. auch CoCo Reihe 461; dann auch neue BoBo Reihe 442, z. B. vor „Attika".

1980 Elektrifizierung bis Kelebia, 1981 bis Spielfeld, 1983 bis Gevgelija.

Diesellok:
Am 12. bzw. 15. Mai 1955 erfolgte eine Probefahrt der V 200 005 der DB mit DB-Salonwagen (preußischer Typ) und JŽ-Meßwagen vor dem S.O.E. Nisch–Belgrad und Zagreb–Laibach.

Anfang der 60er Jahre wurden alle nicht elektrifizierten Traktionsabschnitte außer Nisch–Dimitrovgrad und Skopje–Gevgelija auf dieselelektrischen Betrieb mit der amerikanischen CoCo-Baureihe 661 umgestellt. Der Abschnitt Skopje–Gevgelija wurde ab 1968 mit BoBo der Reihen 642 sowie 643 und später mit 661 betrieben. Ab 1972 lief die Reihe 661 vor dem Marmara-Expreß bis Dimitrovgrad. Vor manchen Zügen tauchten vorher auch BoBo der Reihe 741 auf der Strecke Nisch–Dimitrovgrad auf. Zeitweise erschien die sonst für Staatssonderzüge verwendete dieselhydraulische CoCo-Reihe 761 im Reisezugverkehr. Die Reihe 664 wurde im Gastarbeiterverkehr beobachtet.

### BDŽ

Vor Umstellung auf elektrischen bzw. Dieselbetrieb fuhr zwischen Dimitrovgrad, Sofia und Plovdiv die Baureihe 01. Zwischen Plovdiv und Svilengrad liefen Tenderlok der 1D2t-Reihe 36, später 1D1 der Reihe 02 (z.B. Anfang der 60er Jahre) und 01 (vor den internationalen Zügen bis 1971).

Auf der Rampe an der Strecke Plovdiv–Sofia waren z.B. 1E der Reihe 14 (ehem. DR-Reihe 50) als Vorspann vor Schnellzügen eingesetzt und zwischen Dragomann und Sofia z.B. 1962 auch Reihe 15 (DR-Reihe 52).

Nach Elektrifizierung der Strecke Sofia–Plovdiv mit 50-Hertz-Wechselstrom i. J. 1962 dort BoBo zunächst der Reihe 41, dann auch 42 und 43 bzw. 43p. Heute elektrifiziert bis Svilengrad.

Von den 60er Jahren an kamen zwischen Sofia und Dimitrovgrad, z.B. in Doppeltraktion, evtl. zeitweilig zwischen Sofia und Plovdiv und später zwischen Plovdiv und Kapikule dieselhydraulische BoBo der Reihe 04 (anfangs als Dch 1 bezeichnet) zum Einsatz. Zeitweilig liefen vor internationalen Zügen dieselelektrische CoCo der Reihe 06, später auch 07 (ähnlich DR 132).

### CFFH
(Strecke Svilengrad–Pithyon–Alexandroupolis)

Der Lokomotivbestand hatte sich gegenüber der Vorkriegszeit (siehe dort) nicht verändert.

### CEH/ab 1971 CH
(Strecke Svilengrad– und Saloniki–Pithyon)

Der Abschnitt Svilengrad–Pithyon–Alexandroupolis wurde Ende 1953 durch die CEH übernommen. Zum Beispiel 1954 wurde 1D, ehemals CFFH 259–262 vor einem internationalen Zug eingesetzt, doch bleiben die ehemaligen CFFH-Lokomotiven nicht lange mehr in Dienst. Später kamen Kappa-beta (E, entsprechend der österreichischen Reihe 80), Kappa-gamma (E, belgische Hersteller) und Lambda-beta (1E, englisch) zum Einsatz. Im September 1971 wurde der internationale Reiseverkehr von dem Abschnitt Svilengrad–Pithyon weg auf die neue TDCC-Strecke über Kapikule verlegt.

Der Zug Athen–Istanbul wurde östlich von Saloniki anfangs durch Lambda-alpha, dann allgemein durch Lambda-beta, evtl. auch Lambda-gamma und Theta-gamma befördert. Auf der Rampe westlich von Alexandroupolis kam allgemein Doppeltraktion oder Schublok zur Anwendung, z.B. im Jahr 1969 mit Lambda-beta oder Kappa-gamma, früher auch Lambda-gamma. Von 1968 wurde ab Saloniki die dieselelektrische A 350, 1969 auf den östlichen Abschnitten aber wieder die Lambda-beta eingesetzt. Ab 1970 fuhr diese nurmehr Alexandroupolis–Pithyon. Heute verdieselt.

### TCDD

Zum Beispiel 1949 fuhr der S.O.E. über den griechischen Abschnitt Thrakiens mit türkischen 1D der Reihe 55.5, welche später noch den Nachtzug Edirne– und (Athen–)Uzunköprü–Istanbul beförderte. Standardmaschine der internationalen Züge auf der Strecke Pithyon–Halkali wurde die Reihe 56.5, die ehemalige deutsche Kriegsbaureihe 52, welche ab 1943 geliefert worden war.

Als Vorspann kam öfter die 2D der Reihe 46.0 in beiden vorhandenen Ausführungen zur Verwendung.

Der Abschnitt Halkali–Istanbul Sirkeci wurde vom Dezember 1955 an mit 50 Hertz Wechselstrom und den BoBo-Lokomotiven BB 4001–4003 aus Frankreich betrieben.

Nach Fertigstellung der neuen Strecke über Kapikule wurden dieselelektrische CoCo der Reihe DE 20 vor den internationalen Zügen eingesetzt. Sie wurden durch DE 18 und DE 24 für Kapikule–Halkali ersetzt.

In Uzunköprü rangierten 1Ct der Reihe 3.4 (gebaut 1905 für die ursprünglich anatolische bzw. Bagdadbahn) und C der Reihe 33.5 (Baujahre ab 1877). Zug Athen–Istanbul noch 1978 Reihe $45^5$ und 46. Nostalgie-O.E. abschnittsweise $44^5$, $45^5$, $46^{01}$. Elektrifizierung bis Grenze in Bau, vorher auch Einsatz ex BB 211.

### CEH ab 1971 CH
(Strecke Gevgelija–Piräus):

| | | |
|---|---|---|
| Theta gamma | 1D | US Kriegslok; ein Teil war vorher bei den FS. Gevgelija–Saloniki bis 1963; Piräus–Aghios Ioannis noch in den 70er Jahren; Vorspann in Mittelgriechenland ausnahmsweise 1973 |
| Lambda alpha | 1E | Strecke Saloniki–Piräus vor Einsatz der Mi-alpha |
| Lambda-beta  | 1E | ex. brit. War Department; Saloniki–Gevgelija z.B. 1964, ausnahmsweise 1970 und 1972 |
| Lambda-gamma | 1E | Baldwin, 1947; Gevgelija–Saloniki 1964 oder 65 bis ca. 1967/68; Überstellfahrten in Piräus noch in 70er Jahren |
| Mi-alpha | 1E1 | Breda Bj. 1953 und Ansoldo Bj. 1954. Strecke Saloniki–Piräus bis 1961, dann nur mehr Güterzugdienst |

Gerüchteweise wurde von einem griechischen 2D2-Projekt gesprochen. Bei Brada und Ansaldo aber gab es dazu keinerlei Entwürfe.

Die Mi-alpha kamen 1957 wegen Reparatur vorübergehend außer Betrieb, weswegen aus Österreich die 1E-Baureihe 258 (ehemalige Reihe 580) entliehen wurde.

Die letzten Dampf-Rangierlok des D.O. waren in Piräus in den 60er Jahren Delta-alpha (Ct, US-Kriegslok). In Saloniki rangierte der S.O.E. z.B. 1961 die gleiche Reihe, mit altem 2achsigen Schlepptender ausgerüstet. Nostalgie-O.E. abschnittsweise Dampftraktion. 141 R der SNCF nur im Güterzugdienst.

Dieselelektrische Lokomotiven:

| | | |
|---|---|---|
| A 200 | BoBo | Alco. Saloniki–Piräus ausnahmsweise ab 1962, in Doppeltraktion oder Vorspann Gevgelija–Saloniki |
| A 220 | BoBo | General Electric–Gevgelija–Saloniki |
| A 250 | BoBo | Ganz. Ausnahmsweiser Einsatz. |
| A 300 | CoCo | Alco. Saloniki–Piräus ab 1962, später auch Gevgelija–Saloniki |
| A 320 | CoCo | Alco. Saloniki–Piräus ab 1966, später auch Gevgelija–Saloniki |
| A 350 | CoCo | Alsthom. Gevgelija–Saloniki ab ca. 1968, dann vorübergehend wegen Reparatur außer Betrieb |
| A 400 | CoCo | SSW. Neben A 300 und A 320 ab ca. 1968 Saloniki–Piräus, 1969 auch Gevgelija–Saloniki |
| A 410 | BoBo | 1989 ex DB 221, bis Einsatz neuer Adtranz-Lok A 470 |
| A 450 | CoCo | MLW, ab 1977 Standard Saloniki–Athen |
| A 500 | CoCo | MLW; ab 1977 Saloniki–Athen |
| A 550 | CoCo | Craiova; ab 1982 Saloniki–Athen |

1982 fuhren Leihlok JŽ 661 Saloniki–Gevgelija. Elektrifizierung, ab 1998 H 560 (ähnlich „Eurosprinter").

### Englische Anschlußstrecken

Der Golden Arrow wurde durch 2C1 der Klassen Merchant Navy, West Country und Battle of Britain, in den 50er Jahren auch durch die Maschine „William Shakespeare" der Britannia-Klasse gezogen, danach durch Diesel- und ab 1961 Ellok 750 V =.

Die Traktion der anderen Zugpaare war ähnlich. Seit Elektrifizierung jedoch waren alle Kontinentzüge außer Golden Arrow und Night-Ferry-Triebwagenzüge. Im Oktober 1972 wurde auch der Golden Arrow durch einen Triebwagenzug ersetzt. Night Ferry ab 1971 mit Ellokreihe 71 BB, ab 1978 als Schlafwagenzug mit Elektro-Diesel Reihe 73 oder Diesel 33, letzte Fahrt am 31. Oktober 1978. V.S.O.E. mit Reihe 73.

# V. Wagenreihungen

Es werden einige ausgewählte Wagenreihungspläne wiedergegeben. Wagen ohne nähere Bezeichnung sind Vierachser mit Übergängen. Auf Indexbezeichnungen für Wagen größerer Länge, für Gepäckwagen mit Seitengang oder mit Postabteil, wurde verzichtet. Gemäß dem neueren EFK-Vokabular sind Gepäckwagen mit D und Pullmanwagen mit WP abweichend von früheren Gepflogenheiten gekennzeichnet. Die platzsparende Zusammenfassung sämtlicher Teilstrecken eines Zuglaufes zu einem einzigen Warenreihungsplan wurde ebenfalls von der EFK-Praxis übernommen.

In den zwanziger Jahren wurden z.T. noch 3achsige Gepäckwagen verwendet.

## Züge vor dem Ersten Weltkrieg

**Train Eclair (1882)**

| | |
|---|---|
| Lok | ab Paris |
| D | 2achsig der franz. Ostbahn |
| 2 WL | 3achsig |
| WR | 3achsig (Nr. 107) |
| WL | 3achsig |
| WL | 4achsig (Nr. 75 |
| D | 2achsig der franz. Ostbahn |

alle Wagen Paris–Wien

**Orient-Expreß (Juni 1883)**
(2x wöchentlich)

| | |
|---|---|
| Lok | ab Paris |
| D2 | anfangs franz. Ostbahn Paris–Giurgiu |
| 2 WL 3 | Paris–Giurgiu |
| WR3 | Paris–Giurgiu |
| D2 | anfangs franz. Ostbahn Paris–Wien |

**Berlin-Budapest-(Orient-)Expreß**
Eröffnungsfahrt 27. April 1900

| | |
|---|---|
| D | preußisch |
| WR | 789 (WR Salon) |
| WL | 779 |
| WL | 780 |
| WL | 781 |
| D | preußisch |

**Orient-Expreß (1906)**
(nach bay. amtl. Unterlagen)

| | |
|---|---|
| D | Paris–Konstantinopel/Konstanza (Pü3) |
| WL | Calais–Wien (ab Châlons) |
| WL | Paris–Konstantinopel/Konstanza |
| WR | Paris–Konstantinopel/Konstanza |
| D | Paris–Konstantinopel/Konstanza (Pü3) |

1907 WL Calais–Wien ersetzt durch Paris–Konstantinopel/Konstanza (wie vor 1906), später statt dessen Paris–Wien.

**Ostende-Wien-(Budapest)-Expreß (1906)**
(Bezeichnung nach bay. Kursbuch, Zugbildung nach amtl. Unterlagen, vgl. Text

| | |
|---|---|
| D | Ostende–Wien (PPü) |
| WL | Calais–Triest (bis 14.5., dann Ostende) |
| WL | Ostende–Wien |
| WR | Ostende–Wien |
| WL | Ostende–Karlsbad (15.5.–15.9.) |
| D | Ostende–Wien (PPost3) |

**Ostende-Karlsbad-Expreß (1906)**
(nur 15. Mai–15. September)

| | |
|---|---|
| D | Nürnberg–Karlsbad (Pü3) |
| WL | Amsterdam–Marienbad (ab 15.7. bis Nü. Zug 96) |
| WL | Ostende–Karlsbad |
| WR | Nürnberg–Karlsbad |
| D | Nürnberg–Karlsbad (Pü3) |
| AAü | Nürnberg–Bayreuth (21.7.–20.8., bis Schnabelwaid im O.K.E.) |

**Orient-Expreß (1914)**
(4x wöchentlich Konstantinopel/3x Konstanza)
Abfahrt Wien

| | |
|---|---|
| Lok | ab Wien |
| D | Wien–Paris |
| D | Konstantinopel/Konstanza–Paris |
| WR | Konstantinopel/Konstanza–Paris |
| WL | Konstantinopel/Konstanza–Paris |
| WL | Wien–Paris |
| WL | Wien–Ostende |
| WL | Konstantinopel/Konstanza–Ostende |
| D | Konstantinopel/Konstanza–Ostende |

**Ostende-Wien-Expreß (1910)**
(ab Wels vereint mit Orient-Expreß)
Abfahrt Ostende

| | |
|---|---|
| Lok | ab Ostende |
| D | Ostende–Karlsbad |
| D | Ostende–Konstantinopel/Konstanza |
| WL | Ostende–Bad Kissingen |
| WL | Ostende–Marienbad |
| WL | Ostende–Karlsbad |
| WL | Ostende–Konstantinopel/Konstanza |
| WL | Ostende–Wien |
| WR | Ostende–Herbesthal/Würzburg–Wels |
| D | Ostende–Wels |

**Paris-Karlsbad-Expreß (1906)**
(nur 15. Juni bis 29. August, nach amtl. Unterlagen; führte bis Karlsruhe 1 WL Paris–Frankfurt; Zug fuhr getrennt vom O.E.)

| | |
|---|---|
| D | Paris–Karlsbad (Pü3) |
| WR | Paris–Karlsbad |
| WL | Paris–Karlsbad |
| WL | Calais–Karlsbad |
| D | Paris–Karlsbad (Pü3) |

## Erster Weltkrieg

**Balkanzug** (2x wöchentlich)
1. Abfahrt München, 15. Januar 1916

| | |
|---|---|
| Lok | ab München |
| D | München–Konstantinopel |
| WL | (16 Betten) München–Konstantinopel |
| AB | (wahrscheinlich bayerisch) München–Belgrad |
| WR | München–Wien |
| 2 AB | (bayerisch) München–Salzburg |

Außerdem Zugteile ab Berlin Anhalter-Bf. und Berlin Stadtbahn.

## Orient-Gruppe und S.A.V.E. der Zwischenkriegszeit

**Orient-Expreß**
**Train de luxe militaire (1919)**
Abfahrt Paris (3x wöchentlich)

| | |
|---|---|
| Lok | ab Paris |
| D | Paris–Prag |
| WL | Paris–Zürich (f. Zivil) |
| WL | Paris–Prag |
| WL | Paris–Prag |
| WL | Paris–Warschau |
| WL | Paris–Warschau |
| WR | Paris–Warschau |
| D | Paris–Warschau |
| D Post | Paris–Warschau |

### L 63 (1920/21)
deutscher Abschnitt (3x wöchentlich).
| | |
|---|---|
| Lok | bis Stuttgart |
| D | Paris–Wien |
| 2 WL | Paris–Wien |
| WL | Boulogne–Wien |
| WR | Straßburg–Wien |
| D | Straßburg–Wien |

### L 65 (1920/21)
deutscher Abschnitt ( 3x wöchentlich)
| | |
|---|---|
| Lok | ab Crailsheim |
| 2D | Paris–Warschau |
| WR | Paris–Warschau |
| 2 WL | Boulogne–Warschau |
| WL | Ostende–Warschau |
| D | Ostende–Warschau (?) |

### Karlsbad-Expreß (1925)
(nur 7. Juni bis 27. September; Wagen aus Orient-Ex. und Ostende-Wien-Ex.; 3x wöchentlich)
| | |
|---|---|
| D | Calais–Karlsbad |
| WL | Calais–Karlsbad |
| WL | Paris–Prag |
| WL | Ostende–Karlsbad |
| WR | Stuttgart–Prag |
| D | Stuttgart–Prag |

Für 1926 war ein WS Nürnberg–Karlsbad angegeben.

### Suisse-Arlberg-Vienne-Expreß
Sommer 1927 (WL vom Typ R)
Abfahrt Wien (3x wöchentlich, an Tagen, an denen kein O.E. verkehrte)
| | |
|---|---|
| Lok | ab Wien |
| D | Wien–Paris |
| WR | Wien–Paris |
| WL | Bukarest–Paris |
| WL | Wien–Paris |
| WL | Wien–Calais |
| WL | Wien–Lyon |
| D | |

### Orient-Expreß (nach EFK 1935)
(3 x wöchentlich)
deutscher und österreichischer Abschnitt
| | |
|---|---|
| D | Ostende–Bukarest |
| WR | Ostende–Szolnok |
| WL | Amsterdam–Bukarest |
| WL | Ostende–Istanbul |
| D | Calais–Karlsbad |
| WL | Calais–Karlsbad |
| WL | Paris–Karlsbad |
| WL | Paris–Prag |
| D | Salzburg–Linz |
| WR | Paris–Linz |
| WL | Paris–Istanbul |
| WL | Paris–Bukarest |
| WL | Calais–Bukarest |
| D | Paris–Bukarest |

### D 290 (nach Locom. Magazine 1932)
bei Ankunft in Amsterdam
| | |
|---|---|
| PostNS | Köln–Amsterdam |
| D DR | Köln–Amsterdam |
| WR Mitropa | Köln–Amsterdam |
| AB | Wien (D 55)–Amsterdam |
| AB | Nürnberg–Amsterdam |
| C | Nürnberg–Amsterdam |
| WL ISG | Bukarest–(O.W.E.)–Amsterdam |
| ABC | Wien–Amsterdam |
| AB | Zevenaar–Amsterdam |
| 2 C | Zevenaar–Amsterdam |
| WL Mitropa | Würzburg–Amsterdam |
| WL Mitropa | Leipzig–Amsterdam |

| | |
|---|---|
| ABC | Dresden–Amsterdam |

(Mitropa-WL waren 6achsig)

## Simplon-Orient-Gruppe der Zwischenkriegszeit

### Simplon-Orient-Expreß (Sommer 1920)
Abfahrt Mailand
| | |
|---|---|
| Lok | ab Mailand |
| D | Paris–Konstantinopel/Bukarest |
| WR | Paris–Konstantinopel/Bukarest |
| WL | Boulogne–Konstantinopel/Bukarest |
| WL | Paris–Konstantinopel/Bukarest |
| WL | Paris–Athen 3x wöchentlich |
| WL | Paris–Triest täglich |
| WL | Paris–Belgrad 3x wöchentlich |
| WL | Lyon–Triest täglich |
| WS | Mailand–Triest täglich |
| WL | Ostende–Konstantinopel/Bukarest |
| D | Paris–Konstantinopel/Bukarest |

### Simplon-Orient-Expreß
(14. Mai 1931–29. Juni 1931)
Abfahrt Paris
| | |
|---|---|
| Lok | |
| DPost | Paris–Istanbul |
| WR | Paris–Triest |
| WL | Paris–Triest (Di) |
| WL | Calais–Triest |
| WL | Calais–Istanbul |
| WL | Paris–Istanbul |
| WL | Paris–Athen |
| WL | Paris–Bukarest |
| WL | Paris–Brig |
| D | Paris–Istanbul (fourgon-douche) |
| D3 | Paris–Postumia |

Abfahrt Belgrad:
| | |
|---|---|
| Lok | |
| D | Paris–Istanbul |
| WL | Berlin–Istanbul (So, Di, Mi, Fr) |
| WL | Prag–Istanbul (So, Di, Mi, Fr) |
| WL | Ostende–Istanbul (Mo, Do, Sa) |
| WL | Paris–Istanbul |
| WL | Calais–Istanbul |
| WR | Triest–Istanbul |
| DPost | Paris–Istanbul |

Abfahrt Belgrad Zug P.A.:
| | |
|---|---|
| Lok | |
| Post | Belgrad–Gevgelija |
| PPü | Belgrad–Athen |
| WL | Paris–Athen |
| WL | Wien–Athen (So, Di, Mi, Fr) |
| WL | Berlin–Athen (Mo, Do, Sa) |
| WR | Belgrad–Ristovac |
| ABBü | Belgrad–Athen |
| CCü | Belgrad–Saloniki |
| ABBü | Mailand–Sofia (aus Schnellzug) |

### Zug 910 (nach EFK 1938)
| | |
|---|---|
| D | Budapest–Belgrad |
| Fa | Budapest Subotica |
| BC | Warschau–Belgrad |
| ABC | Berlin–Breslau–Belgrad (DR ABCCü) |
| ABC | Berlin–Prag–Belgrad (JDŽ) |
| WL | Berlin–Prag–Athen 3x wöchentlich |
| | Prag–Istanbul 4x wöchentlich |
| | Ostende–Istanbul 3x wöchentlich |
| | Berlin–Breslau–Istanbul 4x wöchentlich |
| WL | Paris–Wien–Istanbul 3x wöchentlich |
| | Paris–Athen 3x wöchentlich |
| | Wien–Athen 1 x wöchentlich |
| ABC | Wien–Belgrad |

## Zweiter Weltkrieg

### D 148 (nach DR-Zp) Juni 1944
Abschnitt ab Prag
| | | |
|---|---|---|
| Post | DR | Prag–Brünn |
| C | BMB | Prag–Brünn |
| AB | BMB | Prag–Brünn |
| WR | Mitr. | Prag–Landshut/M. |
| ABC | BMB | Prag–Preßburg |
| C | DR | Berlin–Budapest |
| ABC | DR | Berlin–Budapest (Sperrwagen) |
| ABC | MÁV | Berlin–Budapest (Sperrwagen) |
| C | MÁV | Berlin–Budapest (Sperrwagen) |
| WLAB | Mitr. | Berlin–Sofia f. DmW35 |
| WLAB | Mitr. | Berlin–Belgrad |
| D | BMB | Berlin–Budapest |

Die WL-Läufe erscheinen im Kursbuch z. T. nicht mehr.

### Medloc C
(DBA 668, Zp ab 8. Oktober 1950):
| | |
|---|---|
| 1D | Hoek–Seebach b. Villach |
| 1 AB | Hoek–Seebach b. Villach |
| 1 WL AB | Hoek–Seebach b. Villach |
| 1 WR | Hoek–Seebach b. Villach |
| 1 D | Hoek–Seebach b. Villach |
| 1 WR | Hoek–Seebach b. Villach |
| 1 AB | Hoek–Seebach b. Villach |
| 1 Heizw. | Krefeld–Seebach b. Villach |
| 4 C | Hoek–Seebach b. Villach |
| 1 GmhS | (Düsseldorf–)Seebach b. Villach |

Britische und ISG-Wagen.

Medloc A: ex-preußische Abteilwagen, ex-DR Eilzugwagen, LNER-Wagen, Kitchen car. u. a.

Medloc B: FS-Wagen grün oder braun, einige silber, buffet cars, 1 CIWL-Zug, 2 SBB-Züge, 1 Lazarettzug, letzte Abfahrt brauner FS-Zug.

Medloc „feeder": FS- und Güterwagen.

Medloc C: anfangs SNCF, FS(?), dann britische Wagen, ISG, ab 1953 NS, ÖBB und DSG. Letzte Rückfahrt mit dem Sonderwagen des commander of BTA. (lt. Hurst/Elliot).

### Arlberg-Orient-Expreß (nach EFK 1947)
westeuropäischer Abschnitt
| | | |
|---|---|---|
| Post | ÖBB | Buchs–Wien |
| D | SNCF/ÖBB | Paris–Wien |
| AB | SNCF | Paris–Bukarest |
| WLB | ISG | Paris–Bukarest |
| AB | SNCF | Paris–Wien (...) |
| WLB | ISG | Paris–Wien |
| AB | SNCF | Paris–Linz–Prag |
| WLB | ISG | Paris–Linz–Prag |
| | | 4x wöchentlich |
| WLB | ISG | Basel–Warschau |
| | | 3x wöchentlich |
| WR | ISG | Basel–Salzburg |
| WLB | ISG | Calais–Basel–Wien |
| AB | JDŽ | Paris–Villach–Belgrad |
| WLB | ISG | Paris–Buchs (evtl. Chur) |

### Orient-Expreß (nach EFK 1950)
| | | |
|---|---|---|
| Lok | | ab Paris, München |
| Post | | Paris–Nancy |
| Post | | Paris–Straßburg |
| D | ISG | Paris–Warschau |
| ABC | PKP | Paris–Warschau |
| ABC | ČSD | Paris–Prag |

| | | |
|---|---|---|
| WLAB | ISG | Paris–Prag/Warschau |
| WR | ISG | Stuttgart–Prag |
| WLAB | ISG | Paris–Wien/Bukarest |
| AB | SNCF/ÖBB | Paris–Wien |
| | | 4x wöchentlich |
| AB | CFR | Paris–Bukarest |
| | | 3x wöchentlich |
| C | ÖBB | Paris–Wien |
| WR | ISG | Kehl–Wien |
| D | SNCF | Paris–Wien/Budapest |
| AcBc | SNCF | Paris–Baden-Baden |
| AB | ÖBB | Paris–Innsbruck–Wien |
| C | ÖBB | Paris–Innsbruck–Wien |
| BC | DB | Paris–Lindau |
| Post | | Paris–Offenburg |
| D | OB | Ostende–Wien |
| C | DB | Ostende–Wien |
| AB | DB | Ostende–Wien |
| WLAB | ISG | Ostende–Wien |
| | | 4x wöchentlich |
| WLAB | ISG | Ostende–Preßburg |
| | | 3x wöchentlich |
| AB | DB | Ostende–Prag |
| D | DB | Hoek–Köln |
| ABC | DB | Hoek–Berlin |
| WLAB | ISG | Hoek–Nürnberg |
| | | 4x wöchentlich |
| WLAB | ISG | Hoek–Warschau |
| | | 3x wöchentlich |
| ABC | ÖSD | Hoek–Prag |
| AB | DB | Hoek–Wien (Sommer) |
| C | ÖBB | Hoek–Wien (Sommer) |
| ABC | ÖBB | Hoek–Wien (Winter) |
| ABC | DB | Hoek–München |
| WR | ISG | Wiesbaden–Linz |
| WL | ISG | Fredericia–Wien |
| | | 3x wöchentlich |
| WLB | CFR | Prag–Bukarest |
| | | 3x wöchentlich |
| ABC | CFR/ČSD | Prag–Bukarest |
| C | MÁV | Prag–Budapest k. p. |
| D | ČSD | Prag–Budapest |
| | | 4x wöchentlich |
| C | CFR | Budapest–Bukarest |
| Post | CFR | Budapest–Bukarest |
| C | ČSD | Prag–Warschau |
| BC | PKP | Prag–Krakau |
| Post | PKP | Oderberg–Krakau |
| WL | Orbis | Prag–Warschau |
| | | 3x wöchentlich |

**Balt-Orient-Expreß (nach EFK 1949)**

| | | |
|---|---|---|
| WLABC | SJ | Stockholm–Warschau |
| | | 3x wöchentlich |
| WLAB | Orbis | Stockholm–Svilengrad |
| | | 3x wöch. (vgl. Text) |
| WLAB | Orbis | Oslo–Prag |
| | | 3x wöchentlich |
| D | PKP | Warschau–Berlin |
| B | PKP | Warschau–Berlin |
| 2 C | PKP | Warschau–Berlin |
| WLABC | Orbis | Warschau–Berlin |
| WLABC | Orbis | Berlin–Bukarest |
| | | 3x wöchentlich |
| Post | PKP | Frankfurt/O.–Posen |
| D | PKP | Odra Port–Breslau–Prag |
| ABC | PKP | Stettin–Prag |
| WLAB | Orbis | Gdingen–Prag |
| | | 4x wöchentlich |
| BC | PKP | Gdingen–Prag |
| BC | PKP | Odra Port–Wien |
| | | 3x wöchentlich |
| BC | PKP | Stettin–Wien |
| | | 4x wöchentlich |
| ABC | MÁV | Odra Port–Budapest |
| | | 4x wöchentlich |
| ABC | MÁV | Gdingen–Budapest |
| | | 3x wöchentlich |
| Post | PKP | Odra Port–Břeclav |
| ABC | PKP | Gdingen–Wien–Triest |
| D | PKP | Breslau–Wien |
| Post | ČSD | Breslau–Prag |
| WLAB | ISG | Warschau–Breslau–Prag |
| ABC | PKP | Warschau–Breslau–Prag |
| BC | PKP | Warschau–Breslau–Paris |
| Post | PKP | Warschau–Bohumín |
| D, AB, C | ČSD | Warschau–BohumínPrag |
| WLAB | ISG | Warschau–Bohumín–Prag |
| | | 1 x wöchentlich |
| WLABC | Orbis | Warschau–Belgrad |
| | | 3 x wöchentlich |
| WLAB | CFR | Warschau–Bukarest |
| | | 3 x wöchentlich |
| ABC | CFR | Warschau–Bukarest |
| | | 4 x wöchentlich |
| ABC | JDŽ/BDŽ | Warschau–Istanbul |
| | | 2 x wöchentlich |
| ABC | JDŽ/BDŽ | Warschau–Sofia |
| | | 2 x wöchentlich |
| ABC | ČSD | Warschau–Preßburg |
| WLAB | ISG | Warschau–Wien–Rom |
| | | 3 x wöchentlich |
| AB | PKP | Warschau–Wien–Rom |
| | | 4x wöchentlich |
| BC | PKP/ÖBB | Warschau–Wien |
| WLAB | ISG | Warschau–Bohumín– Prag–Regensburg–Zürich |
| | | 3 x wöchentlich |
| Post | ČSD/MÁV | Subotica–Prag |
| D | ČSD | Prag–Budapest |
| AB | ČSD | Prag–Budapest |
| C | ČSD | Prag–Budapest |
| WR | ČSD | Prag–Budapest |
| ABC | ČSD | Prag–Bukarest |
| | | 4x wöchentlich |
| D | CFR | Budapest–Bukarest |
| C | MÁV | Budapest–Bukarest |
| D | JDŽ | Budapest–Belgrad |
| C | JDŽ | Belgrad–Sofia |
| D | JDŽ | Nisch–Sofia |
| ABC | ČSD | Prag–Sofia/ 2x Istanbul |
| WR | BDŽ | Belgrad–Nisch |
| (nach EFK) | | |

**Simplon-Orient-Expreß (nach EFK 1949)**

Abschnitt Paris–Mailand:
(außerdem C, AB Paris–Bern–Mailand)

| | | |
|---|---|---|
| D | SNCF | Paris–Mailand |
| WR | ISG | Vallorbe–Mailand |
| C, AB | SNCF | Paris–Mailand ztw. |
| AB | SNCF | Paris–Belgrad/ 3x Istanbul |
| WLAS | ISG | Paris–Belgrad/ 3x Istanbul |
| AB | SNCF | Paris–Triest |
| C | SNCF | Paris–Brig |
| AB | SNCF | Calais–Brig |
| B | SNCF | Calais–Brig (Saison) |
| WLB | ISG | Calais–Brig |
| WLAB | ISG | Calais–Triest |
| D | SNCF | Calais–Belgrad |

Übernahme BDŽ (nach EFK):

| | | |
|---|---|---|
| D | BDŽ | Nisch–Sofia |
| ABC | BDŽ | Belgrad–Sofia |
| C | JDŽ | Belgrad–Sofia |
| AB, WL | | Paris–Istanbul |

Teilstrecke Edirne–Pithyon:
(nach Bericht Sir Peter Allen 1949)
5 off. Güterwagen zur Sicherung
TCDD-Lok 45.5 Edirne–Pithyon
Güterwagen 4 D TCDD aus der CSR
D mit Küche ISG Edirne–Istanbul
WL ISG Paris–Istanbul
AB SNCF Paris–Istanbul
einige alte Sitzwagen mit Militär
1 Güterwagen mit Kanone

## Nostalgie-Istanbul-Orient-Expreß

### Abfahrt 30. März 1983

Paris–Stuttgart–Wien–Sopron–Budapest–Bukarest–Sofia–Istanbul, Reihung bei Abfahrt in München:

| | | |
|---|---|---|
| WL | exCIWL Nr. 3475 | Typ Lx 16 |
| D | exCIWL Nr. 1283 | mit Hilfsküche |
| WR | exCIWL Nr. 2741 | ex WSP Sud-Expreß |
| WP | exCIWL Nr. 4161 | Typ „Côte d'Azur" |
| WP | exCIWL Nr. 4158 | Typ „Côte d'Azur" |
| WS | exCIWL Nr. 4164 | ex Train bleu |
| WL | exCIWL Nr. 3480 | Typ Lx 16 |
| WL | exCIWL Nr. 3472 | Typ Lx 16 |
| WL | exCIWL Nr. 3542 | Typ Lx 16 |
| Vte.-Services-Croisières | exCIWL Nr. 4013 | Duschen, ex WP |
| WL | exCIWL Nr. 3537 | Typ Lx 16 |
| WL | exCIWL Nr. 3551 | Typ Lx 20 |
| WL | exCIWL Nr. 3487 | Typ Lx 16 |
| Bc | SBB | Reserve/Personal |

## Traktion

### 25./27. Oktober 1977

| | | |
|---|---|---|
| 140 | DB | Überführung bis Stuttgart Hbf |
| 110 | DB | Stuttgart–München |
| 110 | DB | München–Salzburg |
| 194 | DB | Schublok Geislinger Steige |
| 1010 | ÖBB | Salzburg–Jesenice |
| 1042 (?) | ÖBB | Vorspann Tauern |
| 363 | JŽ | Jesenice–Dobova |
| 441 | JŽ | Dobova–Belgrad |
| 441 | JŽ | Belgrad–Niπ |
| 33 | JŽ | Niπ–Dimitrovgrad |
| 04 | BDŽ | Dimitrovgrad–Sofia |
| 43P | BDŽ | Sofia–Plovdiv |
| 04 | BDŽ | Plovdiv–Kapikule |
| DE 18 | TCDD | Kapikule–Halkali und Vorspann Çerkesköy–Halkali |
| BB 4400 | TCDD | Halkali–Istanbul |

Rangierarbeiten in Niπ führte 661 durch.

### 6./8. Oktober 1981:

| | | |
|---|---|---|
| Ae6/6 11 463 | SBB | Zürich–Sargans |
| Ae6/6 11 463 | SBB | Sargans–Buchs |
| 1042.607 | ÖBB | Buchs–Schwarzach-St. Veit |
| 1042 ... | ÖBB | Vorspann Bludenz–Langen |
| 1042.06 | ÖBB | Vorspann Wörgl–Hochfilzen |
| 1042.607 | ÖBB | Schwarzach-St. Veit– Jesenice |

| | | |
|---|---|---|
| 1010.07 | ÖBB | Vorspann Schwarzach–St. V.-Böckstein |
| 342-.... | JŽ | Jeseniče–Dobova |
| 441-067 | JŽ | Dobova–Belgrad |
| 441-320 | JŽ | Belgrad–Niš |
| 33-322 | JŽ | Niš–Dimitrovgrad |
| 06 119 | BDŽ | Dimitrovgrad–Sofia |
| 43ᴾ98 | BDŽ | Sofia–Plovdiv |
| 0423 | BDŽ | Plovdiv–Svilengrad |
| 06 102 | BDŽ | Svilengrad–Kapikule |
| DE 24 160 | TCDD | Kapikule–Halkali |
| 46 025 | TCDD | Halkali–Istanbul |

## Venice Simplon-Orient-Expreß

Venedig–Boulogne

Reihung ab Venedig 7. August 1982:

WL Lx 3539, 3544, WL S 3309, WL Lx 3525, 3482, WL YUB 3915 („Voiture de Service"), Bar 3674, WR 4110, WP 4141, WR 4095, WLY UB 3912 („Voiture de Service"), WL Lx 3473, 3425, 3552, 3543.

Reihung ab Venedig 4. Mai 1983:

WL Lx 3553, 3553, 3525, 3555, WL S 3425, WL YUB 3915, Bar 3674, WR 4110, WP 4141, WR 4095, WL YUB 3912, WL S 3309, WL Lx 3473, 3483, 3544, 3482.

Reihung Folkestone–London 5. Mai 1983:

2 Gepäckwagen, 1 Wagen für Personal (braun), Pullman: Phoenix, Audry, Perses, Xygnus, Ibis, Zena, Ione, Minerva.

Für Düsseldorf–Venedig auch Bar 24503 ex „Rheingold" (violett/creme)

## Skopje-Istanbul-Expreß

Abfahrt München 4. Juni 1992 (via Wien Hütteldorf–Budapest Ferencvaros–Belgrad Hbf.)

| | | | |
|---|---|---|---|
| Lok 1044 | ÖBB | (rot) | |
| Post | JŽ | (oliv) | München–Belgrad |
| Bc | JŽ | (orange/rot/oliv) | München–Belgrad |
| Bc | JŽ | (oliv) | München–Belgrad |
| Bc | JŽ | (oliv) | München–Belgrad |
| WLB | JŽ | (dunkelblau) | München–Belgrad |
| WLB | JŽ | (blau/hellblau) | München–Niš–Skopje |
| Bc | JŽ | (hellblau) | München–Niš–Skopje |
| Bc | JŽ | (hellblau) | München–Niš–Skopje |
| Bc | JŽ | (oliv) | München–Niš–Skopje |
| Bc | BDŽ | (grün) | München–Istanbul |
| Bc | BDŽ | (grün) | München–Istanbul |
| Bc | TCDD | (türkis/hellgrau) | München–Istanbul |
| WLA | TCDD | (blau/rot) | München–Istanbul |
| DD | DB | Autotransporter | München Ost–Istanbul |

**Attika** (Abfahrt München 8. August 1993) Lok 110, WL JŽ (dunkel/hellblau), WL Mitropa (rot), 3 Bc DB (türkis/creme), D DB (hellgrau), 6 Bc CH (rot), div. Bc (DB/CH) München–Athen/Saloniki (via Wien Hütteldorf–Budapest Ferencvaros–Belgrad Centar).

## Quellenverzeichnis

| | |
|---|---|
| **About** | De Pontoise à Stamboul |
| **Allen** | On the Old Lines |
| **Arnaoutovich** | Histoire des chemins de fer yougoslaves |
| **Baroli** | Le train dans la littérature de francaise |
| **Bickel** | Die Türkischen Eisenbahnen und ihre Dampflokomotiven |
| **de Blowitz** | Une Course à Constantinople |
| **Behrend** | Grand European Expresses<br>History of Wagons-Lits<br>Pullman in Europe<br>Yatakli-Vagon |
| **Brandt** | Schlaf- und Speisewagen der Eisenbahn |
| **Bratè** | Die Dampflokomotiven Jugoslawiens |
| **Caracalla, des Cars** | L'Orient Express |
| **des Cars** | Sleeping Story (unter Mitarbeit Commault) |
| **Cole** | Steam Locomotives of Greece |
| **Commault** | Georges Nagelmackers |
| **Dambly** | Nos inoubliables ‚Vapeur' |
| **Dantschoff** | Das Eisenbahnwesen in Bulgarien |
| **Davies** | A History of the World Airlines |
| **DB Museum, Franzke, Heigl** | Orient Express |
| **Defrance** | Le matériel moteur SNCF |
| **Dejanow** | Die Lokomotiven der Bulgarischen Staatsbahnen |
| **Dost** | Der rote Teppich |
| **Durant** | The Steam Locomotives of Eastern Europe |
| **Elliot, Hurst** | Show me the Way to go home (Medloc) |
| **Griebl** | Österreichs Staatsbahnen<br>ČSD-Dampflokomotiven |
| **Gürsch** | Mit Bus und Bahn durch Albanien |
| **Haliwell** | Die Lokomotiven Rumäniens |
| **Hoecherl, Kronawitter, Tausche** | S 3/6 |
| **Kteniadi** | Die ersten griechischen Eisenbahnen (griech.) |
| **Dr. Kubinszky** | Ungarische Lokomotiven und Triebwagen |
| **Luft** | Die Karawankenbahn |
| **Dr. Mühl** | Internationale Luxuszüge<br>Schlafwagen in Deutschland |
| **Papayannakis** | Die griechischen Eisenbahnen (griech.) |
| **Price** | Cook's Continentale Timetable |
| **Schröpfer** | Triebfahrzeuge österreichischer Eisenbahnen |
| **Sölch** | Expreßzüge im Vorderen Orient<br>Jules Verne's Expreß<br>Orient-Expreß im Bild |
| **Dr. Stöckl** | Die 12 besten Züge Europas<br>Rollende Hotels<br>Komfort auf Schienen<br>Die Eisenbahnen der Erde (Buchreihe) |
| **Stockklausner** | Dampfbetrieb in Alt-Österreich<br>Eisenbahn modern |
| **Ritter v. Stockert** | Eisenbahnunfälle (I, II) |
| **Trbuhovič** | Design und Ästhetik der CIWL-Schlafwagen |

Die Verbindungen Balkan-Osteuropa-Rußland sind behandelt in dem in Vorbereitung befindlichen Werk des Autors „Transsibirien und Ost-West-Expreß" (als Archivarbeit für Historiker bereits einsehbar im Museum für Verkehr und Technik, Berlin und im DB-Museum, Nürnberg.)

## Dank

Dank gebührt den Dienststellen, welche mit wertvollen Auskünften und Fotos zur Verwirklichung des vorliegenden Buches beigetragen haben. Es sind dies die Compagnie des Wagons-Lits, die Bahnverwaltungen BLS, BR, CH, DB, FS, MÁV, ÖBB, RhB, SBB, SJ, SNCB, SNCF, die SSG, das Deutsche Museum, das Technische Museum für Industrie und Gewerbe mit österreichischem Eisenbahnmuseum, das DB Museum in Nürnberg, das Verkehrsmuseum in Budapest und das Eisenbahnmuseum in Athen. Das Buch gibt nicht unbedingt die offiziellen Ansichten wieder, sondern die Meinung des Verfassers.

Besonders gedankt sei Herrn Dr. Fritz Stöckl, der in mannigfaltiger Weise geholfen hat, Herrn Roger Commault für seine unersetzlichen Informationen und Fotos zur Geschichte der Internationalen Schlafwagengesellschaft, Herrn Dr. Albert Mühl für seine fundierten Recherchen, sowie allen anderen Fachleuten und Eisenbahnfreunden, die mit Fotos oder sonstigem historisch oft außerordentlich wertvollen Material in selbstloser Weise die Zusammenstellung der Geschichte des Orient-Expreß ermöglicht haben.

Dies waren insbesondere die Herren Heinz Albrecht, Alex Amstein, Dr. Erich Barner, Klaus D. Bätz, George Behrend, Jean-Paul Caracalla, Herr Carl und Frau Annegret Bellingrodt, die Herren Dr. Bruno Bonazzelli, Dr. Erhard Born, Walther Brandt, Tadej Bratè, Siegfried Bufe, Jean des Cars, Marc Dahlström, Joachim Deppmeyer, Friedhelm Ernst, Dr. Joachim Feißel, Frau Margit Fialovits, Anton Folie, Raymond Floquet, Jürgen Franzke, Radko Friml, F. Fritz, Hellmuth Fröhlich, Hans Herbert Frohn, Herwig Gerstner, Johannes Glöckner, Helmut Glock, Georg Grainer, Helmut Griebl, Waldemar Grübl, Dr. Walter Haberling, Alfred Hadrboletz, Herr van Hattum, Miss Joan C. Head, Edwin Herkner, Adolf Hofbauer, Alfred Horn, A. J. Hudson, Wolfgang Illenseer, M. Kauper, Rudolf Klebensberger, Jürgen Klein, Hans-Georg Kleine, Herr Ernst und Frau Anna Köditz, Peter Konzelmann, Walter Kreinhöfner, die Herren Franz Kraus, Walter Kreutz, Dr. Peter Kristl, J. B. Kronawitter, Hans Kundmann, Prof. Dr. Mihály Kubinszky, Generaldirektor i. R. Vasilis Leondopoulos, A. Lepage, Peter Letulé, Mag. pharm. Alfred Luft, Maurice Mertens, Hans Miersch, Wolfgang Messerschmidt, Dr. Albert Mühl, Arnold Müll, W. Hofr. Niederhuemer, Techn. Museum Wien, Dr. Claudio Pedrazzini, Herrn Pempelforth, Konrad Pfeiffer, Kurt Pierson, Francesco Pozzato, Gerhard Puchta, das Reisebüro Mittelthurgau AG, Leopold Prinz zu Schaumburg-Lippe, Dr. Günther Scheingraber, Ernst Schörner, die Herren Franz Scholz, Josef Otto Slezak, Anton, Friederike und Kurt Sölch, Hans Sternhart, Hanns Stockklausner, Heribert Schröpfer, Dr. Stefan Stöckl, Bernhard Studer, Helmut Tauber, Wolfgang Theurich, Prof. Ljubomir Trbuhovic, Richard Tauflinger, Wilhelm Tausche, die TUI, die Herren Gottfried Turnwald, der Ullstein Bilderdienst, Joseph Ungewitter, die Herren Werner Umlauft, Wolfram Veith, Wilhelm Urbanczik, Hansjürgen Wenzel, Kenneth Westcott-Jones, N. J. van Wijck Juriaanse, Ernst Wolf, außerdem die Zeitschrift „La Vie du Rail", die „Amici della ferrovia Italia", der „Verein der Eisenbahnfreunde Wuppertal", die Venice-Simplon-Orient-Express-Ltd. und Generaldirektor Claude Ginella sowie diejenigen Fachleute, welche hier nicht namentlich genannt werden können.

Für Hinweise über die Luftfahrtgeschichte sei der Air France und deren Herrn Jean Renac gedankt, und für Auskünfte über die Züge in der Literatur Frau Evamaria Brockhoff, Frau A. Maier und den Herren Dr. Borbandy, Bohumil Frei, Jurčič und Dr. Kulmann.

Besonderer Dank gilt Herrn Albert Glatt.

Fotos ohne Urheberangabe sind vom Verfasser oder aus dessen Sammlung.